KATHRIN STEINBACH

Regulierung algorithmenbasierter Entscheidungen

Internetrecht und Digitale Gesellschaft

Herausgegeben von

Dirk Heckmann

Band 28

Regulierung algorithmenbasierter Entscheidungen

Grundrechtliche Argumentation im Kontext von Artikel 22 DSGVO

Von

Kathrin Steinbach

Duncker & Humblot · Berlin

Die Rechtswissenschaftliche Fakultät
der Westfälischen Wilhelms-Universität zu Münster
hat diese Arbeit im Jahr 2021 als Dissertation angenommen.

Bibliografische Information der Deutschen Nationalbibliothek

Die Deutsche Nationalbibliothek verzeichnet diese Publikation in
der Deutschen Nationalbibliografie; detaillierte bibliografische Daten
sind im Internet über http://dnb.d-nb.de abrufbar.

D 6

Satz: TextFormA(r)t, Daniela Weiland, Göttingen
Druck: CPI buchbücher.de GmbH, Birkach
Printed in Germany

ISSN 2363-5479
ISBN 978-3-428-18356-2 (Print)
ISBN 978-3-428-58356-0 (E-Book)

Gedruckt auf alterungsbeständigem (säurefreiem) Papier
entsprechend ISO 9706 ♾

Internet: http://www.duncker-humblot.de

Vorwort

Über aktuelle technologische Entwicklungen zu schreiben, birgt immer das Risiko, dass die Technik das Recht überholt. Der Wandel personenbezogener algorithmenbasierter Entscheidungen während meiner Arbeit stand in Kontrast zu der rechtshistorischen Untersuchung der normativen Ursprünge von Artikel 22 Datenschutz-Grundverordnung. Literatur und Rechtsprechung sind auf dem Stand von Juli 2020. Vereinzelt wurden noch aktuellere Quellen eingearbeitet.

Besonderer Dank gebührt Prof. Dr. Niels Petersen und Prof. Dr. Ina Schieferdecker für die zuverlässige und aufmerksame Betreuung dieser Arbeit. Ihr Interesse an interdisziplinären Perspektiven hat mich stets motiviert. Prof. Dr. Gernot Sydow danke ich für die zügige Erstellung des Zweitgutachtens.

Die Arbeit entstand während meiner Zeit als wissenschaftliche Mitarbeiterin an der Humboldt-Universität zu Berlin im Drittmittelprojekt „Humboldt Consumer Law Clinic", das von Prof. Dr. Susanne Augenhofer und Prof. Dr. Reinhard Singer geleitet wurde. Mein Dank gilt an dieser Stelle Prof. Dr. Susanne Augenhofer für ihre stete und engagierte Unterstützung bei all meinen Anliegen sowie Prof. Dr. Reinhard Singer für seine Offenheit gegenüber neuen Ideen bei der Weiterentwicklung der „Humboldt Consumer Law Clinic".

Fruchtbar für meine Arbeit war ebenfalls der Forschungsaufenthalt am französischen Verfassungsgericht. Diese Institution in der alltäglichen Praxis zu erleben, war nicht nur intellektuell bereichernd, sondern auch geprägt von einem kollegialen Miteinander. Je remercie en particulier Monsieur le Secrétaire général Jean Maïa, Madame Marie-Laure Layus et Monsieur Gildas Berthelot grâce à qui j'ai pu effectuer ce séjour et me familiariser avec le travail du Conseil constitutionnel. Dem DAAD bin ich für die Finanzierung des Forschungsaufenthalts zu Dank verpflichtet.

Im Rahmen des „Endspurts" danke ich herzlich Dr. Zara Janssen für ihre sorgfältige Lektüre des grundrechtlichen Teils. Sebastian Steinbach war mir während meiner Promotion stets ein hilfreicher und kritischer Gesprächspartner und Leser – dafür danke ich ihm von Herzen.

Besonderer Dank gilt meinem Bruder und meinen Eltern, die mich immer liebevoll unterstützt haben. Meinen Eltern ist diese Arbeit gewidmet.

Berlin, im März 2021

Kathrin Steinbach

Inhaltsverzeichnis

Tabellenverzeichnis

Abkürzungsverzeichnis

a. A.	andere Auffassung
a. a. O.	am angegebenen Ort
a. F.	alte Fassung
ABl.	Amtsblatt
Abs.	Absatz
AG	Aktiengesellschaft
AGB	Allgemeine Geschäftsbedingungen
AGG	Allgemeines Gleichbehandlungsgesetz
AH	Abgeordnetenhaus
allg.	allgemeinen
Alt.	Alternative
Am. Econ. Rev.	American Economic Review
Am. Sociol. Rev.	American Sociological Review
Am. Statistician	The American Statistician
Anm. d. Red.	Anmerkung der Redaktion
Anm. d. Verf.	Anmerkung der Verfasserin
AO	Abgabenordnung
AöR	Archiv des öffentlichen Rechts
ArbR Aktuell	Arbeitsrecht Aktuell
Art.	Artikel
Aufl.	Auflage
Austl. J. Leg. Phil.	Australian Journal of Legal Philosophy
Az.	Aktenzeichen
BAG	Bundesarbeitsgericht
BeckOK	Beck'scher Online-Kommentar
Begr.	Begründer
Behav. Sci. & L.	Behavioural Sciences and the Law
Bd.	Band
BDSG	Bundesdatenschutzgesetz
BGB	Bürgerliches Gesetzbuch
BGBl.	Bundesgesetzblatt
BGH	Bundesgerichtshof
Big Data & Soc'y	Big Data & Society
BMJV	Bundesministerium der Justiz und für Verbraucherschutz
BMI	Bundesministerium des Innern, für Bau und Heimat
BR-Drs.	Bundesrats-Drucksache
BT-Drs.	Bundestags-Drucksache
BVerfG	Bundesverfassungsgericht
BVerwG	Bundesverwaltungsgericht
bzw.	beziehungsweise
Calif. L. Rev.	California Law Review

CETS	Council of Europe's Treaties
CNIL	Commission Nationale de l'Informatique et des Libertés
Colum. Bus. L. Rev.	Columbia Business Law Review
Common Market L. Rev.	Common Market L. Rev.
Comp. Hum. Behav.	Computers in Human Behaviour
Comp. L. & Sec. Rev.	Computer Law and Security Review
CR	Computer und Recht
CRDF	Cahiers de la recherche sur les droits fondamentaux
Crime & Delinq.	Crime and Delinquency
d. h.	das heißt
DB	Der Betrieb
DDHC	Déclaration des Droits de l'Homme et du Citoyen
ders.	derselbe
dies.	dieselbe/dieselben
Diss.	Dissertation
Dok.	Dokument
DÖV	Die Öffentliche Verwaltung
Drs.	Drucksache
DSGVO	Datenschutz-Grundverordnung
DSRL	Datenschutzrichtlinie
DuD	Datenschutz und Datensicherheit
Duke L. J.	Duke Law Journal
Duke L. & Tech. Rev.	Duke Law and Technology Review
DVBl.	Deutsches Verwaltungsblatt
DZPhil	Deutsche Zeitschrift für Philosophie
ebd.	ebenda
Ed.	Edition
EG	Europäische Gemeinschaft
EGMR	Europäischer Gerichtshof für Menschenrechte
ehem.	ehemals
Einl.	Einleitung
EL	Ergänzungslieferung
EMRK	Europäische Menschenrechtskonvention
endg.	endgültig
ERCL	European Review of Contract Law
etc.	et cetera
EU	Europäische Union
EuGH	Europäischer Gerichtshof
EU-GRCh	Charta der Grundrechte der Europäischen Union
EuR	Europarecht
Eur. J. Operational Res.	European Journal of Operational Research
EUV	Vertrag über die Europäische Union
EuZW	Europäische Zeitschrift für Wirtschaftsrecht
f./ff.	folgende
FlugDaG	Fluggastdatengesetz
Fn.	Fußnote
Found. of Sci.	Foundations of Science
gen.	genannt

Geo. L. Tech. Rev.	Georgetown Law Technology Review
GG	Grundgesetz
ggf.	gegebenenfalls
GRUR	Gewerblicher Rechtsschutz und Urheberrecht
GVBl.	Gesetz- und Verordnungsblatt
Harv. J.L. & Tech.	Harvard Journal of Law and Technology
Harv. L. Rev.	Harvard Law Review
HEG-KI	Hochrangige Expertengruppe für künstliche Intelligenz
Hervorhebung/en d. Verf.	Hervorhebung/en der Verfasserin
HmbGVBl.	Hamburgisches Gesetz- und Verordnungsblatt
Hrsg.	Herausgeber
IBM J. Res. & Dev.	IBM Journal of Research and Development
IEEE	Institute of Electrical and Electronics Engineers
IFG	Informationsfreiheitsgesetz
Info. & Comm. Tech. L.	Information and Communications Technology Law
insb.	insbesondere
Int'l Data Privacy L.	International Data Privacy Law
Int'l J.L. & Info. Tech.	International Journal of Law and Information Technology
Int'l J. Selection & Assessment	International Journal of Selection and Assessment
IoT	Internet of Things
i. V. m.	in Verbindung mit
J. Am. Stat. Ass'n	Journal of the American Statistical Association
J. Appl. Soc. Psychol.	Journal of Applied Social Psychology
J. Behav. Decision Making	Journal of Behavioural Decision Making
J. Consum. Pol'y	Journal of Consumer Policy
J. Econ. Psychol.	Journal of Economic Psychology
J. Eur. C.L. & Pract.	Journal of European Competition Law and Practice
J. Exp. Criminol.	Journal of Experimental Criminology
J. Exp. Psychol.	Journal of Experimental Psychology: General
J. Exp. Soc. Psychol.	Journal of Experimental Social Psychology
J. Leg. Studies	Journal of Legal Studies
J. Machine Learning Res.	Journal of Machine Learning Research
J. Operational Res. Soc'y	Journal of the Operational Research Society
J. Pers. & Soc. Psychol.	Journal of Personality and Social Psychology
J. Res. Pers.	Journal of Research in Personality
J. Tech. L. & Pol'y	Journal of Technology Law and Policy
JORF	Journal official de la République française
JuS	Juristische Schulung
JZ	JuristenZeitung
KI	Künstliche Intelligenz
Knowledge Engineering Rev.	Knowledge Engineering Review
L., Innov. & Tech.	Law, Innovation and Technology
LADG	Landesantidiskriminierungsgesetz
lit.	litera
LKV	Landes- und Kommunalverwaltung
Ls.	Leitsatz
LT-Drs.	Landtags-Drucksache
m. w. N.	mit weiteren Nachweisen

Management Sci.	Management Science
Mio.	Millionen
MMR	Multimedia und Recht
n°	numéro
N. Y. U. L. Rev.	New York University Law Review
NCCC	Nouveaux Cahiers du Conseil constitutionnel
NFC	Near Field Communication
NJW	Neue Juristische Wochenschrift
Nr.	Nummer
NRW	Nordrhein-Westfalen
NStZ	Neue Zeitschrift für Strafrecht
NVwZ	Neue Zeitschrift für Verwaltungsrecht
NZA	Neue Zeitschrift für Arbeitsrecht
OECD	Organisation for Economic Cooperation and Development
OLG	Oberlandesgericht
Org. Behav. & Hum. Dec. Proc.	Organizational Behavior and Human Decision Processes
PeerJ Comp. Sc.	PeerJ Computer Science
PMLR	Proceedings of Machine Learning Research
PNAS	Proceedings of the National Academy of Sciences of the United States of America
Pol'y & Internet	Policy and Internet
Psychol. Sci. Pub. Int.	Psychological Science in the Public Interest
QPC	Question prioritaire de constitutionnalité
RDP	Revue du droit public
Red.	Redaktion
RIDC	Revue internationale de droit comparé
Rn.	Randnummer
Rs.	Rechtssache
RW	Rechtswissenschaft
S.	Seite/Satz
s.	siehe
Sci. Adv.	Science Advances
Seton Hall L. Rev.	Seton Hall Law Review
SEV	Sammlung Europäischer Verträge
SGB	Sozialgesetzbuch
sog.	sogenannt
Stan. L. Rev.	Stanford Law Review
Stat.	Statistical
StuW	Steuer und Wirtschaft
Sup.	Supplement
SVRV	Sachverständigenrat für Verbraucherfragen beim Bundeministerium der Justiz und für Verbraucherschutz
Tex. L. Rev.	Texas Law Review
u. a.	und andere
U. Chi. L. Rev.	University of Chicago Law Review
U. Pa. L. Rev.	University of Pennsylvania Law Review
Üb. d. Verf.	Übersetzung der Verfasserin
U. Toro. L. J.	University of Toronto Law Journal

UN	United Nations
UNO	United Nations Organization
UrhG	Urheberrechtsgesetz
US	United States
USA	United States of America
v.	vom
VAG	Versicherungsaufsichtsgesetz
VerfBlog	Verfassungsblog
VerwArch	Verwaltungsarchiv
vgl.	vergleiche
VO	Verordnung
vs.	versus
VVDStRL	Veröffentlichungen der Vereinigung der Deutschen Staatsrechtslehrer
VVG	Versicherungsvertragsgesetz
VwVfG	Verwaltungsverfahrensgesetz
Yale J. L. & Tech.	Yale Journal of Law and Technology
Wash. L. Rev.	Washington Law Review
Wash. U. L. Rev.	Washington University Law Review
WBGU	Wissenschaftlicher Beirat der Bundesregierung Globale Umweltveränderungen
WP	Working Paper
ZaöRV	Zeitschrift für ausländisches öffentliches Recht und Völkerrecht
ZD	Zeitschrift für Datenschutz
ZIS	Zeitschrift für Internationale Strafrechtsdogmatik
ZPO	Zivilprozessordnung
ZRP	Zeitschrift für Rechtspolitik
ZUM	Zeitschrift für Urheber- und Medienrecht

„Si perfectionnée soit [la machine], il restera toujours des nuances qui relèvent de l'esprit de finesse, du sentiment, de la morale et qui lui resteront étrangères. Si l'homme l'utilise pour éclairer et préparer sa décision [...] et s'il exerce effectivement son jugement avant de trancher, l'informatique sera utile. Mais quelle démission ce serait que de s'en remettre entièrement à elle pour apprécier des situations humaines!"[1]

A. Einführung

I. Technologische Entwicklung

Komplexe Entscheidungen durch Maschinen sind nicht länger eine entfernte Möglichkeit, eine Verheißung seit der Mitte des 20. Jahrhunderts, sondern Teil unserer Realität. Die Gründe für diesen Umbruch wurden oft benannt: Der wichtigste Aspekt ist das Wachstum der verfügbaren digitalen Datenmenge.[2] Neben der Datenmenge spielen die Geschwindigkeit der Datenverarbeitung und eine Vielzahl unterschiedlicher Datenquellen eine entscheidende Rolle (*Big Data*[3]). Parallel dazu verbessern sich die Rechen- und Speicherkapazitäten von Computern stetig.[4] Außerdem werden Datenquellen zunehmend miteinander verknüpft (*Internet of Things*[5]).

Dies hat dazu geführt, dass sich in den letzten Jahren die Anwendungsbereiche algorithmenbasierter Entscheidungen vergrößert haben. Der Begriff „Algorith-

---

[1] CNIL, Rapport de la Commission Informatique et libertés („Rapport Tricot"), 1975, S. 16: „So perfektioniert die Maschine auch sein mag, es bleiben immer Nuancen, die Ausdruck von Feingefühl, Empfindung, Moral sind und die ihr fremd bleiben. Wenn der Mensch sie nutzt, um seine Entscheidung zu erhellen und vorzubereiten [...] und wenn er sich tatsächlich ein Urteil bildet, bevor er entscheidet, wird die Informatik nützlich sein. Aber welch' Resignation wäre es, sich ihr gänzlich anzuvertrauen, um menschliche Verhältnisse zu würdigen!" [Üb. d. Verf.].

[2] *Thapa/Parycek*, in: Mohabbat Kar u.a. (Hrsg.), (Un)Berechenbar? Algorithmen und Automatisierung in Staat und Gesellschaft, Kompetenzzentrum Öffentliche IT – Fraunhofer FOKUS, 2018, S. 40 (44 f.).

[3] *Mayer-Schönberger/Cukier*, Big Data, 2013, S. 6 gehen von einer anwendungsorientierten Definition aus: „[B]ig data refers to things one can do at a large scale that cannot be done at a smaller one.".

[4] Zu den Rechenleistungen von Quantencomputern s. *Arute u. a.*, Nature 574 (2019), 505 (509); zur Prozessorentwicklung s. BMJV/BMI (Hrsg.), Gutachten der Datenethikkommission der Bundesregierung, 2019, S. 63; eine prägnante Darstellung der Computer-Entwicklung findet sich bei *Alpaydin*, Machine Learning, 2016, S. 1 ff.; s. auch *Buxmann/Schmidt*, in: dies. (Hrsg.), Künstliche Intelligenz, 2019, S. 3 (7).

[5] Es gibt keinen gesicherten Ursprung des Begriffs. Er wird spätestens seit den 1990er-Jahren genutzt, um ein Kommunikationsnetz mobiler und nichtmobiler Datenquellen zu beschreiben.

mus" ist nicht einheitlich definiert, bezeichnet in diesem Kontext aber eine „in Programmiersprache(n) transformierbare Vorgehensweise, nach der ein Rechner eine bestimmte Aufgabe in endlicher Zeit bewältigt"[6]. Am Anfang steht eine Informationseingabe, die automatisiert, d. h. ohne menschliches Eingreifen, verarbeitet wird und zu einer Ausgabe führt. Vereinfacht ausgedrückt gibt es Algorithmen, bei denen die nötigen Zwischenschritte, um die Aufgabe zu bewältigen, im Vorhinein festgelegt werden.[7] Im Zusammenhang mit der Entscheidungsautomatisierung waren dies vor allem die sog. Expertensysteme, die bereits in den 1960er-Jahren entwickelt wurden und mit solchen deterministischen Algorithmen arbeiteten – die Extrahierung dieser Regeln aus branchenspezifischem Wissen war jedoch zeit- und kostenintensiv und die Vorstellung, die Realität lasse sich durch eine Handvoll „Wenn-Dann"-Regeln abbilden, erwies sich als Illusion.[8]

Daneben existieren sog. selbstlernende Algorithmen, die in Teilen autonom entscheiden, welche Kriterien zur Problemlösung herangezogen oder wie diese gewichtet werden.[9] Durch sog. Feedback der Systementwickler optimieren sie ihre Vorgehensweise. Selbstlernende Algorithmen werden anhand von Datensätzen trainiert. Der Zugriff auf *Big Data* hat daher zu einer Verbesserung des maschinellen Lernens geführt. In Verbindung mit der Speicher- und Verarbeitungskapazität ergibt sich die Komplexität somit auch aus der Vielzahl der zeitgleich stattfindenden Operationen. Eine technologiebezogene juristische Legaldefinition automatisierter Entscheidungssysteme findet sich im *Algorithmic Accountability Act* – einem US-amerikanischen Gesetzentwurf aus dem Jahr 2019, der die Regulierung dieser Systeme vorsieht.[10] Danach meint ein automatisiertes Entscheidungssystem „a computational process, including one derived from machine learning, statistics, or other data processing or artificial intelligence techniques, that makes a decision or facilitates human decision making"[11]. Die Definition hat den Vorteil, dass sie in technologischer Hinsicht relativ offen ist und nicht nur voll-, sondern auch teilautomatisierte Entscheidungen abdeckt. Letztere sind aktuell noch deutlich stärker verbreitet als vollautomatisierte personenbezogene Entscheidungen.[12] Der Begriff der algorithmenbasierten Entscheidung wäre hier präziser. Der Untersuchungsgegenstand wird vorliegend zunächst über das Kriterium der Personenbezogenheit grob eingegrenzt, weitere Trennlinien werden im Laufe der Arbeit entwickelt.

---

[6] *Martini*, JZ 2017, 1017 (1017).

[7] *Alpaydin*, Machine Learning, 2016, S. 50.

[8] A. a. O., S. 50 f.

[9] Zum maschinellen Lernen s. Abschnitt B. I. 5.

[10] Der Gesetzentwurf ist abrufbar unter https://www.congress.gov/bill/116th-congress/house-bill/2231/text [zuletzt abgerufen am 22. 2. 2021].

[11] Section 2 Abs. 1. Der Gesetzentwurf begrenzt den Anwendungsbereich dahingehend, dass diese Entscheidungsmodelle Auswirkungen auf Verbraucher haben müssen, wobei der Verbraucherbegriff hier allgemein eine natürliche Person bezeichnet, s. Section 4 Abs. 4.

[12] Dazu B. III. 3.

Obwohl algorithmenbasierte personenbezogene Entscheidungen unterschiedliche Funktionen erfüllen, ähnelt sich die Funktionsweise in Fällen des *Big Data*-basierten maschinellen Lernens: Die Analyse von *Big Data* kann Korrelationen sichtbar machen, die außerhalb einer hypothesengeleiteten Erhebung liegen. Es geht darum, Muster in einer großen Datenbasis zu erkennen, die im Rahmen einer Hypothese näher untersucht werden können, wobei Korrelation und Kausalität strikt zu trennen sind. Ein eingängiges Beispiel stammt aus dem Bereich der Kreditvergabe: Kreditgebern[13] ist daran gelegen, die Bonität von Darlehensnehmern möglichst zutreffend einzuschätzen. Dafür stützen sie sich grundsätzlich auf Daten, die einen offensichtlichen Bezug zu den finanziellen Verhältnissen und dem Zahlungsverhalten des Antragstellers haben, beispielsweise Gehaltsnachweise oder vergangene Zahlungsausfälle. Aufgrund der geschilderten technischen Entwicklung ist es mittlerweile möglich, diese Prognose sehr viel feinmaschiger und individueller zu erstellen: Der Algorithmus eines Kreditinstituts fand eine signifikante Korrelation zwischen einer auf dem PC von Darlehensnehmern installierten Schriftart und deren Kreditausfallrate.[14] Nachträglich stellte sich heraus, dass diese Schriftart nur von Online-Casino- und Poker-Programmen benutzt wird und sich die Ausfallrate daher mit Glücksspiel erklären ließ. Dieses Beispiel ist in zweierlei Hinsicht bezeichnend: Zum einen verdeutlicht es, dass Algorithmen Korrelationen erkennen, die Menschen normalerweise verborgen bleiben. Zum anderen konnte in diesem Fall durch die Identifizierung der signifikanten unabhängigen Variablen nachträglich ein Kausalzusammenhang etabliert werden, was bei Korrelationen, die für Menschen nicht intuitiv sind, jedoch oft nicht möglich ist – selbst wenn letztlich eine Kausalität dahintersteht.

Die Nutzung von Programmen, die aufgrund algorithmischer Auswertung von Daten Entscheidungen bzw. Prognosen treffen, variiert stark nach Fachgebiet, betrifft aber sowohl den öffentlichen als auch den privaten Sektor – konsequenterweise unterscheidet die Datenschutz-Grundverordnung[15] nicht zwischen öffentlichen und privaten Entscheidungsträgern, sondern reguliert beide gleichermaßen.[16] Insgesamt ist festzustellen, dass private Unternehmen stärker auf algorithmengesteuerte Abläufe zurückgreifen als staatliche Institutionen. Dies liegt zum einen daran, dass der Staat der direkten Grundrechtsbindung unterliegt und folglich keine

---

[13] Alle personenbezogenen Bezeichnungen sind geschlechtsneutral zu verstehen.

[14] *Storn*, App statt Bank, in: „Die Zeit" v. 13.5.2015, S. 26 f.

[15] Verordnung (EU) 2016/679 des Europäischen Parlaments und des Rates v. 27. April 2016 zum Schutz natürlicher Personen bei der Verarbeitung personenbezogener Daten, zum freien Datenverkehr und zur Aufhebung der Richtlinie 95/46/EG (Datenschutz-Grundverordnung), ABl. L 119 v. 4.5.2016, S. 1–88.

[16] Art. 2 DSGVO. Die Strafverfolgung als öffentliche Aufgabe wurde vom Anwendungsbereich ausgenommen und separat geregelt in der Richtlinie (EU) 2016/680 des Europäischen Parlaments und des Rates v. 27.4.2016 zum Schutz natürlicher Personen bei der Verarbeitung personenbezogener Daten durch die zuständigen Behörden zum Zwecke der Verhütung, Ermittlung, Aufdeckung oder Verfolgung von Straftaten oder der Strafverfolgung sowie zum freien Datenverkehr und zur Aufhebung des Rahmenbeschlusses 2008/977/JI des Rates, ABl. EU L 119 v. 4.5.2016, S. 89–131.

zentralen umfassenden Datensammlungen über Individuen anlegen darf,[17] die die Grundlage für automatisierte Anwendungen in der Privatwirtschaft darstellen.[18] Zum anderen verfügt der Staat bislang nicht über eine vergleichbare informationstechnische Infrastruktur, in die algorithmenbasierte Entscheidungen ohne Weiteres integriert werden können.[19]

Algorithmenbasierte Prognosen in der Privatwirtschaft können unter anderem als Grundlage für Vertragsschlüsse – zum Beispiel bei Darlehens-, Arbeits- und Versicherungsverträgen –, für Preisgestaltungen im Online-Handel oder für Finanztransaktionen genutzt werden. Im Staatswesen lassen sich Beispiele im Polizei-, Sozial- und Steuerrecht finden.[20] Der Fokus liegt hier insgesamt auf der Verwaltung.

Ob die in den USA zu beobachtende Tendenz, algorithmische Prognosen in die Urteilsfindung in der Justiz einzubeziehen, auch in Europa Realität wird, bleibt abzuwarten.[21] In Deutschland würde insbesondere Art. 92 GG, der die rechtsprechende Gewalt dem – menschlichen – Richter anvertraut, den Einsatz begrenzen. In Frankreich verbietet Art. 47 Abs. 1 der *Loi informatique et libertés*[22] ausdrücklich, Justizentscheidungen, die Einschätzungen menschlichen Verhaltens betreffen, zu automatisieren.

Da es sich vor allem im privaten Sektor um ein sehr dynamisches Feld handelt, in dem sich fortlaufend neue technologische und ökonomische Modelle entwickeln, ist es aktuell nicht möglich, alle Anwendungsbereiche abschließend darzustellen. Es zeigt sich aber, dass der Einsatz von Algorithmen zur Entscheidungsfindung nahezu jeden Lebensbereich berührt. Darin unterscheidet sich diese Entwicklung von sektoralen naturwissenschaftlichen Neuerungen und gewinnt gesamtgesellschaftliche Relevanz.

---

[17] Grundlegend BVerfGE 65, 1 (53); s. auch BVerfGE 27, 1 (6).

[18] *Thapa/Parycek*, in: Mohabbat Kar u.a. (Hrsg.), (Un)Berechenbar? Algorithmen und Automatisierung in Staat und Gesellschaft, Kompetenzzentrum Öffentliche IT – Fraunhofer FOKUS, 2018, S. 40 (46) sehen neben den rechtlichen Hindernissen aber ebenso ein „organisationspolitisches Kalkül", Datensätze auch innerhalb von staatlichen Institutionen nur eingeschränkt auszutauschen.

[19] *Wischmeyer*, AöR 143 (2018), 1 (39) weist darauf hin, dass der Unterschied in der praktischen Umsetzung besteht, aber bereits in den 1950er-Jahren Konzepte zur Automatisierung der Verwaltung existierten.

[20] Zu Anwendungsbeispielen s. Abschnitt B.II.

[21] Die Urteilsfindung selbst stützt sich in Deutschland bislang nicht auf Algorithmen. Feststeht aber, dass eine empirische Rechtsprechungs*analyse* durch Algorithmen in den letzten Jahren auch in Europa an Bedeutung gewonnen hat – verschiedene *Legal-Tech*-Unternehmen bieten im Sinne des Holmes'schen Idealbild des Rechts als erfahrungsbasierte Vorhersage die statistische Auswertung von Rechtsprechung an, s. *Holmes*, Harv. L. Rev. 10 (1897), 457 (461); zur Analyse der Rechtsprechung des EGMR s. *Aletras u.a.*, PeerJ Comp. Sc. 2 (2016), 1.

[22] Loi n° 78–17 du 6 janvier 1978 relative à l'informatique, aux fichiers et aux libertés, JORF v. 7.1.1978, S. 227; der jeweils aktuelle Gesetzestext sowie ältere Fassungen sind verfügbar unter https://www.legifrance.gouv.fr/affichTexte.do?cidTexte=JORFTEXT000000886460 [zuletzt abgerufen am 22.2.2021].

II. Regulierung algorithmenbasierter Entscheidungen als ethischer Diskurs

Vor diesem Hintergrund hat sich in den letzten Jahren eine intensive Debatte um die Regulierung algorithmenbasierter Entscheidungen entwickelt. Hervorzuheben ist zunächst, dass es nicht – oder zumindest nicht primär – um die Datenerhebung geht, sondern um die Automatisierung und die damit verbundenen Prämissen des Entscheidungsprozesses. Daher handelt es sich nur am Rande um datenschutzrechtliche Erwägungen – auf diese Unterscheidung wird noch zurückzukommen sein. Weiterhin fällt auf, dass der Diskurs insbesondere in den Anfängen von ethischer Argumentation geprägt war.[23] Im Kern geht es um die Frage, „ob das Handeln eines Menschen einen ethisch relevanten Wert an sich darstellt, der sich jenseits von Effektivität und Effizienz verwirklicht, und der dem Funktionieren maschineller Systeme vorzuziehen ist"[24]. Dies fächert sich auf in Fragen nach menschlicher Würde, Integrität, Verantwortung und Empathie, die teilweise an die techniksoziologische und -philosophische Diskussion um technologischen Determinismus bzw. Gestaltbarkeit von technologischen Entwicklungen anschließen.[25] Obwohl diese Aspekte für eine gesamtgesellschaftliche Auseinandersetzung mit der Thematik von immenser Wichtigkeit sind und in vielen Bereichen – etwa im Hinblick auf

---

[23] Weit überwiegend werden die ethischen Implikationen automatisierter Entscheidungen im Rahmen einer breiteren Debatte um ethische künstliche Intelligenz behandelt; mit einer kritischen Zusammenfassung *Mittelstadt*, Nature Machine Intelligence 1 (2019), 501 (503 ff.); die von der EU-Kommission eingesetzte unabhängige sog. Hochrangige Expertengruppe für künstliche Intelligenz gab im Jahr 2019 Ethik-Leitlinien für künstliche Intelligenz heraus, die auch auf automatisierte Entscheidungen eingingen, s. HEG-KI (Hrsg.), Ethik-Leitlinien für eine vertrauenswürdige KI, 2019, S. 1 (19 f.); s. auch OECD (Hrsg.), Recommendation of the Council on Artificial Intelligence v. 22.5.2019, Dok. OECD/Legal/0449; *Jobin u. a.*, Nature Machine Intelligence 1 (2019), 389 vergleichen eine Vielzahl an Leitlinien für ethische künstliche Intelligenz; Bundesregierung (Hrsg.), Strategie Künstliche Intelligenz der Bundesregierung, 2018, S. 9; BMJV/BMI (Hrsg.), Gutachten der Datenethikkommission der Bundesregierung, 2019, S. 40 ff. fasst ethische und rechtliche Grundsätze zusammen; primär aus Unternehmensperspektive die „Partnership on AI", die sich auch mit „fairer" künstlicher Intelligenz auseinandersetzt; eine umfassende Datenbank zu ethischen Leitlinien für künstliche Intelligenz aus verschiedenen Sektoren und Regionen bietet https://inventory.algorithmwatch. org [zuletzt abgerufen am 22.2.2021].

[24] BMJV/BMI (Hrsg.), Gutachten der Datenethikkommission der Bundesregierung, 2019, S. 40.

[25] Zum technologischen Determinismus s. insbesondere *Schelsky*, Der Mensch in der wissenschaftlichen Zivilisation, 1961, S. 8, 10 ff., der an *Ellul*, La technique ou l'enjeu du siècle, 2. Aufl. 1990, S. 121 ff. anknüpft, wobei *Ellul* einen sehr weiten, technokratischen Ansatz wählt; in diese Richtung auch *Supiot*, La Gouvernance par les nombres, 2015; für eine gesellschaftliche Verantwortung hinsichtlich technologischer Entwicklungen und gegen eine Mystifizierung der Technik *Adorno*, in: Lenk/Ropohl (Hrsg.), Technik und Ethik, 1989, S. 22 (28 f.); *Bull*, Der Staat 58 (2019), 57 (59 f.); *Capurro*, in: Lenk/Ropohl (Hrsg.), Technik und Ethik, 1989, S. 259 (261 ff.); *Weizenbaum*, Die Macht der Computer und die Ohnmacht der Vernunft, 1978.

die Menschenwürde – Schnittmengen mit grundrechtlichen Argumentationslinien bestehen, haben ethische Erwägungen einen Nachteil: Sie sind allein nicht justiziabel. Zugespitzt formuliert: Niemand kann Rechtsschutz erlangen, indem er sich allein auf ethische Prinzipien beruft. Wachter/Mittelstadt sehen darin „a common blind spot"[26] in der Forschung zu algorithmenbasierten Entscheidungen. Daher gilt es, zunächst herauszuarbeiten, welche Rechte und Rechtsgüter eine Regulierung automatisierter Entscheidungen überhaupt schützen soll.

III. Unzureichende grundrechtsdogmatische Verankerung

Angesichts des – potenziellen – Spektrums der Nutzung algorithmenbasierter Entscheidungen stellt sich daher die zentrale Frage, wie sich das Recht, als Normensystem und als Institution, langfristig zu diesem Phänomen positioniert. Hier sind global zwei aktuelle Strömungen zu beobachten: Zum einen gibt es Ansätze, automatisierte Entscheidungen als Instrument des Rechts einzubinden. Das betrifft insbesondere die Rechtsdienstleistung[27] und das Verwaltungsrecht.[28] Diese Tendenz ist vor allem im anglo-amerikanischen Raum präsent.[29]

Zum anderen wird das Recht als externe Instanz gesehen, die diese technische Entwicklung reguliert. Dabei werden algorithmenbasierte Entscheidungen unter

---

[26] *Wachter/Mittelstadt*, Colum. Bus. L. Rev. 2019, 494 (503).

[27] Dabei ist zu beachten, dass der Begriff *Legal Tech* sehr weit ist und sowohl algorithmenbasierte Entscheidungen als auch einfache Datenverwaltung erfasst. Entwicklungen in der Rechtsdienstleistung skizzieren *R. Susskind/D. Susskind*, The Future of the Professions, 2017, S. 66 ff.; umfassend aus technischer Sicht *Ashley*, Artificial Intelligence and Legal Analytics, 2017.

[28] *Casey/Niblett*, U. Toro. L. J. 66 (2016), 429; *dies.*, Ind. L. J., 92 (2017), 1401; *Martini/Nink*, NVwZ Extra 2017, 1.

[29] Wichtige Anstöße dafür lieferten *Reidenberg*, Tex. L. Rev. 76 (1998), 553 und daran anschließend *Lessig*, Harv. L. Rev. 113 (1999) 501; *ders.*, Code and Other Laws of Cyberspace, 1999; neuere Forschung zu dem Verhältnis von Recht, Technik und Regulierung stammt von *Brownsword*, Rights, Regulation, and the Technological Revolution, 2008; *Yeung*, in: Brownsword/dies. (Hrsg.), Regulating technologies, 2008, S. 79. Dabei wird grundsätzlich ein funktionaler Ansatz verfolgt: Der Fokus liegt auf dem Recht als eine Form von Regulierung, die mit anderen Steuerungselementen verglichen wird; kritisch dazu *Hildebrandt*, U. Toro. L. J. 68 Sup. 1 (2018), 12 (13); *Möllers*, Die Möglichkeit der Normen, 2015, S. 454 ff., der zumindest die Möglichkeit der Devianz gewahrt wissen möchte; *Brownsword*, in: Grimm/Kemmerer/Möllers (Hrsg.), Human Dignity in Context, 2018, S. 299 (320) komplementär zu Möllers dahingehend, dass auch die intrinsisch motivierte Befolgung von Normen ein affirmatives Zeichen nach außen setzt, das durch automatisierte Durchsetzung unsichtbar würde; zur Abgrenzung von Recht und Regulierung s. *Black*, Austl. J. Leg. Phil. 27 (2002), 1 (29 ff.); dabei zeigt sich auch, wie eng die Rechtswissenschaft mit der Schriftsprache verflochten ist – das mag der Grund sein für eine verhältnismäßig spärliche Literatur zu den Ausdrucksformen des Rechts, s. jedoch *Boehme-Neßler*, Unscharfes Recht, 2008; *Vesting*, Die Medien des Rechts: Computernetzwerke, 2015; *Hildebrandt*, Smart Technologies and the End(s) of Law, 2016, S. 10 ff.

unterschiedlichen juristischen Gesichtspunkten diskutiert: Der Fokus der Forschung liegt aktuell im Zivilrecht, diskutiert werden insbesondere kartell-, haftungs- und vertragsrechtliche Fragen.[30]

In den letzten Jahren hat sich aber auch eine verfassungsrechtliche Forschung im Hinblick auf den personenbezogenen Einsatz von Algorithmen etabliert. Sie steckt allerdings noch in den Kinderschuhen. Dies liegt vor allem an der Neuartigkeit der Problemstellung. Folglich gibt es noch keinen gefestigten rechtswissenschaftlichen Forschungsstand: Hoffmann-Riem behandelt insbesondere staatsorganisationsrechtliche und demokratietheoretische Aspekte.[31] Martini geht vorrangig auf die verschiedenen Möglichkeiten der Regulierung ein und sieht Regulierungsbedarf aus grundrechtlicher Perspektive vor allem zum Schutz des allgemeinen Persönlichkeitsrechts, insbesondere der informationellen Selbstbestimmung, der Gleichheitsrechte und der Meinungsfreit als Meinungsbildungsfreiheit.[32] Wischmeyer rekurriert auf die informationelle Selbstbestimmung und streift die sog. Objektformel.[33] In jüngerer Zeit rücken verstärkt gleichheitsrechtliche Aspekte in den Fokus.[34] Weitere Autoren sehen die Menschenwürde als betroffenes Schutzgut.[35]

Die Ansätze auf europäischer Ebene gleichen einem verfassungsrechtlichen „Rundumschlag": Das Weißbuch zur künstlichen Intelligenz der Europäischen Kommission sieht in einer breiteren Perspektive Gefährdungen unter anderem der Menschenwürde, der Gleichheitsrechte, des Privatlebens und der Meinungsfreiheit durch die Nutzung künstlicher Intelligenz.[36]

Speziell im Hinblick auf algorithmenbasierte Entscheidungen bezieht sich der Europarat unter anderem auf Risiken im Hinblick auf Datenschutz, Meinungs-, Versammlungs- und Vereinigungsfreiheit, Diskriminierungsverbote, effektiven

---

[30] Aus kartellrechtlicher Perspektive *Ezrachi/Stucke*, Virtual Competition, 2016, S. 218 ff.; *Gat/Elkin-Koren*, Harv. J. L. & Tech. 30 (2017), 309 (340 ff.); mit Prüfung von Art. 102 AUEV *Townley u. a.*, Big Data and Personalised Price Discrimination in EU Competition Law, King's College London Dickson Poon School of Law Legal Studies Research Paper Series: Paper Nr. 2017–38, 2017, S. 32 ff.; unter vertragsrechtlichen und rechtsökonomischen Gesichtspunkten *Wagner/Eidenmüller*, U. Chi. L. Rev. 86 (2019), 581; *Grundmann/Hacker*, ERCL 13 (2017), 255; zum Versuch einer Verortung des „technology law" als Rechtsdisziplin s. *Guihot*, L., Innov. & Tech. 11 (2019), 311 (342).

[31] *Hoffmann-Riem*, AöR 142 (2017), 1 (14 f., 24 ff.); zur demokratietheoretischen Dimension des Problems s. auch *Unger*, in: ders./von Ungern-Sternberg (Hrsg.), Demokratie und künstliche Intelligenz, 2019, S. 113 (122 ff.).

[32] *Martini*, Blackbox Algorithmus, 2019, S. 75 ff.; *ders.*, JZ 2017, 1017 (1018 f.).

[33] *Wischmeyer*, AöR 143 (2018), 1 (22 f., 41, 48).

[34] *Härtel*, LKV 2019, 49 (56 f.); *Tischbirek*, in: Wischmeyer/Rademacher (Hrsg.), Regulating Artificial Intelligence, 2020, S. 103 (104 ff.).

[35] *Ernst*, in: Klafki u. a. (Hrsg.), Digitalisierung und Recht, 2017, S. 63 (70); *Drackert*, Die Risiken der Verarbeitung personenbezogener Daten, 2014, S. 137; *Bygrave*, Data Protection Law, 2002, S. 322; *Dammann*, ZD 2016, 307 (313).

[36] KOM(2020) 65 endg. v. 19. 2. 2020, S. 12 ff.

Rechtsschutz und das Recht auf freie Wahlen.[37] In einer aktuellen Empfehlung fordert das Ministerkomitee des Europarats die Mitgliedstaaten auf, den Schutz der Grundrechte bei der Nutzung algorithmischer Systeme sicherzustellen.[38]

IV. Die Genese und Rezeption des Art. 22 Abs. 1 DSGVO aus grundrechtlicher Perspektive

Angesichts dieser allumfassenden und teils vagen grundrechtlichen Argumente für eine Regulierung algorithmenbasierter Entscheidungssysteme bedarf es einer Diskursstrukturierung, die über eine rein quantitative Auswertung hinausgeht. Dies ist in doppelter Hinsicht relevant: Auf der theoretischen Ebene ergeben sich in der rechtswissenschaftlichen Diskussion normative Unschärfen insbesondere bei den grundrechtlichen Schutzbereichen.[39] Dies wiederum erschwert eine Verortung eventueller Schutzlücken.

Aus praktischer Perspektive verhindern ein nur vage umrissenes Schutzgut oder zu heterogene Begründungsansätze eine zielgerichtete und effiziente Regulierung. Aus rechtspolitischer Sicht ist das Thema relevant, da die Weiterentwicklung von künstlicher Intelligenz, zu der maschinelles Lernen als Grundlage automatisierter Entscheidungen zählt, in den letzten Jahren verstärkt öffentliche Aufmerksamkeit erhalten hat. Dies lässt sich auch daran ablesen, dass zahlreiche Staaten in jüngerer Zeit nationale Strategien zu künstlicher Intelligenz vorgestellt haben.[40] Die Europäische Union hat im Februar 2020 zu dieser Thematik ein Weißbuch vorgestellt, zu dem ein öffentliches Konsultationsverfahren lief.[41]

Die Arbeit vertieft daher die Frage, welche grundrechtlichen Argumente herangezogen werden, um die Regulierung algorithmenbasierter Entscheidungen im öffentlichen und privaten Sektor zu begründen. Es geht somit nicht primär um die Frage, *wie* automatisierte Entscheidungssysteme im Detail reguliert werden sollten, sondern *warum* aus grundrechtlicher Perspektive generell eine Regulierung befürwortet wird. Die Untersuchung nimmt Art. 22 DSGVO – eine atypische Norm

---

[37] Europarat (Hrsg.), Algorithms and Human Rights – Study on the human rights dimensions of automated data processing techniques and possible regulatory implications, 2018; s. auch die Empfehlung des Ministerkomitees des Europarats CM/Rec(2010)13 v. 23.11.2010 zum Profiling.

[38] CM/Rec(2020)1 v. 8.4.2020; s. zudem die Studie des obersten französischen Verwaltungsgerichts zu Grundrechten im digitalen Zeitalter – Conseil d'État (Hrsg.), La France dans la transformation numérique: quelle protection des droits fondamentaux?, 2016.

[39] *Bull*, Der Staat 58 (2019), 57 (57) weist darauf hin, dass die aktuellen gesellschaftlichen Herausforderungen, die sich durch die technologische Entwicklung ergeben, „nur selten […] am Maßstab des *geltenden Rechts* beantwortet" werden.

[40] Für Deutschland s. Bundesregierung (Hrsg.), Strategie Künstliche Intelligenz der Bundesregierung, 2018, S. 4 f.; eine aktuelle Übersicht über die Strategien weiterer Staaten ist verfügbar unter https://oecd-opsi.org/projects/ai/strategies/ [zuletzt abgerufen am 22.2.2021].

[41] KOM(2020) 65 endg. v. 19.2.2020.

im Datenschutzrecht mit einem im Detail unklaren Telos[42] – als Ausgangspunkt. Art. 22 Abs. 1 DSGVO enthält ein Verbot[43] personenbezogener vollautomatisierter Entscheidungen, die der betroffenen Person gegenüber „rechtliche Wirkung entfalte[n] oder sie in ähnlicher Weise erheblich beeinträchtige[n]"; Art. 22 Abs. 2 DSGVO sieht allerdings weitreichende Ausnahmen vor. Die Norm basiert auf Art. 15 der Datenschutzrichtlinie,[44] der wiederum auf Regelungen des französischen Datenschutzrechts beruht.[45] Mit Art. 22 Abs. 1 DSGVO sowie den Vorgängernormen und der Umsetzung in nationales Recht[46] wurde ein allgemeiner Regulierungsansatz gewählt, der weder nach Anwendungsbereichen noch nach staatlichen und privaten Entscheidungsträgern differenziert. Hervorzuheben ist, dass die Regulierung automatisierter Entscheidungen einen Fremdkörper im Datenschutzrecht darstellt, da sie auch unter der Prämisse greift, dass die Daten rechtmäßig erhoben wurden.[47] Die Auswirkungen der Regelung sind bislang gering, da sie vollautomatisierte Entscheidungen voraussetzt, die in der Praxis noch wenig verbreitet sind.[48]

Die Entstehungsgeschichte und die heutige wissenschaftliche Rezeption der Norm zu untersuchen, ist deshalb aber nicht fruchtlos: Eine vertiefte Auseinandersetzung mit den normativen Prämissen der Regelung dient zum einen der Schärfung ihres bislang noch diffusen Telos. Zum anderen stellt sie einen legislativen „Steinbruch"[49] für grundrechtliche Begründungsansätze im Hinblick auf die Regulierung[50] algorithmenbasierter Entscheidungen dar. Eine Systematisierung und

---

[42] *Schulz*, in: Gola (Hrsg.), DS-GVO, 2. Aufl. 2018, Art. 22 Rn. 2 spricht in Zusammenhang mit der Regulierung algorithmenbasierter Entscheidungen durch die Datenschutzgrundverordnung von dem „Ausdruck eines diffusen allgemeinen Unbehagens des Verordnungsgebers gegenüber maschinellen Entscheidungen"; ähnlich *Dammann*, ZD 2016, 307 (313): „Allerdings besteht noch wenig Klarheit, warum genau automatisierte Entscheidungen das Persönlichkeitsrecht der Betroffenen tangieren. [...] Erst aus einem definierten Schutzziel kann eine Schutzstrategie abgeleitet werden. Solange es an beidem mangelt, kann man kaum mehr erwarten als ein politisches Placebo." Noch deutlicher *Zarsky*, Seton Hall L. Rev. 47 (2017), 995 (1017): „Article 22 is perhaps the most salient example of the GDPR's rejection of the Big Data Revolution. It signals a deep distrust towards these automated processes, yet does not specify why this attitude was adopted.".

[43] Zur Einordnung als Verbot s. Fn. 615 in Abschnitt B.

[44] Richtlinie 95/46/EG des Europäischen Parlaments und des Rates v. 24.10.1995 zum Schutz natürlicher Personen bei der Verarbeitung personenbezogener Daten und zum freien Datenverkehr, ABl. L 281 v. 23.11.1995, S. 31–50.

[45] Art. 2 Loi n° 78–17 du 6 janvier 1978 relative à l'informatique, aux fichiers et aux libertés.

[46] Zu den Normtexten s. Anhang I.

[47] *Wuermeling*, DB 1996, 663 (668) spricht von einer „sachfremde[n] Regelung", die „auf Drängen Frankreichs in die Richtlinie aufgenommen" wurde.

[48] *Martini u. a.*, Automatisch erlaubt?, 2020, Bertelsmann Stiftung, S. 9 sehen daher eine unionsrechtliche Regelungslücke für entscheidungsunterstützende Systeme.

[49] In Anlehnung an *Wischmeyer*, AöR 143 (2018), 1 (19).

[50] Dem Regulierungsbegriff wird vorliegend ein weites etymologisches Verständnis zugrunde gelegt im Sinne einer Lenkung, s. *Seebold*, in: Kluge (Begr.), Etymologisches Wörterbuch der deutschen Sprache, 25. Aufl. 2011, S. 754 („regulieren"), da nicht nur der staatliche Einfluss auf private Akteuren in den Blick genommen wird; zu den verschiedenen Dimensionen des Regulierungsbegriffs ausführlich *Hellgardt*, Regulierung und Privatrecht, 2016, S. 15 ff.

Vertiefung dieser Argumente kann damit im Idealfall einen Beitrag zu der über Art. 22 DSGVO hinausgehenden, eingangs erwähnten Debatte um die Regulierung künstlicher Intelligenz leisten. Von Interesse ist im Rahmen dieser historischen und rechtsvergleichenden Perspektive deshalb insbesondere die grundrechtliche Begründungskonsistenz im Kontext von Art. 22 DSGVO und der Vorgängerregelungen über verschiedene Zeitabschnitte und Rechtsordnungen hinweg.

Staatsorganisationsrechtliche Aspekte sind ausgenommen, da vorliegend auch Anwendungen im Privatrechtsverhältnis untersucht werden.

V. Untersuchungsansatz

In einer interdisziplinären Perspektive stellt die Arbeit zunächst die Grundlagen der Funktionsweise algorithmenbasierter Entscheidungen, der Datenqualität sowie exemplarische Anwendungsfelder im staatlichen und privatrechtlichen Bereich dar, bevor anschließend auf die Voraussetzungen von Art. 22 DSGVO eingegangen wird (B.). Die interdisziplinären Ausführungen scheinen als Hintergrundwissen notwendig, um die rechtswissenschaftliche Debatte angemessen einzuordnen und verdeutlichen gleichzeitig die Relevanz dieser technologischen Entwicklung. In der juristischen Analyse dienen sie als punktueller empirischer Rückbezug.

Im Anschluss wird die Genese von Art. 22 DSGVO ausgehend von den Anfängen im französischen Datenschutzrecht in den 1970er-Jahren über die unionsrechtliche Entwicklung bis hin zur Rezeption der Norm in der deutschen rechtswissenschaftlichen Literatur nachvollzogen und hinsichtlich grundrechtlicher Argumentationslinien untersucht (C.). Dieser historische und rechtsvergleichende Ansatz dient dazu, die Begründungskonsistenz über verschiedene Rechtsordnungen und Jahrzehnte hinweg zu analysieren. Die grundrechtlichen Erwägungen in der deutschen Literatur lassen sich somit auch vor dem Hintergrund der normativen Begründungsansätze im europäischen und französischen Gesetzgebungsprozess einordnen. Im Fokus steht eine Systematisierung der grundrechtlichen Argumentation mit dem Ziel, ähnliche Argumentationslinien zu identifizieren.

Am Maßstab des Grundgesetzes vertieft die vorliegende Arbeit in einem letzten Schritt die Tragfähigkeit der grundrechtlichen Bezüge. Hier steht die Frage im Vordergrund, ob die im ersten Kapitel beschriebenen Charakteristika algorithmenbasierter Entscheidungen von den Schutzbereichen und -konzepten der Grundrechte abgedeckt werden können, die im Gesetzgebungsverfahren und im Schrifttum als normatives Fundament von Art. 22 DSGVO genannt werden.

Die Untersuchung schließt mit einer Zusammenfassung (D.), die in Thesen verdichtet wird (E.).

B. Gegenstand der Untersuchung in interdisziplinärer Perspektive

Dass das Recht technische Entwicklungen in juristische Normengefüge und Institutionen einordnet, ist kein neues Phänomen.[1] Ein Jurist muss sich jedoch in der Regel die Funktionsweise und Anwendung technologischer Innovationen – zumindest rudimentär – aneignen, um sie anschließend in ein vertrautes System zu integrieren. Erschwerend kommt hinzu, dass viele Begriffe, die im wissenschaftlichen und gesamtgesellschaftlichen Diskurs als Ausgangspunkt dienen, nicht einheitlich definiert werden. Dies betrifft unter anderem Konzepte wie Algorithmus, künstliche Intelligenz, Regulierung oder maschinelles Lernen: So finden sich zahlreiche Definitionen mit gemeinsamen Merkmalen, aber dennoch unterschiedlichen Schwerpunkten und Perspektiven.[2] Zum Teil wird auf ein implizites Vorverständnis abgestellt.[3]

Daher sollen in einem ersten Kapitel der Untersuchungsgegenstand eingegrenzt sowie die Anwendungsbereiche algorithmischer personenbezogener Entscheidungen dargestellt werden. Es steht nicht im Fokus, allgemeingültige Definitionen herauszuarbeiten, sondern vielmehr kenntlich zu machen, von welchen technologischen Prämissen die Arbeit ausgeht. Dies verdeutlicht außerdem die Bandbreite der Nutzung und somit letztlich die Relevanz für die rechtswissenschaftliche Forschung.

Die folgenden Erörterungen bilden mithin den interdisziplinären Referenzrahmen für die anschließende juristische Analyse. Dazu werden in einem ersten Schritt die technologischen Charakteristika und exemplarische Anwendungsbereiche automatisierter personenbezogener Entscheidung erläutert, bevor nachfolgend die Voraussetzungen des Art. 22 Abs. 1 DSGVO dargestellt werden.

---

[1] S. etwa *Hoffmann-Riem*, Innovation und Recht – Recht und Innovation, 2016, S. 455 ff. zum Beispiel der Gen- und Nanotechnologie.

[2] Zur Definition des Algorithmus etwa *Ottmann/Widmayer*, Algorithmen und Datenstrukturen, 6. Aufl. 2017, S. 1; *Martini*, JZ 2017, 1017 (1017); BMJV/BMI (Hrsg.), Gutachten der Datenethikkommission der Bundesregierung, 2019, S. 54; zum Begriff der KI s. beispielhaft *Wischmeyer*, AöR 143 (2018), 1 (2); *Scherer*, Harv. J.L. & Tech. 29 (2016), 353 (359 ff.); ausführlich zu verschiedenen Definitionsansätzen *Russell/Norvig*, Künstliche Intelligenz, 3. Aufl. 2012, S. 22 ff. mit einer Präferenz für das Konzept des rationalen Agenten; Bundesregierung (Hrsg.), Strategie Künstliche Intelligenz der Bundesregierung, 2018, S. 4 f.

[3] So der Fall bei *Boehme-Neßler*, NJW 2017, 3031.

I. Charakteristika algorithmenbasierter Entscheidungen

Zunächst soll näher auf die Funktionsweise und den technologischen Kontext von automatisierten (Vor-)Entscheidungen eingegangen werden. Dies dient dazu, sich mit den relevanten fachfremden Schlüsselbegriffen vertraut zu machen, um Möglichkeiten und Grenzen algorithmenbasierter Entscheidungen besser beurteilen und so letztlich aus juristischer Perspektive diesbezügliche grundrechtliche Problematiken klarer benennen zu können. Dabei werden zunächst grundsätzliche Vorteile algorithmenbasierter Entscheidungen benannt, bevor der „Daten-Rohstoff" und dessen Nutzung beleuchtet wird.

1. Vorteile der Nutzung

a) Effizienz und Konsistenz

Unter dem Gesichtspunkt der Effizienz als „das Erreichen zuvor festgelegter Ziele bei möglichst geringem Ressourceneinsatz"[4] ist der Einsatz algorithmenbasierter Entscheidungen in vielen Bereichen sinnvoll – sowohl im privaten als auch im öffentlichen Sektor: Die aktuell mögliche Rechenleistung erlaubt es, innerhalb einer Sekunde mehrere Milliarden an Rechenoperationen auszuführen.[5] Computer sind dem menschlichen Gehirn daher überlegen, wenn es darum geht, sehr große Datenmengen als Variablen in kurzer Zeit zu verarbeiten und zu gewichten.[6] Dabei kann eine Vielzahl von Parametern in eine einzige Kalkulation integriert werden.

Effizienzerwägungen sind somit zentral bei der Automatisierung von Entscheidungen.[7] In den USA zum Beispiel war dies der Anstoß für die Entwicklung des *Predictive Policing*, da infolge der Finanzkrise von 2008 in manchen Bundesstaaten das Personal der Polizei verkleinert wurde.[8]

Bei standardisierbaren Fällen könnten algorithmenbasierte Entscheidungen im Idealfall dazu führen, dass die eingesparte Zeit in die – menschliche – Bearbeitung komplexer Sachverhalte fließt. Automatisierte Abläufe können auch die Informations- und Transaktionskosten senken.[9]

---

[4] *Thapa/Parycek*, in: Mohabbat Kar u.a. (Hrsg.), (Un)Berechenbar? Algorithmen und Automatisierung in Staat und Gesellschaft, Kompetenzzentrum Öffentliche IT – Fraunhofer FOKUS, 2018, S. 40 (57); zum Effizienzbegriff im Verwaltungsrecht s. auch *Herold*, Demokratische Legitimation automatisiert erlassener Verwaltungsakte, 2020, S. 160 f.

[5] *Alpaydin*, Machine Learning, 2016, S. 150 ff.

[6] *Gat/Elkin-Koren*, Harv. J.L. & Tech. 30 (2017), 309 (318).

[7] S. beispielhaft BT-Drs. 18/8434, S. 5, 121 f.

[8] *Ferguson*, Wash. U.L. Rev. 94 (2017), 1109 (1124 f.).

[9] *Gat/Elkin-Koren*, Harv. J.L. & Tech. 30 (2017), 309 (320).

Folglich gibt es bereits Auffassungen, dass sich ein Recht auf die Einführung künstlicher Intelligenz in der Verwaltung aus Art. 41 EU-GRCh ableiten lasse, da das Recht auf eine gute Verwaltung auch unter Effizienzgesichtspunkten auszulegen sei.[10] Ähnlich wird im Steuerrecht argumentiert, dass der Einsatz von Risikomanagementsystemen in der zunehmend ressourcenschwachen Massenverwaltung verfassungsrechtlich geboten sei, um dem Grundsatz des gleichmäßigen und gesetzmäßigen Steuervollzugs gerecht zu werden.[11]

Zudem sind automatisierte Entscheidungen konsistent, d. h. ähnliche Daten führen zu ähnlichen Ergebnissen – vorausgesetzt, der Algorithmus, die Daten und die Software sind nicht fehlerhaft. Der Entscheidungsprozess ist somit weniger anfällig für nicht entscheidungserhebliche Faktoren, die bei menschlichen Entscheidungen eine Rolle spielen können, etwa die Konzentrationsfähigkeit.

b) (Potenzielle) Neutralität gegenüber Entscheidungssubjekten

Der umstrittenste Vorteil algorithmenbasierter Entscheidungen besteht in der Neutralität des Algorithmus in Bezug auf das Entscheidungssubjekt oder -objekt. Bei personenbezogenen Entscheidungen bedeutet dies, dass der Algorithmus nicht von den vorgegebenen Kriterien abweichen kann, während sich menschliche Entscheidungsträger – bewusst oder unbewusst – neben den nach außen hin sichtbaren objektiven Faktoren von subjektiven Eindrücken, Präferenzen, aber auch Umwelteinflüssen leiten lassen. Empirisch lassen sich diese Faktoren nur schwer systematisch nachweisen. Oft zitiert wird in diesem Kontext eine Studie, nach der Richter abhängig von der Mittagspause über das Strafmaß für den Angeklagten entscheiden – wobei hier die Prämisse der zufälligen Bearbeitungsreihenfolge der Fälle in Zweifel gezogen werden kann.[12]

Relativiert wird dieser Vorteil durch folgende Aspekte: Die Neutralität bezieht sich nur darauf, dass die vorgegebenen Variablen den alleinigen Entscheidungsmaßstab darstellen. Daraus lässt sich aber nicht schließen, dass die Entscheidung an sich neutral im Sinne von objektiv wäre. Die Annäherung an eine möglichst

---

[10] *Djeffal*, in: Mohabbat Kar u. a. (Hrsg.), (Un)Berechenbar? Algorithmen und Automatisierung in Staat und Gesellschaft, Kompetenzzentrum Öffentliche IT – Fraunhofer FOKUS, 2018, S. 493 (503); *Schröder*, VerwArch 110 (2019), 328 (330).
[11] *Koch*, Das Risikomanagementsystem der Finanzverwaltung, 2019, S. 66.
[12] *Danziger u. a.*, PNAS 108 (2011), 6889; kritisch zu den Ergebnissen der Studie *Weinshall-Margel/Shapard*, PNAS 108 (2011), E833; *Glöckner*, Judgment and Decision Making 11 (2016), 601; zusammenfassend *Chatziathanasiou*, JZ 2019, 455; ein aktuelles Experiment zum Einfluss außerrechtlicher Faktoren auf richterliche Entscheidungen findet sich bei *Spamann/Klöhn*, J. Leg. Studies 45 (2016), 255; zum Potenzial von maschinellem Lernen, menschliche kognitive Fehler und Vorurteile im Verwaltungsrecht zu überwinden s. *Hermstrüwer*, in: Wischmeyer/Rademacher (Hrsg.), Regulating Artificial Intelligence, 2020, S. 199 (201 ff.).

objektive Entscheidung, die umfassend relevante Informationen berücksichtigt, hängt vielmehr von der Problemstellung, der Datengrundlage und der Art der Auswertung ab. Dies soll an zwei Beispielen verdeutlich werden:

Für das Regressionsmodell des österreichischen Arbeitsmarktservices zur Berechnung der Integrationschance von Arbeitssuchenden wurde beispielsweise die abhängige Variable – (Re-)Integration in den Arbeitsmarkt – quantifiziert als Anzahl der Beschäftigungstage innerhalb von sieben (Zielfunktion 1) bzw. 24 Monaten (Zielfunktion 3). Der Algorithmus berechnet die Wahrscheinlichkeit, mit der ein Arbeitssuchender eine Mindestzahl an Beschäftigungstagen innerhalb dieser Zeiträume erreichen wird. Darauf aufbauend werden dann Fördermaßnahmen zugewiesen.[13] Auf den ersten Blick ist die Prognose einer zeitnahen Aufnahme der Arbeitstätigkeit als Quantifizierung für die erfolgreiche (Re-)Integration in den Arbeitsmarkt naheliegend und kann empirisch ohne Probleme *ex post* kontrolliert werden, um die Güte der Vorhersage zu beurteilen. Auf den zweiten Blick geht es aber gerade um die Auswahl der Maßnahmen des Arbeitsmarktservices, insbesondere um die Vergabe von Fördermaßnahmen wie Fachschulungen, die auf Grundlage der berechneten „(Re-)Integrationschance" getroffen wird. Quantifiziert werden soll also letztlich die Frage, welcher Arbeitssuchender auf welche Weise gefördert wird, um anschließend bei der Arbeitsplatzsuche erfolgreich zu sein. Dahinter stehen nun zwei Aspekte, die klar zu trennen sind: Zum einen ist zu prüfen, ob die Prädiktoren geeignet sind, die (Re-)Integration in den Arbeitsmarkt zu prognostizieren. Zum anderen liegt dem Modell die sozialpolitische Direktive zugrunde, Arbeitssuchenden, denen der Algorithmus eine geringe Integrationschance attestiert, keine kostenintensiven Fördermaßnahmen anzubieten.[14]

Ausgehend von den Konsequenzen der Einstufung bzw. dem Ziel des Modells ist es also durchaus denkbar, andere unabhängige Variablen heranzuziehen, beispielsweise wäre es vertretbar, anstelle von Variablen wie Alter, Geschlecht und Nationalität den Erfolg auf dem Arbeitsmarkt durch psychologische Eigenschaften abzubilden.

Ähnlich komplex ist das Beispiel eines Scores für Lehrer in Washington, D. C., auf dessen Grundlage Lehrer gekündigt wurden, wenn ihr Score einen bestimmten Wert unterschritt.[15] Das Institut, das das Scoring-Modell entwickelte, stand vor der Herausforderung, den Bildungsfortschritt der Schüler zu messen sowie den Anteil, den die Lehrer daran hatten.[16] Die Frage, was einen „guten" Lehrer ausmacht und wie dies quantifizierbar ist, erwies sich als sehr anspruchsvoll. Zudem war die Anzahl der Schüler pro Lehrer so gering, dass sich auf dieser Grundlage kaum

---

[13] Zu den Details des Modells s. Abschnitt B. II. 2 c) bb).

[14] S. https://www.derstandard.de/story/2000108705095/arbeitsmarktservice-gibt-gruenes-licht-fuer-algorithmus [zuletzt abgerufen am 22. 2. 2021].

[15] *O'Neil*, Weapons of Math Destruction, 2017, S. 3 f.

[16] A. a. O., S. 5.

statistisch valide Aussagen zu den Leistungen des Lehrpersonals machen ließen.[17] Das Scoring-Modell stützte sich vor allem auf die Testergebnisse der Schüler und deren Entwicklung über die Schuljahre.[18] Die Prämisse war folglich, dass Lehrer einen maßgeblichen Einfluss auf die Leistung der Schüler haben. So gab es Indizien, dass Lehrer Testergebnisse fälschten aus Angst vor einer Kündigung, was sich wiederum negativ auf Lehrer auswirkte, die danach die Klasse übernahmen und plötzlich auf dem Papier schlechtere Prüfungsergebnisse hatten, die aber den tatsächlichen Leistungsstand der Schüler widerspiegelten.[19] Diese rein menschlichen Fehler verzerrten den Score.

Diese Beispiele verdeutlichen, dass automatisierte Entscheidungen immer nur einen Teil einer hochkomplexen Umwelt abbilden und dass es keine allgemeingültigen Modelle gibt, sondern bereits die Quantifizierung eine bestimmte politische, ethische oder ökonomische Perspektive auf die Problemstellung beinhaltet.[20] Algorithmen sind stets menschengemacht und lassen sich nicht gänzlich von den subjektiven Vorstellungen ihrer Entwickler lösen.

Unabhängig davon stellt sich das Problem, dass für eine abhängige Variable zum Teil signifikante Prädiktoren existieren, die aber schwer zu erheben sind. Im Falle der Arbeitssuche könnte es zum Beispiel sein, dass sich das Kriterium des Erfolgs auf dem Arbeitsmarkt besser durch bestimmte Persönlichkeitsmerkmale prognostizieren ließe. Bei Modellen, die auf Variablen basieren, die nur unter großem Aufwand oder mit rechtlichen Einschränkungen erhoben werden können, besteht das Risiko, auf leichter zugängliche bzw. erhebbare Variablen – d. h. vor allem soziodemografische Daten – auszuweichen zulasten der Regressionsgüte.

Garantiert werden kann daher lediglich – aber immerhin – ein standardisiertes Entscheidungs*verfahren*, das extern kontrollierbar ist.[21] Wird als Vergleichsmaßstab die nur zum Teil nachprüfbare menschliche Entscheidungsfindung herangezogen, stellt dies einen Vorteil dar. Ist der Bezugspunkt hingegen das Ideal eines objektiven, alle relevanten Daten berücksichtigenden Algorithmus, kann Neutralität nur als potenzielle Neutralität verstanden werden.

Nicht identisch, aber in diesem Kontext oft genannt ist der Begriff der „vernünftigen" Entscheidung:

„Durch probabilistische Techniken der Kontingenzbewältigung erfahren die Entscheider zwar nicht unbedingt etwas über die Beschaffenheit der Welt, das Wesen des zu behandelnden Problems [...]. Entscheidend ist vielmehr das *Verfahren*, das den handelnden Akteuren

---

[17] A. a. O., S. 6.
[18] A. a. O., S. 9.
[19] A. a. O., S. 9 f.
[20] *O'Neil*, a. a. O., S. 21 formuliert überspitzt: „Models are opinions embedded in mathematics."; ähnlich *Cohen*, Harv. L. Rev. 126 (2013), 1904 (1924 f.).
[21] Die Kontrollierbarkeit *ex post* gilt in Teilbereichen des maschinellen Lernens, vor allem bei neuronalen Netzen, jedoch nur eingeschränkt, s. Abschnitt B. I. 5.

versichert, dass die mittels eines Regelwerkes hergeleitete, berechnete Entscheidung angesichts der Ungewissheit bzw. der verfügbaren Informationen die *vernünftige* ist."[22]

Die Neutralität charakterisiert die Beziehung zwischen Algorithmus und Entscheidungssubjekt, die Rationalität leitet im Idealfall die Auswahl der Entscheidungskriterien. Das Rationalitätsargument stützt sich indirekt auch auf die – vermeintliche – Diskrepanz zwischen dem auf objektiv nachprüfbaren Variablen basierenden Algorithmus und dem eingeschränkt rationalen menschlichen Entscheidungsverhalten, das Gegenstand der neueren verhaltensökonomischen Forschung ist.[23] Mit dieser Abkehr vom Modell des *Homo oeconomicus* mag sich der Rationalitätsanspruch stärker auf die algorithmenbasierte Entscheidungsfindung verlagert haben.

Es lässt sich festhalten, dass die Konzeption eines Algorithmus nicht in einem wertfreien Raum stattfindet, sondern zu einem gewissen Grad stets das Weltbild der Entwickler, Auftraggeber und Nutzer widerspiegelt. Der Vorteil besteht jedoch darin, dass diese normativen Weichenstellungen zum einen für alle Entscheidungssubjekte gleichermaßen gelten (in dieser Hinsicht kann von Neutralität gesprochen werden) und dass sie zum anderen offenliegen und somit besser zur Diskussion gestellt und modifiziert werden können.

c) Identifizierung von unbekannten Zusammenhängen

Wenn algorithmenbasierte Entscheidungen auf der Auswertung von *Big Data* beruhen, kann dies zu einer Erweiterung der Entscheidungsgrundlage führen, da Korrelationen sichtbar werden, die nicht im Fokus einer hypothesengeleiteten Erhebung stehen. Zwar sind Korrelation und Kausalität strikt zu trennen, aber Muster in großen Datasets können eventuell in eine Hypothese überführt werden, die anschließend näher untersucht wird. In einem ersten Schritt geht es darum, diese Muster in einer großen Datenbasis zu erkennen. Die Idee ist an sich nicht neu, aber *Data Mining* zeichnet sich dadurch aus, dass die Daten elektronisch verfügbar sind und die Suche nach Mustern zumindest teilautomatisiert auf der Grundlage von *Big Data* erfolgt.[24]

---

[22] *Mohabbat Kar/Parycek*, in: Mohabbat Kar u. a. (Hrsg.), (Un)Berechenbar? Algorithmen und Automatisierung in Staat und Gesellschaft, Kompetenzzentrum Öffentliche IT – Fraunhofer FOKUS, 2018, S. 7 (22).

[23] Grundlegend im Hinblick auf begrenzte Rationalität, begrenztes Eigeninteresse und begrenzte Willensstärke in der Ökonomie *Jolls u. a.*, Stan. L. Rev. 50 (1998), 1471 (1476 ff.); s. auch *Jolls*, in: Parisi (Hrsg.), The Oxford Handbook of Law and Economics, Volume 1, 2017, S. 60; m. w. N. *Englerth/Towfigh*, in: Towfigh/Petersen (Hrsg.), Ökonomische Methoden im Recht, 2. Aufl. 2017, S. 237 (247 ff.); aus der Perspektive der kognitiven Psychologie *Kahneman*, Am. Econ. Rev. 93 (2003), 1449 (1450 ff.).

[24] *Witten u. a.*, Data Mining, 4. Aufl. 2017, S. 5 f.

Ein absurdes Ergebnis des *Data Mining* ist ein Korrelationskoeffizient von $r = 0{,}992$ zwischen der Scheidungsrate im US-Bundesstaat Maine und dem Pro-Kopf-Konsum von Margarine in den USA im Zeitraum von 2000 bis 2009.[25] In der Regel ist das Ziel von *Data Mining* aber nicht, beliebige Muster sichtbar zu machen, sondern solche, die „nützlich" sind, d. h. die dazu dienen, Vorhersagen hinsichtlich neuer Datensätze zu treffen.[26] Es existiert keine eindeutige Abgrenzung zwischen *Data Mining* und maschinellem Lernen: Teilweise wird es mit nichtüberwachtem maschinellem Lernen gleichgesetzt,[27] teilweise mit maschinellem Lernen im Allgemeinen. Zutreffend dürfte es wohl sein, *Data Mining* als Oberbegriff für verschiedene Methoden zu verstehen, mit deren Hilfe automatisiert Muster in großen Datasets identifiziert werden können. Das Ziel ist es, daraus „mit vertretbarem Aufwand Wissen zu generieren und dieses für den Menschen verständlich darzustellen sowie konkret anzuwenden"[28].

2. Zunahme und Diversifizierung der Datenquellen

a) Anstieg der Datenquellen

Ein Grund, warum die Anwendungsbereiche algorithmenbasierter Entscheidungen wachsen, ist die Zunahme und Vernetzung von Datenquellen. Außerdem sind internetfähige Geräte zunehmend mobil, was die Grenzen der Datenerhebung im privaten und öffentlichen Raum verschwimmen lässt: Laut Erhebungen des Statistischen Bundesamts waren im Jahr 2018 über 90 % der Haushalte in Deutschland mit einem – stationären oder mobilen – PC und einem Internetanschluss ausgestattet.[29] Außerdem verfügten 96,7 % der Haushalte über ein Mobiltelefon, darunter 77,9 % über ein Smartphone.[30] Die weltweite Zahl der Smartphone-Nutzer steigt ebenfalls seit Jahren kontinuierlich.[31] Hinzu kommen *Wearables*, d. h. datenverarbeitende Geräte, die nah am Körper getragen werden, zum Beispiel Fitness-Armbänder.[32]

Sensoren sind aber auch in die Infrastruktur integriert, so in Verkehrsleitsystemen oder in der Müllentsorgung, was oft unter dem Schlagwort *Smart City* erörtert

---

[25] Mehr Beispiele bei http://www.tylervigen.com/spurious-correlations [zuletzt abgerufen am 22. 2. 2021].

[26] *Witten u. a.*, Data Mining, 4. Aufl. 2017, S. 6.

[27] BMJV/BMI (Hrsg.), Gutachten der Datenethikkommission der Bundesregierung, 2019, S. 58.

[28] *Martini*, Blackbox Algorithmus, 2019, S. 49.

[29] S. https://www.destatis.de/DE/ZahlenFakten/GesellschaftStaat/EinkommenKonsum Lebensbedingungen/AusstattungGebrauchsguetern/Tabellen/Infotechnik_D.html [zuletzt abgerufen am 22. 2. 2021].

[30] Ebd.

[31] Erhebung zur Anzahl der Smartphone-Nutzer weltweit von 2016 bis 2018 durch „Newzoo" (Quelle: Statista 2020).

[32] *Kopp/Sokoll*, NZA 2015, 1352 (1352).

wird.[33] Hinzu kommt die massive Ausweitung der Videoüberwachung an öffentlichen Plätzen seit einigen Jahren auch in anderen europäischen Ländern als dem Vereinigten Königreich, das insofern eine Vorreiterrolle einnimmt.[34]

Ein Beispiel für die Erprobung einer IoT-Infrastruktur ist das teilweise von der Europäischen Union finanzierte[35] „SmartSantander"-Projekt: In der spanischen Stadt Santander wird seit einigen Jahren sukzessive ein IoT-Netz ausgebaut, das aktuell mehr als 10.000 eingebundene Geräte umfasst.[36] Es basiert auf einem *Wireless Sensor Network*, integriert aber auch weitere Datenquellen wie *NFC-Tags* oder Smartphone-Daten.[37] Das Projekt soll als Großraumlabor für IoT-Technologien und -architekturen dienen, aber auch soziologische Erkenntnisse über den Umgang der Einwohner mit diesen Technologien liefern und Verbesserungsbedarf durch die Resonanz der Bürger identifizieren.[38]

Diese Vernetzung führt dazu, dass algorithmenbasierte Entscheidungen auf einer breiten Datenbasis beruhen und teilweise in Echtzeit getroffen werden können.

b) Verstärkte Verarbeitung biometrischer Daten

In § 46 Nr. 12 BDSG findet sich eine Legaldefinition biometrischer Daten, die mit den Legaldefinitionen in Art. 4 Nr. 14 DSGVO und Art. 3 Nr. 13 der Richtlinie (EU) 2016/680 übereinstimmt. Danach handelt es sich um „mit speziellen technischen Verfahren gewonnene personenbezogene Daten zu den physischen, physiologischen oder verhaltenstypischen Merkmalen einer natürlichen Person, die die eindeutige Identifizierung dieser natürlichen Person ermöglichen oder bestätigen, wie Gesichtsbilder oder daktyloskopische Daten". Typische einzigartige physiologische Merkmale einer Person sind der Fingerabdruck und die Iris.

Biometrische Informationen werden zunehmend genutzt, um bestimmte Eigenschaften einer Person zu erheben, die als Daten durch den Algorithmus verarbeitet werden.[39] Dies geht über eine reine Verknüpfung von Gesicht und Namen hinaus. Durch die massiven Fortschritte bei der Bilderkennung, gepaart mit der verstärkten

---

[33] *Brauneis/Goodman*, Yale J. L. & Tech. 20 (2018), 103 (114).

[34] *Desoi*, Intelligente Videoüberwachung, 2018, S. 2.

[35] Zum Finanzierungsvolumen s. https://cordis.europa.eu/project/rcn/95933/factsheet/en [zuletzt abgerufen am 22. 2. 2021].

[36] *Sotres u. a.*, IEEEAccess 5 (2017), 14309 (14310).

[37] A. a. O., 14309 (14312).

[38] A. a. O., 14309 (14311).

[39] In der EU ist die Verarbeitung von biometrischen Daten zur Identifizierung natürlicher Personen gemäß Art. 9 Abs. 1 DSGVO grundsätzlich untersagt; Abs. 2 enthält jedoch zahlreiche spezifische Ausnahmetatbestände, etwa im Gesundheitsbereich, und eine Öffnungsklausel (lit. g) für die Mitgliedstaaten.

Kamerapräsenz im öffentlichen Raum in vielen Industriestaaten,[40] können immer mehr Informationen direkt aus der Analyse von Kameraaufnahmen gewonnen werden. Biometrische Daten wie Gesichtszüge, Gang oder Venenmuster dienen der Identifizierung von Personen. Die Volksrepublik China stellt ein Extrembeispiel bei der Erhebung und Auswertung biometrischer Daten dar: Neben der Gesichtserkennung durch stationäre und mobile Kameras[41] testet der Staat auch die Identifizierung durch verhaltensbasierte Merkmale.[42] Charakteristika wie der Gang bieten den Vorteil, dass sie auch auf Distanz analysiert werden können, während die Gesichtserkennung bislang nur zuverlässig bei hochauflösenden Nahaufnahmen funktioniert.[43]

Doch auch in Europa wird die Gesichtserkennung zunehmend eingesetzt: So testet das französische Innenministerium seit Juni 2019 eine Smartphone-App namens „Alicem", die über die Gesichtserkennung als Identifizierung den Zugang zu öffentlichen Verwaltungsdiensten ermöglicht.[44] Die Nutzung dieser App ist jedoch nicht obligatorisch, um die Dienstleistungen in Anspruch zu nehmen.[45]

Kontroverse Diskussionen löste in Frankreich auch das Projekt im Verwaltungsbezirk Provence-Alpes-Côte d'Azur aus, das vorsah an zwei Gymnasien in Nizza und Marseille die Gesichtserkennung für die Einlasskontrolle zu nutzen.[46] Die diesbezüglich von der Bezirksverwaltung konsultierte französische Datenschutzbehörde[47] kam zu der Einschätzung, dass das Projekt zumindest gegen den Verhältnismäßigkeitsgrundsatz und den Grundsatz der Datenminimierung gemäß Art. 5 Abs. 1 lit. c DSGVO verstieße.[48]

---

[40] *Desoi*, Intelligente Videoüberwachung, 2018, S. 2; aktuelle Prognosen gehen von mehr als einer Milliarde Überwachungskameras weltweit bis Ende 2021 aus – den größten Zuwachs verzeichnet China, aber etwa auch in den USA oder in Indien steigt die Anzahl der Kameras im öffentlichen Raum, s. https://www.wsj.com/articles/a-billion-surveillance-cameras-forecast-to-be-watching-within-two-years-11575565402 [zuletzt abgerufen am 22.2.2021].

[41] S. https://www.golem.de/news/biometrie-chinesische-polizei-setzt-system-zur-ganger kennung-ein-1811-137556.html [zuletzt abgerufen am 22.2.2021].

[42] Ebd.

[43] So der Hersteller der Software, s. http://www.watrix.ai/en/2018/11/06/chinese-gait-recognition-tech-ids-people-by-how-they-walk/ [zuletzt abgerufen am 22.2.2021].

[44] Die Rechtsgrundlage für die Entwicklung der App ist der Décret n°2019–452 du 13 mai 2019 autorisant la création d'un moyen d'identification électronique dénommé „Authentification en ligne certifiée sur mobile" ; s. zudem https://www.interieur.gouv.fr/Actualites/L-actu-du-Ministere/Alicem-la-premiere-solution-d-identite-numerique-regalienne-securisee [zuletzt abgerufen am 22.2.2021].

[45] Insbesondere mit dieser Begründung hatte der Conseil d'État eine Klage gegen die Einführung der App zurückgewiesen, s. Conseil d'État, Décision n° 432656 du 4 novembre 2020, Rn. 8 f.

[46] S. https://www.cnil.fr/fr/experimentation-de-la-reconnaissance-faciale-dans-deux-lycees-la-cnil-precise-sa-position [zuletzt abgerufen am 22.2.2021].

[47] Commission Nationale de l'Informatique et des Libertés (CNIL).

[48] Ebd.; die CNIL hat angesichts verschiedener Projekte in Frankreich im Bereich der Gesichtserkennung eine allgemeine Stellungnahme dazu veröffentlicht, s. CNIL (Hrsg.), Reconnaissance faciale: pour un débat à la hauteur des enjeux, 15.11.2019.

Entgegen eines frühen Entwurfs des Weißbuchs der Europäischen Kommission zur Künstlichen Intelligenz, der eine Periode von zwei bis fünf Jahren erwog, in der Gesichtserkennung durch private und staatliche Akteure verboten werden sollte, um in diesem Zeitraum die potenziellen Risiken eingehend zu evaluieren, sieht die finale Fassung nun kein temporäres Verbot vor. Die Kommission führt lediglich aus, dass sie „eine breit angelegte europäische Debatte über die besonderen Umstände, die eine solche Nutzung rechtfertigen könnten, sowie über gemeinsame Sicherheitsvorkehrungen" anstoßen werde.[49]

Über die Identifizierung von Personen hinaus werden biometrische Daten jedoch auch herangezogen, um höchstpersönliche Merkmale zu bestimmen, beispielsweise den Gesundheitszustand oder die sexuelle Orientierung: Eine Kontroverse löste die Hypothese aus, ein Algorithmus könne auf der Grundlage von Fotografien die sexuelle Orientierung anhand der Gesichtszüge einer Person bestimmen – unabhängig von ethischen Einwänden, dass eine solche Forschung Werkzeuge für die Repression homosexueller Menschen liefere,[50] existiert bislang nur eine – auch methodisch umstrittene[51] – Studie, die mithilfe neuronaler Netze den Zusammenhang zwischen Gesichtsmerkmalen und sexueller Orientierung untersucht.[52]

Aber auch sehr sensible Informationen zum Gesundheitszustand einer Person können teilweise schon durch *Big Data*-basiertes maschinelles Lernen – auch als *Computational Phenotyping* bezeichnet – aus Fotografien gewonnen werden.[53] Dabei stehen insbesondere seltene genetische Krankheiten im Fokus.[54]

Ein Beispiel, das sich an der Grenze zwischen der Auswertung biometrischer Daten und einer verhaltensbasierten Risikoprognose bewegt, ist das von der Europäischen Union finanzierte Pilotprojekt „iBorderCtrl"[55]: Dabei handelt es sich um einen Ansatz, der mehrere Methoden der Grenzkontrolle bündelt – zum einen werden biometrische Daten erhoben und geprüft und zum anderen müssen Einreisende ein Interview mit einem virtuellen Grenzbeamten führen, in dessen

---

[49] KOM(2020) 65 endg. v. 19. 2. 2020, S. 26.

[50] Zusammenfassend https://www.bbc.co.uk/news/amp/technology-41188560 [zuletzt abgerufen am 22. 2. 2021].

[51] *Agüera y Arcas/Todorov/Mitchell* argumentieren, dass die vom Algorithmus erkannten Zusammenhänge zwischen Gesichtsmerkmalen und sexueller Orientierung nicht zwingend biometrische Faktoren sind, sondern auf modische Unterschiede (Make-up, Brille etc.) und Selbstdarstellung (zum Beispiel Kopfhaltung) zurückgeführt werden können, s. https://medium.com/@blaisea/do-algorithms-reveal-sexual-orientation-or-just-expose-our-stereotypes-d998fafdf477 [zuletzt abgerufen am 22. 2. 2021].

[52] *Wang/Kosinski*, J. Pers. & Soc. Psychol. 114 (2018), 246; die Autoren der Studie stützen ihre Hypothese auf die pränatale Hormontheorie, a. a. O., 246 (247). Als abhängige Variable der logistischen Regression wurde die selbst deklarierte Sexualität gewählt, unabhängige Variablen waren die von neuronalen Netzen extrahierten Gesichtsmerkmale, a. a. O., 246 (249).

[53] *Hallowell u. a.*, Genetics in Medicine 21 (2019), 272.

[54] A. a. O., 272 (272).

[55] Forschungspartner sind u. a. die Universität Manchester und die Leibniz Universität Hannover, s. https://www.iborderctrl.eu/#Project-Participants [zuletzt abgerufen am 22. 2. 2021].

Rahmen von einer Kamera aufgezeichnete „Mikro-Gesten" Rückschluss auf den Wahrheitsgehalt der Aussage geben sollen.[56] Befindet der Algorithmus das non-verbale Verhalten als auffällig, wird ein (menschlicher) Grenzbeamte herangezogen, der die Entscheidung trifft, die Einreise zu gestatten oder eine zweite Befragung durchzuführen.[57]

Das Projekt wurde an den EU-Außengrenzen von Griechenland, Ungarn und Lettland getestet und im August 2019 abgeschlossen.[58] Ob das vage Ziel der Projektverantwortlichen „[to] move beyond biometrics and onto biomarkers of deceit"[59] wissenschaftlich haltbar ist, bleibt abzuwarten, da der aktuelle Forschungsstand die Existenz von „Täuschungsbiomarkern" nicht ausreichend belegt.[60] Ähnlich wie bei der Studie zum Zusammenhang zwischen biometrischen Daten und sexueller Orientierung lassen sich zum jetzigen Zeitpunkt keine Aussagen zur Validität der Forschungsergebnisse treffen, solange keine Replikationsstudien vorliegen. Fest steht jedoch, dass intensiv daran geforscht wird, aus biometrischen Daten mithilfe maschinellen Lernens Informationen zu gewinnen, die über die reine Identifizierung von Personen hinausgehen. Dies würde die Grundlage für personenbezogene algorithmenbasierte Entscheidungen erweitern, birgt langfristig aber auch das Risiko, dass sensible Merkmale in Prognosen einfließen, die der Preisgabehoheit der Betroffenen entzogen werden.

c) Musterbasierte Aktivitätserkennung

Im Kontext algorithmenbasierter Entscheidungen im Hinblick auf das Verhalten von Personen ist ebenfalls relevant, dass Bilderkennungssoftware mittlerweile nicht nur statische Objekte und Personen, sondern auch dynamische Situationen einordnen und signalisieren kann: Bei Pilotprojekten wie der Gesichtserkennung am Bahnhof Südkreuz in Berlin handelt es sich um eine Identifizierung von Gesichtern, d. h. diese werden mit Bildmaterial in Datenbanken abgeglichen und Übereinstimmungen werden signalisiert.[61] Zweck dieser Verfahren ist es in der

---

[56] S. https://www.iborderctrl.eu/Technical-Framework [zuletzt abgerufen am 22.2.2021].

[57] Ebd.

[58] S. https://www.iborderctrl.eu/Frequently-Asked-Questions [zuletzt abgerufen am 22.2.2021], Nr. 2 und 3.

[59] So noch die ursprüngliche Projektbeschreibung auf der Homepage.

[60] Das an die New York University angegliederte „AI Now Institute" kritisiert in seinem Jahresbericht die Vermarktung dieser Technologien trotz mangelnder wissenschaftlicher Validität, s. *Crawford u. a.*, AI Now 2019 Report, 2019, S. 50 f.

[61] Im Rahmen des Pilotprojekts erfolgte der Abgleich mit einer Testdatenbank der freiwilligen Teilnehmer. Das Projekt am Berliner Südkreuz endete im Jahr 2018; der Abschlussbericht des Bundespolizeipräsidiums ist zugänglich unter www.bundespolizei.de/Web/DE/04Aktuelles/01Meldungen/2018/10/181011_abschlussbericht_gesichtserkennung_down.pdf [zuletzt abgerufen am 22.2.2021].

Regel, bestimmte Personen zu identifizieren, die als Risikoträger gelten, beispielsweise weil Informationen zu Straftaten in der Datenbank hinterlegt sind. Der Algorithmus an sich nimmt aber nur eine Zuordnung vor, verknüpft also die Daten in Echtzeit mit den hinterlegten Informationen in der Datenbank. Allein dadurch liefert er keine Risikoprognose, sondern Momentaufnahmen, die von menschlichen Entscheidungsträgern analysiert werden.[62]

Anders verhält es sich jedoch bei Algorithmen, die visuelle dynamische Muster erkennen und darauf aufbauend das Verhalten einer Person einordnen oder kurzfristig prognostizieren. Die Software ordnet Bewegungsmuster einer bestimmten Tätigkeit oder Gefahrenlage zu.[63] Die Analyse ist damit nicht an die Identität der Person gekoppelt, sondern liefert eine situative Einschätzung. Aktuell wird diese Form der „intelligenten" Bilderkennung in verschiedenen Bereichen geplant bzw. bereits eingesetzt: In Nordrhein-Westfalen ist ein Pilotprojekt zur Suizidprävention in Gefängnissen vorgesehen.[64] Eine „ereignisgesteuerte Videoüberwachung mit automatisierter Situationseinschätzung"[65] soll suizidtypische Verhaltensmuster signalisieren, zum Beispiel das Anfertigen von Schlingen.[66] Ein hohes „Suizidpotenzial" löst dann einen Alarm in der Überwachungsstelle der Justizvollzugsanstalt aus.[67]

Ein Pilotprojekt in Mannheim wertet seit Dezember 2018 über Kameras Bewegungsmuster an Orten mit hoher Kriminalitätsbelastung aus.[68] Ein Algorithmus analysiert die Aufnahmen in Echtzeit und meldet auffällige Aktivitäten wie Schlägereien an die Polizei, die daraufhin eingreifen kann.[69] Die Aufnahmen sind jedoch verpixelt und werden automatisch scharf gestellt und gespeichert, wenn das System bestimmte Muster erkennt.[70] Die Rechtsgrundlage hierfür ist § 21 Abs. 3 und 4 des baden-württembergischen Polizeigesetzes.

---

[62] *Wischmeyer*, in: Kulick/Goldhammer (Hrsg.), Der Terrorist als Feind?, 2020, S. 193 (201) weist darauf hin, dass schon die Identifizierung von Personen zur Prognose wird, da diese bei Bewegtbildern auf der Grundlage von maschinellem Lernen erfolgt und somit zumindest teilweise statistisch funktioniert.

[63] *Desoi*, Intelligente Videoüberwachung, 2018, S. 33 f.

[64] Öffentlicher Bericht der Landesregierung zum Einsatz künstlicher Intelligenz in der Justiz in der 26. Sitzung des Rechtsausschusses des Landtags Nordrhein-Westfalen am 5. Dezember 2018.

[65] A.a.O., S. 4.

[66] S. https://www.sueddeutsche.de/panorama/justiz-duesseldorf-mit-kuenstlicher-intelligenz-selbstmorde-in-haft-verhindern-dpa.urn-newsml-dpa-com-20090101-191021-99-388894?etcc_med=newsletter&etcc_cmp=nl_algoethik_13867&etcc_plc=aufmacher&etcc_grp= [zuletzt abgerufen am 22.2.2021].

[67] Ebd.

[68] LT-Drs. Baden-Württemberg 16/8128, S. 2 ff.; dazu auch http://www.spiegel.de/netzwelt/netzpolitik/mannheimer-weg-2-0-pilotprojekt-mit-intelligenten-kameras-startet-bald-a-1193622.html [zuletzt abgerufen am 22.2.2021].

[69] LT-Drs. Baden-Württemberg 16/8128, S. 3, 5 f.

[70] *Baur*, ZIS 2020, 275 (276).

Zusammenfassend lässt sich festhalten, dass die Anzahl der Datenquellen wächst und sich diese zunehmend vernetzen lassen. Insbesondere durch Fortschritte im Bereich der Bilderkennung können ggf. perspektivisch auch komplexe Informationen automatisiert gewonnen und situative Einschätzungen in Echtzeit geliefert werden. Dabei besteht das Risiko, dass sensible Merkmale kaum einer Analyse entzogen werden können. Zudem ist in vielen Anwendungsbereichen die Validität der Forschungsergebnisse noch nicht gesichert.

3. Relevanz der Datenqualität

Die Güte algorithmenbasierter Entscheidungen hängt maßgeblich von der Datenqualität ab. Die Verarbeitung der Daten ist nicht allein entscheidend für den Output, sondern dieser spiegelt im Hinblick auf die Hypothese stets auch die Datenbasis wider, was oft zu „Garbage in, garbage out" verkürzt wird. Die Datenqualität wiederum setzt sich aus vielen Einzelaspekten zusammen, die hier nicht abschließend dargestellt werden können.[71] Im Folgenden werden einige Problemstellungen herausgegriffen, die im Zusammenhang mit personenbezogenen algorithmenbasierten Entscheidungen häufig thematisiert werden.

a) Unrichtige Daten

Eine naheliegende Fehlerquelle sind unrichtige Daten – sei es, weil sie grundsätzlich unrichtig sind oder nicht mehr aktuell. Dieses Problem wurde bereits durch Art. 5 lit. d („Qualität der Daten") der Konvention Nr. 108 des Europarats[72] und darauf aufbauend durch Art. 6 Abs. 1 lit. d DSRL und Art. 5 Abs. 1 lit. d DSGVO adressiert.

Derjenige, der personenbezogene Daten verarbeitet, ist gemäß Art. 5 Abs. 1 lit. d DSGVO dafür verantwortlich, dass diese sachlich richtig und aktuell sind. Damit korrespondiert ein Berichtigungsanspruch des Betroffenen hinsichtlich personenbezogener „unrichtiger" Daten in Art. 16 S. 1 DSGVO. Dreh- und Angelpunkt ist die Frage, was unter „Richtigkeit" im Sinne des Art. 5 Abs. 1 lit. d DSGVO[73] zu

---

[71] Umfassend zu mangelnden rechtlichen Vorgaben in Bezug auf die Datenqualität vor Inkrafttreten der DSGVO *Hoeren*, Int'l J.L. & Info. Tech. 25 (2017), 26; für eine Regelung der Datenqualität im allgemeinen Zivilrecht *ders.*, ZD 2016, 459 (459); mit Vergleich zu den USA *Stevens*, in: David u. a. (Hrsg.), Informatik 2019: LNI, Gesellschaft für Informatik, 2019, S. 367 (372).

[72] Übereinkommen zum Schutz des Menschen bei der automatischen Verarbeitung personenbezogener Daten v. 28. 1. 1981, SEV Nr. 108.

[73] Die Unrichtigkeit im Sinne des Art. 16 S. 1 DSGVO stellt quasi das Spiegelbild der Argumentation dar, sodass die Interpretationen weitgehend übereinstimmen; gegen eine spiegelbildliche Auslegung *Hoeren*, ZD 2016, 459 (462), der allerdings nicht ausführt, warum die beiden Begriffe unterschiedliche Bedeutungen haben.

verstehen ist. Eine enge Auffassung definiert das Kriterium objektiv als Information, die mit der Realität abgeglichen werden kann und mit dieser übereinstimmt, sodass es sich zwingend um eine Tatsachenangabe handele, d. h. eine Angabe, die empirisch nachprüfbar ist.[74] Eine weite Interpretation lehnt die Gleichsetzung von „richtig" und „wahr" ab – zum einen mit Verweis auf die englische Fassung, die vom Begriff „accuracy" ausgeht, was umfassender im Sinne einer „mathematisch-statistische[n] Validität" verstanden wird,[75] zum anderen mit Hinweis auf das Gefahrenpotenzial des weitverbreiteten Einsatzes von Profiling.[76] Schantz sieht daher auch Werturteile umfasst, die „auf einer fehlerhaften Tatsachengrundlage beruhen, von falschen Prämissen ausgehen oder das Ergebnis unrichtiger Schlussfolgerungen" sind.[77] Dieser Ansatz überzeugt jedoch nur bedingt: Bei unrichtigen Tatsachengrundlagen könnte direkt an diese angeknüpft werden; bei unzutreffenden Schlussfolgerungen ist fraglich, ob die damit verbundenen Risiken über das Kriterium der Datenrichtigkeit eingefangen werden können. Dass das Datenschutzrecht in seiner aktuellen Form nicht geeignet ist, die Richtigkeit bzw. Validität von Entscheidungen und Entscheidungsprozessen auf der Grundlage von *Big Data* zu sichern, zeigen Wachter/Mittelstadt, die für ein „Recht auf nachvollziehbare Inferenzen"[78] plädieren und im Ergebnis weitreichende Informationspflichten des Datenverarbeiters und Auskunftsrechte des Betroffenen fordern, die unter anderem Daten als normativ vertretbare Grundlage für Inferenzen, die Vertretbarkeit der Schlussfolgerung an sich und die Relevanz für den Verarbeitungszweck sowie die statistische Validität betreffen.[79]

Die DSGVO garantiert somit ein Minimum an Datenqualität im Hinblick auf die Korrektur unrichtiger Daten, aber darüber hinausgehende Standards bezüglich der mathematisch-statistischen Auswertung von Daten und der daraus gewonnenen – unter Umständen wertenden – Schlussfolgerungen sind bislang nicht etabliert.

b) Mangelnde Repräsentation von Gruppen in Trainingsdaten

Wie zuvor dargestellt, basiert maschinelles Lernen in der Regel auf Trainingsdaten, mithilfe derer ein Algorithmus Problemlösungen optimiert. Tendenziell gilt, dass je mehr Daten zur Verfügung stehen, umso besser kann das System differenzieren und beispielsweise Objekte korrekt verschiedenen Gruppen zuord-

---

[74] So *Herbst*, in: Kühling/Buchner (Hrsg.), DS-GVO/BDSG, 2. Aufl. 2018, Art. 5 DSGVO Rn. 60; *Roßnagel*, in: Simitis u. a. (Hrsg.), DSGVO/BDSG, 2019, Art. 5 DSGVO Rn. 140.

[75] *Hoeren*, ZD 2016, 459 (462).

[76] *Schantz*, in: BeckOK-Datenschutzrecht, Art. 5 DSGVO Rn. 27 [Stand: 32. Ed. Mai 2020].

[77] Ebd.

[78] Im Original „reasonable inferences".

[79] *Wachter/Mittelstadt*, Colum. Bus. L. Rev. 2019, 494 (581 ff.); zur Reichweite des Begriffs „personenbezogener Daten" s. auch EuGH, Urteil v. 20. 12. 2017, Rs. C-434/16 (*Nowak*), ECLI: EU:C:2017:994, Rn. 32 ff.

nen.[80] Wenn ein Algorithmus personenbezogene Entscheidungen fällt, ist es daher relevant, dass alle Personengruppen, die davon betroffen sind, in den Trainingsdaten ausreichend repräsentiert sind, um die Qualität des Outputs für alle Personengruppen in gleichem Maße zu gewährleisten. In den letzten Jahren hat sich ein verstärktes Bewusstsein dafür entwickelt, dass hier Defizite bestehen.

Ein Extrembeispiel war der Algorithmus von „Google", der bei der Bilderkennung Afroamerikaner als Gorillas kennzeichnete.[81] Aber dies ist kein Einzelfall: Buolamwini u. a. haben in mehreren Studien die Fehlerquote von kommerzieller Gesichtserkennungssoftware in Abhängigkeit von Geschlecht und Hautfarbe untersucht. In einer ersten Studie wurde Software von „Microsoft", „IBM" und „Face++" getestet.[82] Unter Einbezug aller drei Unternehmen lag die maximale intersektionale Fehlerquote bei der Klassifizierung des Geschlechts bei hellhäutigen Männern bei 0,8 %, bei dunkelhäutigen Frauen bei 34,7 %.[83] Bei getrennter Betrachtung von Hautfarbe und Geschlecht konnte jede Software männliche Gesichter besser dem Geschlecht zuordnen als weibliche (8,1 % bis 20,6 % Fehlerquoten-Differenz) und hellhäutige Gesichter besser als dunkelhäutige (11,8 % bis 19,2 % Fehlerquoten-Differenz).[84] Eine weitere Studie wies nach, dass die Gesichtserkennungssoftware der untersuchten Unternehmen nach Veröffentlichung der Ergebnisse der ersten Studie signifikant verbessert wurde, während die Software von zwei zuvor nicht getesteten Anbietern („Amazon" und „Kairos") Fehlerquoten von 31,37 % bzw. 22,50 % in der Untergruppe dunkelhäutiger Frauen verzeichnete.[85] Die Gesichtserkennungssoftware neuseeländischer Behörden wies Passbilder asiatischstämmiger Menschen mit der unzutreffenden Fehlermeldung zurück, die Augen seien geschlossen.[86]

Signifikante Fehlerquoten-Differenzen wurden auch bei Spracherkennungssoftware der Anbieter „Apple", „IBM", „Google", „Amazon" und „Microsoft" festgestellt – hier wurden von Afroamerikanern eingesprochene Worte beinahe doppelt so häufig nicht erkannt wie Sprachproben weißer US-Amerikaner.[87]

Im medizinischen Bereich heben Hallowell u. a. hervor, dass beim *Computational Phenotyping* eine nicht repräsentative Datenbasis für manche ethnischen

---

[80] Dies gilt nur bis zu dem Punkt, an dem weitere Daten keinen Erkenntnisgewinn mehr bringen.

[81] Dazu https://www.bbc.com/news/technology-33347866 [zuletzt abgerufen am 22. 2. 2021].

[82] *Buolamwini/Gebru*, PMLR 81 (2018), 1.

[83] A. a. O., 1 (8).

[84] Ebd.

[85] *Buolamwini/Raji*, Actionable Auditing: Investigating the Impact of Publicly Naming Biased Performance Results of Commercial AI Products, Proceedings of the 2019 AAAI/ACM Conference on AI, Ethics, and Society, 429 (432).

[86] S. https://www.reuters.com/article/us-newzealand-passport-error/new-zealand-passport-robot-tells-applicant-of-asian-descent-to-open-eyes-idUSKBN13W0RL [zuletzt abgerufen am 22. 2. 2021].

[87] *Koenecke u. a.*, PNAS 117 (2020), 7684 (7685).

Gruppen letztlich zu einer schlechteren Gesundheitsvorsorge für die in den Trainingsdaten unterrepräsentierten Gruppen führt, da die präzise Diagnose von Krankheitsbildern eine breite Datenbasis für jede Untergruppe voraussetzt.[88] Damit stellt sich auch das Problem, dass selbst wenn eine ausgewogene Repräsentation von Anfang an angestrebt wird, zu einer Personengruppe unter Umständen weniger Daten existieren – beispielsweise weil aus kulturellen Gründen genetische Krankheiten nicht fotografisch dokumentiert werden oder weil bestimmte Personengruppen sich die Endgeräte und Aktivitäten, die Daten generieren, finanziell nicht leisten können.[89]

Diese Beispiele verdeutlichen, dass die Qualität des Outputs maßgeblich davon abhängt, dass alle potenziell betroffenen Personengruppen ausreichend in den Trainings- und Testdaten der Modelle maschinellen Lernens repräsentiert sind.

c) Rückgriff auf Schätzdaten

Können bestimmte Daten nicht erhoben werden, besteht zum Teil die Möglichkeit auf sog. Schätzdaten auszuweichen, d. h. Daten, die „aus anderen, vorliegenden Daten abgeleitet werden"[90]. Ein Beispiel ist die Schätzung des Alters aufgrund des Vornamens.[91] Da die Variable „Alter" grundsätzlich feststellbar ist, wird hier auch der Unterschied zu *Proxy*-Variablen deutlich: *Proxy*-Variablen müssen herangezogen werden, wenn die zu bestimmende Variable an sich nicht quantifizierbar ist.[92] Die Lebensqualität in Städten kann zum Beispiel nur durch *Proxies* wie Kriminalitätsrate, Luftqualität, Infrastruktur, Gesundheitsversorgung etc. erhoben werden. Die Verwendung von Schätzdaten kann sich negativ auf die Güte einer automatisierten Prognose auswirken, da die relevanten Daten nur näherungsweise bestimmt werden – der Bundesrat forderte in seinen Empfehlungen zu § 28b BDSG a. F. daher ein Verbot von Schätzdaten beim Scoring.[93] Diese Einschränkung fand jedoch keine Berücksichtigung im verabschiedeten Gesetz. Es blieb bei der Kennzeichnungspflicht für Schätzdaten nach § 35 Abs. 1 S. 2 BDSG a. F. Die Bundesregierung argumentierte insbesondere, dass ohnehin nur „richtige" Daten zulässig seien.[94] In der Datenschutz-Grundverordnung und konsequenterweise im aktuellen Bundesdatenschutzgesetz wird eine Kennzeichnungspflicht für Schätzdaten oder gar ein Verbot hingegen nicht ausdrücklich statuiert. Allerdings wird teilweise vertreten, dass eine Kennzeichnungspflicht für Schätzdaten sich aus Art. 16 S. 1 bzw. S. 2 DSGVO ergebe: Schätzdaten, die nicht als solche gekennzeichnet seien,

---

[88] *Hallowell u. a.*, Genetics in Medicine 21 (2019), 272 (272).

[89] A. a. O., 272 (273); *Lerman*, Stan. L. Rev. Online 66 (2013), 55 (58 ff.).

[90] *Domurath/Neubeck*, Verbraucher-Scoring aus Sicht des Datenschutzrechts, Working Paper des SVRV, 2018, S. 21.

[91] BR-Drs. 548/1/08, S. 13.

[92] *Upton/Cook*, Dictionary of Statistics, 3. Aufl. 2014, s. „proxy variable".

[93] BR-Drs. 548/1/08, S. 13.

[94] BT-Drs. 16/10581, S. 3.

erweckten den Eindruck, es handele sich um Fakten und nicht um abgeleitete Informationen, was eine unrichtige Tatsache darstelle[95] bzw. würden ein unvollständiges Gesamtbild vermitteln.[96]

d) Proxy-Variablen für sensible Merkmale

Die Verarbeitung – d. h. nach Art. 4 Nr. 2 DSGVO auch die Erhebung – personenbezogener besonders sensibler Daten, zum Beispiel zur Gesundheit, zur sexuellen Orientierung oder zur Religion, ist gemäß Art. 9 Abs. 1 DSGVO grundsätzlich verboten. Die in Art. 9 Abs. 2 DSGVO genannten Ausnahmen gelten für automatisierte Entscheidungen nur eingeschränkt: Gemäß Art. 22 Abs. 4 DSGVO ist die Verarbeitung nur unter den Voraussetzungen von Art. 9 Abs. 2 lit. a oder lit. g DSGVO zulässig, wenn zusätzlich Maßnahmen zum Schutz der Rechte und Interessen des Betroffenen vorgesehen sind.

Im Zusammenhang mit rechtlich besonders geschützten personenbezogenen Daten als Grundlage für algorithmenbasierte Entscheidungen stellt sich vor allem das Problem, dass zulässige Variablen Rückschlüsse auf sensible Merkmale erlauben, wenn sie mit diesen stark korrelieren.[97] Die rechtmäßig verarbeiteten Variablen dienen also als *Proxy* für geschützte Attribute. Ein gekauftes Produkt kann zum Beispiel ein *Proxy* für das Geschlecht des Käufers sein.

Der Ansatz, blind gegenüber geschützten Merkmalen zu sein, indem diese nicht einbezogen werden, ist in der Datenanalyse unter der Bezeichnung „Fairness Through Unawareness" bekannt.[98] Im Kontext von *Big Data*-gestützten Modellen hat sich das Problem von *Proxy*-Variablen für Merkmale, die nach geltendem Recht nicht verarbeitet werden dürfen, noch verschärft, weil eine Vielzahl von Variablen bzw. Kombinationen von Variablen mit geschützten Attributen korrelieren können. Je umfassender die Lebensumstände und Eigenschaften einer Person durch Daten abgebildet werden, umso schwieriger ist es, gewisse geschützte Merkmale vollständig auszublenden. Ganz überwiegend wird dies als offensichtlicher Schwachpunkt des klassischen „Fairness Through Unawareness"-Ansatzes benannt.[99]

---

[95] So *Herbst*, in: Kühling/Buchner (Hrsg.), DS-GVO/BDSG, 2. Aufl. 2018, Art. 16 DSGVO Rn. 10; *Reif*, in: Gola (Hrsg.), DS-GVO, 2. Aufl. 2018, Art. 16 Rn. 16; *Dix*, in: Simitis u. a. (Hrsg.), DSGVO/BDSG, 2019, Art. 16 DSGVO Rn. 15.

[96] In diese Richtung wohl eher *Kamman/Braun*, in: Ehmann/Selmayr (Hrsg.), DS-GVO, 2. Aufl. 2018, Art. 16 Rn. 36.

[97] Dieses Phänomen wird auch als „redundant encoding" bezeichnet, s. *Barocas/Selbst*, Calif. L. Rev. 104 (2016), 671 (691 f.).

[98] *Gajane/Pechenizkiy*, On Formalizing Fairness in Prediction with Machine Learning, 2018 [arXiv:1710.03184v3], S. 1 (2).

[99] *Kilbertus u. a.*, Blind Justice: Fairness with Encrypted Sensitive Attributes, PMLR 80 (2018), 2630 (2630); *Gajane/Pechenizkiy*, On Formalizing Fairness in Prediction with Machine Learning, 2018 [arXiv:1710.03184v3], S. 1 (2); *Kusner u. a.*, Counterfactual Fairness, 2018 [arXiv: 1703.06856v3], S. 1 (2); *Hardt u. a.*, Equality of Opportunity in Supervised Learning, 2016 [arXiv: 1610.02413v1].

e) Nichtberücksichtigung relevanter Daten

Denkbar ist auch, dass Variablen, die für die automatisierte Prognose relevant sind, keine Berücksichtigung finden. Dieses Problem stellte sich bereits im Kontext von § 28b Nr. 1 BDSG a. F.: Fraglich war, ob sich aus der Anforderung des „wissenschaftlich anerkannten mathematisch-statistischen Verfahrens" bei personenbezogenem Scoring ein Anspruch auf Einbezug aller relevanten Faktoren ergab. Das Oberlandesgericht Frankfurt am Main äußerte sich nicht grundsätzlich dazu, stellte aber fest, dass ein Bonitätsscore auf Grundlage eines einzigen Merkmals den Anforderungen des § 28b Nr. 1 BDSG a. F. nicht genüge.[100]

In einem weiteren Verfahren urteilte das Oberlandesgericht München, dass kein Anspruch gegen die „SCHUFA" auf die individuelle Ergänzung finanzieller Daten bestünde.[101] Im vorliegenden Fall hatte die Klägerin geltend gemacht, dass zum einen unzulässige Kriterien (unter anderem das Geschlecht) für den Score herangezogen und zum anderen relevante Daten zur finanziellen Situation nicht berücksichtigt worden seien.[102] Die „SCHUFA" argumentierte hinsichtlich des letztgenannten Aspekts, dass nach § 28b BDSG a. F. kein Anspruch bestehe, „beim Scoring im Wege einer Gesamtschau alle Informationen […] zu berücksichtigen"[103]. Würde sie zu viele individuelle Faktoren berücksichtigen, wäre das Verfahren gerade nicht mehr mathematisch-statistisch im Sinne des § 28b BDSG a. F.[104] Das Oberlandesgericht München griff diese Argumentation auf und führte zudem den wirtschaftlichen Aufwand an, eine Datenbank mit individuell ergänzten Informationen zu führen.[105]

Speziell für das Scoring im Rahmen eines Vertragsverhältnisses greift nun § 31 Abs. 1 Nr. 2 BDSG den Wortlaut von § 28b Nr. 1 BDSG a. F. auf. Auch hier wird teilweise vertreten, dass ein wissenschaftlich anerkanntes mathematisch-statistisches Verfahren bereits ausgeschlossen sei, wenn nur ein Faktor als Grundlage für die Berechnung des Wahrscheinlichkeitswerts dient.[106] Ob und in welchem Rahmen ein Anspruch auf Ergänzung von Daten durch die vom Scoring Betroffenen besteht, ist aber weiterhin unklar. Zudem wird § 31 BDSG überwiegend als unionsrechtswidrig angesehen.[107]

Im Rahmen der Datenschutz-Grundverordnung findet sich ein wissenschaftlicher Standard für Profiling als Unterfall automatisierter Entscheidungen nunmehr im nicht rechtsverbindlichen Erwägungsgrund 71 S. 6, der lediglich „geeignete

---

[100] OLG Frankfurt am Main, Urteil v. 7. 4. 2015, Az. 24 U 82/14, Rn. 45 f. (juris).
[101] OLG München, Urteil v. 12. 3. 2014, Az. 15 U 2395/13 (juris).
[102] A. a. O., Rn. 89.
[103] A. a. O., Rn. 48.
[104] A. a. O., Rn. 49.
[105] A. a. O., Rn. 90.
[106] In diese Richtung *Kramer*, in: Eßer u. a. (Hrsg.), DSGVO/BDSG, 6. Aufl. 2018, § 31 BDSG Rn. 28.
[107] Dazu in Abschnitt B. III. 2.

mathematische oder statistische Verfahren" vorsieht. Allerdings räumt Art. 16 S. 2 DSGVO der betroffenen Personen das Recht ein, im Falle der Verarbeitung unvollständiger personenbezogener Daten diese zu vervollständigen.

Fraglich ist aber nun, wie weit dieses „Recht auf Vervollständigung" gemäß Art. 16 S. 2 DSGVO reicht: Dies setzt zunächst voraus zu wissen, welche personenbezogenen Daten im Einzelfall verarbeitet werden – hier greifen die Auskunftsansprüche gemäß Art. 15 DSGVO. Problematisch ist jedoch, was unter unvollständigen Daten im Sinne des Art. 16 S. 2 DSGVO verstanden wird, da nur in diesem Fall der Ergänzungsanspruch besteht. Der Wortlaut fordert eine Rückbindung an den Verarbeitungszweck und damit letztlich eine Beurteilung im Einzelfall, welche Datengrundlage als unvollständig anzusehen ist. Entsprechend vage sind die Definitionsversuche – der Tatbestand des Art. 16 S. 2 DSGVO setze voraus, dass die vorhandenen Daten richtig seien, aber in der Gesamtschau im Hinblick auf den Verarbeitungszweck ein „unzutreffendes"[108] Bild der Person vermitteln würden bzw. „lückenhaft und dadurch objektiv missverständlich"[109] seien. Daher könne „nicht jede beliebige Vervollständigung" seitens des Betroffenen verlangt werden.[110] Für eine restriktive Interpretation des Art. 16 S. 2 DSGVO wird angeführt, dass sich aus dem Schutzzweck der Datenschutz-Grundverordnung gerade kein Anspruch auf eine „vollständige" Persönlichkeitsdarstellung ergebe.[111]

Die Rechtsunsicherheit hinsichtlich der Qualifikation personenbezogener Daten als „unvollständig" verdeutlicht, dass die Reichweite eines Anspruchs nach Art. 16 S. 2 DSGVO wohl erst durch zukünftige Rechtsprechung konkretisiert wird.

4. Statistische Grundlagen im Kontext personenbezogener Prognosen

Bei algorithmenbasierten personenbezogenen Entscheidungen handelt es sich überwiegend um statistische Modelle – so werden zum Beispiel das Rückfallrisiko bei Straftätern oder die Integrationschance von Arbeitssuchenden durch multiple Regressionen berechnet. Aber auch komplexere Modelle maschinellen Lernens bauen grundsätzlich auf angewandter Statistik auf.[112] Für die juristische Diskus-

---

[108] *Herbst*, in: Kühling/Buchner (Hrsg.), DS-GVO/BDSG, 2. Aufl. 2018, Art. 16 DSGVO Rn. 27.

[109] *Kamann/Braun*, in: Ehmann/Selmayr (Hrsg.), DS-GVO, 2. Aufl. 2018, Art. 16 Rn. 36.

[110] *Dix*, in: Simitis u. a. (Hrsg.), DSGVO/BDSG, 2019, Art. 16 DSGVO Rn. 18.

[111] *Domurath/Neubeck*, Verbraucher-Scoring aus Sicht des Datenschutzrechts, Working Paper des SVRV, 2018, S. 24.

[112] Ob es sich bei maschinellem Lernen um eine eigenständige Fachdisziplin handelt, ist umstritten, s. SVRV (Hrsg.), Technische und rechtliche Betrachtungen algorithmischer Entscheidungsverfahren – Gutachten der Fachgruppe Rechtsinformatik der Gesellschaft für Informatik e. V. im Auftrag des SVRV, 2018, S. 32; s. auch *Mayer-Schönberger/Cukier*, Big Data, 2013, S. 11 f.

sion ist daher das Verständnis einiger statistischer Grundbegriffe notwendig, um die Möglichkeiten und Grenzen statistischer Entscheidungsmodelle zumindest grob einschätzen zu können. Daher soll an dieser Stelle eine knappe Darstellung statistischer Methodik erfolgen.

a) Zusammenhänge zwischen metrischen Merkmalen

Es gibt mehrere Möglichkeiten, wie zwei empirische Phänomene zusammenhängen bzw. dies nicht tun:

Es kann zum Beispiel sein, dass zwei Phänomene in einer direkten Kausalbeziehung zueinanderstehen, d. h. *A* bewirkt *B* oder *B* bewirkt *A*. Ebenso ist es möglich, dass zwei Phänomene dieselbe Ursache haben, aber keine direkte Kausalbeziehung zwischen ihnen besteht, d. h. *C* bewirkt *A* und *B*.[113] Zum Beispiel bewirken niedrige Außentemperaturen einen Anstieg der Heizkosten und einen Anstieg der Verkaufszahlen von Handschuhen. Denkbar ist auch, dass zwei Phänomene zufällig zusammen auftreten, ohne jegliche Kausalbeziehung. Letztlich ist jede logische Verknüpfung denkbar, wobei sich die Komplexität steigert, je mehr Phänomene einbezogen werden.

Ein stochastischer Zusammenhang ist also gegeben, wenn zwei Variablen *systematisch* miteinander variieren.[114] Dies kann grundsätzlich dem Muster „Je mehr …, desto mehr …" folgen (positiver Zusammenhang) oder das Verhältnis „Je mehr …, desto weniger …" ausdrücken (negativer Zusammenhang).[115]

In der Statistik kann die Stärke dieses ungerichteten Zusammenhangs quantifiziert werden und zudem als Grundlage für Regressionsgleichungen dienen, um Annahmen über Verursachungsrichtungen zu modellieren:

aa) Deskriptive Maße

Wenn mehrere empirische Phänomene im selben Zeitraum auftreten, stellt sich die Frage, wie stark der Zusammenhang zwischen diesen Variablen ist. In der Statistik wird dies üblicherweise mit dem sog. (Maß-)Korrelationskoeffizienten,[116] der auf Bravais und Pearson zurückgeht, quantifiziert.[117]

---

[113] Reichenbach stellte diesen Zusammenhang formalisiert dar unter Einbezug der Zeitorientierung, vgl. *Reichenbach*, The Direction of Time, 1956, S. 157–167.

[114] *Rasch u. a.*, Quantitative Methoden 1, 4. Aufl. 2014, S. 82.

[115] A. a. O., S. 83.

[116] Eine andere Bezeichnung dafür ist die Produkt-Moment-Korrelation. Daneben existieren weitere Maße, beispielsweise die Rangkorrelation nach Spearman, auf die hier nicht näher eingegangen wird.

[117] Ausführlich zum Ursprung des Korrelationskoeffizienten unter Einbezug der Arbeit von Galton s. *Pearl/Mackenzie*, The Book of Why, 2018, S. 55–62.

Dieser bildet die Stärke des *linearen* Zusammenhangs zwischen den Variablen ab.[118] Der Korrelationskoeffizient wird meist durch r_{xy} symbolisiert und nimmt einen Wert zwischen minus eins und plus eins an.[119] Der Vorteil des Korrelationskoeffizienten ist insbesondere, dass er – im Gegensatz zur Kovarianz – maßstabsunabhängig, d. h. standardisiert, ist.[120]

Es existieren keine festen Grenzen zur Einordnung des *r*-Werts. Dieser hängt stark vom Untersuchungsgegenstand ab; in Laborstudien kann beispielsweise von einem höheren Wert ausgegangen werden als in Feldstudien, da sich Störvariablen leichter ausschließen lassen.[121]

Zur Orientierung können etwa folgende Werte herangezogen werden: Korrelationen im Bereich $0 \leq r < 0,5$ sind schwach, im Bereich $0,5 \leq r < 0,8$ mittel und im Bereich $0,8 \leq r \leq 1$ stark.[122] Andere klassifizieren die Werte nach $r = 0,10$: kleiner Effekt; $r = 0,30$: mittlerer Effekt und $r = 0,50$: großer Effekt.[123]

Wenn der Einfluss einer Drittvariable vermutet wird, wenn also die Korrelation zwischen *x* und *y* auf eine dritte Variable *z* zurückzuführen ist, kann eine mithilfe einer sog. Partialkorrelation – vereinfacht ausgedrückt – der Einfluss dieser Drittvariable herausgerechnet werden.[124]

Der entscheidende Punkt ist, dass selbst ein sehr hoher Korrelationskoeffizient nichts über die Kausalität zwischen zwei Phänomenen aussagt, insbesondere auch nichts über eine Einflussrichtung: Kräht der Hahn, weil die Sonne aufgeht oder geht die Sonne auf, weil der Hahn kräht?[125]

Im Kontext von *Big Data* hat sich die Debatte um das Wechselspiel von deduktivem und induktivem wissenschaftlichen Arbeiten jedoch verschärft.[126] So wird gefordert, die Gesellschaft müsse einen Teil ihrer „Kausalitätsbesessenheit" auf-

---

[118] Statt vieler *Fahrmeir u. a.*, Statistik, 8. Aufl. 2016, S. 128 f.

[119] Ebd.

[120] *Cramer/Kamps*, Grundlagen der Wahrscheinlichkeitsberechnung und Statistik, 4. Aufl. 2017, S. 109.

[121] *Rasch u. a.*, Quantitative Methoden 1, 4. Aufl. 2014, S. 86.

[122] *Cramer/Kamps*, Grundlagen der Wahrscheinlichkeitsberechnung und Statistik, 4. Aufl. 2017, S. 111; *Fahrmeir u. a.*, Statistik, 8. Aufl. 2016, S. 130.

[123] *Rasch u. a.*, Quantitative Methoden 1, 4. Aufl. 2014, S. 90 mit Verweis auf *Cohen*.

[124] A. a. O., S. 92–94. Der Begriff der Scheinkorrelation ist missverständlich, da eine Korrelation zwischen *x* und *y* besteht, auch wenn sie von einer dritten Variable *z* abhängen; mit Beispielen für Scheinkorrelationen *Fahrmeir u. a.*, Statistik, 8. Aufl. 2016, S. 141 f.

[125] Es existiert Forschung, die sich mit der Darstellung von Kausalbeziehungen beschäftigt. Bekannt sind vor allem *Structural Causal Models* nach Pearl sowie das *Rubin-Neyman causal model*, s. *Pearl/Mackenzie*, The Book of Why, 2018; *Rubin*, J. Am. Stat. Ass'n 100 (2005), 322 (324 ff.).

[126] Viel diskutiert wurde der Beitrag von Anderson unter https://www.wired.com/2008/06/pb-theory/ [zuletzt abgerufen am 22. 2. 2021], in dem dieser das Ende der hypothesengeleiteten Forschung prognostiziert; in diese Richtung auch *Mayer-Schönberger/Cukier*, Big Data, 2013, S. 55.

geben,[127] das Ideal identifizierbarer Kausalbeziehungen sei ohnehin „a self-con-gratulatory illusion"[128]. In den Fokus geraten korrelationsbasierte Prognosen auf Grundlage einer breiten Datenbasis. Calude/Longo konstatieren daher:

> „For purposes of making a prediction, the underlying reason for a correlation may not matter. As long as the correlation is stable – lasting into the future – one can use it to make predictions. One does not need an accurate cause-effect explanation to make a prediction. As long as a ‚pattern' (correlation) continues into the future, we can use it to make a prediction, whether or not we understand it."[129]

Es wird angenommen, die „prädiktive Analytik [sei] losgelöst von einem Ver-stehensprozess, der [...] einen theoretisch begründbaren Kausalzusammenhang zu identifizieren versucht"[130].

Um auf das Beispiel der Korrelation zwischen einer bestimmten auf dem PC vor-handenen Schriftart und der Kreditausfallrate zurückzukommen: Dieser Zusam-menhang ist für Menschen nicht intuitiv kausal herzuleiten. Solange sich jedoch der Prädiktor „Schriftart" als signifikant für die abhängige Variable „Kreditaus-fall" erweist, kann die Kausalität zunächst dahinstehen.[131]

Ein hoher Korrelationskoeffizient kann aber das Augenmerk auf *mögliche* Kau-salbeziehungen lenken.[132] So gibt es durchaus Fälle, in denen auch nicht-intuitive Korrelationen nachträglich in robuste Theorien integriert werden können.[133] Mayer-Schönberger/Cukier heben zudem hervor, dass dieses induktive *Big-Data*-basierte „Vorsortieren" zeit- und kosteneffizienter sei als eine Hypothese zu bilden, zu tes-ten, zu verwerfen und wieder mit einer neuen Hypothese zu beginnen.[134]

Der Korrelationskoeffizient ist letztlich aber ein rein deskriptives Maß, das die Stärke des linearen Zusammenhangs zwischen zwei Variablen quantifiziert und durch die Standardisierung einem Vergleich zugänglich macht.

---

[127] *Mayer-Schönberger/Cukier*, Big Data, 2013, S. 7.
[128] A. a. O., S. 18.
[129] *Calude/Longo*, Found. of Sci. 22 (2017), 595 (598 f.).
[130] *Hermstrüwer*, in: Hoffmann-Riem (Hrsg.), Big Data – Regulative Herausforderungen, 2018, S. 99 (103).
[131] In diesem Fall gelang es aber, durch die Identifizierung der Drittvariable „Nutzung der Schriftart im Online-Glücksspiel" die Korrelation in eine Theorie über den Kausalzusammen-hang zu integrieren.
[132] Darin sehen Pearl/Mackenzie den Zweck von *Data Mining*, s. *Pearl/Mackenzie*, The Book of Why, 2018, S. 352. Ähnlich *Mayer-Schönberger/Cukier*, Big Data, 2013, S. 66.
[133] *Calude/Longo*, Found. of Sci. 22 (2017), 595 (598) nennen als Beispiel den Zusammen-hang zwischen mikrobiellen Infektionen und Impfstoffen.
[134] *Mayer-Schönberger/Cukier*, Big Data, 2013, S. 66.

bb) Abbildung von gerichteten Zusammenhängen durch Regressionen

In der Praxis ist es oftmals von Interesse, wie sich eine Variable bzw. mehrere Variablen auf eine andere Variable auswirken. Es geht folglich nicht um die Stärke des Zusammenhangs an sich, die durch den Korrelationskoeffizienten ausgedrückt wird, sondern darum, von x-Werten auf y-Werte zu schließen und somit gerichtete Zusammenhänge zu erkennen.[135]

Es wird also eine auf die Zukunft bezogene Einschätzung abgegeben, die sich durch Regressionen berechnen lässt: „Die Aufgabe [...] ist in den meisten Fällen die Vorhersage des Werts einer Zielvariablen (statistische Terminologie: ‚abhängige Variable‘) von einer Menge Eingabevariablen (statistische Terminologie: ‚unabhängige Variablen‘)."[136] Die abhängige Variable wird auch Kriterium, Regressand oder endogene Variable genannt, die unabhängige Variable auch als Prädiktor, Regressor oder exogene Variable bezeichnet.[137]

Die Annahme, dass ein linearer Zusammenhang zwischen der abhängigen Variablen und der unabhängigen Variablen[138] besteht, lässt sich in der Regressionsfunktion

$$y = f(x) = a + b \cdot x$$

ausdrücken, wobei b die Steigung der Geraden und a den Schnittpunkt der Geraden mit der y-Achse darstellt.[139] Die Werte von a und b werden nun über die Messwerte $(x_1, y_1, x_2, y_2, ..., x_n, y_n)$ bestimmt. Visuell bedeutet dies, eine Gerade zu ermitteln, die so verläuft, dass die erhobenen Datenpunkte, die sich auf der x- und der y-Achse situieren, möglichst auf der Geraden liegen bzw. möglichst wenig Abstand zu ihr haben. Dies wird erreicht, indem die durchschnittliche Abweichung zwischen den beobachteten und den prognostizierten y-Werten in der Regel durch die sog. Kleinste-Quadrate-Methode nach Gauß minimiert wird.[140] Ein Regressionsmodell $y = f(x) + \varepsilon$ berücksichtigt über ε als Fehlerterm, dass es in der Realität häufig Abweichungen zwischen der Prognose und den empirischen Daten

---

[135] *Fahrmeir u. a.*, Statistik, 8. Aufl. 2016, S. 144; zum Zusammenhang zwischen Regressionsanalyse und Korrelationskoeffizient s. *Cramer/Kamps*, Grundlagen der Wahrscheinlichkeitsberechnung und Statistik, 4. Aufl. 2017, S. 124 f.

[136] SVRV (Hrsg.), Technische und rechtliche Betrachtungen algorithmischer Entscheidungsverfahren – Gutachten der Fachgruppe Rechtsinformatik der Gesellschaft für Informatik e. V. im Auftrag des SVRV, 2018, S. 30.

[137] *Rasch u. a.*, Quantitative Methoden 1, 4. Aufl. 2014, S. 98; *Cramer/Kamps*, Grundlagen der Wahrscheinlichkeitsberechnung und Statistik, 4. Aufl. 2017, S. 118.

[138] Denkbar ist, dass nur eine unabhängige Variable herangezogen wird – dann handelt es sich um eine einfache Regression. In der Praxis häufiger sind allerdings multiple Regressionen mit mehreren Prädiktoren.

[139] *Cramer/Kamps*, Grundlagen der Wahrscheinlichkeitsberechnung und Statistik, 4. Aufl. 2017, S. 117.

[140] *Fahrmeir u. a.*, Statistik, 8. Aufl. 2016, S. 145 ff.; *Cramer/Kamps*, Grundlagen der Wahrscheinlichkeitsberechnung und Statistik, 4. Aufl. 2017, S. 119 f.

(sog. Residuen) gibt und dass es daher primär darum geht, diese Abweichungen möglichst gering zu halten – es handelt sich also um Schätzwerte.[141]

Die Zielvariable ist hier ein Zahlenwert. Wenn hingegen eine Klassifikation in Form eines binären Werts ermittelt werden soll, muss die Gleichung durch eine logistische Regression adaptiert werden.[142]

Die lineare Funktion wird in diesem Fall in eine nichtlineare Funktion integriert und das Über- bzw. Unterschreiten eines Schwellenwerts entspricht einer positiven oder negativen Prognose, sodass es sich bei dem Kriterium um eine dichotome Variable handelt.[143]

Hier lässt sich eine erste Brücke zu den Anwendungsbereichen personenbezogener algorithmenbasierter Entscheidungen schlagen: Diese Entscheidungen beruhen in erster Linie auf Prognosen, wie sich eine Person hinsichtlich einer bestimmten Fragestellung verhalten bzw. wie sich ihre Situation entwickeln wird: Erhält sie zeitnah einen Arbeitsvertrag? Ist sie kreditwürdig? Wird sie erneut straffällig? Begeht sie Sozialbetrug? In der Mehrzahl der untersuchten Anwendungen basiert die Antwort auf Regressionsgleichungen. Dabei werden sowohl binäre Entscheidungen – beispielsweise, ob die Angaben eines Steuerpflichtigen aufgrund des Risikomanagementsystems ausgesteuert werden – als auch abgestufte Einschätzungen getroffen – so teilweise beim Rückfallrisiko von Straftätern in den USA.[144] Es kommen also sowohl lineare als auch logistische Regressionen zum Einsatz.

Zu berücksichtigen ist, dass bei linearen und logistischen Regressionsmodellen die Prädiktoren nur separat und nicht in Kombination einbezogen werden können, d. h. sog. nichtlineare Interaktionen können nicht ohne Weiteres abgebildet werden.[145]

b) Statistisches Testen von Regressionen

In der Statistik gibt eine Vielzahl von Testverfahren mit jeweiligen Vor- und Nachteilen.[146] Bevor kurz auf das Testen von Regressionen eingegangen wird, soll verdeutlicht werden, was statistische Tests grundsätzlich auszeichnet: Es wird

---

[141] *Fahrmeir u. a.*, Statistik, 8. Aufl. 2016, S. 144, 149; *Cramer/Kamps*, Grundlagen der Wahrscheinlichkeitsberechnung und Statistik, 4. Aufl. 2017, S. 118.

[142] SVRV (Hrsg.), Technische und rechtliche Betrachtungen algorithmischer Entscheidungsverfahren – Gutachten der Fachgruppe Rechtsinformatik der Gesellschaft für Informatik e. V. im Auftrag des SVRV, 2018, S. 31 f.

[143] A. a. O., S. 32.

[144] Dazu Abschnitt B. II.

[145] SVRV (Hrsg.), Technische und rechtliche Betrachtungen algorithmischer Entscheidungsverfahren – Gutachten der Fachgruppe Rechtsinformatik der Gesellschaft für Informatik e. V. im Auftrag des SVRV, 2018, S. 33.

[146] Ausführlich zu Hypothesentests etwa *Hedderich/Sachs*, Angewandte Statistik, 16. Aufl. 2018, S. 445 ff.

stets danach gefragt, ob eine Beobachtung signifikant im Sinne von überzufällig ist. Dazu wird mit einer sog. Nullhypothese (H_0) gearbeitet, die besagt, dass die Forschungshypothese als sog. Alternativhypothese (H_1) *nicht* zutrifft.[147] Wenn also die Forschungshypothese wäre, dass sich der Bildungsabschluss der Eltern auf den Bildungsabschluss der Kinder auswirkt, wäre die Nullhypothese, dass kein signifikanter gerichteter Zusammenhang besteht.

Es geht folglich darum, die Nullhypothese zu falsifizieren. Die grundlegende Frage statistischer Tests ist nun, unter welchen Voraussetzungen die Nullhypothese verworfen werden kann. Um die Nullhypothese abzulehnen, muss das Ergebnis der Datenanalyse statistisch signifikant sein. Wann dies der Fall ist, hängt wiederum vom sog. Signifikanzniveau α ab, d. h. im Grunde müsste es heißen, das Ergebnis ist statistisch signifikant zum Niveau α.[148] Das Signifikanzniveau ist die maximale Wahrscheinlichkeit für einen sog. Fehler 1. Art, also die Nullhypothese abzulehnen, obwohl sie wahr ist.[149] In der Regel wird ein Signifikanzniveau von 0,01; 0,05 oder 0,1 festgelegt.[150] Die konkrete Wahl von α hängt auch von den praktischen Risiken der fälschlichen Ablehnung der Nullhypothese ab.[151]

Das Signifikanzniveau spielt in statistischen Tests an verschiedenen Stellen eine Rolle: Zunächst kann global die Regression mithilfe des sog. Bestimmtheitsmaßes (R^2) geprüft werden, das die Güte der Modellanpassung angibt. Vereinfacht ausgedrückt: Je höher der Anteil an der Gesamtstreuung in den Daten ist, der durch die Regression erklärt werden kann, desto besser bildet das Modell die empirischen Daten ab, d. h. die Residualstreuung ist gering.[152] Damit ist aber nur eine Aussage über das Verhältnis von Regression und vorhandenen Daten im Sinne einer Stichprobe getroffen. Über das Bestimmtheitsmaß lassen sich die Größe der Stichprobe und die Anzahl der unabhängigen Variablen nicht einbeziehen.[153] Dies ist jedoch mit dem sog. F-Test möglich, mit dessen Hilfe geprüft werden kann, ob mindestens eine der unabhängigen Variablen einen signifikanten Einfluss auf die abhängige Variable hat.[154] Die Nullhypothese ist in diesem Fall also, dass alle Regressionskoeffizienten Null sind. Sie kann verworfen werden, wenn der ermittelte F-Wert

---

[147] A. a. O., S. 447.

[148] *Fahrmeir u. a.*, Statistik, 8. Aufl. 2016, S. 386.

[149] *Sibbertsen/Lehne*, Statistik, 2. Aufl. 2015, S. 379; die Nullhypothese abzulehnen, obwohl sie wahr ist, wird als Fehler 1. Art bezeichnet; die Nullhypothese beizubehalten, obwohl die Alternativhypothese wahr ist, als Fehler 2. Art, s. *Fahrmeir u. a.*, Statistik, 8. Aufl. 2016, S. 389.

[150] *Sibbertsen/Lehne*, Statistik, 2. Aufl. 2015, S. 380; *Fahrmeir u. a.*, Statistik, 8. Aufl. 2016, S. 386.

[151] *Hedderich/Sachs*, Angewandte Statistik, 16. Aufl. 2018, S. 448 nennen das Beispiel des Medikamententests.

[152] *Backhaus u. a.*, Multivariate Analysemethoden, 15. Aufl. 2018, S. 77.

[153] Das Bestimmtheitsmaß kann u. a. verzerrt werden, wenn die unabhängigen Variablen untereinander stark korrelieren, also eine sog. Multikollinearität vorliegt – zum Umgang damit s. *Hedderich/Sachs*, Angewandte Statistik, 16. Aufl. 2018, S. 809 f.

[154] *Fahrmeir u. a.*, Statistik, 8. Aufl. 2016, S. 458.

von Null abweicht und einen bestimmten Wert überschreitet. Die Festlegung des letztgenannten Wertes hängt im Wesentlichen vom Signifikanzniveau ab. Das Ergebnis wäre in diesem Fall, dass es überhaupt einen statistisch signifikanten Zusammenhang in der Grundgesamtheit zwischen der abhängigen Variablen und den unabhängigen Variablen gibt.[155]

Mit dem sog. t-Test wiederum lässt sich die Signifikanz der einzelnen Regressionskoeffizienten untersuchen – dies setzt natürlich voraus, dass es sich um eine multiple Regression handelt, da andernfalls der F-Test ausreichen würde.[156] Hier ist die Nullhypothese, dass der Regressionskoeffizient gleich Null ist. Wiederum spielt das Signifikanzniveau eine Rolle bei der Definition des Wertes, den der empirische t-Wert überschreiten muss, um die Nullhypothese zu verwerfen.[157]

In der Praxis wird meist der sog. p-Wert der F- und der t-Statistik genutzt, der von den meisten Statistikprogrammen ausgegeben wird und die Wahrscheinlichkeit ausdrückt, unter der Nullhypothese „den beobachteten Prüfgrößenwert oder einen in Richtung der Alternative extremeren Wert zu erhalten".[158] Die Nullhypothese wird verworfen, wenn der p-Wert kleiner als das festgelegte Signifikanzniveau ist. Ein p-Wert liegt stets in einem Wertebereich zwischen 0 und 1, weil er eine Wahrscheinlichkeit ausdrückt. Der Vorteil darin besteht vor allem, dass das minimale Signifikanzniveau sichtbar wird, bei dem die Nullhypothese (noch) abgelehnt werden kann. Dies ist gleichzeitig ein Nachteil, wenn das Niveau ausgehend vom p-Wert strategisch festgelegt wird; zudem wird der p-Wert teilweise falsch interpretiert.[159]

Die gängigen Testmethoden bzw. Gütemaße von Regressionen treffen somit Aussagen darüber, ob gerichtete Zusammenhänge statistisch signifikant sind und können offenlegen, auf welche Variablen bzw. Regressionskoeffizienten dies zurückzuführen ist.

Eine Vielzahl von personenbezogenen Entscheidungen basiert auf diesen verhältnismäßig simplen Regressionsmodellen, etwas die Auswahl von Fördermaßnahmen für Arbeitssuchende in der österreichischen Sozialverwaltung.[160]

---

[155] *Backhaus u. a.*, Multivariate Analysemethoden, 15. Aufl. 2018, S. 81.
[156] A. a. O., S. 84, 87.
[157] *Fahrmeir u. a.*, Statistik, 8. Aufl. 2016, S. 401.
[158] A. a. O., S. 388.
[159] A. a. O., S. 389; *Ioannidis*, Am. Statistician 73 (2019), 20.
[160] *Holl u. a.*, Das AMS-Arbeitsmarktchancen-Modell, 2018, S. 7, 11, abrufbar unter https://www.ams-forschungsnetzwerk.at/downloadpub/arbeitsmarktchancen_methode_%20dokumentation.pdf [zuletzt abgerufen am 22. 2. 2021].

5. Fortschritte im maschinellen Lernen

Neben einfachen Regressionsmodellen existieren verschiedene Methoden maschinellen Lernens, die dazu beitragen, dass automatisierte Entscheidungssysteme zunehmend Verbreitung finden.

Maschinelles Lernen im weitesten Sinne ist ein Teilbereich in der Forschung zu künstlicher Intelligenz.[161] Es existiert keine verbindliche Definition von maschinellem Lernen. Eine gängige Definition wird Samuel zugeschrieben als „field of study that gives computers the ability to learn without being explicitly programmed"[162]. Daran schloss Mitchell in den 1990er-Jahren mit einer technischeren Definition an: „A computer program is said to learn from experience E with respect to some class of tasks T and performance measure P, if its performance at tasks in T, as measured by P, improves with experience E."[163] Diese Definition ist heute noch verbreitet und wird in der neueren Literatur teilweise zugespitzt: „The learning algorithm *adjusts the parameters* of the template – which we call a *model* – by *optimizing a performance criterion* defined on the data.[164] [...] In other words, we would like the computer (the machine) to extract automatically the algorithm for this task"[165].

Als gemeinsamer Kern dieser Definitionen lässt sich entnehmen, dass es bei maschinellem Lernen darum geht, dass ein Modell aus Daten und Feedback lernen kann, d. h. die Problemlösung als Output optimiert, ohne dass bereits bei der Programmierung die Schritte zum Output determiniert werden.

Ob maschinelles Lernen grundsätzlich auf angewandter Statistik aufbaut oder eine eigenständige Disziplin darstellt, ist umstritten.[166] Festzuhalten ist zunächst, dass es nicht „das" maschinelle Lernen gibt, sondern eine Vielzahl unterschiedlicher Methoden existiert, mit denen ein Algorithmus „lernt" ein Problem zu lösen. Allein für das Kreditscoring existieren mindestens 40 verschiedene Klassifikationsalgorithmen, die teilweise einfache Regressionen darstellen, teilweise auf maschinellem Lernen beruhen.[167] Maschinelles Lernen kann grundsätzlich für Klassifikations- und Regressionsprobleme genutzt werden. Nicht alle der in Teil B. III. dargestellten Anwendungsfälle für algorithmenbasierte Entscheidungen beruhen auf maschinellem Lernen. Es wird aber schon heute bei automatisierten personenbezogenen Entscheidungen genutzt, sei es bei der Prognose von Steuer-

---

[161] *Gausling*, in: Taeger (Hrsg.), Rechtsfragen digitaler Transformationen, 2018, S. 519 (522).

[162] *Samuel*, IBM J. Res. & Dev. 3 (1959), 211 nutzt zwar den Begriff „machine learning", aber die Definition geht wohl auf eine mündliche Aussage zurück.

[163] *Mitchell*, Machine Learning, 1997, S. 2.

[164] *Alpaydin*, Machine Learning, 2016, S. 24 f.

[165] A. a. O., S. 17.

[166] SVRV (Hrsg.), Technische und rechtliche Betrachtungen algorithmischer Entscheidungsverfahren – Gutachten der Fachgruppe Rechtsinformatik der Gesellschaft für Informatik e. V. im Auftrag des SVRV, 2018, S. 32; s. auch *Mayer-Schönberger/Cukier*, Big Data, 2013, S. 11 f.; *Kauermann*, Informatik Spektrum 42 (2020), 387 (388).

[167] *Lessmann u. a.*, Eur. J. Operational Res. 247 (2015), 124 (128).

betrug, der Beurteilung der Kreditwürdigkeit oder der Einschätzung der Rückfälligkeit von Straftätern. Zudem ist davon auszugehen, dass die Anwendungsbereiche in den kommenden Jahren zunehmen werden.[168] Daher werden im Folgenden die Grobstrukturen des maschinellen Lernens dargestellt – in den Blick genommen werden das gängige überwachte und nichtüberwachte Lernen sowie die Entwicklung bei künstlichen neuronalen Netzen.[169] Nicht eingegangen wird auf das sog. bestärkende Lernen (*reinforcement learning*), da dieser Ansatz aktuell wenig Relevanz für personenbezogene algorithmenbasierte Entscheidungen im Sinne des Art. 22 Abs. 1 DSGVO hat.[170]

a) Überwachtes maschinelles Lernen

Beim sog. überwachten[171] maschinellen Lernen geht es, vereinfacht ausgedrückt, darum, ein Label im Sinne eines Zielmerkmals[172] ausgehend von Input/Output-Zusammenhängen korrekt vorherzusagen. Der Algorithmus entwickelt anhand von Trainingsdaten eine Funktion h als Hypothese, auf Grundlage derer auch für unbekannte Daten korrekt der Wert von y (der Output) bestimmt wird.[173] Das Zielmerkmal kann numerisch sein – in diesem Fall handelt es sich um eine sog. Regression – oder es kann zu einer endlichen Wertmenge gehören – bezeichnet als Klassifikation oder Klassifizierung.[174] Die meisten personenbezogenen Entscheidungen auf der Grundlage von maschinellem Lernen, die Risikoprognosen beinhalten, sind Klassifikationen, da sie Menschen mit ähnlichen Merkmalen in Gruppen einteilen, etwa bei der Beurteilung der Kreditwürdigkeit.

---

[168] S. *Chui u. a.*, Notes from the AI frontier: Insights from Hundreds of Use Cases, McKinsey Global Institute, 2018, S. 11.

[169] Ein prägnanter Überblick findet sich bei *Döbel u. a.*, Maschinelles Lernen – Eine Analyse zu Kompetenzen, Forschung und Anwendung, Fraunhofer-Gesellschaft 2018, S. 8–12.

[170] Bestärkendes Lernen basiert darauf, dass ein Programm (in diesem Kontext in der Regel als Agent bezeichnet) auf Belohnungen oder Sanktionen reagiert, aber autonom evaluiert, welche Aktion zu der Belohnung im Sinne eines numerischen Signals führt. Der Agent wird die Strategie so anpassen, dass die Belohnung maximiert wird. Ein bekanntes Beispiel für bestärkendes Lernen ist das Programm „AlphaGo", das im Jahr 2015 den mehrfachen Europameister und 2016 den weltbesten Spieler im Strategie-Brettspiel Go schlug; zur Vertiefung s. *Sutton/Barto*, Reinforcement Learning, 2. Aufl. 2018; zur Reproduzierbarkeit der Ergebnisse dieser Methode s. *Henderson u. a.*, Deep Reinforcement Learning that Matters, 2019 [arXiv: 1709.06560v3].

[171] Gebräuchlicher ist die englische Terminologie *supervised* bzw. *unsupervised*.

[172] Der statistische Begriff der abhängigen Variablen ist im Bereich des maschinellen Lernens nicht verbreitet; unabhängige Variablen werden überwiegend als Attribute oder *Features* bezeichnet, aber auch hier ist die Terminologie nicht einheitlich.

[173] *Russell/Norvig*, Künstliche Intelligenz, 3. Aufl. 2012, S. 812.

[174] Ebd.; SVRV (Hrsg.), Technische und rechtliche Betrachtungen algorithmischer Entscheidungsverfahren – Gutachten der Fachgruppe Rechtsinformatik der Gesellschaft für Informatik e. V. im Auftrag des SVRV, 2018, S. 30.

Das Entscheidende ist, dass der „Lernvorgang" gesteuert wird, indem beim Training jedem Input-Datum der korrekte Funktionswert im Voraus zugewiesen wird, die Daten werden also „gelabelt".[175]

Die Güte der entwickelten Funktion wird durch Testdaten bestimmt, also ein Datenset, das sich von den Trainingsdaten unterscheidet.[176] Wenn der y-Wert für einen unbekannten Input korrekt prognostiziert wird, spricht dies für die Generalisierungsfähigkeit (*generalization ability*) der Funktion.[177] Bildet die Funktion zu stark die Spezifika der Trainingsdaten ab, liegt ein *overfitting* vor, das verhindert, dass für unbekannte Daten der y-Wert zutreffend vorhergesagt wird.[178] Gängige Klassifikationsverfahren sind *Support Vector Machines*, Entscheidungsbäume, *Feed-forward*-Neuronale Netze und Logistische Regressionen (die trotz des Namens zu den Klassifikationsverfahren zählen[179]).[180] Regressionen mit einem numerischen Zielmerkmal sind zum Beispiel denkbar bei der Bestimmung personalisierter Preise im Onlinehandel auf der Grundlage von Kundenprofilen.

Nicht immer klar abgrenzbar sind diese Modelle zum sog. halb überwachten maschinellen Lernen, bei dem zum Beispiel nur ein kleiner Teil der Trainingsdaten gelabelt wird.[181]

b) Nichtüberwachtes maschinelles Lernen

Beim nichtüberwachten maschinellen Lernen erkennt der Algorithmus Muster, ohne dass die Ausgabe systematisch durch Feedback optimiert wird, d. h. es erfolgt keine Rückmeldung, dass eine Zuordnung „richtig" oder „falsch" war im Hinblick auf *ex ante* bestehende Klassen.[182] Der entscheidende Unterschied zum überwachten maschinellen Lernen ist also, dass die Daten nicht vorgegebenen Kategorien zugeordnet werden, sondern der Algorithmus autonom Muster in den Trainingsdaten entdeckt.

Die Vorteile von nichtüberwachten Modellen sind zum einen, dass Zusammenhänge erkennbar werden, die im Rahmen einer menschlichen Klassifikation nicht

---

[175] *Alpaydin*, Machine Learning, 2016, S. 38; *LeCun u. a.*, Nature 521 (2015), 436 (436).

[176] *LeCun u. a.*, Nature 521 (2015), 436 (437).

[177] *Alpaydin*, Machine Learning, 2016, S. 39 f.; die Funktion kann auch stochastisch sein, s. *Russell/Norvig*, Künstliche Intelligenz, 3. Aufl. 2012, S. 812.

[178] *Russell/Norvig*, Künstliche Intelligenz, 3. Aufl. 2012, S. 822.

[179] Die logistische Regression drückt die Wahrscheinlichkeit aus, mit der der Input einer Kategorie zugeordnet werden kann, s. SVRV (Hrsg.), Technische und rechtliche Betrachtungen algorithmischer Entscheidungsverfahren – Gutachten der Fachgruppe Rechtsinformatik der Gesellschaft für Informatik e. V. im Auftrag des SVRV, 2018, S. 32.

[180] Ausführlich zu den einzelnen Verfahren s. *Russell/Norvig*, Künstliche Intelligenz, 3. Aufl. 2012, S. 814 ff., 844 f., 850 ff., 863 ff.

[181] A. a. O., S. 811.

[182] *Alpaydin*, Machine Learning, 2016, S. 111.

zutage getreten wären, und zum anderen, dass menschliche Fehler in der Datenaufbereitung und der Modellbildung (zum Beispiel falsches Labeling oder mangelhafte Klassifikationen) vermieden werden.[183] In ökonomischer Hinsicht sind ungelabelte Daten zudem leichter zugänglich und kostengünstiger.[184]

Eine gängige Anwendung ist das sog. *Clustering*, bei dem ungelabelte Daten nach Gemeinsamkeiten gruppiert werden.[185]

Nichtüberwachtes maschinelles Lernen erzielt mittlerweile robuste Ergebnisse auch bei komplexen Klassifikationen – so gelang es beispielweise, ein neuronales Netz anhand von ungelabelten Standbildern aus 10 Millionen „YouTube"Videos zu trainieren, menschliche Gesichter und Körper sowie Katzengesichter zu erkennen.[186]

c) Neuronale Netze und Deep Learning

Künstliche neuronale Netze und als Ausprägung davon *Deep Learning* sind wiederum Teilbereiche von maschinellem Lernen.[187] Die Anwendungsbereiche von neuronalen Netzen sind momentan vor allem die Bild- und Spracherkennung.[188] Dies kann in einer Vielzahl von Kontexten genutzt werden, zum Beispiel für Bildklassifikationen, Personenidentifizierung, medizinische Diagnosen oder Übersetzungsprogramme. Für automatisierte personenbezogene Entscheidungen ist diese Technologie insbesondere bei der musterbasierten Aktivitätserkennung relevant, d. h. bei der Einordnung von Bewegungssequenzen.[189] Aber auch für die Prüfung der Kreditwürdigkeit werden häufig neuronale Netze verwendet.[190] Neuronale Netze sind schon lange ein Feld der KI-Forschung, doch erst in den letzten Jahren, bedingt durch den Anstieg der verfügbaren Daten und die höhere Rechenleistung, gab es unvermutete Fortschritte.[191]

Künstliche neuronale Netze entwickelten sich aus der Hypothese, dass die menschliche Gehirnaktivität maßgeblich aus der elektrochemischen Kommunikation zwischen Neuronen besteht.[192] Daran anschließend sind künstliche neuro-

---

[183] A. a. O., S. 117.
[184] Ebd.
[185] *Russell/Norvig*, Künstliche Intelligenz, 3. Aufl. 2012, S. 811; *Alpaydin*, Machine Learning, 2016, S. 112.
[186] *Le u. a.*, Building High-level Features Using Large Scale Unsupervised Learning, Proceedings of the 29th International Conference on Machine Learning, 2012.
[187] *Gausling*, in: Taeger (Hrsg.), Rechtsfragen digitaler Transformationen, 2018, S. 519 (523).
[188] *Marcus*, Deep Learning: A Critical Appraisal, 2018 [arXiv: 1801.00631v1], S. 1 (2).
[189] S. Abschnitt B. I. 2. c).
[190] *Lessmann u. a.*, Eur. J. Operational Res. 247 (2015), 124 (126).
[191] *Alpaydin*, Machine Learning, 2016, S. 28; *Marcus*, Deep Learning: A Critical Appraisal, 2018 [arXiv: 1801.00631v1], S. 1 (2).
[192] *Russell/Norvig*, Künstliche Intelligenz, 3. Aufl. 2012, S. 846.

nale Netze zunächst Verknüpfungen von Einheiten, die Neuronen nachempfunden sind.[193] Eine Einheit kann für ein Pixel, ein Wort usw. stehen.[194] Jede Einheit besitzt mehrere Eingänge, denen ein numerisches Gewicht zugeordnet ist.[195] Diese Werte werden nun in eine Aktivierungsfunktion g integriert, bei der es sich grundsätzlich um eine Schwellenwertfunktion oder um eine logistische Regression handelt – also um eine nichtlineare Funktion.[196] Nun gibt es verschiedene Möglichkeiten, diese Einheiten zu verbinden, also ein neuronales Netz zu gestalten: Entweder „wandern" die Eingaben nur in eine Richtung, d. h. jede Einheit erhält Eingaben nur von vorgelagerten Einheiten (*Feedforward*-Netz) oder die Ausgaben werden wieder als Eingaben in das System zurückgeführt, sodass ein dynamisches Modell mit Schleifen entsteht (rekurrentes neuronales Netz).[197]

Die Einheiten in *Feedforward*-Netzen sind in Schichten strukturiert, bei denen nur die Einheiten in unmittelbar benachbarten Schichten in eine Richtung miteinander „kommunizieren".[198] Denkbar ist ein Netz, das nur aus Input- und Output-Schicht besteht, sodass Ein- und Ausgaben direkt miteinander verknüpft sind, doch üblich sind heute mehrschichtige Netze.[199]

Der Begriff des *Deep Learning* bezieht sich in der Regel nur auf die konkrete Ausgestaltung des neuronalen Netzes, nämlich auf die Anzahl der sog. verborgenen Schichten zwischen der Input- und der Output-Schicht: Die Anzahl der *Hidden Layers* ist bei *Deep Learning* höher als bei einfachen neuronalen Netzen.[200] Die „Apple"-Spracherkennungssoftware „Siri" basiert beispielsweise auf *Deep Learning.*[201]

Das Training des neuronalen Netzes erfolgt über eine Optimierung der Gewichtskoeffizienten – in der Ausgangslage sind diese oft zufällig gesetzt. Das Ziel ist die Minimierung der Differenz zwischen dem Zielwert y und dem Näherungswert $\hat{y}$, sodass der Funktionswert stabil vorausgesagt werden kann.[202] Dabei gilt es zum einen zu beachten, dass auch hier nicht zu viele Parameter gewählt werden, die genau die Trainingsdaten abbilden und daher eine Generalisierbarkeit der Ergebnisse hindern (*overfitting*).[203] Zum anderen kann es Fälle geben, in

---

[193] *Alpaydin*, Machine Learning, 2016, S. 86 f.

[194] *Marcus*, Deep Learning: A Critical Appraisal, 2018 [arXiv: 1801.00631v1], S. 1 (4).

[195] *Russell/Norvig*, Künstliche Intelligenz, 3. Aufl. 2012, S. 847.

[196] Ebd.

[197] Ebd.; *Alpaydin*, Machine Learning, 2016, S. 92 ff.

[198] *Russell/Norvig*, Künstliche Intelligenz, 3. Aufl. 2012, S. 847.

[199] A. a. O., S. 848 ff.

[200] *Marcus*, Deep Learning: A Critical Appraisal, 2018 [arXiv: 1801.00631v1], S. 1 (7).

[201] *Gausling*, in: Taeger (Hrsg.), Rechtsfragen digitaler Transformationen, 2018, S. 519 (523).

[202] Dies kann über verschiedene Algorithmen erreicht werden; zu *Backpropagation* s. etwa *Rumelhart u. a.*, Nature 323 (1986), 533; neuronale Netze sind nicht auf Klassifikationen beschränkt, allerdings sind diese der Hauptanwendungsbereich, s. *Marcus*, Deep Learning: A Critical Appraisal, 2018 [arXiv: 1801.00631v1], S. 1 (3).

[203] Zu den Möglichkeiten, ein *overfitting* zu verhindern, s. *Srivastava u. a.*, J. Machine Learning Res. 15 (2014), 1929.

denen eine korrekte Klassifizierung wenig über die Qualität des Modells aussagt: In der Bilderkennung zum Beispiel zeigte ein Vergleich zwischen einem tiefen neuronalen Netz und der Bildklassifizierung durch *Fisher*-Vektoren, dass beide Modelle eine ähnliche Trefferquote bei der Klassifizierung von Pferden hatten, dieses Ergebnis aber auf sehr unterschiedlichen Lösungswegen beruhte: Mithilfe einer *Layer-wise Relevance Propagation*-Analyse konnte nachgewiesen werden, dass sich das neuronale Netz überwiegend an der pferdetypischen Objektform orientierte, während das andere Modell die Bilder anhand von Copyright-Zeichen einordnete, die in den Trainingsdaten nur bei Pferdebildern vorhanden waren.[204] Dies führt zu einer oft benannten Schwachstelle im Kontext von *Deep Learning*: Tiefe neuronale Netze sind nur eingeschränkt überprüfbar im Hinblick das genaue Zustandekommen des Outputs – das liegt daran, dass die Anzahl der Parameter und der Verknüpfungen zwischen den Einheiten des neuronalen Netzes zu hoch und die Optimierung dynamisch ist.[205] Dass es in dem Beispiel überhaupt gelang, die verschiedenen „Lösungsansätze" bei der Klassifikation von Pferden sichtbar zu machen, ist ein Fortschritt, aber oft wird es nicht möglich sein, den Output eines neuronalen Netzes zu erklären.[206]

Bei der Debatte um die Transparenz dieser Modelle ist zudem genau zu differenzieren, ob es sich um technische oder rechtliche Gründe handelt – Letztere können sich beispielsweise durch Betriebs- und Geschäftsgeheimnisse als Ausprägung des Eigentumsrechts oder im staatlichen Bereich durch Schutzgüter wie die öffentliche Sicherheit ergeben.

Über das Transparenzdefizit hinausgehend schließt Marcus, dass *Deep Learning* nur zuverlässig in einer stabilen, hermeneutischen Umgebung mit begrenzten Klassifikationsproblemen funktioniert, für die ausreichend Trainingsdaten verfügbar sind.[207] Diese Einschätzung darf aber nicht darüber hinwegtäuschen, dass *Deep Learning* in der jüngeren Vergangenheit große Fortschritte insbesondere im Bereich der Bild- und Spracherkennung ermöglicht hat und damit eine weitere Grundlage für automatisierte personenbezogene Entscheidungen bietet, beispielsweise in der Personalverwaltung oder im Sicherheitssektor.

---

[204] *Lapuschkin u. a.*, Analyzing Classifiers: Fisher Vectors and Deep Neural Networks, Proceedings of the IEEE Conference on Computer Vision and Pattern Recognition 2016, S. 2912 (2917).

[205] *LeCun u. a.*, Nature 521 (2015), 436 (440); *Marcus*, Deep Learning: A Critical Appraisal, 2018 [arXiv: 1801.00631v1], S. 1 (10 f.).

[206] Zu den verschiedenen Methoden, die die Nachvollziehbarkeit des Outputs neuronaler Netze zu erhöhen, s. Fn. 575 in Abschnitt B.

[207] *Marcus*, Deep Learning: A Critical Appraisal, 2018 [arXiv: 1801.00631v1], S. 1 (7, 11, 13, 15).

II. Exemplarische Anwendungsbereiche algorithmenbasierter (Vor-)Entscheidungen

Im Anschluss an die Erläuterung einiger grundlegender Funktionsweisen algorithmenbasierter Entscheidungen stellt sich die Frage, in welchen gesellschaftlichen Bereichen diese Anwendung finden. Eine abschließende Darstellung ist aufgrund der heterogenen Einsatzgebiete und der aktuellen Dynamik der Entwicklung praktisch nicht möglich.[208] Eine Auswahl setzt jedoch zwingend eine gewisse Systematisierung voraus – an dieser Stelle wird ein deskriptiver Ansatz verfolgt, da der normative Zugriff erst im Anschluss anhand der Auslegung des Art. 22 Abs. 1 DSGVO erfolgt.[209]

Vor dem Hintergrund, dass die weit überwiegende Praxis in teilautomatisierten Entscheidungen besteht, der Unterschied zwischen Teil- und Vollautomatisierung im Hinblick auf die menschliche Einflussnahme jedoch durch technologische, eigentumsrechtliche, verhaltenspsychologische und organisationsstrukturelle Faktoren nivelliert werden kann,[210] werden im Folgenden auch teilautomatisierte personenbezogene Entscheidungen in den Blick genommen, d.h. entscheidungsunterstützende bzw. -vorbereitende Systeme. Zudem werden in Übereinstimmung mit den Kriterien in Art. 22 Abs. 1 DSGVO nur Anwendungsbeispiele beleuchtet, die eine algorithmenbasierte Entscheidung auf der Grundlage von Persönlichkeitsprofilen beinhalten.[211]

1. Deskriptive Systematisierung anhand unmittelbarer Nutzungszwecke

In einem ersten Schritt wird versucht, diese Modelle auf einer deskriptiven Ebene zu systematisieren, bevor in einem zweiten Schritt darauf aufbauend eine Auswahl aus dem staatlichen und dem privatwirtschaftlichen Bereich näher erläutert wird. Die Darstellung konzentriert sich vor allem auf die Funktionsweise und den Anwendungskontext dieser Beispiele, da die grundrechtliche Perspektive im Anschluss bereichsübergreifend eröffnet wird.

---

[208] Sektorübergreifende Beispiele finden sich bei *Martini u. a.*, Automatisch erlaubt?, 2020, Bertelsmann Stiftung; *Pasquale*, The Black Box Society, 2015 und *O'Neil*, Weapons of Math Destruction, 2017 verfolgen zwar einen überblicksartigen Ansatz, konzentrieren sich aber auf die Situation in den USA und fokussieren sich in ihrer Darstellung auf Kritikpunkte.

[209] S. Abschnitt B. III. 4.

[210] S. Abschnitt B. III. 3. c).

[211] Zu der Frage, ob die Norm auch Entscheidungen umfasst, die ausschließlich auf einer automatisierten Verarbeitung, aber nicht auf Profiling beruhen, s. Abschnitt B. III. 2.

a) Unmittelbare Zwecke personenbezogener
algorithmenbasierter Entscheidungen

Martini wählt als deskriptive Systematisierung „ausgewählter lernfähiger Softwareanwendungen" einen funktionalen technikspezifischen Ansatz, indem er verschiedene Typen der Softwareanwendung auflistet und jeweils den Anwender, die „typische[n] Risiken" und die „gefährdete Personengruppe" bzw. das „gefährdete[…] Verfassungsgut" benennt.[212] Zwischen den Risiken und den gefährdeten Verfassungsgütern bestehen insofern Schnittmengen, als „Diskriminierung" zum Beispiel unter Risiken gefasst und „Art. 3 GG" als gefährdetes Verfassungsgut aufgeführt wird. Diese Darstellung ist stark fragmentiert, weil sie spezielle Softwarefunktionen auflistet wie zum Beispiel die Auto-Vervollständigung bei Suchmaschinen oder Exoskelette in der Industrie.[213] Für eine Ordnung personenbezogener algorithmenbasierter Entscheidungen kann sie daher nur bedingt herangezogen werden.

Jenseits des Kriteriums gesellschaftlicher Teilhabe systematisieren Zweig/ Krafft algorithmische Entscheidungssysteme dahingehend, dass sie sich auf solche konzentrieren, die Menschen bewerten.[214] Dabei handele es sich um Modelle, die „eine Reihe von Eigenschaften der Personen als Eingabe bekommen und als Ergebnis einen einzigen Wert berechnen"[215]. Dies deckt sich weitestgehend mit Scoring als Unterfall von Profiling. Dieser Gedanke lässt sich weiterführen, indem nach dem Grund des Profilings differenziert wird: Eine algorithmenbasierte Entscheidung kann etwa darin bestehen, auf Grundlage eines Personenprofils ein Produkt bzw. eine Dienstleistung zu einem personalisierten Preis anzubieten oder die Angaben eines Steuerpflichtigen näher zu prüfen, um Steuerbetrug aufzudecken. Die Motivation des Anwenders automatisierter Entscheidungssysteme kann somit sehr unterschiedlich sein. Näher zu untersuchen ist, ob sich algorithmenbasierte Entscheidungen anhand der damit verfolgten Zwecke deskriptiv systematisieren lassen, um auf dieser Basis zu entscheiden, welche Praxisbeispiele näher erläutert werden. Im Vordergrund stehen unmittelbare Zweckerwägungen – der Einsatz von *Predictive Policing* etwa dient unmittelbar der Risikovermeidung, mittelbar dem effizienten Ressourceneinsatz der Polizei, der wiederum der öffentlichen Sicherheit dient. Diese Verkettung von Zwecken lässt sich fortführen. Vorliegend wird die unmittelbare Perspektive gewählt, da sich globale Zweckerwägungen wie die Gewährleistung der öffentlichen Sicherheit in der Regel nicht trennscharf definieren lassen.

---

[212] *Martini*, Blackbox Algorithmus, 2019, S. 110 ff.
[213] A. a. O., S. 111 f.
[214] *Zweig/Krafft*, in: Mohabbat Kar u. a. (Hrsg.), (Un)Berechenbar? Algorithmen und Automatisierung in Staat und Gesellschaft, 2018, S. 204 (209).
[215] Ebd.

Effizienzargumente werden hier außer Acht gelassen, da sie bei der Automatisierung von Prozessen stets eine Rolle spielen, d. h. anhand des Kriteriums der Effizienzsteigerung kann keine Differenzierung der Anwendungsbereiche erfolgen.

aa) Abschöpfen der Konsumentenrente

Die automatisierte Personalisierung von Preisen im Online-Handel durch die algorithmische Analyse des Verhaltens und der Situation eines einzelnen Verbrauchers zielt darauf ab, die individuelle Zahlungsbereitschaft, d. h. die Konsumentenrente, vollständig abzuschöpfen; das Zahlungsausfallrisiko wird hier nicht kalkuliert. Im deutschsprachigen Raum wird in diesem Kontext oft von „personalisierten Preisen" gesprochen, präziser ist die ökonomische Einordnung als Preisdiskriminierung ersten Grades – wobei Diskriminierung hier wertneutral als Differenzierung verstanden wird –, was sich auch mit der englischsprachigen Terminologie *first-degree price discrimination* deckt.[216] Dabei handelt es sich um Preise, die für jeden Verbraucher individuell aufgrund seiner persönlichen Präferenzen und Reservationspreise festgelegt werden.[217] Dies ist erst möglich, seit Unternehmen im Zuge der skizzierten technologischen Entwicklung über entsprechende Kundendaten und automatisierte Analysen in Echtzeit verfügen, wobei eine „perfekte" Preisdiskriminierung ersten Grades in der realen Marktwirtschaft durch Faktoren wie Informationsdefizite oder Marktmachtbegrenzung gehindert wird.[218] Empirisch sind personalisierte Preise im Online-Handel außerdem schwer zu erfassen. Bislang gibt es nur punktuelle Untersuchungen, deren Ergebnisse zwar keine einheitliche Praxis nachweisen, aber zumindest bei einzelnen Anbietern eine Preisdiskriminierung ersten Grades aufzeigen.[219] Davon zu unterscheiden sind zudem „dynamische Preise", die sich unabhängig von der Person des Nutzers nach Faktoren wie der Tageszeit richten.[220]

Im Zusammenhang mit Art. 22 DSGVO wird bei Preisdiskriminierung ersten Grades vor allem der Frage nachgegangen, ob diese Praxis eine „erhebliche Beein-

---

[216] S. *Miller*, J. Tech. L. & Pol'y 19 (2014), 41 (43); *Wagner/Eidenmüller*, U. Chi. L. Rev. 86 (2019), 581 (585).

[217] *Wagner/Eidenmüller*, U. Chi. L. Rev. 86 (2019), 581 (585).

[218] *Miller*, J. Tech. L. & Pol'y 19 (2014), 41 (57 f.).

[219] *Schleusener/Hosell*, Expertise zum Thema „Personalisierte Preisdifferenzierung im Online-Handel" – Studien und Gutachten im Auftrag des Sachverständigenrats für Verbraucherfragen, 2016, S. 15 ff.; Verbraucherzentrale Brandenburg e. V. (Hrsg.), Individualisierte Preisdifferenzierung im deutschen Online-Handel, 2018; *Mikians u. a.*, Detecting price and search discrimination on the internet, 2012, im Rahmen der Konferenz „HotNets-XI"; unter Ausschluss von A/B-Testing *Hannak u. a.*, Measuring Price Discrimination and Steering on E-commerce Web Sites, 2014, im Rahmen der Konferenz „ACM IMC"; mit weiteren Beispielen *Zuiderveen Borgesius/Poort*, J. Consum. Pol'y 40 (2017), 347 (349).

[220] S. *Zander-Hayat/Domurath/Groß*, Personalisierte Preise – Working Paper Nr. 2 des Sachverständigenrats für Verbraucherfragen, 2016, S. 2.

trächtigung" im Sinne des Art. 22 Abs. 1 DSGVO darstellt und welchen Anforderungen eine Einwilligung des Konsumenten im Rahmen des Ausnahmetatbestands des Art. 22 Abs. 2 lit. c DSGVO genügen muss oder ob gar eine Erforderlichkeit im Sinne des Art. 22 Abs. 2 lit. a DSGVO seitens des Anbieters geltend gemacht werden kann. Die überwiegende Ansicht geht wohl davon aus, dass eine „erhebliche Beeinträchtigung" zumindest dann vorliegt, wenn die betroffene Person für das gleiche Produkt bzw. die gleiche Dienstleistung einen höheren Preis zahlt als andere Verbraucher aufgrund der Personalisierung[221] – dies ist eine andere Konstellation als das Angebot unterschiedlicher Zahlungsmodalitäten in Abhängigkeit der Bonität und des Zahlungsverhaltens des Verbrauchers. Hinsichtlich der Ausnahmetatbestände wird zum einen angeführt, dass Verbraucher personalisierte Preise tendenziell negativ sehen und daher vermutlich nicht ihre Einwilligung erteilen würden und dass das Kriterium der Erforderlichkeit für den Abschluss oder die Erfüllung eines Vertrags restriktiv ausgelegt werden sollte.[222] Auf einer rein praktischen Ebene besteht das Problem, dass der Verbraucher bzw. die Datenschutzbehörden überhaupt Kenntnis von der Preisdiskriminierung ersten Grades haben müssen, um die Entscheidung anzufechten bzw. Verstöße gegen Art. 22 DSGVO zu sanktionieren.

Auch wenn keine Einigkeit darüber besteht, welche kurz- und langfristigen ökonomischen Effekte Preisdiskriminierungen ersten Grades haben,[223] lässt sich festhalten, dass die Nutzung algorithmenbasierter Entscheidungen in Form von einzelpersonenbezogenen Preisfestlegungen zunächst dem Abschöpfen der Konsumentenrente dient und dies als erster Nutzungszweck identifiziert wird.

bb) Aufmerksamkeitsgenerierung

Eine algorithmenbasierte Entscheidung kann auch darin bestehen, einer Person aufgrund von Profiling eine bestimmte Werbeanzeige staatlicher oder nichtstaatlicher Akteure oder bestimmte Informationen, beispielsweise Zeitungsartikel, online anzuzeigen. Diese automatisierte Personalisierung des „Informationsumfelds"[224] kann kommerzielle Zwecke verfolgen wie den Gewinn neuer Kunden oder die Erhöhung der Werbeeinnahmen, aber auch nichtkommerzielle Ziele wie die Mobilisierung potenzieller Wähler. Letzterer Aspekt rückte im Rahmen der US-Präsidentschaftswahlen im Jahr 2016 ins öffentliche Bewusstsein. Im Extremfall

---

[221] So *Bygrave*, Data Protection Law, 2002, S. 324 zu Art. 15 DSRL; *Scholz*, in: Simitis u. a. (Hrsg.), DSGVO/BDSG, 2019, Art. 22 DSGVO Rn. 36; teilweise wird eine Preisdiskriminierung ersten Grades auch unter die Alternative der rechtlichen Wirkung in Art. 22 Abs. 1 DSGVO subsumiert, s. *Zuiderveen Borgesius/Poort*, J. Consum. Pol'y 40 (2017), 347 (362).

[222] *Zuiderveen Borgesius/Poort*, J. Consum. Pol'y 40 (2017), 347 (355 f., 360, 362).

[223] Dazu *Miller*, J. Tech. L. & Pol'y 19 (2014), 41 (62 f.).

[224] Stellungnahme des Europäischen Datenschutzbeauftragten zu Online-Manipulation und personenbezogenen Daten v. 19. 3. 2018, S. 11.

führt dies dazu, dass Individuen sich in einer „filter bubble"[225] wiederfinden, also in einer Umwelt, die ihnen ausschließlich die eigenen Interessen und Meinungen zurückspielt und sie so in ihrer Weltwahrnehmung einschließt. Dieses Phänomen existiert freilich auch in der analogen Welt, wird aber durch automatisierte Personalisierung in einem geschlossenen Umfeld verstärkt.

Diesen Anwendungsbereichen ist gemein, dass es primär um Aufmerksamkeitsgenerierung geht – ein Ziel, das Pariser auch als „race to provide personal relevance" beschreibt.[226] Diese Aufmerksamkeit dient natürlich wiederum verschiedenen Zwecken: Bei personalisierter Werbung für ein Produkt erhofft sich der Anbieter, dass er so diejenigen potenziellen Kunden ansprechen kann, die sich für dieses Produkt interessieren – ein viel zitiertes Beispiel ist in diesem Kontext die Werbung für Babyprodukte, wenn die Einkaufsgewohnheiten auf eine Schwangerschaft hindeuten.[227] Im staatlichen Bereich könnte die Aufmerksamkeitslenkung auf der Grundlage von Profiling etwa vom Gesundheitsministerium genutzt werden, um im Rahmen einer Aufklärungskampagne gezielt Risikogruppen zu erreichen – der Zweck wäre hier der Schutz der öffentlichen Gesundheit. Gleichwohl stellt die Aufmerksamkeitsgenerierung bei Bürgern und – potenziellen – Kunden durch eine algorithmenbasierte individualisierte Gestaltung der Informations-, Dienstleistungs- und Produktangebote das gemeinsame Fundament dieser Anwendungsfälle dar.

cc) Ressourcenallokation

Algorithmenbasierte Entscheidungen können aber auch zur Ressourcenallokation herangezogen werden: In diese Kategorie fällt beispielsweise die teilautomatisierte Zuteilung von Studienplätzen in Frankreich durch den „Parcoursup"-Algorithmus.[228] Hier geht es um ein Verteilungsverfahren für beschränkte Ressourcen, d. h. Abiturienten entsprechend ihren Wünschen und unter Berücksichtigung der Kapazitäten der Universitäten Studienplätze zuzuweisen. Das aktuelle System „Parcoursup", dessen Quellcode teilweise veröffentlicht wurde,[229] berücksichtigt bei der zentralen Studienplatzwahl unter anderem die Präferenzen der Abiturienten und geografische Faktoren bei sog. nichtselektiven Studiengängen.[230] Gerade die ortsbezogenen Kriterien sind sehr umstritten: Der Wohnsitz wird – im Gegensatz zum Vorgänger-System „Admission Post-Bac" – nicht mehr einbezogen. Eine

---

[225] Grundlegend *Pariser*, The Filter Bubble, 2011.

[226] A. a. O., S. 25.

[227] S. https://www.nytimes.com/2012/02/19/magazine/shopping-habits.html [zuletzt abgerufen am 22. 2. 2021].

[228] Dazu *Martini u. a.*, Automatisch erlaubt?, 2020, Bertelsmann Stiftung, S. 12.

[229] S. https://framagit.org/parcoursup/algorithmes-de-parcoursup [zuletzt abgerufen am 22. 2. 2021].

[230] S. https://www.lemonde.fr/campus/article/2019/01/29/parcoursup-2019-comprendre-les-mecanismes-de-la-selection_5416009_4401467.html [zuletzt abgerufen am 22. 2. 2021].

Wohnortnähe zur Wunschuniversität benachteiligt unter Umständen Abiturienten aus einkommensschwachen Familien, da das Einkommen bzw. das Vermögen der Eltern insbesondere in Paris mit einer zentralen Wohnlage in Universitätsnähe korreliert, was durch die zentralistische französische Staatsstruktur mit einer hohen Dichte an Spitzenuniversitäten in Paris noch verschärft wird. Weiterhin bestehen bleiben aber für die nichtselektiven Studiengänge eine grobe Einteilung der Gymnasien in Regionen („secteurs géographiques"), deren Universitäten nur eine gewisse Quote „externer" Abiturienten aufnehmen sowie die Angabe des besuchten Gymnasiums. Dies privilegiert unter Umständen die Abiturienten renommierter Gymnasien, da es teilweise einen Vorteil im Rahmen der anschließenden universitätsinternen Auswahlverfahren darstellt, denn die Anzahl der Kandidaten übersteigt auch in nichtselektiven Studiengängen in der Regel die Anzahl der Studienplätze.[231] Diese Praxis sowie die Intransparenz der sog. lokalen Algorithmen, die von den Universitäten nach Bedarf eingesetzt und parametriert werden, um die Endauswahl der Studierenden zu treffen, wurden ungewohnt deutlich in einem umfassenden Gutachten des französischen Rechnungshofes, der *Cour des comptes*, kritisiert.[232] Das französische Verfassungsgericht (*Conseil constitutionnel*) urteilte am 3.4.2020, dass sich ein subjektives Recht auf Zugang zu Verwaltungsdokumenten aus Art. 15 DDHC herleiten lasse und dazu grundsätzlich auch Algorithmen zählen können. Dieser Zugang könne eingeschränkt werden, um öffentliche Interessen zu schützen – im konkreten Fall das Geheimhaltungsinteresse der Entscheidungsfindung der universitären Auswahlgremien –, wobei der Grundsatz der Verhältnismäßigkeit zu beachten sei. Daraus folge, dass die Universitäten nach Abschluss der Studienplatzvergabe die Auswahlkriterien offenlegen und klarstellen müssten, inwieweit sich diese Auswahl auf Algorithmen stützt.[233] Damit hat der *Conseil constitutionnel* durch einen entsprechenden Interpretationsvorbehalt erste Transparenzanforderungen hinsichtlich der sog. lokalen Algorithmen bei der Studienplatzvergabe festgelegt.

Im Rahmen der universitätsinternen Auswahl der Studierenden spielen Leistungsmerkmale wie die Abiturnote zwar eine Rolle, aber es wird keine statistische „Erfolgswahrscheinlichkeit" jedes Abiturienten im Hinblick auf ein Studienfach berechnet, sodass der Zweck der Ressourcenallokation im Vordergrund steht.

---

[231] Cour des comptes, Un premier bilan de l'accès à l'enseignement supérieur dans le cadre de la loi Orientation et réussite des étudiants, 2020, S. 167f. (Annexe n° 9).

[232] A.a.O., S. 66ff., 167f.

[233] Conseil constitutionnel, Décision n° 2020–834 QPC du 3 avril 2020, *Union nationale des étudiants de France*, insb. Rn. 8, 17.

dd) Risikovermeidung

Algorithmenbasierte persönlichkeitsprofilbezogene Entscheidungen werden vermehrt dort eingesetzt, wo eine ursachenbezogene Risikobegrenzung, d. h. im weitesten Sinne eine Risikovermeidung oder -minderung, angestrebt wird. Hier wird der starke Zusammenhang zwischen algorithmenbasierten Entscheidungen und Statistik deutlich – eine Disziplin, die insbesondere im Kredit- und Versicherungswesen schon seit Jahrhunderten zu Risikobewertung herangezogen wird.[234] Risiko meint hier den möglichen zukünftigen Eintritt eines Verlusts, Schadens oder sonstigen unerwünschten Ereignisses – im Gegensatz zur Unsicherheit ist das Risiko quantifizierbar.[235] Umstritten ist die rechtliche Abgrenzung zwischen dem Risiko- und dem Gefahrbegriff: Während als Ausgangspunkt für beide Definitionen grundsätzlich das Produkt von Eintrittswahrscheinlichkeit und Schadenshöhe dient, wird in der deutschen Verwaltungsrechtswissenschaft das Risiko teilweise als vorgelagerte Stufe zur Gefahr gesehen, die sich durch eine geringe Eintrittswahrscheinlichkeit und eine fehlende zeitliche Unmittelbarkeit auszeichne.[236] Diese Einordnung stößt auf Kritik, die sich auf komplexe Risiken wie Terroranschläge, Pandemien oder ökonomische Krisen beruft, bei denen die Eintrittswahrscheinlichkeit und die Schadenshöhe kaum beurteilt werden können und folglich auch keine quantifizierte Abgrenzung zwischen dem Risiko und der Gefahr möglich ist. Risiko und Gefahr könnten daher nur nebeneinander stehen und anhand eines „Unsicherheitsmoments" dahingehend differenziert werden, dass Risikoentscheidungen in dem „Wissen um die Ungewissheit der Wahrscheinlichkeit des Eintritts und/oder der Folgenschwere" des Ereignisses getroffen werden, während die Gefahr sich auf überschaubare prognostizierte Geschehensabläufe bezieht.[237] Die herkömmliche Perspektive legt den Schwerpunkt auf den Schutz der Bürger vor Risiken, die unter Umständen durch Menschen bedingt sind, sich aber apersonal manifestieren – etwa Naturkatastrophen als Folge des Klimawandels oder Schäden durch Kernenergie.[238] In den letzten Jahren haben jedoch die Anwendungsfelder algorithmenbasierter Entscheidungen zugenommen, im Rahmen derer das Verhalten und die Lebensumstände einzelner Menschen analysiert und prognostiziert wird, um personenbezogene Risiken zu quantifizieren.[239]

---

[234] *Gigerenzer u. a.*, The Empire of Chance – How probability changed science and everyday life, 1989, S. 24 ff.

[235] S. *Knight*, Risk, Uncertainty And Profit, 1933 (Nachdruck der Originalausgabe von 1921), S. 19 f.; zu den verschiedenen Dimensionen des Risikobegriffs instruktiv *Sommerer*, Personenbezogenes Predictive Policing, 2020, S. 262 ff.

[236] *Murswiek*, Die staatliche Verantwortung für die Risiken der Technik, 1985, S. 85; *Krause*, NVwZ 2009, 496 (497); *Peine*, DVBl. 1998, 157 (157); weitere Nachweise bei *Klafki*, Risiko und Recht, 2017, S. 12.

[237] So *Klafki*, Risiko und Recht, 2017, S. 15.

[238] Aus der Perspektive des Schutzes vor technologischen Risiken etwa *Di Fabio*, Risikoentscheidungen im Rechtsstaat, 1994, S. 41 ff., 52; zur Vorsorge im Umweltrecht *Hoffman-Riem*, AöR 115 (1990), 400 (441 ff.).

[239] Bereits entschieden gegen diese Tendenz zeitlich vor der Verschärfung durch *Big Data*-Analysen und maschinelles Lernen *Lepsius*, VVDStRL 63 (2004), 264 (308).

Unabhängig von ideologischen Gründen ist die Verfüg- und Verarbeitbarkeit von großen Mengen personenbezogener Daten ein entscheidender Faktor für die Individualisierung von Risikobewertungen. Bereits Knight konstatierte:

> „Both methods in fact, prediction by law in individual cases and by probability reasoning in groups of cases, have rather narrow limitations in everyday life in consequence of the organic costs of applying them and the time required to get the necessary data; both outlay and time are commonly much greater than circumstances will allow us to consume in deciding upon a course of action."[240]

Knapp hundert Jahre später haben sich die Vorzeichen geändert: Daten sind in vielen Bereichen in größerem Umfang verfügbar, teilweise sogar in Echtzeit, um personenbezogene Entscheidungen zu treffen. Auch dadurch bedingt hat sich den letzten Jahren die Tendenz staatlicher und privater Akteure verschärft, präventiv zu agieren:[241] Der Gefahrbegriff wird zunehmend vom Risikobegriff abgelöst.[242] Diese Verschiebung lässt sich insbesondere im Sicherheitsbereich beobachten. Singelnstein konstatiert im Hinblick auf Polizei- und Strafrecht: „Statt des Normverstoßes in der Vergangenheit wird das Risiko zur zentralen Kategorie. […] Im Vordergrund steht […] die unmittelbare Bearbeitung problematischer Muster mittels einer Intervention in das konkrete Geschehen."[243] Teilweise wird zwischen „prädiktiver" und „präemptiver" Polizeiarbeit unterschieden, wobei Erstere sich auf statistische Wahrscheinlichkeiten stütze, um Risiken zu quantifizieren und Letztere eher spekulativ sei.[244] Diese Unterscheidung ist wenig überzeugend, da soweit ersichtlich alle zukunftsgerichteten personen- oder ortsbezogenen Modelle in der Polizeiarbeit in irgendeiner Form historische Daten auswerten bzw. Theorien daran überprüfen. Beispiele für individuelle Risikobewertungen und darauf aufbauende repressive Maßnahmen zur Risikovermeidung und -minderung im Sicherheitsbereich sind etwa die Berechnung von Rückfallwahrscheinlichkeiten von Straftätern in den USA oder der Abgleich von Passagierdaten mit Risikoprofilen nach dem Fluggastdatengesetz.[245] Doch nicht nur im Bereich der öffentlichen Sicherheit dienen algorithmenbasierte Entscheidungen der Risikobegrenzung: Ein klassischer Anwendungsfall ist das Bonitätsscoring und darauf aufbauend der Ab-

---

[240] *Knight*, Risk, Uncertainty And Profit, 1933 (Nachdruck der Originalausgabe von 1921), S. 314.

[241] Für das Verwaltungsrecht s. *Möllers*, Der vermisste Leviathan, 3. Aufl. 2016, S. 85 f.

[242] Kritisch *Di Fabio*, Risikoentscheidungen im Rechtsstaat, 1994, S. 110: „Der Risikobegriff trägt ebenso die Tendenz zu ubiquitärer Verwendung in sich wie sein genauer Inhalt dunkel bleibt.".

[243] *Singelnstein*, NStZ 2018, 1 (3); in diese Richtung auch *Bäcker*, in: Kulick/Goldhammer (Hrsg.), Der Terrorist als Feind?, 2020, S. 147 (152); kritisch *Sommerer*, Personenbezogenes Predictive Policing, 2020, S. 265 f.; *Kulick*, AöR 143 (2018), 175 (195 ff.); ähnlich in einem größeren Zusammenhang der präemptiven Welt *Hildebrandt*, Smart Technologies and the End(s) of Law, 2016, S. 8.

[244] *Egbert/Krasmann*, Predictive policing: not yet, but soon preemptive?, Policing and Society 2019 (Online-Version), 1 (7).

[245] Zu den genannten Beispielen ausführlich im Folgenden.

schluss von Darlehens- oder Mietverträgen. Ein neues Phänomen ist der Einsatz in der Personalverwaltung, um die Arbeitsleistung und die Kündigungsbereitschaft von (potenziellen) Mitarbeitern vorherzusagen – dies dient in erster Linie dazu, ökonomische Risiken im Zusammenhang mit einer hohen Mitarbeiterfluktuation zu minimieren. Ökonomische Aspekte stehen auch im Vordergrund bei der Berechnung der Arbeitsmarktchancen von Arbeitssuchenden in Österreich – diejenigen, denen der Algorithmus eine sehr geringe Wahrscheinlichkeit attestiert, sich zeitnah in den Arbeitsmarkt zu reintegrieren, erhalten tendenziell keine kostenintensiven Fördermaßnahmen.

Der WBGU stellt in seinem Hauptgutachten „Unsere gemeinsame digitale Zukunft" fest, dass die beschriebenen Formen von Scoring und Klassifikationen, um präventiv zu agieren, sich nicht mehr nur auf die Bewertung ökonomischer Risiken erstrecken, sondern auch auf „soziale" Risiken wie die Rückfallwahrscheinlichkeit von Straftätern.[246] Der Begriff des sozialen Risikos wird nicht abstrakt definiert, bezieht sich aber zumindest auf Risiken für die öffentliche Sicherheit. Dem lässt sich hinzufügen, dass nicht nur die Beschränkung auf den ökonomischen Bereich obsolet ist, sondern auch die ökonomischen Risiken ausdifferenziert werden: Sah sich der Mensch vor einigen Jahrzehnten primär in seiner Rolle als Darlehens- und Versicherungsnehmer bewertet, wird er dies nun auch als Arbeitssuchender, Arbeitnehmer, Mieter, Steuerpflichtiger etc. Die Risikoprofile haben sich somit multipliziert. Insofern existieren strukturelle Ähnlichkeiten, wie algorithmenbasierte Entscheidungen zur Risikovermeidung und -minderung in ganz unterschiedlichen Anwendungsbereichen genutzt werden – ob es nun um die Frage geht, wer nach einer Haftstrafe wieder straffällig wird oder wer einen Arbeitsvertrag zeitnah kündigt: Die Herangehensweisen ähneln sich sowohl soziologisch (präventive Reaktion auf ein quantifiziertes Risiko) als auch technologisch (personenbezogene Bewertung in Form eines Scores oder einer Klassifikation auf der Grundlage großer Datenmengen). Das Verhalten oder die Situation von Menschen wird also quantifiziert, um die Realisierung von ökonomischen und sozialen Risiken – zum Beispiel Sicherheitsrisiken – in der Zukunft zu vermeiden.

ee) Fazit

Die vorstehende Systematisierung ist nicht abschließend, deckt aber viele Anwendungsfälle algorithmenbasierter personenbezogener Entscheidungen ab. Somit lassen sich mindestens vier Zielrichtungen für den Einsatz personenbezogener algorithmenbasierter Entscheidungen benennen, die sich teilweise überschneiden, aber schwerpunktmäßig differenzieren lassen: Abschöpfen der Konsumentenrente, Aufmerksamkeitsgenerierung, Vermeidung bzw. Minimierung ökonomischer und sozialer Risiken sowie Ressourcenallokation. Diese Strukturierung hat den Vor-

---

[246] WBGU (Hrsg.), Unsere gemeinsame digitale Zukunft, 2019, S. 236 f.

teil, dass sie die Anwendungsfelder nicht normativ kategorisiert und somit nicht darauf angewiesen ist, zu definieren, was eine „erhebliche Beeinträchtigung", „soziale Teilhabe" oder ein „gesamtgesellschaftlicher Schaden" ist. Die normative Einordnung erfolgt vielmehr im Anschluss bei der grundrechtlichen Verankerung von Art. 22 DSGVO.

b) Risikovermeidung als Auswahlkriterium

Von den zuvor dargestellten Anwendungsbereichen algorithmenbasierter Entscheidungen werden im Anschluss diejenigen vertieft, die einer Risikovermeidung oder -minimierung dienen. Diese sind zum einen sowohl im öffentlichen Sektor als auch im Privatsektor verbreitet und lassen sich somit an Art. 22 DSGVO anknüpfen, der automatisierte Entscheidungen im staatlichen und privaten Bereich gleichermaßen reguliert, wobei der spezielle Regelungsbereich von Art. 11 der Richtlinie (EU) 2016/680, umgesetzt durch § 54 BDSG, im Hinterkopf zu behalten ist.

Zum anderen wird dieser Anwendungszweck in sehr heterogenen Bereichen verfolgt, was die gesamtgesellschaftliche Relevanz verdeutlicht. Tatsächlich lässt sich ein Großteil der kontrovers diskutierten Anwendungsfälle algorithmenbasierter Entscheidungen unter diese Kategorie fassen. Die Debatte trifft im Kern die Frage, was gesellschaftlich akzeptierte Risiken sind und welche Risiken als nicht tolerierbar angesehen werden, sodass sie präventive Maßnahmen erfordern. Die Deklaration einer Situation oder einer Person als Risiko ist damit stets auch eine subjektive soziale Konstruktion.[247]

Darüber hinaus impliziert eine Risikobegrenzung in der Regel eine repressive oder ablehnende Maßnahme im Falle einer negativen Prognose – beispielsweise das Verbleiben in Haft oder das Versagen von Fördermaßnahmen. Damit lässt sie sich tendenziell in freiheits- und gleichheitsrechtlichen Debatten verorten. Bei der Auswahl der exemplarischen Anwendungsbereiche wurde der Fokus folglich auf personenbezogene algorithmenbasierte (Vor-)Entscheidungen gelegt, die einem Menschen ein quantifiziertes Risiko in Form eines Scores oder einer Klassifikation zuweisen – dieses Risiko kann sich auf seine persönliche Situation beziehen (zum Beispiel den Gesundheitszustand), sein Umfeld (zum Beispiel den Wohnort) oder sein Verhalten (zum Beispiel vergangene Straffälligkeit). Es kann ökonomischer oder sozialer Natur sein. Die Auswahl orientiert sich zudem an der Anzahl der (potenziell) betroffenen Personen, um von einer gesamtgesellschaftlichen Relevanz auszugehen. Der Schwerpunkt liegt auf der aktuellen Situation in Deutschland, es werden aber auch internationale Anwendungsfälle einbezogen. Die vorhergehenden Überlegungen stellen sich tabellarisch wie folgt dar:

---

[247] Sehr treffend *Sommerer*, Personenbezogenes Predictive Policing, 2020, S. 265 f.

Tabelle 1

Systematisierung personenbezogener automatisierter (Vor-)Entscheidungen

Unmittelbarer Zweck[248]	*Anwendungsbereich vor allem*	*Evaluierung durch Algorithmus (Vorentscheidung)*	*Konsequenz (Entscheidung im engeren Sinne)*
Abschöpfen der Konsumentenrente	Onlinehandel	Zahlungsbereitschaft *Beispiel:* *Verschiedene Online-händler (Deutschland)*[249]	Personalisierte Preise
Aufmerksamkeitsgenerierung	Onlinehandel, Such-maschinen, Nach-richten-Portale, Wahlkampagnen	Präferenzen des (poten-ziellen) Kunden bzw. Bürgers *Beispiel:* *Google, Amazon (Deutschland)*	Auswahl und Platzierung von (Werbe-)Inhalten
Vermeidung bzw. Minderung ökonomischer Risiken	Personalverwaltung	Arbeitsleistung *Beispiel:* *PRECIRE (Deutsch-land); HireVue (vor al-lem USA)*	Arbeitsvertrag[m]; (Be-)Förderung[m]
	Risikolebens-, Be-rufsunfähigkeitsver-sicherung, Kfz-Haft-pflichtversicherung (Telematik-Tarif)	Verkehrssicherheits- bzw. gesundheitsfördern-des Verhalten *Beispiel:* *Generali Vitality (Deutschland)*	Höhe der Versiche-rungsprämie
	Kreditwesen, Woh-nungsmarkt, Online-handel	Bonität *Beispiel:* *SCHUFA (Deutschland)*	Darlehensvertrag[m]; Mietvertrag[m]; Zah-lungsmodalitäten
	Sozialverwaltung	Reintegration in den Arbeitsmarkt *Beispiel:* *Arbeitsmarktservice (Österreich)*	Wahl der staatlichen Fördermaßnahme[m]
	Steuerverwaltung	Steuerbetrugsrisiko *Beispiel:* *Risikomanagement-systeme (Deutschland)*	Prüfung der Steuer-erklärung[m]

---

[248] Effizienzerwägungen werden nicht separat aufgeführt, da sie systematisch bei der Auto-matisierung von Prozessen eine Rolle spielen.

[249] Informationen zur Praxis personalisierter Preise basieren nur auf empirischen Stu-dien; eine aktuelle Untersuchung der Verbraucherzentrale Brandenburg zu Onlinehändlern in Deutschland findet sich unter https://www.marktwaechter.de/sites/default/files/marktwaechter-untersuchung-individualisierte-preisdifferenzierung.pdf [zuletzt abgerufen am 22.2.2021].

Unmittelbarer Zweck[248]	Anwendungsbereich vor allem	Evaluierung durch Algorithmus (Vorentscheidung)	Konsequenz (Entscheidung im engeren Sinne)
Vermeidung bzw. Minderung sozialer Risiken	Strafjustiz	Rückfallrisiko Beispiel: COMPAS (USA)	Freilassung auf Kaution[m]; Aussetzung der Haftstrafe zur Bewährung[m]
	Polizei	Kriminalitätshotspots[250]/ potenzielle Täter und Opfer Beispiel: SKALA (Deutschland)/ Strategic Subjects List (USA)[251]	Polizeipräsenz an bestimmten Orten[m]/präventives oder repressives polizeiliches Handeln[m]
Ressourcenallokation	Hochschulzulassung	Vorauswahl von Studienbewerbern Beispiel: Zulassungssystem „Parcoursup" für Studienplätze (Frankreich)	Studienplatzvergabe[m]

m: Entscheidung im engeren Sinne wird – zumindest pro forma – von einem Menschen getroffen
grau hinterlegt: ausgewählte Anwendungsfälle

2. Öffentlicher Sektor

Im Verhältnis zum Privatsektor sind die Anwendungsbereiche von algorithmenbasierten personenbezogenen Entscheidungen in Deutschland begrenzt. Dies lässt sich auf verschiedene Faktoren zurückführen: Zum einen unterliegen staatliche Institutionen der unmittelbaren Grundrechtsbindung. Dies wirkt sich zum Beispiel im Vorfeld der algorithmenbasierten Entscheidung bei der Informationsgrundlage aus: Datenbanken dürfen nur eingeschränkt verknüpft werden – auch wenn dieser Grundsatz insbesondere im Bereich der öffentlichen Sicherheit zunehmend aufgeweicht wird.[252] Eine breite Datengrundlage ist jedoch gerade die Basis für die

---

[250] Ortsbezogene Maßnahmen können personenbezogene Konsequenzen haben, s. Abschnitt B. II. 2. a).

[251] Die „Strategic Subjects List" wurde Ende des Jahres 2019 eingestellt, weil die Validität des Modells bezweifelt wird, s. https://chicago.suntimes.com/city-hall/2020/1/27/21084030/chicago-police-strategic-subject-list-party-to-violence-inspector-general-joe-ferguson [zuletzt abgerufen am 22. 2. 2021].

[252] Dazu Singelnstein, in: Hoffmann-Riem (Hrsg.), Big Data – Regulative Herausforderungen, 2018, S. 179 (181 f.).

Entwicklung komplexer algorithmenbasierter Entscheidungsmodelle. Zwar gelten für öffentliche und private Akteure nach Art. 5 Abs. 1 lit. b und c DSGVO gleichermaßen die Zweckbindung und die Datenminimierung im Rahmen der Datenverarbeitung, aber im Privatrecht werden personenbezogene Daten verstärkt über das Instrument der vertraglichen Einwilligung erlangt.[253] Hier werden persönliche Daten im Austausch für eine Dienstleistung zur Verfügung gestellt – diese Daten werden dann beispielsweise über das Schalten von Werbeanzeigen monetarisiert.

Neben dem fehlenden „Daten-Rohstoff" mangelt es in staatlichen Institutionen zum anderen noch größtenteils an der informationstechnischen Infrastruktur, d. h. der Soft- und Hardware, um umfangreiche Datensets zu verarbeiten.[254] Dass das vielfach beschworene E-Government noch Entwicklungspotenzial hat, zeigt sich zum Beispiel daran, dass die elektronische Akte in der Justiz erst ab dem 1. 1. 2026 verpflichtend eingeführt wird.[255] Dabei geht es zunächst auch nur um die Digitalisierung und nicht um die Automatisierung von Prozessen.

Auf theoretischer Ebene wurde die Debatte über die Prozessautomatisierung insbesondere in der Verwaltung bereits in der Rechtsinformatik der 1950er- bis 1970er-Jahre geführt.[256] Der Zugriff unterschied sich jedoch von der heutigen datenzentrierten Herangehensweise: Die theoretische Rechtsinformatik konzentrierte sich auf die Formalisierung und darauf aufbauende Automatisierung von Entscheidungsprozessen.[257] Der Versuch, Rechtsnormen in ein formallogisches System zu übertragen, stieß aber schnell an seine Grenzen bei unbestimmten Rechtsbegriffen und Ermessensspielräumen.[258] Methodisch richtete sich die Rechtsinformatik also an dem deduktiven Vorgehen der Rechtsanwendung aus. Sie nahm die kodifizierte Norm als Ausgangspunkt und versuchte, diese für eine elektronische Verarbeitung zu formalisieren. Im Gegensatz dazu beruhen komplexe algorithmenbasierte Entscheidungen heute in der Regel auf statistischen Modellen.

Trotz der genannten Einschränkungen im öffentlichen Sektor gibt es seit einigen Jahren auch in Deutschland Ansätze, personenbezogene algorithmenbasierte

---

[253] Kritisch *Hoffmann-Riem*, AöR 142 (2017), 1 (21 ff.) hinsichtlich der Freiwilligkeit der Einwilligung bei faktischen Machtasymmetrien zwischen den Vertragsparteien; ähnlich *Ernst*, in: Wischmeyer/Rademacher (Hrsg.), Regulating Artificial Intelligence, 2020, S. 53 (68 f.); dazu bereits *Schmidt*, JZ 1974, 241 (247); aus verhaltenswissenschaftlicher Sicht *Hermstrüwer*, in: Hoffmann-Riem (Hrsg.), Big Data – Regulative Herausforderungen, 2018, S. 99 (104 ff.).

[254] Das Internet der Dinge in der öffentlichen Verwaltung ist momentan eher Vision als Realität, dazu *Djeffal*, DVBl. 2017, 808 (809 f.).

[255] Gesetz zur Einführung der elektronischen Akte in der Justiz und zur weiteren Förderung des elektronischen Rechtsverkehrs vom 5. Juli 2017, BGBl. 2017 I, S. 2208.

[256] Den Begriff der Rechtsinformatik prägte Lucien Mehl, s. *Mehl*, RIDC 20 (1968), 617; zur Konzeption der Rechtsinformatik s. *Gräwe*, Entstehung der Rechtsinformatik, 2011, S. 69 ff.

[257] *Mehl*, RIDC 20 (1968), 617 (618): „L'informatique juridique peut aussi avoir comme ambition, nécessairement limitée, l'automatisation du raisonnement juridique."; *Gräwe*, Entstehung der Rechtsinformatik, 2011, S. 222.

[258] *Gräwe*, Entstehung der Rechtsinformatik, 2011, S. 44.

Prognosen in staatliche Entscheidungsprozesse einzubeziehen. Dies betrifft vor allem das Steuer-, Sozial- und Polizeirecht.

Global betrachtet haben die USA langjährige Erfahrungen mit der Implementierung automatisierter Entscheidungen auch in staatlichen Strukturen. An zwei Stellen wird dies aufgegriffen: Zum einen werden Parallelen zwischen der Entwicklung im Polizeirecht in den USA und dem Status quo in Deutschland gezogen. Zum anderen wird auf die Nutzung von Risikoscores im US-amerikanischen Strafrecht eingegangen, da diese Praxis seit den Ursprüngen von Art. 22 DSGVO im französischen Datenschutzrecht einen kontroversen Bezugspunkt darstellte.[259]

Auf EU-Ebene zeigt sich hingegen ein Flickenteppich heterogener punktueller Anwendungsbereiche in Staatsstrukturen.[260] Im Kontext des Sozialrechts ist es lohnend, einen Blick auf das österreichische Modell zur Vergabe von Fördermaßnahmen an Arbeitssuchende zu werfen, weil es sich um einen Nachbarstaat aus dem gleichen Sprachraum handelt und der deutsche Gesetzgeber das Sozialrecht neben dem Steuerrecht am stärksten für automatisierte Verwaltungsakte geöffnet hat.[261] Auf eine Kleine Anfrage an die Bundesregierung aus dem Jahr 2018 zum Einsatz von Algorithmen und automatisierten Prozessen in Jobcentern teilte diese mit, dass derzeit keine Verfahren basierend auf künstlicher Intelligenz bzw. maschinellem Lernen genutzt würden, wies aber gleichzeitig darauf hin, dass zur Aufdeckung von Leistungsmissbrauch unter anderem „adaptive Programme, welche sich an historischen Tatmustern orientieren", im Einsatz seien und über sog. PP-Tools die „Wahrscheinlichkeit der Vermittlungsfähigkeit des Kunden pro Zielregion" berechnet würde.[262] Insofern könnten die österreichischen Erfahrungen in naher Zukunft als positive oder negative Referenz dienen.

Im Übrigen konzentriert sich die nachfolgende Darstellung auf die Situation in Deutschland bzw. nimmt diese als Ausgangspunkt.

---

[259] Rapport de M. Thyraud au nom de la commission des lois, Dok. n° 72 des Sénat, Annexe au procès-verbal de la séance du 10 novembre 1977, S. 22.

[260] Es gibt keine systematische Zusammenstellung aller EU-weiten Anwendungsfälle personenbezogener algorithmenbasierter Entscheidungen im Staatsbereich. Vereinzelte Beispiele werden dargestellt bei AlgorithmWatch (Hrsg.), Automating Society – Taking Stock of Automated Decision-Making in the EU, 2019; AlgorithmWatch/Bertelsmann Stiftung (Hrsg.), Automating Society Report 2020, 2020.

[261] S. Gesetz zur Modernisierung des Besteuerungsverfahrens v. 18. Juli 2016, BGBl. 2016 I, S. 1679.

[262] BT-Drs. 19/5014, S. 4, 8, 46.

a) Polizeirecht

aa) Ortsbezogene algorithmenbasierte Entscheidungssysteme als Status quo

Mittlerweile setzen einige Bundesländer algorithmische Systeme bei der Prävention und Aufklärung von Straftaten im Polizeirecht ein, insbesondere zur Prävention von Wohnungseinbruchdiebstählen.[263] Dabei handelt es sich um „algorithmische Systeme, die gemein haben, dass sie zur Berechnung von Wahrscheinlichkeiten für das Auftreten von Verbrechen an bestimmten Orten zu bestimmten Zeiten genutzt werden, um mit entsprechenden polizeilichen Maßnahmen (präventiv oder repressiv) darauf reagieren zu können"[264].

Aktuell nutzen mehrere Bundesländer solche Systeme – teilweise im Rahmen von Pilotprojekten –, so etwa Baden-Württemberg,[265] Bayern, Berlin, Hessen, Niedersachsen und Nordrhein-Westfalen.[266] Zum Einsatz kommen sowohl kommerzielle Software als auch intern entwickelte Programme.[267]

Die meisten Bundesländer stützen ihre Software auf die kriminologische *Near-repeat*-Theorie, d. h. es geht darum, Delikte in einem zeitlich und räumlich begrenzten Bereich zu prognostizieren. Letztlich handelt es sich hierbei um eine klassische Herangehensweise, indem eine kriminologische Theorie zugrunde gelegt wird, die dafür nötigen Daten verarbeitet werden und der Output in einer Risikoprognose für bestimmte Areale und Zeitfenster besteht. Aus diesem Grund wird *Predictive Policing* bislang vor allem bei Wohnungseinbruchdiebstählen eingesetzt, da für diese Deliktsform empirisch belastbare ortsbezogene Theorien existieren.[268]

Bei den herangezogenen Daten handelt es sich in erster Linie um polizeiliche Daten. Diese sind anonymisiert bzw. nicht personenbezogen, wie beispielsweise der Tatzeitpunkt und -ort, das Beuteobjekt oder das Tatmittel.[269] Daneben werden aber auch Infrastruktur- und sozioökonomische Daten aus externen – privaten oder öffentlichen – Datenbanken hinzugezogen, zum Beispiel Informationen über

---

[263] Ausführlich zu den einzelnen Bundesländern https://www.heise.de/newsticker/meldung/ Predictive-Policing-Die-deutsche-Polizei-zwischen-Cyber-CSI-und-Minority-Report-3685873. html [zuletzt abgerufen am 22. 2. 2021].

[264] *Knobloch*, Predictive Policing in Deutschland, 2018, S. 8.

[265] In Baden-Württemberg wird der Einsatz der Software „PRECOBS" in der derzeitigen Form voraussichtlich nicht weitergeführt, s. https://www.stuttgarter-nachrichten.de/inhalt. aus-fuer-die-einbruchvorhersage-software-strobl-entscheidet-sich-gegen-precobs.19a18735- 9c8f-4f1a-bf1b-80b6a3ad0142.html [zuletzt abgerufen am 22. 2. 2021].

[266] *Gerstner*, Predictive Policing als Instrument zur Prävention von Wohnungseinbruchdiebstahl, 2017, S. 4 f.; *Hofmann*, Predictive Policing, 2020, S. 117 ff.

[267] *Gerstner*, Predictive Policing als Instrument zur Prävention von Wohnungseinbruchdiebstahl, 2017, S. 4 f.

[268] A. a. O., S. 18 f.

[269] Landeskriminalamt NRW (Hrsg.), Abschlussbericht Projekt „SKALA", 2018, S. 24.

die Anbindung an den öffentlichen Nahverkehr, die Bevölkerungsdichte oder das Einkommen.[270]

Die Software weist auf Grundlage der durch die *Near-repeat*-Theorie vorgegebenen Parameter und den zur Verfügung stehenden Daten einzelne Gebiete als besonders gefährdet aus. Darauf aufbauend werden dann „raumbezogene Maßnahmen"[271] veranlasst, zum Beispiel Polizeipräsens vor Ort.

Auch hier ist es so, dass es sich nicht um einen vollautomatisierten Entscheidungsprozess handelt, sondern die Software eine Risikoprognose errechnet, die die Polizei bei ihrer Einsatzplanung nicht zwingend berücksichtigen muss.[272]

Der Vorteil algorithmenbasierter Prognosen gegenüber klassischer Polizeiarbeit ist, dass große Datenbestände schneller verarbeitet, aktualisiert und besser visualisiert werden können.[273] Demgegenüber steht die Gefahr von Verdrängungs- und Ausnutzungseffekten sowie einer „massive[n] Verzerrung in der Wahrnehmung des gesellschaftlichen Kriminalitätsaufkommens"[274]: Letztere Kritik bezieht sich auf die Annahme, dass die statistische Erfassung von Kriminalität naturgemäß verzerrt ist. Dies hat verschiedene Gründe, zum Beispiel sind die Ressourcen der Polizei begrenzt oder einige Deliktsarten werden seltener angezeigt. Wenn sich nur bestimmte Delikte für algorithmenbasierte Risikoprognosen eignen, steht die Befürchtung im Raum, dass sich durch diesen Fokus die Verzerrung „institutionalisiert und verstärkt"[275] – eventuell zulasten bestimmter Personengruppen. Zudem wird davor gewarnt, dass die Grenze zwischen Prävention und Repression zunehmend verschwimme.[276]

Entscheidend dürfte sein, dass die Wirksamkeit und die Folgen von *Predictive Policing* empirisch bislang nicht ausreichend belegt sind:

Auf Deutschland bezogen gibt es eine ausführliche Studie des Max-Planck-Instituts für ausländisches und internationales Strafrecht zu dem Pilotprojekt „Pre-

---

[270] A. a. O., S. 46. Manche Bundesländer verzichten – noch – bewusst auf sozioökonomische Daten, so Niedersachsen nach Absprache mit der Landesdatenschutzbeauftragten, zum einen aus rechtspolitischen Gründen, zum anderen, weil der Erkenntnisgewinn bislang als zu gering eingestuft wird, vgl. https://www.heise.de/newsticker/meldung/Predictive-Policing-Die-deutsche-Polizei-zwischen-Cyber-CSI-und-Minority-Report-3685873.html [zuletzt abgerufen am 22.2.2021].

[271] Landeskriminalamt NRW (Hrsg.), Evaluation des Projekts „SKALA" – Kurzfassung des Endberichtes, 2018, S. 3.

[272] *Rademacher*, AöR 142 (2017), 366 (383 f., 386) vertritt die Auffassung, dass *Predictive Policing* allenfalls einen Gefahrenverdacht signalisieren könne, sodass Gefahrerforschungsmaßnahmen durch natürliche Personen zwingend seien.

[273] In einer vergleichenden Perspektive unter Rückgriff auf polizeirechtliche Kriterien a. a. O., 366 (372 ff.).

[274] Kritisch auch aus kriminologischer Sicht *Singelnstein*, NStZ 2018, 1 (4 f.).

[275] A. a. O., 1 (4).

[276] Kritisch aus strafprozessualer Sicht *Gless*, in: Herzog/Schlothauer/Wohlers (Hrsg.), Rechtsstaatlicher Strafprozess und Bürgerrechte, 2016, S. 165 (173 ff.).

dictive Policing als Instrument zur Prävention von Wohnungseinbruchdiebstahl" in Baden-Württemberg.[277] Zu berücksichtigen ist dabei, dass der Studie ein Evaluationszeitraum von nur sechs Monaten zugrunde lag und lediglich der Einsatz in den Gebieten der Polizeipräsidien Stuttgart und Karlsruhe bewertet wurde.[278] Ob und inwieweit die getestete Software „PRECOBS" zu einem Rückgang von Wohnungseinbrüchen geführt hat, ist „trotz einiger positiver Hinweise schwer zu beurteilen"[279], sodass „kriminalitätsmindernde Effekte [...] wahrscheinlich nur in einem moderaten Bereich liegen"[280]. Für die Evaluation wurden auch keine zufällig ausgewählten Vergleichsgebiete herangezogen.[281]

Trotz längerem Kontrollzeitraum und einer – zeitweise durchgeführten – zufallsbasierten Feldstudie als Vergleich weist auch der Abschlussbericht zum NRW-Pilotprojekt „SKALA" (System zur Kriminalitätsauswertung und Lageantizipation) keine statistisch signifikanten Ergebnisse nach.[282] Die kriminologische Forschungsstelle des Landeskriminalamts Hamburg führte von Januar 2016 bis Januar 2019 ein Forschungsprojekt zum Thema „Prädiktionspotenzial schwere Einbruchskriminalität" durch, im Rahmen dessen insbesondere die Darstellungen der Software-Anbieter und -nutzer zur Leistungsfähigkeit von *Predictive Policing* mit dem Forschungsstand abgeglichen wurden.[283] Die Verantwortlichen kommen zu dem Ergebnis, dass die erwartete und die tatsächliche Effizienzsteigerung hinsichtlich der polizeilichen Einbruchsbekämpfung stark differieren.[284] Dies deckt sich mit Ergebnissen US-amerikanischer Studien zu Effekten von *Predictive Policing*.[285]

Studienübergreifend besteht zudem keine Einigkeit, was als „Erfolg" algorithmenbasierter Entscheidungssysteme im Polizeirecht definiert wird – vor allem auch deshalb, weil sich der Effekt der Software nur schwer von anderen Faktoren isolieren lässt, wie zum Beispiel ein allgemeiner Rückgang der Kriminalität oder Folgen von sozial- und rechtspolitischen Maßnahmen.[286]

---

[277] *Gerstner*, Predictive Policing als Instrument zur Prävention von Wohnungseinbruchdiebstahl, 2017.

[278] A.a.O., S. 15, 85.

[279] A.a.O., S. 85.

[280] Ebd.

[281] Ebd.

[282] Landeskriminalamt NRW (Hrsg.), Evaluation des Projekts „SKALA", 2018, S. 134f.

[283] S. *Hauber u.a.*, Prädiktionspotenzial schwere Einbruchskriminalität – Ergebnisse einer wissenschaftlichen Befassung mit Predictive Policing, 2019.

[284] A.a.O., S. 367ff.

[285] *Ferguson*, Wash. U.L. Rev. 94 (2017), 1109 (1130f., 1143); *Saunders u.a.*, J. Exp. Criminol. 12 (2016), 347 (348f.); US-amerikanische Studien beziehen sich zum Teil auf Modelle, die in Deutschland nicht genutzt werden, s. in Bezug auf *Predictive Policing* bei Waffengewalt *Saunders u.a.*, J. Exp. Criminol. 12 (2016), 347; hinzu kommt, dass es in den USA nur wenige unabhängige Studien zu der Thematik gibt, vgl. *Ferguson*, Wash. U.L. Rev. 94 (2017), 1109 (1131).

[286] *Gerstner*, Predictive Policing als Instrument zur Prävention von Wohnungseinbruchdiebstahl, 2017, S. 87; Landeskriminalamt NRW (Hrsg.), Evaluation des Projekts „SKALA", 2018, S. 135.

bb) Tendenzen zu personenbezogenen algorithmenbasierten Entscheidungssystemen

(1)   Entwicklung in den USA

Obwohl in Deutschland bislang nur zeit- und raumbezogene algorithmenbasierte Entscheidungen in der Polizeiarbeit getroffen werden, gibt es einige Faktoren, die eine Entwicklung zu personenbezogenen Modellen andeuten. Um diese Tendenz einzuordnen, ist zunächst kurz auf das Extrembeispiel des personenorientierten *Predictive Policing* in den USA[287] einzugehen. Zunächst ist festzuhalten, dass dieser Ansatz auch in den USA nicht von Anfang an verfolgt wurde, sondern sich in Etappen entwickelt hat. *Ferguson* unterteilt die algorithmenbasierte Polizeiarbeit in drei Stufen: In der Anfangsphase wurden gängige kriminologische Theorien herangezogen und die Software darauf aufbauend modelliert – die Datengrundlage war überschaubar und die Modelle konzentrierten sich ausschließlich auf einige Eigentumsdelikte und waren ortsbezogen („Policing 1.0").[288] Dies entspricht dem aktuellen Stand in Deutschland. Anschließend wurde *Predictive Policing* nicht nur in Pilotprojekten, sondern flächendeckend eingesetzt und für Risikoprognosen zu weiteren Deliktsarten herangezogen, insbesondere zu Gewaltverbrechen wie Raubüberfälle und Schießereien („Policing 2.0").[289] Dies markierte insoweit einen Umbruch, als Gewaltverbrechen kriminologisch schwerer zu prognostizieren sind. Der Ansatz war jedoch immer noch ortsbezogen. Zu diesem Zeitpunkt stützten sich die automatisierten Einschätzungen schon auf komplexere Modelle und eine breitere Datenbasis: Anstatt sich auf die Auswertung vergangener Vorfälle auf Grundlage einzelner Theorien zu fokussieren, wurden auch temporäre Veranstaltungen wie Konzerte, Umweltfaktoren und Lokalitäten, zum Beispiel einzelne Bars, laufend integriert.[290] Die Gebiete wurden damit weiter parzelliert und die Zeitfenster präziser.[291]

---

[287] Die USA sind jedoch nicht der einzige Staat, der personenbezogenes *Predictive Policing* einsetzt: In Europa nutzt zum Beispiel Großbritannien entsprechende Modelle, s. *Oswald u. a.*, Info. & Comm. Tech. L. 27 (2018), 223 (227 ff.).

[288] *Ferguson*, Wash. U. L. Rev. 94 (2017), 1109 (1126 ff.).

[289] A. a. O., 1109 (1132 ff.).

[290] A. a. O., 1109 (1135 f.). Diese Herangehensweise setzt natürlich ein Netz aus Sensoren und weiteren Datenquellen voraus, die Daten in Echtzeit liefern – teilweise existiert solch eine Infrastruktur aber bereits und wird immer weiter ausgebaut, beispielsweise das „Domain Awareness System" in New York City, das von „Microsoft" und der New Yorker Polizei entwickelt wurde und in Echtzeit Daten aus verschiedenen Quellen erfasst und abgleicht, etwa PKW-Kennzeichen und Standortdaten, dazu *Joh*, Wash. L. Rev. 89 (2014), 35 (48 ff.).

[291] Inzwischen geht die Tendenz auch hier zu maschinellem Lernen, s. *Shapiro*, Nature 541 (2017), 458 (459); neu ist auch, dass die Software nicht nur Risikogebiete ausweist, sondern den Polizeibeamten konkrete Maßnahmen je nach Ort, Deliktsart und personellen Kapazitäten vorschlägt, so zum Beispiel https://www.hunchlab.com/features/ [zuletzt abgerufen am 22. 2. 2021]. Damit verschwimmen die Grenzen zwischen Werkzeug und Entscheidungsträger.

Eine neue Generation von Risikoprognosen fokussiert sich in den USA nun auf Personen, die potenziell Opfer oder Täter eines Delikts werden („Policing 3.0").[292] Ein Extrembeispiel in den USA war die „Strategic Subjects List", mit der die Polizei in Chicago arbeitete: Es handelte sich um eine Rangliste einzelner Personen, denen der Algorithmus ein hohes Risiko attestierte, in Schusswaffendelikte involviert zu werden.[293] Das System wurde rund zehn Jahre genutzt, aber Ende 2019 eingestellt aufgrund erheblicher Zweifel an der Validität des Modells.[294]

Der Algorithmus basierte auf Untersuchungen zu sozialen Netzwerken – im analogen Sinne –, die aufzeigen, dass bei Waffengewalt ein kleiner Teil der Bevölkerung überproportional häufig als Täter oder als Opfer betroffen ist.[295] Daraus wurde geschlussfolgert, dass eine Konzentration der Polizei auf diese isolierte Gruppe Gewaltverbrechen durch Schusswaffen erheblich reduzieren könnte. Die Input-Variablen schlossen also neben Vorstrafen auch Beziehungen zu Opfern von Tötungsdelikten ein – beispielsweise die Tatsache, dass jemand zuvor gemeinsam mit einer Person verhaftet wurde, die später Opfer von Waffengewalt wurde.[296] Der Algorithmus wurde seit Einführung der „Strategic Subjects List" mehrfach angepasst.[297] Kritisiert wurde, dass die polizeilichen Daten, mit denen das System gespeist wurde, teilweise auf Rechtsverstößen der Polizei beruhten und somit den rechtswidrigen Zustand perpetuierten.[298]

Ursprünglich diente die Liste auch präventiven Zwecken, so sollten die erfassten Personen nicht nur für Gefährderansprachen durch die Polizei, sondern auch für Gespräche mit Sozialarbeitern aufgesucht werden.[299] Zumindest in der Anfangsphase stand der repressive Aspekt jedoch im Vordergrund: So wurde die Liste vor allem als Grundlage für Verhaftungen genutzt.[300]

---

[292] *Ferguson*, Wash. U.L. Rev. 94 (2017), 1109 (1137 ff.); differenzierend *Saunders u. a.*, J. Exp. Criminol. 12 (2016), 347 (350), die darauf hinweisen, dass die polizeirechtliche Nutzung und die technischen Möglichkeiten ein neues Phänomen sind, aber dass personenbezogene Risikoprognosen bereits vorher existierten.

[293] *Saunders u. a.*, J. Exp. Criminol. 12 (2016), 347 (354 f.); eine Übersicht mit weiteren genutzten Anwendungen in den USA und Großbritannien im Bereich des personenbezogenen *Predictive Policing* findet sich bei *Sommerer*, Personenbezogenes Predictive Policing, 2020, S. 75 f.

[294] S. https://chicago.suntimes.com/city-hall/2020/1/27/21084030/chicago-police-strategic-subject-list-party-to-violence-inspector-general-joe-ferguson [zuletzt abgerufen am 22.2.2021].

[295] M. w. N. *Ferguson*, Wash. U.L. Rev. 94 (2017), 1109 (1138 f.); *Saunders u. a.*, J. Exp. Criminol. 12 (2016), 347 (354 f.).

[296] *Saunders u. a.*, J. Exp. Criminol. 12 (2016), 347 (354 f.).

[297] So wurde eine Bandenmitgliedschaft als Variable ausgenommen, da sie sich als nicht signifikant erwies: https://www.nytimes.com/2017/06/13/upshot/what-an-algorithm-reveals-about-life-on-chicagos-high-risk-list.html [zuletzt abgerufen am 22.2.2021].

[298] *Richardson u. a.*, N. Y. U.L. Rev. 94 (2019) – Online Feature, 15 (31 ff.).

[299] *Ferguson*, Wash. U.L. Rev. 94 (2017), 1109 (1139).

[300] *Saunders u. a.*, J. Exp. Criminol. 12 (2016), 347 (363, 365); zum Zusammenhang zwischen dem Einsatz von *Predictive Policing*-Software und der kriminalistischen Ausrichtung der Polizeiarbeit s. *Ferguson*, in: Lave/Miller (Hrsg.), Policing in the United States, 2019, S. 491 anhand der Beispiele „PredPol", „RTM" und „HunchLab".

Ähnliche Modelle werden mittlerweile unter anderem in Kansas City, Boston, Las Vegas, Los Angeles und New Orleans eingesetzt.[301]

Insgesamt lässt sich in den USA eine deutliche Entwicklung zu personenbezogenen algorithmenbasierten Entscheidungssystemen im Polizeirecht feststellen, die – wie das Beispiel der Polizei in Chicago zeigt – nun teilweise in Frage gestellt werden. Allerdings rückt auch die Stadt Chicago nicht von der Idee ab, Gewaltverbrechen durch eine umfassende Datenanalyse vorherzusagen und zu verhindern, sondern beabsichtigt, das „SSL"-Modell durch ein noch zu entwickelndes System zu ersetzen.[302]

(2) Übertragbarkeit auf Deutschland

Fraglich ist, ob sich daraus Rückschlüsse für Deutschland ziehen lassen. Bundesweit nimmt der ortsbezogene Einsatz von *Predictive Policing* zu, was für eine Standardisierung der Praxis spricht. Manche Bundesländer zeigen sich explizit offen für die Möglichkeiten, aktuell genutzte Software für andere Delikte, d. h. nicht nur für Wohnungseinbruchdiebstahl, weiterzuentwickeln,[303] was in Richtung eines „Policing 2.0" deuten könnte. Gegen einen personenbezogenen Einsatz spricht aber zunächst der deutlich restriktivere Rechtsrahmen in Deutschland bzw. der Europäischen Union im Hinblick auf die Erhebung, die Speicherung und den Abgleich personenbezogener Daten.[304] Die weitreichende Nutzung dieser Daten ist gerade die notwendige Grundlage für die US-amerikanischen *Predictive-Policing*-Softwaremodelle.[305]

Eine faktisch personenbezogene Prognose könnte sich zudem aus der immer stärkeren Parzellierung der Flächen ergeben, auf die sich die ortsgebundene Prognose bezieht. Nicht nur in den USA, wo eine Begrenzung auf einzelne Häuserblöcke möglich ist, steht dies im Raum: Die nordrhein-westfälische Polizei sieht das Potenzial von *Predictive Policing* in der Analyse von „Mikrosegmenten [...] auf Straßenabschnittsebene"[306]. Damit könnten eventuell einzelne Wohnhäuser und Personengruppen erfasst werden.

---

[301] *Ferguson*, Wash. U. L. Rev. 94 (2017), 1109 (1139 ff.).

[302] S. https://chicago.suntimes.com/city-hall/2020/1/27/21084030/chicago-police-strategic-subject-list-party-to-violence-inspector-general-joe-ferguson [zuletzt abgerufen am 22. 2. 2021].

[303] Landeskriminalamt NRW (Hrsg.), Abschlussbericht Projekt „SKALA", 2018, S. 84; in Bezug auf Bayern https://www.heise.de/newsticker/meldung/Predictive-Policing-Die-deutsche-Polizei-zwischen-Cyber-CSI-und-Minority-Report-3685873.html [zuletzt abgerufen am 22. 2. 2021].

[304] Zu den Unterschieden s. *Hofmann*, Predictive Policing, 2020, S. 51 ff., 207 ff., 218 ff.

[305] Zur Nutzung von *Big Data* in der Polizeiarbeit *Brayne*, Am. Sociol. Rev. 82 (2017), 977 (986, 993 ff.).

[306] Landeskriminalamt NRW (Hrsg.), Evaluation des Projekts „SKALA" – Kurzfassung des Endberichtes, 2018, S. 16.

Gless merkt an, dass mangels detaillierter Informationen zur eingesetzten Technologie momentan kaum beurteilt werden könne, „ab wann die Dichte nicht-personalisierter Daten eine individualisierbare Kartierung erlauben könnte", hält es aber für möglich, dass Gruppen und Einzelpersonen identifiziert werden können.[307]

In Hamburg wurde eine Änderung des Gesetzes über die Datenverarbeitung der Polizei dahingehend beschlossen, dass „in polizeilichen Dateisystemen gespeicherte personenbezogene Daten mittels einer automatisierten Anwendung zur Datenauswertung" verarbeitet werden dürfen […]".[308] Dabei können insbesondere „Beziehungen oder Zusammenhänge zwischen Personen, Personengruppierungen, Institutionen, Organisationen, Objekten und Sachen hergestellt […] sowie gespeicherte Daten statistisch ausgewertet werden".[309] Es geht also nicht darum, weitere Daten zu erheben, sondern vorhandene Daten automatisiert auszuwerten – auch in Bezug auf Personen und Personengruppierungen.

Seit Mitte 2017 können die Polizeibehörden der Länder und des Bundes zudem mit dem Programm „RADAR-iTE" (Regelbasierte Analyse potentiell destruktiver Täter zur Einschätzung des akuten Risikos – islamistischer Terrorismus) arbeiten, mit dessen Hilfe die „Gefährlichkeit einer Person in Hinsicht auf deren Bereitschaft zu terroristischen Gewalttaten"[310] beurteilt werden soll – die Risikoeinschätzung erfolgt in den Stufen „moderat" und „hoch".[311] Die Grundlage dafür sind „alle […] zur Person vorliegenden, rechtmäßig verwertbaren Informationen"[312] – welche Merkmale im Detail einbezogen werden und in welcher Form, ist nicht bekannt, doch die Risikoanalyse basiert unter anderem auf Informationen zu „Gewaltverhalten", „Ausreiseaktivitäten in Kriegs- und Krisengebiete" oder zur „berufliche[n] und soziale[n] Situation"[313]. Die ursprüngliche Modellversion berücksichtigte 73 Merkmale.[314] Allerdings handelt es sich hier wohl kaum um ein komplexes automatisiertes System – genutzt werden die Programme „Word" und „Excel" von „Microsoft".[315] Trotzdem wird es teils als Vorstufe eines personenbezogenen *Predictive Policing* gewertet.[316]

---

[307] *Gless*, in: Herzog/Schlothauer/Wohlers (Hrsg.), Rechtsstaatlicher Strafprozess und Bürgerrechte, 2016, S. 165 (168).

[308] § 49 des Gesetzes über die Datenverarbeitung der Polizei (PolDVG) v. 12.12.2019, HmbGVBl. 2019, S. 485.

[309] Ebd.

[310] BT-Drs. 19/12859, S. 1.

[311] A.a.O., S. 1 f.; das Programm soll ab Ende 2019 modifiziert auch im Bereich des Rechtsextremismus eingesetzt werden, s. https://www.zeit.de/politik/deutschland/2019-08/bundeskriminal amt-rechtsextremismus-strategie-rechtsterrorismus-bka [zuletzt abgerufen am 22.2.2021].

[312] BT-Drs. 19/12859, S. 3.

[313] A.a.O., S. 7.

[314] BT-Drs. 18/13422, S. 7.

[315] So die Auskunft auf eine Anfrage nach dem Informationsfreiheitsgesetz des Bundes, s. https://fragdenstaat.de/anfrage/softwarestack-radar-ite/ [zuletzt abgerufen am 22.2.2021]; zur Funktion von „RADAR-iTE" s. auch BVerwG, Urteil v. 27.3.2018, Az. 1 A 5/17, Rn. 51 (juris); Urteil v. 21.8.2018, Az. 1 A 16/17, Rn. 75 (juris).

[316] *Sommerer*, Personenbezogenes Predictive Policing, 2020, S. 39.

Darüber hinaus besteht auch auf EU-Ebene die Tendenz, Scoring als neues sicherheitspolitisches Konzept zu nutzen: Rademacher sieht in der Richtlinie über die Verwendung von Fluggastdatensätzen[317], in Deutschland im Jahr 2017 umgesetzt durch das Fluggastdatengesetz (FlugDaG)[318], ein kontroverses Beispiel für *Predictive Policing*.[319] Das FlugDaG ist an der Schnittstelle von Polizei- und Strafrecht zu verorten und dient im Sinne der Zielsetzung der Richtlinie der „Bekämpfung von grenzüberschreitenden Aktivitäten in den Bereichen Terrorismus und schwerer Kriminalität"[320]. Das Gesetz sieht nun in § 4 Abs. 1 vor, dass die „Fluggastdatenzentralstelle [...] die von den Luftfahrtunternehmen übermittelten *Fluggastdaten* [...] *mit* Datenbeständen und *Mustern* nach Maßgabe der Absätze 2 und 5 ab[gleicht]*, um Personen zu identifizieren, bei denen tatsächliche Anhaltspunkte dafür vorliegen, dass sie eine der folgenden Straftaten begangen haben oder *innerhalb eines übersehbaren Zeitraumes begehen werden* [...]".[321] Zudem kann die an das Bundeskriminalamt angegliederte Fluggastdatenzentralstelle gemäß § 4 Abs. 4 FlugDaG „Fluggastdaten analysieren, um Muster für den vorzeitigen Abgleich zu erstellen oder zu aktualisieren". Es geht also nicht nur darum, Fluggastdaten mit Personeneinträgen in bestehenden Datenbanken abzugleichen, sondern Personen zu identifizieren, die den Sicherheitsbehörden noch nicht bekannt waren, aber einem im Vorfeld festgelegten Risikoprofil entsprechen.[322] Hier zeigt sich auch das Wechselspiel zwischen induktiver und deduktiver Herangehensweise: Rademacher sieht in dem Abgleich von Personendaten mit einem Risikoprofil gerade kein Profiling;[323] tatsächlich bedingen sich Muster und personenbezogene Daten aber gegenseitig, d. h. das Muster wird in der Regel auf Grundlage von Gemeinsamkeiten in personenbezogenen Daten erstellt und laufend angepasst, zum Beispiel im Rahmen des vorzeitigen Abgleichs in § 4 Abs. 4 FlugDaG. Die Grenze zwischen einem abstrakt im Vorfeld festgelegten Risikoprofil und dem Einfluss von individuellen Profilen auf Ersteres ist daher schwer zu ziehen.

Dieses Vorgehen wird im Gesetzentwurf etwas vage als „andere, neue Art und Weise" der Bekämpfung bestimmter Straftaten bezeichnet.[324] Sommerer sieht darin eine „Weiterentwicklung der präventiven Rasterfahndung in Verbindung mit einer Vorratsdatenspeicherung"[325]. Die Tatsache, dass sich der personenbezogene,

---

[317] Richtlinie (EU) 2016/681 des Europäischen Parlaments und des Rates vom 27. April 2016 über die Verwendung von Fluggastdatensätzen (PNR-Daten) zur Verhütung, Aufdeckung, Ermittlung und Verfolgung von terroristischen Straftaten und schwerer Kriminalität, ABl. L 119 v. 4. 5. 2016, S. 132–149.

[318] Gesetz zur Umsetzung der Richtlinie (EU) 2016/681 vom 9. Juni 2017, BGBl. 2017 I, S. 1484.

[319] *Rademacher*, AöR 142 (2017), 366 (411 ff.).

[320] BT-Drs. 18/11501, S. 18.

[321] Hervorhebungen d. Verf.

[322] BT-Drs. 18/11501, S. 28.

[323] *Rademacher*, AöR 142 (2017), 366 (380).

[324] BT-Drs. 18/11501, S. 28.

[325] *Sommerer*, Personenbezogenes Predictive Policing, 2020, S. 96.

präventiv-vorausschauende Ansatz von einem Anfangsverdacht oder konkreten Anhaltspunkten für eine Gefahr löst, ist auf Kritik gestoßen.[326] Wird die Analyse hingegen als reines „Gefahrerkennungsverfahren" eingeordnet, stellt die Verdachtslosigkeit an sich kein rechtliches Problem dar.[327] Aus praktischer Perspektive ist jedoch anzunehmen, dass ein auf eine Person zutreffendes Risikoprofil zu einem Gefahrerforschungseingriff bei dieser führen wird. Diesen Konflikt versucht Rademacher dahingehend aufzulösen, dass er § 4 Abs. 3 S. 6 restriktiv auslegt, indem er die Verfahrensanforderung, dass „die Zahl der unter ein Muster fallenden Personen möglichst gering" zu halten ist, so interpretiert, dass „möglichst gering" einen im Einzelfall hinreichenden Gefahrenverdacht impliziert.[328] Ob in der Praxis diese „verdachtsgenerierend[en]"[329] Profile so eng gefasst werden können bzw. der Beamte sich im Einzelfall von der Prognose löst, ist zu bezweifeln.

Das Amtsgericht Köln hat mit Beschluss vom 20.1.2020 dem Europäischen Gerichtshof mehrere Rechtsfragen zur Vorabentscheidung vorgelegt, die die Vereinbarkeit der dem FlugDaG zugrunde liegenden Richtlinie (EU) 2016/681 mit Art. 7 und 8 EU-GRCh betreffen.[330] Dabei geht es im Kern um die Frage, ob die Richtlinie im Hinblick auf die zu übermittelnden personenbezogenen Daten hinreichend bestimmt und verhältnismäßig ist.

Unabhängig davon, ob das FlugDaG eine verfassungskonforme Grundlage darstellt für ein personenbezogenes *Predictive Policing* im Bereich des Terrorismus und der schweren Kriminalität, zeigt das FlugDaG, dass auch in Deutschland bzw. der Europäischen Union im Bereich der öffentlichen Sicherheit Ansätze zu personenbezogenen algorithmenbasierten Entscheidungssystemen existieren.

Es lässt sich daher zumindest eine Tendenz in Deutschland erkennen, neben ortsbezogenen auch personenbezogene automatisierte Prognosen im Polizeirecht und an der Schnittstelle von Polizei- und Strafrecht einzubeziehen.[331]

---

[326] *Arzt*, Stellungnahme zum FlugDaG, A-Drs. 18(4)869 F, S. 5f., 9ff.

[327] So *Rademacher*, AöR 142 (2017), 366 (411). Er kritisiert jedoch übereinstimmend mit Arzt, dass der innere Zusammenhang zwischen dem überwachten Verhalten aus Anlass der Flugreise und der gesuchten Gefahr im FlugDaG nicht gegeben sei, sondern „die Norm einen bunten Strauß an Gefahren zu Zielvariablen der Musterung" mache, a.a.O., 366 (413).

[328] A.a.O., 366 (412).

[329] *Arzt*, Stellungnahme zum FlugDaG, A-Drs. 18(4)869 F, S. 9.

[330] Beschluss des Amtsgerichts Köln v. 20.1.2020, Az. 142 C 328/19, ECLI:DE:AGK: 2020:0120.142C328.19.00.

[331] Für vorstellbar hält dies *Bäcker*, in: Hoffmann-Riem (Hrsg.), Big Data – Regulative Herausforderungen, 2018, S. 167 (169).

b) Exkurs: US-amerikanische Strafjustiz

Ein Anwendungsfeld, das auch in Deutschland mediale Aufmerksamkeit erlangte,[332] ist die Berechnung von Rückfallwahrscheinlichkeiten bei Straftätern in den USA, die insbesondere von Strafrichtern in verschiedenen Verfahrensstadien genutzt werden: Ähnlich wie im Polizeirecht handelt es sich um personenbezogene Risikoprognosen.[333] In Deutschland werden keine vergleichbaren Programme in der Strafjustiz eingesetzt.[334] Gleichwohl ist dieses Beispiel hier von Interesse, da der französische Gesetzgeber diese Praxis als negative Referenz in den Ursprüngen von Art. 22 DSGVO herausgestellt hat.[335] Zudem hat sich in den USA in den letzten Jahren eine verfassungsrechtliche Debatte entwickelt zum Einsatz und zu den Kriterien der Software, die zur Berechnung der Rückfallwahrscheinlichkeit genutzt wird.[336] Zudem lässt sich bei der grundrechtlichen Erörterung daran aufzeigen, dass juristisch definierte Diskriminierungsverbote nicht ohne Weiteres in einem einzigen statistischen Modell berücksichtigt werden können.[337]

---

[332] Beispielhaft https://www.zeit.de/gesellschaft/zeitgeschehen/2016-06/algorithmen-rassismus-straftaeter-usa-justiz-aclu; https://www.sueddeutsche.de/digital/kuenstliche-intelligenz-wie-algorithmen-hass-und-vorurteile-zementieren-1.3620668; http://www.spiegel.de/netzwelt/netzpolitik/schwarze-straftaeter-in-den-usa-vom-algorithmus-diskriminiert-a-1093932.html [zuletzt abgerufen am 22.2.2021].

[333] S. *Harcourt*, Against Prediction, 2007, S. 39 ff. zur Historie der Nutzung statistischer Methoden im Straf- und Polizeirecht in den USA.

[334] In den USA spielt auch die sozialpolitische und ökonomische Motivation eine Rolle, die Inhaftierungsquote durch automatisierte Risikoprognosen zu reduzieren: Die USA haben weltweit eine der höchsten Inhaftierungsquoten – in Deutschland lag sie 2016 bei 76 pro 100.000 Einwohner; in den USA bei 655 pro 100.000 Einwohner, was die Haftanstalten maximal auslastet, s. http://www.prisonstudies.org/country/united-states-america bzw. http://www.prisonstudies.org/country/germany [zuletzt abgerufen am 22.2.2021]; s. dazu auch *Liu u. a.*, Int. J. L. & Info. Tech. 27 (2019), 122 (124 f.).

[335] Rapport de M. Thyraud au nom de la commission des lois, Dok. n° 72 des Sénat, Annexe au procès-verbal de la séance du 10 novembre 1977, S. 22.

[336] Insbesondere von Interesse sind hier das Urteil des Wisconsin Supreme Court im Prozess *State vs. Loomis* v. 13.7.2016 zu den Grenzen von algorithmenbasierten Risikoprognosen im Rahmen von Strafurteilen, der Urteilstext ist abrufbar unter https://caselaw.findlaw.com/wi-supreme-court/1742124.html; dazu Anm. d. Red. *State vs. Loomis*, Harv. L. Rev. 130 (2017), 1530 sowie *Liu u. a.*, Int. J. L. & Info. Tech. 27 (2019), 122 (126 ff.). Die Revision wurde vom US-Supreme Court im Sommer 2017 nicht zugelassen, s. https://www.supremecourt.gov/search.aspx?filename=/docketfiles/16-6387.htm [zuletzt abgerufen am 22.2.2021]. Intensiv debattiert wurde auch eine Studie des Journalistenverbands „ProPublica" von Angwin u. a. zu der hohen Falsch-Positiv-Quote bei der Einordnung von Afroamerikanern in die Hochrisikogruppe durch den „COMPAS"-Algorithmus, s. https://www.propublica.org/article/machine-bias-risk-assessments-in-criminal-sentencing [zuletzt abgerufen am 22.2.2021]; *Kehl u. a.*, Algorithms in the Criminal Justice System: Assessing the Use of Risk Assessments in Sentencing, Berkman Klein Center for Internet & Society, Harvard Law School, 2017, S. 21 ff.; kritisch zur Methodik *Flores u. a.*, Federal Probation 80 (2016), 38.

[337] S. Abschnitt C. II. 4. e).

aa) Heterogene Praxis in den Bundesstaaten

Es gibt keine vollständigen Erhebungen, welche Gerichtsbezirke bzw. Bundesstaaten in der Strafjustiz auf algorithmenbasierte Entscheidungen zurückgreifen und in welchen Verfahrensstadien dies geschieht.[338] Seit Alaska 2018 eine entsprechende Software eingeführt hat,[339] ist die Praxis wohl flächendeckend in allen Bundesstaaten verbreitet. Aufgrund des US-amerikanischen Föderalsystems entscheidet jeder Bundesstaat autonom, ob und wie automatisierte personenbezogene Risikoprofile integriert werden. Während einige Bundesstaaten den Einsatz bloß gestatten, ist er in anderen rechtlich verpflichtend.[340] Auf Bundesebene sah ein Gesetzentwurf die einheitliche Anwendung für Inhaftierte in Bundesgefängnissen vor; der Entwurf wurde jedoch vor Konstituierung des aktuellen Kongresses im Januar 2019 nicht mehr verabschiedet und ist damit überholt.[341]

Hinzu kommt, dass unterschiedliche Programme sowohl von privatwirtschaftlichen Unternehmen als auch von Non-Profit-Organisationen und staatlichen Einrichtungen entwickelt werden, was zu einer heterogenen Praxis beiträgt.[342] Einige Bundesstaaten empfehlen daher eine einheitliche Software – dies ist bislang aber die Ausnahme.[343]

Ähnlich wie im Polizeirecht stellt sich auch hier das Problem, dass es kaum unabhängige Studien gibt, die die verschiedenen methodischen Ansätze validieren.[344]

---

[338] Eine Übersicht, welcher Bundesstaat welche Software einsetzt und ob diese evaluiert wurde, findet sich unter https://epic.org/algorithmic-transparency/crim-justice/ [zuletzt abgerufen am 22.2.2021]. Die Angaben sind jedoch lückenhaft und nicht aktuell.

[339] Dazu https://doc.alaska.gov/pretrial/assessment-tool [zuletzt abgerufen am 22.2.2021].

[340] Anm. d. Red. *State vs. Loomis*, Harv. L. Rev. 130 (2017), 1530 (1536) m.w.N. zu den einzelnen bundesstaatlichen Gesetzen.

[341] Sentencing Reform and Corrections Act of 2017, S. 1917, 115th Congress.

[342] *Kehl u. a.*, Algorithms in the Criminal Justice System: Assessing the Use of Risk Assessments in Sentencing, Berkman Klein Center for Internet & Society, Harvard Law School, 2017, S. 10f.

[343] Sehr transparent stellt die *Pennsylvania Commission on Sentencing* das Verfahren zur Entwicklung einer *Risk-Assessment*-Software dar, die im Bundesstaat einheitlich genutzt werden soll, s. http://pcs.la.psu.edu/guidelines/proposed-risk-assessment-instrument [zuletzt abgerufen am 22.2.2021].

[344] Neben der „ProPublica"-Studie (s. Fn. 336 in Abschnitt B.) s. *Singh u.a.*, Behav. Sci. & L. 31 (2013), 55; *Zhang u.a.*, Crime & Delinq. 60 (2014), 167; *Dressel/Farid*, Sci. Adv. 4 (2018), 1 (3); *Lin u. a.*, Sci. Adv. 6 (2020); als Grund dafür wird insbesondere das Betriebs- und Geschäftsgeheimnis bei kommerzieller Software angeführt, s. Anm. d. Red. *State vs. Loomis*, Harv. L. Rev. 130 (2017), 1530 (1535).

bb) Nutzung nach Verfahrensstadien

Die automatisierte Berechnung von Rückfallwahrscheinlichkeiten bei Straftätern wird in verschiedenen Verfahrensstadien in der Strafjustiz eingesetzt: Zunächst dienen die Prognosen als Grundlage für Rehabilitierungsprogramme in Gefängnissen, weshalb in diesem Kontext auch von *Risk/Needs Assessment* gesprochen wird.[345] Es geht darum, den Insassen individuell geeignete Maßnahmen anzubieten, um das Rückfallrisiko zu senken bzw. niedrig zu halten.

Im Strafprozess im weiteren Sinne kann der Score herangezogen werden, um zu entscheiden, wer in Untersuchungshaft verbleibt und wer gegen Kaution freikommt (und unter Umständen wie hoch die Kaution angesetzt wird).[346] Nach Antritt einer Haftstrafe ist die Prognose relevant für die Frage, ob die restliche Strafe zur Bewährung ausgesetzt wird bzw. welche Resozialisierungsprogramme nötig sind.[347]

Eine relativ neue Entwicklung ist das Hinzuziehen des Risikoscores bei der Urteilsfindung: Bereits in den 1990er-Jahren gab es erste Ansätze, empirische Erkenntnisse bezüglich der Rückfälligkeit von Straftätern systematisch in die Urteilsfindung einzubeziehen, aber erst in den letzten Jahren – bedingt durch die technischen Möglichkeiten, aber auch die Tendenz zum sog. *evidence-based sentencing* – hat diese Praxis zugenommen.[348]

Dabei ist zu berücksichtigen, dass die Strafzumessung im Rahmen eines Urteils eine deutlich komplexere Entscheidung ist als die im Grunde binäre Entscheidung, ob jemand in Untersuchungshaft verbleiben soll.[349] Außerdem ist fraglich, welchen Mehrwert die Rückfallwahrscheinlichkeit in diesem Kontext hat, da die Dauer der Haftstrafe nicht linear mit der Rückfallquote zusammenhängt.[350] Dies impliziert zudem, dass die Rückfälligkeit eines Straftäters der alleinige Bezugspunkt einer Strafzumessung ist, lässt aber andere kriminalpolitische Zielsetzungen außer Acht.[351]

---

[345] *Kehl u. a.*, Algorithms in the Criminal Justice System: Assessing the Use of Risk Assessments in Sentencing, Berkman Klein Center for Internet & Society, Harvard Law School, 2017, S. 9 f.

[346] Die Software „Public Safety Assessment" (PSA) wird dafür beispielsweise in 29 Gerichtsbezirken genutzt, davon flächendeckend in den Bundesstaaten Arizona, Kentucky und New Jersey, s. *Kehl u. a.*, Algorithms in the Criminal Justice System: Assessing the Use of Risk Assessments in Sentencing, Berkman Klein Center for Internet & Society, Harvard Law School, 2017, S. 10.

[347] *Zhang u. a.*, Crime & Delinq. 60 (2014), 167 (169).

[348] *Kehl u. a.*, Algorithms in the Criminal Justice System: Assessing the Use of Risk Assessments in Sentencing, Berkman Klein Center for Internet & Society, Harvard Law School, 2017, S. 15 f.

[349] A. a. O., S. 13.

[350] Für Deutschland *Jehle u. a.*, Legalbewährung nach strafrechtlichen Sanktionen – Eine bundesweite Rückfalluntersuchung 2010 bis 2013 und 2004 bis 2013, 2016, S. 66 ff.

[351] *Kehl u. a.*, Algorithms in the Criminal Justice System: Assessing the Use of Risk Assessments in Sentencing, Berkman Klein Center for Internet & Society, Harvard Law School,

cc) Der „COMPAS"-Algorithmus als kontroverses Beispiel

Zur Veranschaulichung wird im Folgenden die Funktionsweise einer vielge-nutzten Software beschrieben, die die Rückfallwahrscheinlichkeit bei Straftätern berechnet. Der „COMPAS"-Algorithmus wurde von dem Privatunternehmen „Northpointe" (mittlerweile „Equivant") entwickelt und erregte Aufmerksam-keit, da er sowohl Gegenstand der „ProPublica"-Studie war, die eine hohe Falsch-Positiv-Quote bei der Einordnung von Afroamerikanern in die Hochrisikogruppe feststellte,[352] als auch im Zentrum der *State vs. Loomis*-Entscheidung stand.[353]

Der Algorithmus teilt Straftäter drei Gruppen zu, je nachdem, ob ein niedri-ges, mittleres oder hohes Risiko attestiert wird; zugrunde gelegt wird eine Skala von eins bis zehn, wobei zehn das höchste Rückfallrisiko kodiert.[354] In den Score fließen Informationen aus 137 Fragen ein, die teils vom Angeklagten selbst beant-wortet werden, teils mit Angaben aus dem Strafregister ergänzt werden.[355] Neben Fragen zur Straffälligkeit in der Vergangenheit werden auch zahlreiche Informa-tionen zur familiären Situation gesammelt (bei welchen Bezugspersonen der Be-troffene aufgewachsen ist, ob und wann die Eltern sich getrennt haben, ob es in der Familie Alkohol- oder Drogenprobleme gab etc.) sowie zum weiteren sozialen Um-feld, zur Wohnsituation, zum Bildungsweg und zu Persönlichkeitsmerkmalen.[356] Die Fragen integrieren statische und dynamische Risikofaktoren – statische Merk-male können vom Betroffenen nicht geändert werden, dazu zählen beispielsweise Daten der kriminellen Vergangenheit wie das Alter bei der ersten Straffälligkeit; dynamische Risikofaktoren können sich mit der Zeit ändern, zum Beispiel eine Alkoholabhängigkeit des Straftäters.[357] Wenn der kriminologische Fokus auf die Rehabilitierung gelegt wird, ist daher bei einem Vergleich verschiedener Modelle entscheidend, ob der Algorithmus auch Änderungen im Zusammenhang mit dy-namischen Risikofaktoren in die Prognose integriert.[358]

Der Score wird dem Strafverteidiger grundsätzlich mitgeteilt, aber nicht die zu-grunde liegende Berechnung, die bei einem kommerziellen Anbieter zudem vom

---

2017, S. 14 plädieren daher dafür, dass sich ein Richter erst bewusst machen sollte, welche straftheoretischen Ziele er mit dem Urteil verfolgt, bevor er im Anschluss prüft, ob eine auto-matisierte Risikoprognose dafür hilfreich ist.

[352] S. Fn. 336 in Abschnitt B.

[353] Ebd.

[354] S. https://www.propublica.org/article/machine-bias-risk-assessments-in-criminal-sentencing [zuletzt abgerufen am 22. 2. 2021].

[355] Ebd.

[356] Der Fragebogen ist einsehbar unter https://www.documentcloud.org/documents/2702103-Sample-Risk-Assessment-COMPAS-CORE.html [zuletzt abgerufen am 22. 2. 2021].

[357] *Kehl u. a.*, Algorithms in the Criminal Justice System: Assessing the Use of Risk Assess-ments in Sentencing, Berkman Klein Center for Internet & Society, Harvard Law School, 2017, S. 9.

[358] Dies ist natürlich nur möglich bei späteren Verfahrensstadien wie der Aussetzung zur Bewährung der Haftstrafe.

Betriebsgeheimnis geschützt ist.[359] So legt „Equivant" das „COMPAS"-Modell nicht offen – Versuche des *Reverse Engineering* kommen zu unterschiedlichen Annahmen.[360]

Hervorzuheben ist, dass der „COMPAS"-Algorithmus nur eines von vielen in den USA genutzten Modellen ist, die überwiegend ähnlich funktionieren, so etwa der „Public Safety Assessment"-Score, der bei der Entscheidung über die Freilassung aus der Untersuchungshaft herangezogen wird, aber auf deutlich weniger unabhängigen Variablen basiert als der „COMPAS"-Algorithmus.[361] Unklar ist, wie viele von den aktuell eingesetzten Systemen auf maschinellem Lernen basieren.[362] Im Bundesstaat Pennsylvania arbeitet beispielsweise das „Pennsylvania Board of Probation and Parole" – eine staatliche Institution, die unter anderem über vorzeitige Haftentlassungen entscheidet – mit Risikoprognosen, die auf maschinellem Lernen basieren, konkret auf *Random-Forests*-Modellen.[363]

Festhalten lässt sich, dass in der US-amerikanischen Strafjustiz Entscheidungen in verschiedenen Verfahrensstadien auf der Grundlage von automatisierten Rückfallprognosen weit verbreitet sind.

c) Sozialrecht

aa) Automatisierung gebundener Verwaltungsakte in Deutschland

In Deutschland wurde durch das am 1.1.2017 in Kraft getretene Gesetz zur Modernisierung des Besteuerungsverfahrens[364] die Vorschrift des § 31a SGB X eingefügt, die die Rechtsgrundlage für vollautomatisierte Verwaltungsakte in der Sozialverwaltung darstellt. Ziel des Gesetzes waren effizientere Verwaltungsverfahren, d. h. schnellere und kostengünstigere Verfahren.[365] Um ein kohärentes Verwaltungsverfahrensrecht zu gewährleisten, wurde § 31a SGB X parallel mit

---

[359] S. https://www.propublica.org/article/machine-bias-risk-assessments-in-criminal-sentencing [zuletzt abgerufen am 22.2.2021].

[360] Teilweise wird eine lineare multiple Regression getestet, s. *Dressel/Farid*, Sci. Adv. 4 (2018), 1 (3); teilweise ein nichtlineares Modell, s. *Rudin u. a.*, The Age of Secrecy and Unfairness in Recidivism Prediction, 2019 [arXiv:1811.00731v2], S. 1 (6 ff.).

[361] *Kehl u. a.*, Algorithms in the Criminal Justice System: Assessing the Use of Risk Assessments in Sentencing, Berkman Klein Center for Internet & Society, Harvard Law School, 2017, S. 10.

[362] *Huq* schätzt, dass maschinelles Lernen und insbesondere *Deep Learning* aktuell noch die Ausnahme darstellen, sich dies in naher Zukunft aber ändern wird, s. *Huq*, Duke L. J. 68 (2019), 1043 (1062, 1065 ff.).

[363] *Berk*, J. Exp. Criminol. 13 (2017), 193 (195).

[364] S. Fn. 261 in Abschnitt B.

[365] BT-Drs. 18/8434, S. 5; *U. Stelkens*, in: Sachs/Schmitz (Hrsg.), VwVfG, 9. Aufl. 2018, § 35a Rn. 3.

entsprechenden Normen im allgemeinen Verwaltungsrecht (§ 35a VwVfG) und im Steuerrecht (§ 155 Abs. 4 AO) eingeführt.[366] Der Wortlaut ist jedoch nicht identisch:

Tabelle 2
Automatisierte Verwaltungsakte im allg. und besonderen Verwaltungsrecht

§ 35a VwVfG[367]	*§ 155 Abs. 4 AO*	*§ 31a SGB X*
Ein Verwaltungsakt kann vollständig durch automatische Einrichtungen erlassen werden, sofern dies durch Rechtsvorschrift zugelassen ist und weder ein Ermessen noch ein Beurteilungsspielraum besteht.	Die Finanzbehörden können Steuerfestsetzungen sowie Anrechnungen von Steuerabzugsbeträgen und Vorauszahlungen auf der Grundlage der ihnen vorliegenden Informationen und der Angaben des Steuerpflichtigen ausschließlich automationsgestützt vornehmen, berichtigen, zurücknehmen, widerrufen, aufheben oder ändern, soweit kein Anlass dazu besteht, den Einzelfall durch Amtsträger zu bearbeiten. […]	Ein Verwaltungsakt kann vollständig durch automatische Einrichtungen erlassen werden, sofern kein Anlass besteht, den Einzelfall durch Amtsträger zu bearbeiten. […]

Ein wesentlicher Unterschied besteht darin, dass § 35a VwVfG eine spezielle Rechtsgrundlage verlangt, d. h. die Verwaltung kann nicht in eigenem Verfahrens- und Organisationsermessen einzelne Verfahren automatisieren.[368] Im Sozial- und Steuerverwaltungsrecht ist ein solcher Vorbehalt nicht vorgesehen, wobei der Anwendungsbereich in § 155 Abs. 4 AO jedoch von vornherein auf bestimmte Steuerverwaltungsakte begrenzt wird. Gerade im Sozialrecht räumt der Gesetzgeber der Verwaltung einen größeren Spielraum und eine gewisse Flexibilität hinsichtlich der Anwendungsbereiche von vollautomatisierten Verwaltungsakten ein, da die Entscheidung, Verwaltungsakte vollständig automatisiert zu erlassen, in das Ermessen des Sozialleistungsträgers gestellt wird und keine Begrenzung auf bestimmte Verwaltungsakte wie im Steuerrecht besteht.

---

[366] BT-Drs. 18/8434, S. 120; bereits vor der Gesetzesänderung war es zulässig, Verwaltungsakte „mit Hilfe" automatischer Einrichtungen zu erlassen – Leitbild war hier jedoch die Automatisierung als Stufe „*nach* der Erfassung, Bewertung und Verifizierung des für die Entscheidungsfindung relevanten Sachverhalts", so *U. Stelkens*, in: Hill u. a. (Hrsg.), Digitalisierung in Recht, Politik und Verwaltung, 2018, S. 81 (95).

[367] Für die Regelung im Landesrecht s. beispielhaft § 35a VwVfG NRW.

[368] Ausführlich zu diesem „Rechtsvorschriftenvorbehalt" *U. Stelkens*, in: Hill u. a. (Hrsg.), Digitalisierung in Recht, Politik und Verwaltung, 2018, S. 81 (107 ff.); *ders.*, in: Sachs/Schmitz (Hrsg.), VwVfG, 9. Aufl. 2018, § 35a Rn. 30 ff.; s. dazu auch *Hoffmann-Riem*, in: Unger/von Ungern-Sternberg (Hrsg.), Demokratie und künstliche Intelligenz, 2019, S. 129 (150).

Nach § 35a VwVfG ist ein vollständig automatisiert erlassener Verwaltungsakt ausgeschlossen, sobald ein Ermessen oder ein Beurteilungsspielraum besteht,[369] während der Wortlaut von § 155 Abs. 4 AO und § 31a SGB X weiter gewählt ist. Allerdings wird ganz überwiegend vertreten, dass ein Anlass, den Einzelfall durch Amtsträger zu bearbeiten, im Rahmen des § 31a S. 1 SGB X gegeben ist, sobald eine Ermessensentscheidung erforderlich oder ein Beurteilungsspielraum eröffnet ist.[370]

Damit reduzieren sich die Anwendungsfälle von § 31a SGB X deutlich: Ähnlich wie beim maschinellen Mahnverfahren nach § 689 ZPO geht es also vor allem um Berechnungen, beispielsweise die Anpassung von Sozialleistungen in einer Vielzahl von Fällen.[371] Weiterhin existieren Machbarkeitsstudien zur automatisierten Bearbeitung von Arbeitslosengeldanträgen, die aber ausdrücklich keine Ermessensentscheidungen darstellen.[372]

Folglich fallen die Konstellationen, die von § 31a SGB X erfasst werden, nicht in den Fokus der Untersuchung, da es sich zwar um automatisierte Verwaltungsakte handelt, diese aber mangels Ermessens und Beurteilungsspielraums keine personenbezogene Risikoprognose beinhalten. Für die Zukunft wird hier zwischen der technischen Machbarkeit und der rechtlichen Zulässigkeit zu unterscheiden sein: In Anbetracht der technologischen Entwicklung scheint es zumindest nicht ausgeschlossen, auch Ermessensentscheidungen mithilfe maschinellen Lernens zu (teil-)automatisieren.[373] Ob und inwieweit dies im aktuellen Rechtsrahmen zulässig wäre, ist noch nicht hinreichend geklärt.[374]

---

[369] *Martini/Nink*, DVBl. 2018, 1128 (1129 f.) plädieren für eine teleologische Auslegung dahingehend, dass eine Vollautomatisierung auch dann zulässig ist, wenn Verwaltungsvorschriften den Ermessensspielraum durch Selbstbindung auf Null reduzieren; kritisch auch *Stegmüller*, NVwZ 2018, 353 (357); *Ramsauer*, in: ders. (Hrsg.), VwVfG, 19. Aufl. 2018, § 35a Rn. 13 weist darauf hin, dass diese Einschränkung lediglich „Appellcharakter" hat, da sie gem. § 1 Abs. 1 VwVfG durch Fachrecht verdrängt werden kann.

[370] So ausdrücklich die Gesetzesbegründung, s. BT-Drs. 18/8434, S. 121; folglich *Mutschler*, in: Körner u. a. (Hrsg.), Kasseler Kommentar, SGB X, § 31a Rn. 3, 10 [Stand: 101. EL September 2018]; *Heße*, in: BeckOK-Sozialrecht, SGB X, § 31a Rn. 4 [57. Ed. Juni 2020]; a. A. wohl *Martini/Nink*, NVwZ Extra 2017, 1 (3); kritisch im Hinblick auf § 35a VwVfG *U. Stelkens*, in: Hill u. a. (Hrsg.), Digitalisierung in Recht, Politik und Verwaltung, 2018, S. 81 (111 ff.); *Siewert*, in: Diering u. a. (Hrsg.), SGB X, 5. Aufl. 2019, § 31a Rn. 9.

[371] BT-Drs. 18/8434, S. 121.

[372] BT-Drs. 19/5014, S. 14.

[373] *Herold*, in: Taeger (Hrsg.), Rechtsfragen digitaler Transformationen, 2018, S. 453 (456 ff.) mit Hinweis u. a. auf das *Value-Judgment-Argumentative-Prediction*-Programm von *Grabmaier*, das Entscheidungen auch rechtlich begründet, s. *Grabmair*, Modeling Purposive Legal Argumentation, Diss. 2016, S. 6 ff.; eine instruktive Übersicht über die Ansätze der Automatisierung juristischer Argumentation findet sich bei *Ashley*, Artificial Intelligence and Legal Analytics, 2017.

[374] Dazu ausführlich, aber im Ergebnis gegen eine „vollständige Programmierung des Ermessens" *Herold*, Demokratische Legitimation automatisiert erlassener Verwaltungsakte, 2020, S. 214 ff., 220; der französische Gesetzgeber lässt im Rahmen der Öffnungsklausel nach Art. 22 Abs. 2 lit. b DSGVO grundsätzlich auch die Automatisierung von Verwaltungsakten

bb) Teilautomatisierung von Ermessensentscheidungen
in der österreichischen Leistungsverwaltung

Dass die Rechtslage in der deutschen Sozialverwaltung nicht die Situation in allen EU-Mitgliedstaaten widerspiegelt, zeigt ein Blick nach Österreich. Dort werden algorithmenbasierte Prognosen seit Kurzem bei der Zuteilung von Fördermaßnahmen für Arbeitssuchende eingesetzt.[375] Der Arbeitsmarktservice, das österreichische Pendant der Bundesagentur für Arbeit, nutzt eine Software, die die Chancen auf eine neue Arbeitsstelle bewertet.[376] Das System lief bereits 2019 im Testbetrieb, ab Anfang 2021 soll es standardmäßig bei der Entscheidung über Förder- und Betreuungsangebote für Arbeitssuchende eingesetzt werden.[377] Dabei teilt der Algorithmus die betroffenen Personen drei Gruppen zu: Wem ein sog. Integrations-Chancenwert von mehr als 66 % attestiert wird, gehört zur Gruppe mit der höchsten Wahrscheinlichkeit, innerhalb von sieben Monaten mindestens 90 Beschäftigungstage vorweisen zu können; Betroffene, die mit einer Wahrscheinlichkeit von unter 25 % innerhalb der nächsten zwei Jahre mindestens 180 Beschäftigungstage erreichen, bilden eine weitere Gruppe sowie alle Personen mit einem Wert dazwischen.[378] Darauf aufbauend können Fördermaßnahmen zugeteilt werden: Es ist vorgesehen, der Gruppe mit einem Wert unter 25 % nur Basisförderungen, aber keine kostenintensiven Fachschulungen anzubieten, da ihre Chancen auf dem Arbeitsmarkt als gering eingestuft werden. Konkret bedeutet dies, dass Arbeitssuchende das direkt an den staatlichen Arbeitsmarktservice angebundene Fördersystem verlassen und Förderangebote von privaten Kooperationspartnern

---

mit Ermessens- und Beurteilungsspielraum zu, s. Art. 47 Abs. 2 Nr. 2 Loi n° 78–17 du 6 janvier 1978 relative à l'informatique, aux fichiers et aux libertés; dazu *Duclercq*, RDP 2019, 295; einschränkend die Entscheidung des französischen Verfassungsgerichts n° 2018–765 du 12 juin 2018, *Loi relative à la protection des données personnelles*, Rn. 66–71.

[375] In Polen wurde – ähnlich wie in Österreich – eine algorithmenbasierte Zuteilung von Fördermaßnahmen für Arbeitssuchende in der Sozialverwaltung genutzt; dieses System wurde jedoch im Jahr 2018 vom polnischen Verfassungsgericht in Teilen für verfassungswidrig erklärt und nach unzureichenden Nachbesserungen schließlich Ende 2019 eingestellt, s. https://algorithmwatch.org/story/polnische-regierung-schafft-umstrittenes-scoring-system-fuer-arbeitslose-ab/ [zuletzt abgerufen am 22.2.2021]; zur Ausgestaltung des Systems s. *Niklas u. a.*, Profiling the unemployed in Poland, 2015, Fundacja Panoptykon; *Orwat*, Diskriminierungsrisiken durch Verwendung von Algorithmen, 2019, S. 57 f.

[376] Dazu https://www.sueddeutsche.de/digital/digitalisierung-arbeitslosigkeit-jobcenter-1.4178635 [zuletzt abgerufen am 22.2.2021].

[377] S. https://orf.at/stories/3171049/ [zuletzt abgerufen am 22.2.2021]. Aktuell ist eine Revision der österreichischen Datenschutzbehörde beim Verwaltungsgerichtshof anhängig, die den Einsatz des Algorithmus betrifft, s. https://netzpolitik.org/2021/oesterreich-jobcenter-algorithmus-landet-vor-hoechstgericht/ [zuletzt abgerufen am 22.2.2021]. Das Urteil der Vorinstanz ist noch nicht veröffentlicht.

[378] *Holl u. a.*, Das AMS-Arbeitsmarktchancen-Modell, 2018, S. 6, abrufbar unter https://www.ams-forschungsnetzwerk.at/downloadpub/arbeitsmarktchancen_methode_%20dokumentation.pdf [zuletzt abgerufen am 22.2.2021].

erhalten.[379] Aus Sicht der Sozialverwaltung geht es also um eine zeit- und kosten-effiziente Ressourcenverteilung.

Der Algorithmus wurde von einem privaten österreichischen Unternehmen entwickelt, das die Beschreibung einer Modellvariante veröffentlicht hat.[380] Es handelt sich eine relativ simple logistische multiple Regression: Die zu bestimmende Variable ist die Integrationschance auf dem Arbeitsmarkt, quantifiziert als Anzahl der Beschäftigungstage innerhalb von sieben (Zielfunktion 1) bzw. 24 Monaten (Zielfunktion 3), in Abhängigkeit von personenbezogenen Merkmalen. Dazu gehören Geschlecht, Alter, Staatsangehörigkeit, Bildungsweg, gesundheitliche Einschränkungen, Betreuungspflichten sowie verschiedene Daten zum bisherigen Arbeitsleben und Kontakten mit dem Arbeitsmarktservice.[381]

Negativ auf den „Integrations-Chancenwert" wirken sich unter anderem das weibliche Geschlecht, die Zugehörigkeit zu einer höheren Altersgruppe, gesundheitliche Beeinträchtigungen sowie familiäre Betreuungspflichten bei Frauen aus.[382] Diese Tatsache hat zu der Kritik geführt, das Modell würde in mehrfacher Hinsicht diskriminieren,[383] während der Arbeitsmarktservice den Standpunkt vertritt, die Prognose würde nur die ökonomische Realität widerspiegeln und damit die Diskriminierung erst sichtbar machen, die dann beispielsweise durch gezielte Förderung von Frauen wieder ausgeglichen werden könne.[384] Allerdings wurde in den Vorgaben des österreichischen Sozialministeriums für den Arbeitsmarktservice erst vor Kurzem der Passus, dass „50 Prozent der Aufwendungen des aktiven Arbeitsmarktbudgets für Frauen zu dotieren sind" durch die unbestimmte Formulierung ersetzt, dass „konkrete Arbeitsmarktchancen von Frauen zu erhöhen sind".[385]

---

[379] *Lopez*, in: Getzinger/Jahrbacher (Hrsg.), Conference Proceedings of the STS Conference Graz 2019, 2019, S. 289 (298 ff.).

[380] *Holl u.a.*, Das AMS-Arbeitsmarktchancen-Modell, 2018; laut https://futurezone.at/meinung/dem-ams-algorithmus-fehlt-der-beipackzettel/400636022 [zuletzt abgerufen am 22.2.2021] gibt es insgesamt 96 Modellvarianten.

[381] *Holl u.a.*, Das AMS-Arbeitsmarktchancen-Modell, 2018, S. 8 f.

[382] A.a.O., S. 11, 13.

[383] Ausführlich *Fröhlich/Spiecker gen. Döhmann*, Können Algorithmen diskriminieren?, VerfBlog v. 26.12.2018, s. https://verfassungsblog.de/koennen-algorithmen-diskriminieren/ [zuletzt abgerufen am 22.2.2021]; *Lopez*, in: Getzinger/Jahrbacher (Hrsg.), Conference Proceedings of the STS Conference Graz 2019, 2019, S. 289 (298, 303 f.); *Allhutter u.a.*, Frontiers in Big Data 3 (2020), Paper n° 5, S. 1 (7 f.); dazu auch https://futurezone.at/netzpolitik/was-der-neue-ams-algorithmus-fuer-frauen-wirklich-bedeutet/400617302 [zuletzt abgerufen am 22.2.2021].

[384] So https://derstandard.at/2000089325546/ und https://www.derstandard.at/story/2000109016415/johannes-kopf-frauen-profitieren-vom-ams-algorithmus [zuletzt abgerufen am 22.2.2021]; zum Verstoß gegen Diskriminierungsverbote durch dieses Modell s. Abschnitt C.II.4.c) aa).

[385] S. https://www.derstandard.at/story/2000098639725/sozialministerium-strich-50-prozent-foerderziel-fuer-frauen-am-jobmarkt [zuletzt abgerufen am 22.2.2021].

Jedenfalls lässt sich festhalten, dass das vom österreichischen Arbeitsmarkt-service eingesetzte System eine auf personenbezogenen Daten beruhende algo-rithmenbasierte Prognose ausgibt, die Einfluss auf den Zugang zum Arbeitsmarkt haben kann. Zwar handelt es sich auch hier nicht um eine vollautomatisierte Ent-scheidung, d.h. der zuständige Sachbearbeiter kann von der computergenerierten Einschätzung abweichen – allerdings ist derzeit unklar, ob und unter welchen Be-dingungen er dies tut und welche Hürden damit eventuell verbunden sind.

Die Verteilung von Fördermaßnahmen für Arbeitssuchende aufgrund des „In-tegrations-Chancenwerts" stellt zudem ein Beispiel für algorithmenbasierte Ent-scheidungen in der Leistungsverwaltung dar, was aktuell noch die Ausnahme ist. In Deutschland werden – soweit ersichtlich – automatisierte Prognosen vor allem in der Eingriffsverwaltung genutzt, um kontrollbedürftige Sachverhalte bzw. Per-sonen zu identifizieren und die personellen und finanziellen Ressourcen dort ef-fizient einzusetzen.[386] Allerdings gibt es auch in Deutschland Ansätze, algorith-menbasierte Entscheidungen in die Sozialverwaltung zu integrieren: Der Antwort auf eine Kleine Anfrage an die Bundesregierung im Jahr 2018 hinsichtlich des Einsatzes von Algorithmen und automatisierten Prozessen in Jobcentern lässt sich entnehmen, dass zwar keine künstliche Intelligenz und maschinelles Lernen zur Aufdeckung von Leistungsmissbrauch eingesetzt werde,[387] aber „Entscheidungs-bäume, Anomalie Detection und adaptive Programme, welche sich an historischen Tatmustern orientieren"[388]. Außerdem berechnen sog. PP-Tools die „Wahrschein-lichkeit der Vermittlungsfähigkeit des Kunden pro Zielregion", d.h. die „Arbeits-marktchancen des Kunden".[389] Zwar ist die Funktionsweise dieser sog. PP-Tools weit weniger transparent als das Zustandekommen des „Integrations-Chancen-werts" in Österreich, aber die Zielsetzungen (Berechnung der Arbeitsmarktchan-cen) ähneln sich. Von daher könnten die Erfahrungen in Österreich, die über die kommenden Jahre gesammelt werden, in Deutschland als Blaupause dienen.

---

[386] Ein weiteres Anwendungsbeispiel in der Eingriffsverwaltung bietet das niederländische Ministerium für Arbeit und Soziales, das seit 2014 ein sog. Systeem Risico Indicatie (SyRI) einsetzt, um u.a. Sozialbetrug aufzudecken, s. *van Dalen u.a.*, System Risk Indication: An Assessment of the Dutch Anti-Fraud System in the Context of Data Protection and Profiling, Report completed for the Public Interest Litigation Project of the Nederlands Juristen Comité voor de Mensenrechten, Universität Utrecht, 2016; im Mai 2018 reichte eine Gruppe von Menschenrechtsorganisationen dagegen Klage ein, u.a. unter Berufung auf Art. 8 EMRK; im Februar 2020 erging das erstinstanzliche Urteil in Den Haag, das das System für rechtswidrig erklärte, da es gegen Art. 8 EMRK verstoße, s. Urteil v. 5.2.2020, Az. C-09–550982-HA ZA 18–388, ECLI:NL:RBDHA:2020:1878; die Stellungnahme des UN-Sonderberichterstatters für extreme Armut und Menschenrechte in dem Verfahren ist verfügbar unter https://www.ohchr.org/Documents/Issues/Poverty/Amicusfinalversionsigned.pdf [zuletzt abgerufen am 22.2.2021].

[387] BT-Drs. 19/5014, S.4.

[388] A.a.O., S.8; ungewöhnlich ist, dass diese Klassifikationsverfahren nicht als maschinelles Lernen eingeordnet werden.

[389] A.a.O., S.46 (Anlage 1).

d) Steuerrecht

aa) Risikomanagementsysteme bei der Überprüfung von Steuerpflichtigen

Das Steuerrecht gehört neben dem Sozialrecht zu den Rechtsbereichen, die in Deutschland aktuell im Fokus bei der Automatisierung von Verwaltungshandeln stehen. Die Gründe liegen auf der Hand: Beide Anwendungsfelder sind aufgrund ihrer inhärenten quantitativen Bezüge für automatisierte Prozesse geeignet.

Maßgeblich sind im Steuerrecht insbesondere §§ 88 Abs. 5, 150 Abs. 7 S. 1 sowie § 155 Abs. 4 AO. Dabei stellt § 155 Abs. 4 S. 1 AO die Rechtsgrundlage für eine Reihe von vollständig automatisierten Verwaltungsakten dar – dies betrifft in der Praxis vor allem die Steuerfestsetzung. Der automatisch erlassene Verwaltungsakt ist somit die Regel, wobei § 155 Abs. 4 S. 1 und 3 i. V. m. § 150 Abs. 7 S. 1 AO dem Steuerpflichtigen die Möglichkeit eröffnet, durch Angaben in einem Freitextfeld die Prüfung durch einen Finanzbeamten zu veranlassen.

Relevant für personenbezogene algorithmenbasierte Entscheidungen, die eine Risikoprognose beinhalten, ist § 88 Abs. 5 AO.[390] Die Norm enthält zum einen in § 88 Abs. 5 S. 1 AO die Ermächtigungsgrundlage für die Finanzverwaltung, sog. Risikomanagementsysteme bei der Beurteilung der Überprüfungsbedürftigkeit der Angaben des Steuerpflichtigen einzusetzen. Gleichzeitig setzt § 88 Abs. 5 S. 3 AO Mindeststandards für die Ausgestaltung der automatisierten Vorprüfung.

Das System, das durch § 88 Abs. 5 AO ermöglicht wird, ist unter Berücksichtigung der Vorgaben des § 88 Abs. 5 S. 3 AO folgendermaßen strukturiert: Die Daten der Steuerpflichtigen gehen in elektronischer standardisierter Form bei der Finanzverwaltung ein. Ein Algorithmus trifft eine Zufallsauswahl, die dem Sachbearbeiter zur Nachprüfung vorgelegt wird.[391] Ebenfalls weitergeleitet werden Formulare, bei denen der Steuerpflichtige ein Freitextfeld ausgefüllt hat, da diese Informationen nicht ohne Weiteres automatisch verarbeitet werden können. Daneben filtert ein Algorithmus die Fälle heraus, die aufgrund eines sog. Risikomanagements durch das Computerprogramm als auffällig eingestuft werden.[392] Diese Daten weisen Unstimmigkeiten auf, die eine weitere Prüfung durch den Sachbearbeiter veranlassen. Das System nimmt also eine Plausibilitätsprüfung vor.[393]

---

[390] Unter dem Gesichtspunkt der Besteuerungsgleichheit *Maier*, JZ 2017, 614.

[391] Diskutiert wird momentan eine Stichprobe, die 2–3 % der Fälle umfasst, s. *Maier*, JZ 2017, 614 (617).

[392] Dass statistische Methoden zur Aufdeckung von Betrugsfällen genutzt werden, ist kein neues Phänomen; zu den technischen Ansätzen in verschiedenen Finanzbereichen s. *Bolton/Hand*, Stat. Sci. 17 (2002), 235 (237 f.).

[393] *U. Stelkens*, in: Sachs/Schmitz (Hrsg.), VwVfG, 9. Aufl. 2018, § 35a Rn. 7; im Vergleich zu anderen Staaten stecken *Predictive-analytics*-Ansätze in der deutschen Finanzverwaltung noch in den Kinderschuhen, aus globaler Perspektive s. OECD (Hrsg.), Advanced Analytics for Better Tax Administration: Putting Data to Work, 2016.

Alle übrigen Fälle werden vollautomatisiert verarbeitet und es ergeht ein Verwaltungsakt, soweit der zuständige Bearbeiter keinen weiteren Anlass sieht, bestimmte Fälle selbst zu bearbeiten.[394]

Damit existiert im Steuerrecht – im Gegensatz zum Sozialrecht – eine Vollautomatisierung des Ermittlungsermessens:[395] Die Software allein teilt die Steuerpflichtigen in Risikogruppen. Im Gegensatz zu den anderen untersuchten Anwendungsfällen im öffentlichen und privaten Sektor findet die Risikoevaluierung hier rückwirkend, d. h. bezogen auf einen abgeschlossenen Sachverhalt, statt: Es wird nicht prognostiziert, dass der Steuerpflichtige in Zukunft Steuerbetrug begehen wird auf der Grundlage verschiedener Parameter, die ihn einer Risikogruppe zuordnen, sondern festgestellt, dass Angaben des Steuerpflichtigen und weitere Daten in Bezug auf einen vergangenen Zeitraum unstimmig sind und daher näher geprüft werden müssen – prädiktiv könnte das System allerdings werden, wenn Rechtsverstöße in der Vergangenheit unabhängig von den jeweiligen Angaben zu einer automatischen Aussteuerung der Erklärung des Steuerpflichtigen in den Folgejahren führen würden.

bb) Weitgehend unbekannte Risikoparameter

Aus § 88 Abs. 5 S. 2 AO lässt sich nur entnehmen, dass als Parameter die „Wirtschaftlichkeit der Verwaltung" berücksichtigt werden soll. Der Präsident des Bundesrechnungshofes empfahl jedoch bereits 2006 ein Risikomanagementsystem basierend auf „Data-Warehousing und Data-Mining"[396] und befürwortete außerdem ein „selbstlernendes System"[397]. Herangezogen werden könnte die „Steuervita" des Steuerpflichtigen, im Rahmen derer Rechtsverstöße zu einer höheren Risikoklasse führen oder bestimmte Gewerbezweige.[398] Details zu den genutzten Parametern und den technischen Rahmenbedingungen sind momentan kaum bekannt, da sich die Finanzverwaltung auf § 88 Abs. 5 S. 4 AO beruft, der vorsieht, dass „Einzelheiten der Risikomanagementsysteme […] nicht veröffentlicht werden [dürfen], soweit dies die Gleichmäßigkeit und Gesetzmäßigkeit der Besteuerung gefährden könnte". Dies soll verhindern, dass Steuerpflichtige ihre Angaben entsprechend bekannter Parameter anpassen, um eine Kontrolle durch die Finanzverwaltung zu umgehen.

---

[394] § 88 Abs. 5 S. 3 Nr. 3 i. V. m. § 155 Abs. 4 S. 1 AO gewährleisten, dass der Amtsträger neben den zwingenden Vorlagen weitere Fälle individuell prüfen kann.

[395] Maier, JZ 2017, 614 (616).

[396] Der Präsident des Bundesrechnungshofes (Hrsg.), Probleme beim Vollzug der Steuergesetze, 2006, S. 165.

[397] Ebd.; Koch, Das Risikomanagementsystem der Finanzverwaltung, 2019, S. 71 hält selbstlernende Risikomanagementsysteme zumindest für denkbar.

[398] Der Präsident des Bundesrechnungshofes (Hrsg.), Probleme beim Vollzug der Steuergesetze, 2006, S. 165 f.

Uneinigkeit besteht jedoch – trotz des Mindeststandards – darüber, welche Kriterien das automationsgestützte System bei der Identifizierung von Risikofällen erfüllen muss, um einen gleichmäßigen und gesetzmäßigen Steuervollzug zu gewährleisten und welche Informations- bzw. Aufsichtsrechte vorzusehen sind.[399] Der Gesetzgeber präzisiert zudem nicht, ob es sich auch um ein selbstlernendes System handeln kann, was die Kontrollmöglichkeiten ggf. einschränkt.[400]

Im Gegensatz zum Erlass des automatisierten Verwaltungsaktes im Rahmen des § 155 Abs. 4 S. 1 AO lässt der Gesetzgeber der Finanzverwaltung durchaus Raum bei der Abgrenzung von „kontrollbedürftigen Steuerfälle[n]" und „riskoarmen Steuerfällen"[401]. Über die konkreten Modelle ist wenig bekannt: Die Software „NEPOMUK" wird zum Beispiel in 15 Bundesländern eingesetzt, um Steuernummern zu ermitteln, die mit hoher Wahrscheinlichkeit an einem Umsatzsteuer-Karusselgeschäft beteiligt sind.[402] Zu der Funktionsweise des Programms wird nur angegeben, dass es sich um ein künstliches neuronales Netz handelt.[403]

Zwar handelt es sich um eine Vorprüfung, auf die – im Falle der Identifizierung als Risikofall – eine menschliche Entscheidung aufbaut, doch über die Kriterien, was als nicht plausibel kategorisiert wird, entscheidet ein Algorithmus.[404] Die Angaben der Steuerpflichtigen dienen zur Erstellung von Risikoprognosen, die mit der „Gleichheit im Belastungserfolg bei den Betroffenen"[405] konfligieren können.

---

[399] Dazu ausführlich *Koch*, Das Risikomanagementsystem der Finanzverwaltung, 2019, S. 80 ff.; s. auch *G. Kirchhof*, in: Drüen u. a. (Hrsg.), 100 Jahre Steuerrechtsprechung, Band I, 2018, S. 361 (362 f.); *Mellinghoff*, in: Drüen u. a. (Hrsg.), 100 Jahre Steuerrechtsprechung, Band I, 2018, S. 421 (426, 437); *Seer*, in: Drüen u. a. (Hrsg.), 100 Jahre Steuerrechtsprechung, Band II, 2018, S. 1717 (1728 f.); *ders.*, in: Tipke (Begr.)/Lang (ehem. fortgeführt), Steuerrecht, 23. Aufl. 2018, § 21 Rn. 7; *ders.*, StuW 2015, 315 (324 f.); *Krumm*, in: Droege/Seiler (Hrsg.), Eigenständigkeit des Steuerrechts, 2019, S. 171 (179 f.).; *Herold*, Demokratische Legitimation automatisiert erlassener Verwaltungsakte, 2020, S. 284 f.; *Martini/Nink*, NVwZ Extra 2017, 1 (8 f.); *Ahrendt*, NJW 2017, 537 (540).

[400] *Martini/Nink*, NVwZ Extra 2017, 1 (9); *Braun Binder*, in: Wischmeyer/Rademacher (Hrsg.), Regulating Artificial Intelligence, 2020, S. 295 (300 f.) hält es zumindest für wahrscheinlich, dass KI im Rahmen vom Risikomanagementsystemen in Deutschland eingesetzt wird.

[401] *Seer*, in: Tipke (Begr.)/Lang (ehem. fortgeführt), Steuerrecht, 23. Aufl. 2018, § 21 Rn. 7.

[402] LT-Drs. Baden-Württemberg 15/1047, S. 19.

[403] Ebd.

[404] Daher fokussiert sich ein Teil der Diskussion auf die Frage, wie weit der Geheimnisvorbehalt in § 88 Abs. 5 S. 4 AO reicht, vgl. *Mellinghoff*, in: Drüen u. a. (Hrsg.), 100 Jahre Steuerrechtsprechung, Band I, 2018, S. 421 (437); *Seer*, in: Drüen u. a. (Hrsg.), 100 Jahre Steuerrechtsprechung, Band II, 2018, S. 1717 (1729); *ders.*, in: Tipke (Begr.)/Lang (ehem. fortgeführt), Steuerrecht, 23. Aufl. 2018, § 21 Rn. 7. Fest steht jedenfalls, dass die Finanzverwaltung zunehmend Daten von Dritten automatisch abruft, dazu https://www.faz.net/aktuell/finanzen/big-data-das-finanzamt-weiss-mehr-ueber-uns-als-gedacht-15035357.html [zuletzt abgerufen am 22.2.2021].

[405] *G. Kirchhof*, in: Drüen u. a. (Hrsg.), 100 Jahre Steuerrechtsprechung, Band I, 2018, S. 361 (362); *Maier*, JZ 2017, 614 (618) sieht darin die Gefahr eines von der „Exekutive kreierte[n] ‚Code Law'", das gegen die Besteuerungsgleichheit verstoßen könne.

Hier wäre jedoch ein Transparenzniveau vorzugswürdig, das auf der einen Seite dem Steuerpflichtigen nicht ermöglicht, die Kontrolle zu umgehen, indem er seine Angaben an konkrete Wertgrenzen anpasst, und auf der anderen Seite zumindest eine grobe Orientierung bietet, welche Informationen für die Finanzverwaltung relevant sind, um dem Rechtsstaatsprinzip zu genügen.[406]

Dies verdeutlicht erneut, dass oftmals nicht die (End-)Entscheidung an sich automatisiert wird, sondern ein algorithmenbasierter „Entscheidungskorridor"[407] geschaffen wird, der jedoch maßgeblichen Einfluss auf Art und Umfang staatlicher Kontrollmaßnahmen hat.

e) Fazit

Für den Einsatz von algorithmenbasierten personenbezogenen Entscheidungen in staatlichen Bereichen lässt sich festhalten, dass die Anwendungsfelder – zumindest in Deutschland – noch überschaubar sind, aber in den letzten Jahren ausgeweitet wurden. Aus Sicht des Staates besteht die Motivation hauptsächlich in der effizienten Ressourcenverteilung von Personal- und Sachmitteln sowie der beschleunigten Bearbeitung von standardisierbaren Sachverhalten.

Aus der Perspektive des Entscheidungssubjekts liegt der Fokus auf der Verfolgung bzw. präventiven Verhinderung rechtswidrigen Verhaltens und damit auf repressivem Staatshandeln. Der Einsatz von algorithmenbasierten Ermessensentscheidungen in der Leistungsverwaltung ist hingegen in Deutschland noch nicht verbreitet.

Ein generelles Problem ist der Mangel an umfassenden empirischen Studien zur Validität der algorithmenbasierten Ansätze.

Ob die Daten, die als Variablen in die personenbezogene Entscheidung einfließen, öffentlich zugänglich sind, hängt stark vom Einsatzbereich ab: Im Falle der österreichischen Sozialverwaltung ist selbst die Gewichtung der einzelnen Variablen einsehbar, während die deutsche Finanzverwaltung für die Prüfung der Steuerpflichtigen weder grobe Parameter noch Kriterien zur Festlegung der Faktoren veröffentlicht. Dabei ist natürlich zu berücksichtigen, dass bei der Eingriffsverwaltung und typischerweise im Steuerrecht keine präzisen Variablen und Wertgrenzen genannt werden können, da sonst das Risiko besteht, dass der Steuerpflichtige seine Angaben danach ausrichtet, um die Prüfung zu umgehen. Es wäre der Finanzverwaltung aber möglich, zumindest die Kriterien, die dem Risikomanagementsystem zugrunde liegen, grob zu benennen.

---

[406] Für eine Offenlegung der wesentlichen Kriterien m. w. N. *Koch*, Das Risikomanagementsystem der Finanzverwaltung, 2019, S. 82.
[407] *Wischmeyer*, AöR 143 (2018), 1 (24, 27).

Zudem handelt es sich in allen Fällen um automatisierte Entscheidungs*vor-schläge* – unabhängig von der Frage, wie aufwändig ein Abweichen im Einzelfall ist, besteht zumindest theoretisch die Möglichkeit, dass der zuständige menschliche Letztentscheider zu einer anderen Einschätzung kommt. Die Grenzen sind allerdings fließend: Im Steuerrecht etwa erfolgt die Vorauswahl nach Risikoprofilen vollautomatisiert, sodass der Finanzbeamte überhaupt nur einen Bruchteil der Sachverhalte näher prüfen kann.

3. Privater Sektor

Im Gegensatz zum staatlichen Bereich verfügen private Unternehmen in der Regel über umfangreiche personenbezogene Datensätze, die im Rahmen einer vertraglichen Einwilligung erhoben und genutzt werden.[408] Die Entscheidungsautomatisierung auf Grundlage dieser Daten folgt ökonomischen Erwägungen, d. h. es geht primär darum, vorhandene Ressourcen effizient zu nutzen und neue Geschäftsfelder zu erschließen.[409]

Während die genaue Funktionsweise von Algorithmen im staatlichen Bereich oft aus Sicherheitsgründen nicht offengelegt wird, ist im Privatsektor der Wettbewerbsvorteil der entscheidende Grund, warum automatisierte Prozesse nicht im Detail einsehbar sind. Dies führt dazu, dass die Quellenlage hinsichtlich der von Unternehmen genutzten Algorithmen unzureichend ist. Hinzu kommt, dass neue Prognose-Modelle im Privatsektor deutlich schneller entwickelt werden als im staatlichen Bereich.

Die folgenden Ausführungen etablieren daher nicht einen umfassenden Status quo personenbezogener algorithmenbasierter Entscheidungen,[410] sondern beleuchten Beispiele, die – potenziell – eine Vielzahl von Personen betreffen und eine (Vor-)Entscheidung beinhalten, die auf einer quantifizierten Risikozuweisung basiert.

---

[408] Zur Problematik der Einwilligung s. Fn. 253 in Abschnitt B.

[409] Zur ökonomischen Bedeutung des KI-Marktes insgesamt s. *Bughin u. a.*, Notes from the AI frontier: Tackling Europe's gap in digital and AI, McKinsey Global Institute, 2019, S. 29 ff.

[410] Eine Auswahl an Software-Modellen hat die gemeinnützige Organisation „Algorithm Watch" zusammengetragen unter https://atlas.algorithmwatch.org/datenbank [zuletzt abgerufen am 22. 2. 2021].

a) Auskunfteien

aa) Bonitätsprognosen im Kontext von Vertragsschlüssen

Die Beurteilung der Bonität einer Person, insbesondere im Kontext von Darlehensverträgen, aber beispielsweise auch bei der Wahl von Zahlungsmodalitäten oder beim Abschluss von Wohnraummietverträgen, ist eine klassische Risikoprognose, konkret die Prognose des Ausfallrisikos.[411] Da die Bonität von Personen ein Grundpfeiler eines funktionierenden Wirtschaftsverkehrs ist,[412] entstanden bereits im 19. Jahrhundert die ersten gewerbsmäßigen Auskunfteien.[413] Im Laufe der Zeit wurde das Ausfallrisiko mit zunehmender Datengrundlage umfassend statistisch geschätzt und die Prognose automatisiert.[414]

Die automatische Ablehnung eines Online-Kreditantrags wird in Erwägungsgrund 71 S. 1 der DSGVO als eines der wenigen Beispiele für eine Entscheidung im Sinne des Art. 22 Abs. 1 DSGVO genannt. § 31 BDSG enthält Vorgaben für Scoring-Verfahren im Zusammenhang mit einem Vertragsverhältnis, die das zukünftige Verhalten einer Person durch einen Wahrscheinlichkeitswert abbilden, sowie zusätzliche Bestimmungen speziell für Bonitätsscores von Auskunfteien.[415] § 31 Abs. 2 BDSG regelt, welche sog. Negativmerkmale im Zusammenhang mit dem Zahlungsverhalten der vom Scoring betroffenen Person genutzt werden dürfen.

Sog. Bonitätsscores werden im Hinblick auf natürliche Personen[416] in der Regel entweder von Auskunfteien erstellt, die ihre Scores an Vertragspartner, d. h. vor allem Banken und Handelsunternehmen, übermitteln,[417] oder von Unternehmen selbst, indem zum Beispiel Kundendaten ausgewertet werden. Die bekannteste Auskunftei in Deutschland ist die „SCHUFA Holding AG".[418] Die Daten, die genutzt werden, um das Risiko von Zahlungsausfällen zu quantifizieren, sind unter-

---

[411] Zur Ausweitung von Bonitätsscores, zum Beispiel im Bereich der Wohnungsvermietung, s. WBGU (Hrsg.), Unsere gemeinsame digitale Zukunft, 2019, S. 238.

[412] S. nur die Gesetzesbegründung zu § 31 BDSG in BT-Drs. 18/11325, S. 101.

[413] *Beckhusen*, Der Datenumgang innerhalb des Kreditinformationssystems der SCHUFA, 2004, S. 23.

[414] *O'Neil*, Weapons of Math Destruction, 2017, S. 142; *Alpaydin*, Machine Learning, 2016, S. 46 ff.

[415] Die überwiegende Ansicht geht von einer Unionsrechtswidrigkeit des § 31 BDSG aus, s. ausführlich Fn. 543 in Abschnitt B.; zu den Vorgaben des § 31 BDSG im Detail s. SVRV (Hrsg.), Verbrauchergerechtes Scoring – Gutachten des Sachverständigenrats für Verbraucherfragen, 2018, S. 120 ff.

[416] Auskunfteien bieten auch Bonitätseinschätzungen zu juristischen Personen an.

[417] Neben den Vertragspartnern können auch Verbraucher ihre Scores anfordern: Die „SCHUFA" hat etwa im Jahr 2018 165,6 Mio. Auskünfte an Vertragspartner und 2,5 Mio. Auskünfte an Verbraucher erteilt, s. Geschäftsbericht der „SCHUFA" von 2018, S. 49.

[418] Zum Bekanntheitsgrad der „SCHUFA" s. SVRV (Hrsg.), Verbrauchergerechtes Scoring – Gutachten des Sachverständigenrats für Verbraucherfragen, 2018, S. 79; zur Geschichte der „SCHUFA" s. *Giesswein*, Die Verfassungsmäßigkeit des Scoringverfahrens der Schufa, 2012, S. 5 f.

nehmenseigene Daten sowie Daten aus öffentlichen Registern und ggf. Daten von Vertragspartnern.[419] Grundsätzlich lassen sich diese Daten in sog. Positiv- und Negativmerkmale einteilen: Erstere bezeichnen Informationen zu relevanten Vertragsbeziehungen, insbesondere zu Kreditkarten, Girokonten oder Bürgschaften.[420] Negativmerkmale beschreiben Vertragsverletzungen bzw. daran anknüpfende Rechtsfolgen wie Zahlungsverzug, Mahn- und Vollstreckungsbescheid.[421] Die Bezeichnung ist insofern irreführend, als auch Positivmerkmale sich negativ auf den Score auswirken können.[422]

Methodisch kann Bonitäts- bzw. Kreditscoring als Regressions- oder Klassifikationsproblem behandelt werden: In den Anfängen des Bonitätsscorings beschränkten sich die Modelle oft auf lineare Regressionen, sodass der Score die Summe einzeln gewichteter unabhängiger Variablen darstellte.[423]

Bei einer Klassifikation hingegen erfolgt die Zuordnung einer Person auf der Grundlage empirischer Eigenschaften zu Gruppen, die ein ähnliches Verhalten zeigen, zum Beispiel ein Darlehen bei Fälligkeit zurückzahlen oder nicht.[424] Da dies nicht deterministisch kalkuliert werden kann, muss hier mit Wahrscheinlichkeiten gearbeitet werden, d. h. es werden statistische Wahrscheinlichkeiten für die einzelnen Personengruppen berechnet, ob das in Frage stehende Verhalten eintritt.[425] Die methodische Herausforderung besteht also – unabhängig von juristischen Diskriminierungsverboten – erstmal darin, Gruppen so zu bilden, dass „möglichst viele Personen innerhalb derselben Gruppen dasselbe Verhalten zeigen"[426].

In Deutschland sind bei Bonitätsprognosen heute vor allem multiple logistische Regressionen verbreitet, wobei andere Verfahren wie neuronale Netze genutzt bzw. getestet werden.[427] Die Vorteile logistischer Regressionen liegen darin, dass die Modelle leicht interpretierbar und relativ robust gegenüber Ausreißern sind.[428]

---

[419] *Giesswein*, Die Verfassungsmäßigkeit des Scoringverfahrens der Schufa, 2012, S. 15.

[420] A. a. O., S. 16 ff.

[421] A. a. O., S. 19 ff.

[422] *Von Lewinski/Pohl*, ZD 2018, 17 (20).

[423] *Alpaydin*, Machine Learning, 2016, S. 46.

[424] *Zweig/Krafft*, in: Mohabbat Kar u. a. (Hrsg.), (Un)Berechenbar? Algorithmen und Automatisierung in Staat und Gesellschaft, 2018, S. 204 (211).

[425] *Alpaydin*, Machine Learning, 2016, S. 48; *Zweig/Krafft*, in: Mohabbat Kar u. a. (Hrsg.), (Un)Berechenbar? Algorithmen und Automatisierung in Staat und Gesellschaft, 2018, S. 204 (211).

[426] *Zweig/Krafft*, in: Mohabbat Kar u. a. (Hrsg.), (Un)Berechenbar? Algorithmen und Automatisierung in Staat und Gesellschaft, 2018, S. 204 (211).

[427] SVRV (Hrsg.), Verbrauchergerechtes Scoring – Gutachten des Sachverständigenrats für Verbraucherfragen, 2018, S. 185.

[428] *Kraus*, Recent Methods from Statistics and Machine Learning for Credit Scoring, Diss. 2014, S. 16; ein weiteres Problem, das hier nicht vertieft wird, besteht darin, wie verschiedene Kreditscoring-Modelle im Vergleich evaluiert werden können, dazu *Lessmann u. a.*, Eur. J. Operational Res. 247 (2015), 124; *Baesens u. a.*, J. Operational Res. Soc'y 54 (2003), 627.

Maschinelles Lernen setzt nun dort an, wo eine große Datenbasis vorhanden ist, aber die Gruppenbildung nicht hypothesengeleitet *ex ante* vorgenommen wird, sondern die Diskriminanzfunktion aus den Daten „gelernt" werden soll.[429]

Im Bereich des Kreditscorings wird die Datengrundlage vor allem durch die Auswertung von Internet- und Social-Media-Daten erweitert – allerdings bislang nicht in Deutschland.[430] Deutsche Auskunfteien sehen darin jedoch teilweise ein „erheblichen Entwicklungspotenzial"[431]. Hintergrund ist die Annahme, dass die Datenmenge signifikante Korrelationen birgt, die für die Entwicklung von Bonitätsscores neue Zusammenhänge aufzeigen. Dass diese Praxis in Deutschland nicht verbreitet ist – soweit dies beurteilbar ist –, liegt nicht nur an datenschutzrechtlichen Einschränkungen, sondern auch daran, dass alternative Bonitätsscores vor allem in Schwellen- und Entwicklungsländern getestet werden, in denen die Mehrheit der Einwohner mangels Bankkonto und ähnlichen Finanzdienstleistungen keine klassische Zahlungshistorie vorweisen kann.[432] Nach dem Motto „All data is credit data" wird aber auch beispielsweise in den USA versucht, durch eine Auswertung atypischer Variablen wie Computermaus-Bewegungen, Lesedauer der Allgemeinen Geschäftsbedingungen, genutzte Apps oder *Likes* in Sozialen Medien neue Bonitätsscores vor allem für Darlehensverträge zu entwickeln.[433]

Die Hypothese, dass Internet- und Social-Media-Daten klassische unabhängige Variablen wie Einkommen oder Zahlungsverhalten ergänzen und so eine zutreffende Einschätzung der Bonität auch von Verbrauchern ermöglichen, die von traditionellen Banken keinen Kredit erhalten, ist nicht immer haltbar. Das deutsche Fintech-Unternehmen „Kreditech" etwa, das in Polen, Spanien, Russland, Mexiko und Indien Darlehen anbietet und die Bonität der Kunden auf Grundlage eines umfassenden Zugriffs auf persönliche Daten aus den Sozialen Medien, dem Handy etc. automatisiert beurteilt, reduzierte zuletzt sein Wachstum bei den Raten- und Mikrokrediten, um die „Kreditabwicklungs-Technologie [...] in wichtigen Teilen [zu] ersetz[en]"[434]. Dies ist ein Beispiel dafür, dass auch breitere Datengrundlagen nicht zwingend zu besseren Bonitätseinschätzungen und geringeren Ausfallraten führen. Der Fokus auf die Quantität der Daten lässt die Qualität – im Sinne der zuvor dargestellten Kriterien wie Aktualität oder Repräsentativität der Stichproben – unter Umständen in den Hintergrund treten.[435]

---

[429] *Alpaydin*, Machine Learning, 2016, S. 47.

[430] Ein geplantes Forschungsprojekt des Hasso-Plattner-Instituts und der „SCHUFA" zum *Social Scoring* wurde 2012 nach öffentlicher Kritik abgesagt, s. *Eschholz*, DuD 2017, 180 (181).

[431] SVRV (Hrsg.), Verbrauchergerechtes Scoring – Gutachten des Sachverständigenrats für Verbraucherfragen, 2018, S. 187.

[432] WBGU (Hrsg.), Unsere gemeinsame digitale Zukunft, 2019, S. 237.

[433] Eine Übersicht über die Variablen einiger Anbieter findet sich bei *Hurley/Adebayo*, Yale J. L. & Tech. 18 (2016), 148 (166).

[434] Jahresabschluss zum Geschäftsjahr 2018/Geschäftsbericht 2017 der „Kreditech Holding SSL GmbH", veröffentlicht am 27.5.2019 (abrufbar im elektronischen Bundesanzeiger), S. 2.

[435] Mit weiteren Beispielen *Hurley/Adebayo*, Yale J. L. & Tech. 18 (2016), 148 (178).

bb) Der „SCHUFA"-Algorithmus als kontroverses Beispiel

Im Rahmen des Bonitätsscorings wird regelmäßig über die Parameter der „SCHUFA"-Algorithmen und über Transparenzanforderungen in diesem Bereich diskutiert – das Problem der Intransparenz von algorithmenbasierten Entscheidungen stellt sich nicht nur bei der Beurteilung des Zahlungsausfallrisikos, scheint hier aber, gemessen an der medialen Berichterstattung, relevanter als in anderen Anwendungsbereichen automatisierter Entscheidungen, weil Bonitätsscores quasi jeden betreffen[436] und diese nicht nur im Finanzsektor eine Rolle spielen, sondern zum Beispiel auch beim Abschluss von Wohnraummietverträgen oder in den USA beim Abschluss von Arbeitsverträgen.[437] In der „Heisenberg-meets-Kafka world of credit scoring"[438] hat sich die Nutzung von Bonitätsscores in den USA stark ausgeweitet.[439]

Eine detaillierte Beurteilung der Algorithmen ist freilich nicht möglich, da die Scoring-Modelle der Auskunfteien und Wirtschaftsunternehmen eigentumsrechtlich geschützt sind und nicht offengelegt werden.[440] Solange mit dem Wortlaut der Datenschutz-Grundverordnung das Scoring an sich keine automatisierte Entscheidung im Sinne des Art. 22 DSGVO darstellt, greift der Auskunftsanspruch über die „involvierte Logik" der Datenverarbeitung gemäß Art. 13 Abs. 2 lit. f bzw. Art. 14 Abs. 2 lit. h DSGVO nicht.[441]

In einem prominenten Fall von *Reverse Engineering* riefen die Organisationen „AlgorithmWatch" und „Open Knowledge Foundation Deutschland" im Jahr 2018 Verbraucher dazu auf, ihre Selbstauskunft bei der „SCHUFA" anzufragen und die Daten anonymisiert zu Verfügung zu stellen.[442] Die Daten von etwa 2.800 „SCHUFA"-Auskünften wurden anschließend von Journalisten des „Spiegel" und des „Bayerischen Rundfunk" ausgewertet, um Rückschlüsse auf das Scoring-

---

[436] Die „SCHUFA" verfügt beispielsweise über Daten zu etwa 67,7 Mio. Verbrauchern, s. Geschäftsbericht der „SCHUFA" von 2018, S. 49.

[437] Der *Fair Credit Reporting Act* aus dem Jahr 1970 stellt in den USA eines der wichtigsten Regulierungsinstrumente im Bereich der Bonitätsbewertungen dar, s. United States Code, Title 15, Chapter 41, §§ 1681 ff. Er gestattet gemäß § 1681b einem Arbeitgeber, unter bestimmten Voraussetzungen den „Consumer report" eines (potenziellen) Arbeitnehmers einzusehen. Dieser beinhaltet die Historie des Arbeitnehmers im Zusammenhang mit Krediten im weitesten Sinne, aber nicht den konkreten Score. In den letzten Jahren wurde die Möglichkeit der Einsichtnahme jedoch zunehmend von bundesstaatlichen Gesetzen eingeschränkt, s. http://www.ncsl.org/research/financial-services-and-commerce/use-of-credit-info-in-employ-2013-legis.aspx [zuletzt abgerufen am 22.2.2021].

[438] *Pasquale*, The Black Box Society, 2015, S. 24.

[439] A.a.O., S. 23.

[440] Zum Teil wird von den Auskunfteien selbst die Zielvariable nicht veröffentlicht, s. SVRV (Hrsg.), Verbrauchergerechtes Scoring – Gutachten des Sachverständigenrats für Verbraucherfragen, 2018, S. 185.

[441] Dazu *Wachter u.a.*, Int'l Data Privacy L. 7 (2017), 76.

[442] S. https://openschufa.de [zuletzt abgerufen am 22.2.2021].

Modell der Auskunftei zu ziehen.[443] Zu beachten gilt, dass die so gewonnene Datengrundlage nicht repräsentativ für den Datenbestand der „SCHUFA" ist – Frauen und ältere Menschen waren beispielsweise unterrepräsentiert.[444]

Um die Reichweite des Auskunftsanspruchs einer Verbraucherin gegenüber der „SCHUFA" ging es auch in einem Urteil des Bundesgerichtshofs aus dem Jahr 2014: Das Gericht konkretisierte den Auskunftsanspruch von Betroffenen in § 34 Abs. 4 S. 1 Nr. 4 BDSG a.F. dahingehend, dass die Auskunftei als datenverarbeitende nicht-öffentliche Stelle die im Einzelfall in die Score-Berechnung eingeflossenen Daten mitzuteilen hat und nicht nur die Datenarten; die Scoreformel – d.h. insbesondere Angaben zu Vergleichsgruppen und Gewichtungen der Merkmale – sah der Bundesgerichtshof jedoch als vom Geschäftsgeheimnis geschützt.[445] Eine Urteilsverfassungsbeschwerde wurde vom Bundesverfassungsgericht durch unbegründeten Nichtannahmebeschluss zurückgewiesen.[446]

Die „SCHUFA" mag zwar die bekannteste Auskunftei in Deutschland sein und eine gewisse Marktmacht besitzen, ist aber letztlich nicht das einzige Unternehmen, das die Details seiner entwickelten Bonitätsscores nicht offenlegt.[447] Auskunfteien haben, ähnlich wie die Versicherungsbranche, seit jeher mit statistischen Risikomodellen gearbeitet. In den letzten Jahren haben sich aber zwei Tendenzen gezeigt:[448] Zum einen werden Bonitätsscores nicht mehr nur in der Finanzbranche eingesetzt, sondern auch in essenziellen Bereichen wie der Wohnraumvermietung und dem Arbeitsverhältnis – in Deutschland noch etwas weniger als zum Beispiel in den USA. Zum anderen gibt es einen Markt für alternative Bonitätsscores, die mit *Big Data* und maschinellem Lernen arbeiten und die nicht nur aufgrund eigentumsrechtlicher Einschränkungen, sondern auch aufgrund technologischer Hürden schwer überprüfbar sind im Hinblick auf die Datenqualität und das Zustandekommen des Outputs.

---

[443] S. https://www.spiegel.de/wirtschaft/service/schufa-so-funktioniert-deutschlands-einfluss reichste-auskunftei-a-1239214.html [zuletzt abgerufen am 22.2.2021].

[444] S. https://www.spiegel.de/wirtschaft/service/blackbox-schufa-2800-verbraucher-spendeten-ihre-selbstauskunft-a-1240703.html [zuletzt abgerufen am 22.2.2021].

[445] BGH CR 2014, 364, Rn. 20, 22, 27; zum Zusammenspiel von Richtlinie (EU) 2016/943 bzw. der geplanten Umsetzung sowie DSGVO und BDSG s. *Rühlicke*, in: Maute/Mackenrodt (Hrsg.), Recht als Infrastruktur für Innovation, 2019, S. 9 (21 ff.).

[446] BT-Drs. 19/18641, S. 5 zum Az. 1 BvR 756/14.

[447] S. Ergebnisse der Marktbefragung in SVRV (Hrsg.), Verbrauchergerechtes Scoring – Gutachten des Sachverständigenrats für Verbraucherfragen, 2018, S. 184 ff.

[448] Dazu WBGU (Hrsg.), Unsere gemeinsame digitale Zukunft, 2019, S. 237 f.

b) Arbeitsverhältnis

Die Anzahl an Arbeitgebern, die algorithmenbasierte Entscheidungen in der Personalgewinnung und -verwaltung einsetzt,[449] ist in Deutschland noch relativ gering, steigt aber kontinuierlich seit entsprechende Software verfügbar ist: Programme, die (teil-)automatisiert eine Vorauswahl an Bewerbungen treffen, wurden zum Beispiel im Jahr 2018 von 10,3 % der 1.000 größten[450] deutschen Unternehmen genutzt, im Jahr davor waren es noch 5,8 %.[451] Wenn die aktuelle Entwicklung anhält, wird also eine Vielzahl von Personen zukünftig davon betroffen sein. Da die Erwerbstätigkeit in der Regel die wirtschaftliche Lebensgrundlage sichert und im Idealfall auch der immateriellen Selbstverwirklichung dient, sind die Funktionsweisen der eingesetzten Modelle besonders relevant. Dieses Anwendungsfeld wurde in der Entstehungsgeschichte des Art. 22 DSGVO zu Beginn auch hervorgehoben.[452]

Der Einsatz algorithmenbasierter Entscheidungen im Personalwesen lässt sich grob in zwei Bereiche teilen: Zum einen können automatisierte Prozesse im Bewerbungsverfahren eingesetzt werden bei der Auswahl geeigneter Mitarbeiter bzw. bereits bei der Frage, wie Interessenten auf passende Stellenangebote aufmerksam gemacht werden.[453] Zum anderen können algorithmenbasierte Entscheidungen im Personalmanagement eine Rolle spielen, beispielsweise beim Angebot von Schulungen, bei der Leistungsbeurteilung oder bei der Prognose von Kündigungen.[454] Nicht alle Aspekte sind im Hinblick auf den Untersuchungsgegenstand relevant: Bei dem erwähnten *Matching*, also beim Zusammenführen von Arbeitsgebern und geeigneten Bewerbern, geht es erstmal darum, dass potenziell passende Kandidaten von entsprechenden Stellenangeboten erfahren, um sich überhaupt zu bewerben. Dies ist in erster Linie eine Frage der Informations- und Kommunikationsoptimierung.[455] Sobald aber eine automatisierte Einschätzung erstellt wird, ob ein Bewerber den Anforderungen des Arbeitgebers genügt oder wie sich seine Arbeitsleistung langfristig entwickelt – wie hoch zum Beispiel die Wahrscheinlich-

---

[449] Nicht darunter gefasst sind hier reine Management-Tools, dazu *Lützeler/Kopp*, ArbR Aktuell 2015, 491.

[450] Gemessen an Umsatz und Anzahl der Mitarbeiter, s. *Weitzel u. a.*, Recruiting Trends 2019 – Durchführung der Studie und Beschreibung der Stichproben, Otto-Friedrich-Universität Bamberg, s. https://www.uni-bamberg.de/isdl/transfer/e-recruiting/ [zuletzt abgerufen am 22.2.2021].

[451] *Weitzel u. a.*, Digitalisierung und Zukunft der Arbeit – Ausgewählte Ergebnisse der Recruiting Trends 2019 und der Bewerbungspraxis 2019, Otto-Friedrich-Universität Bamberg 2019, S. 17.

[452] *Weber*, DuD 1995, 698 (702).

[453] Dieses *Matching* gewinnt an Bedeutung, s. *Weitzel u. a.*, Digitalisierung und Zukunft der Arbeit – Ausgewählte Ergebnisse der Recruiting Trends 2019 und der Bewerbungspraxis 2019, Otto-Friedrich-Universität Bamberg 2019, S. 13 ff.

[454] Die (erhofften) Vorteile sind im Wesentlichen die in Abschnitt B.I.1. dargestellten, die branchenübergreifend gelten.

[455] Einige kommerzielle Anbieter spezialisieren sich auf diesen Bereich, zum Beispiel „LogOn" oder „MeetFrank".

keit ist, dass er kündigt –, wird das Verhalten des Bewerbers bzw. des Mitarbeiters quantifiziert prognostiziert. Ein mangelhaft arbeitender Mitarbeiter oder jemand, der bereits nach kurzer Zeit die Stelle wechselt, sind für den Arbeitgeber Risiken, deren Realisierung es zu vermeiden gilt. Aus historischen Daten von Mitarbeitern können zum Beispiel Rückschlüsse gezogen werden, welche Eigenschaften von Bewerbern aussagekräftig für die zukünftige Arbeitsleistung sind.[456] Die zunehmende Verbreitung algorithmenbasierter Entscheidungen im Personalwesen darf jedoch nicht darüber hinwegtäuschen, dass die Fragen, was einen „guten" Mitarbeiter auszeichnet und wie diese Eigenschaften prädiktiv quantifiziert werden können, sehr komplex sind und die angebotene Software allenfalls eine rudimentäre Orientierung bietet.

aa) Bewerberauswahl

Im Laufe eines Bewerbungsverfahrens geht es vor allem darum, in einem ersten Schritt Bewerbungen auszusortieren, die bestimmte Voraussetzungen der Stellenausschreibung nicht erfüllen, zum Beispiel Ausbildungsabschlüsse oder Notendurchschnitte, die verbliebenen Bewerbungen in Relation zu setzen und die Eignung der Bewerber für die ausgeschriebene Stelle individuell zu prüfen. Auch hier gibt es Bearbeitungsschritte, die automatisiert schneller erfolgen können, ohne dass ein qualitativer Unterschied zwischen Mensch und Maschine besteht: Ob ein Mitarbeiter oder ein Algorithmus Bewerbungen aussortiert, die unterhalb des verlangten Notendurchschnitts liegen, ändert nichts am Ergebnis.

Anders sieht es aus, wenn die Software durch maschinelles Lernen eigenständig Kriterien dafür entwickelt, welche Bewerber geeignet sind für die konkrete Stelle und langfristig im Unternehmen bleiben: Ein Beispiel ist die signifikante Korrelation zwischen der Länge des Arbeitswegs, also der Pendelzeit, und der Dauer des Arbeitsverhältnisses – je weiter die Entfernung zwischen Wohnort und Arbeitsplatz, desto höher ist die Fluktuation aufgrund von Kündigungen.[457] Dies ist auch plausibel, da ein langer Arbeitsweg grundsätzlich als belastend empfunden und daher die Bereitschaft höher sein wird, den Arbeitsplatz zu wechseln. Allerdings korrelieren Wohnlagen oft mit Haushaltseinkommen oder ethnischen Gruppen, sodass ein Programm, das von vornherein Bewerber mit einem Wohnsitz in bestimmter Entfernung zum Arbeitsplatz aussortiert, indirekt diskriminieren könnte.[458]

Dass selbst Unternehmen, die über große Entwicklungsressourcen verfügen, noch weit davon entfernt sind, automatisiert aussagekräftige Kriterien für die Eignung von Bewerbern zu entwickeln, zeigt ein Fall von „Amazon": Seit 2014 wurde dort an einem Programm gearbeitet, das die von Bewerbern eingereichten Lebens-

---

[456] *Von Lewinski/de Barros Fritz*, NZA 2018, 620 (620); *Dzida*, NZA 2017, 541 (542).
[457] *O'Neil*, Weapons of Math Destruction, 2016, S. 119.
[458] Ebd.

läufe mit maschinellem Lernen analysieren und jedem Bewerber einen Score zu-
teilen sollte.[459] Was genau dieser Score beinhaltete, ist nicht bekannt, aber feststeht,
dass als Datenbasis für die Ermittlung von Erfolgskriterien die Lebensläufe von
Bewerbern der letzten zehn Jahre genutzt wurden.[460] Die Mehrheit der Bewerber
für Stellen im Technologiebereich stammte von Männern und es wurden folglich auch überwiegend Männer eingestellt – der Algorithmus schloss daraus, dass
männliche Bewerber in Zukunft vorzuziehen seien und gab Lebensläufen einen
schlechteren Score, die Bezüge zum weiblichen Geschlecht aufwiesen, zum Beispiel Mitgliedschaften in Frauen-Sportteams.[461] Den Entwicklern von „Amazon"
gelang es nicht, eine geschlechterneutrale Bewertung der Bewerbungen sicherzustellen, insbesondere aufgrund des geschilderten Problems von *Proxy*-Variablen,[462]
sodass die Arbeit daran eingestellt wurde.[463]

Ein weiteres Problem ist, dass es zu Software im Bereich der Personalauswahl
keine ausreichenden bzw. unabhängigen Validierungsstudien gibt: Ein deutsches
Unternehmen vertreibt zum Beispiel eine Software namens „PRECIRE", die auf
Grundlage eines Telefoninterviews Persönlichkeitsmerkmale eines Bewerbers
bestimmt. „PRECIRE" wird – im Gegensatz zu Programmen wie „Watson Personality Insights" von „IBM" – gezielt für die Nutzung im Bewerbungsverfahren
vermarktet.[464] Dabei analysiert das Programm sowohl Charakteristika der Stimme
wie Stimmhöhe, Lautstärke und Sprechtempo als auch die verwendeten Worte
bzw. Wortkombinationen.[465] Diese Sprachmuster werden mit Bezugsgruppen abgeglichen, bei denen Sprechproben bereits bestimmten Persönlichkeitsmerkmalen
zugeordnet sind.[466]

Die Software basiert also auf der Hypothese, dass es einen Zusammenhang
zwischen der gesprochenen Sprache und Persönlichkeitsmerkmalen gibt und dass
diese Persönlichkeitsmerkmale als Prädiktoren für die berufliche Leistung dienen.
In der Psychologie und der Linguistik existiert eine umfangreiche Forschung zu
den Zusammenhängen zwischen Sprachgebrauch und Persönlichkeitsbildern;[467]
allerdings gibt es bislang keine externe Studie, die das konkrete Modell von

---

[459] S. https://www.reuters.com/article/us-amazon-com-jobs-automation-insight/amazon-scraps-
secret-ai-recruiting-tool-that-showed-bias-against-women-idUSKCN1MK08G [zuletzt abgerufen am 22. 2. 2021].

[460] Ebd.

[461] Ebd.

[462] S. Abschnitt B. I. 3. d).

[463] S. https://www.reuters.com/article/us-amazon-com-jobs-automation-insight/amazon-scraps-
secret-ai-recruiting-tool-that-showed-bias-against-women-idUSKCN1MK08G [zuletzt abgerufen am 22. 2. 2021].

[464] S. https://precire.com [zuletzt abgerufen am 22. 2. 2021].

[465] Linnenbürger u. a., in: Stulle (Hrsg.), Psychologische Diagnostik durch Sprachanalyse,
2018, S. 23 (26).

[466] A. a. O., S. 23 (47).

[467] Dazu zählt vor allem das Werk von James W. Pennebaker; aus der neueren Forschung
s. Yarkoni, J. Res. Pers. 44 (2010), 363.

„PRECIRE" validiert.[468] Außerdem besteht noch Forschungsbedarf, wie sich die Stresssituation eines Bewerbungsgesprächs auf die Sprachparameter auswirkt.[469] Unklar ist auch, wie die Software Menschen mit Sprachbehinderungen oder Nichtmuttersprachler einordnet.[470]

Einen ähnlichen Ansatz verfolgt das US-amerikanische Unternehmen „HireVue", das Persönlichkeitsprofile von Bewerbern auf Grundlage von Videointerviews erstellt und unter anderem von „Unilever" genutzt wird.[471] Im Gegensatz zu „PRECIRE" analysiert die Software des Unternehmens nicht nur Audiofaktoren und Sprachgebrauch, sondern auch visuelle „Facial Action Units", die bis zu 29 % des Scores ausmachen, der die „likelihood of success" des Bewerbers abbildet.[472] Auch im Bereich der Analyse visueller Merkmale, um Emotionen und damit verbundene Motivationen von Personen zu erfassen, gibt es jedoch keinen gesicherten wissenschaftlichen Kenntnisstand.[473] Im November 2019 ging bei der amerikanischen Wettbewerbs- und Verbraucherschutzbehörde, der *Federal Trade Commission*, ein Ersuchen der Organisation „Electronic Privacy Information Center" ein, gegen „HireVue" aufgrund angeblicher Verstöße gegen den *Federal Trade Commission Act*[474] zu ermitteln. Die Nutzung von Gesichtserkennung, biometrischen Daten und „geheimen, unbewiesenen" Algorithmen würde unfaire und täuschende Praktiken im Sinne des fünften Abschnitts des *Federal Trade Commission Act* darstellen.[475] Der Bundesstaat Illinois hat zudem im Mai 2019 ein Gesetz namens *Artificial Intelligence Video Interview Act* verabschiedet,[476] das am 1. 1. 2020 in Kraft trat und speziell für den Einsatz von Software wie „HireVue" unter anderem statuiert, dass potenzielle Arbeitgeber entsprechende Analysen nur mit vorheriger Einwilligung des Bewerbers durchführen dürfen, das Video auf Anfrage des Bewerbers innerhalb von 30 Tagen löschen und vor dem Bewerbungsgespräch darüber aufklären müssen, wie die künstliche Intelligenz arbeitet und welche generel-

---

[468] Kritisch Thiel, Sprachanalyse: Wunschdenken oder Wissenschaft?, 2019, abrufbar unter https://algorithmwatch.org/story/sprachanalyse-hr/ [zuletzt abgerufen am 22.2.2021]; ähnlichen Modellen US-amerikanischer Unternehmen sprechen Crawford u. a., AI Now 2019 Report, 2019, S. 50 f. jegliche wissenschaftliche Validität ab.

[469] Dazu Langer u. a., Int'l J. Selection & Assessment 27 (2019), 217.

[470] Dzida/Groh, NJW 2018, 1917 (1918).

[471] S. https://hirevue.com/case-studies [zuletzt abgerufen am 22.2.2021].

[472] S. https://www.washingtonpost.com/technology/2019/10/22/ai-hiring-face-scanning-algorithm-increasingly-decides-whether-you-deserve-job/ [zuletzt abgerufen am 22.2.2021].

[473] Feldman u. a., Psychol. Sci. Pub. Int. 20 (2019), 1 (46 f.) weisen etwa darauf hin, dass Emotionen nicht zwingend mit einer ganz bestimmten Gesichtsbewegung signalisiert werden, sondern dass dies stark variieren kann je nach Situation, kultureller Prägung und Individuum; zum Stand der wissenschaftlichen Kontroverse um die Ableitbarkeit von Emotionen aus Gesichtsausdrücken s. Heaven, Nature 578 (2020), 502.

[474] United States Code, Title 15, Chapter 2, §§ 41 ff.

[475] S. https://epic.org/privacy/ftc/hirevue/EPIC_FTC_HireVue_Complaint.pdf [zuletzt abgerufen am 22.2.2021].

[476] S. http://www.ilga.gov/legislation/publicacts/fulltext.asp?Name=101-0260 [zuletzt abgerufen am 22.2.2021].

len Kriterien herangezogen werden, um Bewerber zu bewerten. Insbesondere die letztgenannte Anforderung, die im Gesetz nicht näher spezifiziert wird, dürfte erst durch zukünftige Rechtsprechung klarere Konturen erhalten. Es ist in den USA – und wohl weltweit – zudem das erste Gesetz dieser Art. Die algorithmenbasierte Entscheidung, ob eine Person einen Arbeitsvertrag erhält, ist letztlich eine Verhaltensprognose in Bezug auf die Bewerber. Die Anwendungsbeispiele zeigen, dass es bislang keine einheitlichen Kriterien gibt, worauf sich diese Prognose stützt. Im deutschen Recht wäre unabhängig von den Vorgaben der Datenschutz-Grundverordnung wohl stets eine Einwilligung in die Nutzung der konkreten Software erforderlich: Bereits 1982 entschied das Bundesarbeitsgericht unter Berufung auf die in Art. 1 Abs. 1 und Art. 2 Abs. 1 GG verankerten Persönlichkeitsrechte, dass die Einholung eines graphologischen Gutachtens (im konkreten Fall ging es um die Handschrift der Bewerberin) im Bewerbungsprozess nur mit ausdrücklicher Einwilligung der Betroffenen zulässig sei.[477] Zum Teil wird eine Übertragbarkeit dieser Rechtsprechung auf *Big-Data*-Analysen im Personalbereich bejaht, soweit es um das „Ausleuchten" der Persönlichkeit geht.[478] Darüber hinaus kann der Einsatz durch spezielle arbeitsrechtliche Normen auf Individual- und Kollektivebene eingeschränkt werden.[479]

bb) Internes Personalmanagement

Auch in der internen Personalverwaltung besteht Raum für automatisierte Entscheidungen im Hinblick auf die zukünftige Arbeitsleistung der Mitarbeiter. Auf Deutschland bezogen sind konkrete Anwendungsbeispiele jedoch kaum bekannt. In einem aktuellen Gutachten zum Einsatz von Algorithmen im Personalbereich im Auftrag der Organisation „AlgorithmWatch", das sich auf Personalentscheidungen fokussiert, ist die Rede von automatisierten (Be-)Förderungsentscheidungen mit Verweis auf ein eingestelltes „Google"-Projekt.[480] Auch hier scheint es sich eher auf eine zukunftsbezogene Analyse zu handeln.

Dass die Arbeitsleistung von Mitarbeitern möglichst objektiv und zum Teil detailliert erfasst wird, ist an sich kein neues Phänomen – Schürmann weist zutreffend darauf hin, dass in Call-Centern zum Beispiel die Anzahl der angenommenen Anrufe, deren Dauer, die Pausenzeiten etc. erfasst werden.[481] Dies betraf bislang

---

[477] BAG NJW 1984, 446 (446).

[478] *Dzida*, NZA 2017, 541 (544).

[479] Dazu *Wedde*, Automatisierung im Personalmanagement – arbeitsrechtliche Aspekte und Beschäftigtendatenschutz, 2020, AlgorithmWatch-Forschungsprojekt „Automatisiertes Personalmanagement und Mitbestimmung", S. 9 ff.

[480] *Von Lewinski u. a.*, Bestehende und künftige Regelungen des Einsatzes von Algorithmen im HR-Bereich, 2019, AlgorithmWatch-Forschungsprojekt „Automatisiertes Personalmanagement und Mitbestimmung", S. 5; zum „Google"-Projekt im Bereich der Beförderungspraxis s. *Biemann/Weckmüller*, PERSONALquarterly 4/2016, 44 (44).

[481] *Schürmann*, in: Taeger (Hrsg.), Smart World – Smart Law?, 2016, S. 501 (506 f.).

allerdings primär Sektoren mit Produktivitätsdaten, d. h. Bereiche, in denen Leistung mit der Produktion einer bestimmten Anzahl an Gütern oder der Erbringung einer bestimmten Anzahl an Dienstleistungen in einem festgelegten Zeitraum gleichgesetzt wird.[482] Neu ist der Versuch einer Quantifizierung von Arbeitsleistung auch in anderen Sektoren – etwa durch psychologische Parameter – und der verstärkte Fokus auf die zukünftig zu erwartende Leistung.

Auf internationaler Ebene ist beispielsweise „IBM" ein Vorreiter im Hinblick auf automatisierte Entscheidungen im Personalmanagement: Beförderungen, Bonuszahlungen und Ähnliches sollen sich nicht nur nach vergangenen Leistungen richten, sondern auch auf der erwarteten Leistung basieren, die durch das System „Watson" quantifiziert wird, wobei unklar ist, welche Faktoren in diese Analyse einfließen.[483] Nach eigenen Angaben verzeichnet die Anwendung eine Trefferquote von 96 %, wobei auch hier der Maßstab nicht erläutert wird und das Risiko der selbsterfüllenden Prophezeiung im Raum steht, da Förderungen durch einen Mentor, Bonuszahlungen etc. personenunabhängig zu besseren Leistungen führen könnten.[484]

Nicht nur die Arbeitsleistung, sondern auch das individuelle Kündigungsrisiko soll bei „IBM" erfasst werden, um darauf aufbauend Maßnahmen zu ergreifen, die die Kündigung leistungsstarker Mitarbeiter verhindern.[485] Ziel ist es hier, aus ökonomischer Sicht „wertvolle" Mitarbeiter im Unternehmen zu halten und zudem kündigungsbedingte hohe Kosten zu sparen wie etwa die Ausschreibung der Stelle und die Einarbeitung neuen Personals.[486] Auch hier besteht eine enge Verbindung zwischen der – prognostizierten – Arbeitsleistung und Fördermaßnahmen, um eine Kündigung zu verhindern bzw. dem Unterlassen von Maßnahmen.

Es lässt sich festhalten, dass automatisierte (Vor-)Entscheidungen im Bewerbungsprozess in Deutschland etwas stärker verbreitet sind als im Personalmanagement. Der Anteil der Arbeitgeber, der derartige Systeme einsetzt, ist momentan deutschlandweit noch gering, nimmt aber stetig zu, sodass das Thema in den kommenden Jahren an Relevanz gewinnen mag.

---

[482] A. a. O., S. 501 (511).

[483] S. https://www.bloomberg.com/news/articles/2018-07-09/your-raise-is-now-based-on-next-year-s-performance [zuletzt abgerufen am 22. 2. 2021].

[484] Ebd.

[485] S. https://www.washingtonpost.com/business/2019/04/11/new-way-your-boss-can-tell-if-youre-about-quit-your-job/ [zuletzt abgerufen am 22. 2. 2021].

[486] Ebd.; *Schürmann*, in: Taeger (Hrsg.), Smart World – Smart Law?, 2016, S. 501 (512).

c) Versicherungswesen

Die Versicherungsbranche ist ein Bereich, der seit jeher auf statistischer Risikokalkulation beruht.[487] Neu ist allerdings das Maß der – theoretisch möglichen – Individualisierbarkeit des versicherten Risikos: Während der Versicherte bislang einer bestimmten Risikogruppe zugeordnet wurde auf der Grundlage eigener Angaben und öffentlicher Datenquellen, könnte der Zugriff auf *Big Data* zu einer verstärkten Beitragsfragmentierung führen.[488] Im Unterschied zu personalisierten Preisen im Online-Handel geht es hier nicht um die Abschöpfung der maximalen Zahlungsbereitschaft,[489] sondern um eine Risikoprognose hinsichtlich des zukünftigen Verhaltens bzw. zum Gesundheitszustand des Versicherten: Im ökonomischen Idealfall korrespondiert ein individuell niedriges Risiko mit einem niedrigen Versicherungsbeitrag – befürchtet wird aber eine zunehmend asymmetrische Vertragsbeziehung, in der transparente Vorgaben für die Kalkulation des Versicherungsbeitrags fehlen sowie eine Erosion des Solidaritätsprinzips.[490]

Das Versicherungswesen ist in hohem Maße reguliert und europarechtlich geprägt. Weitreichende Folgen hatte insbesondere das Urteil des Europäischen Gerichtshofs, das eine Differenzierung der Versicherungsvertragskonditionen nach Geschlecht untersagt.[491] Hintergrund war die Öffnungsklausel des Art. 5 Abs. 2 S. 1 der Richtlinie 2004/113/EG[492] – in Deutschland umgesetzt durch § 20 Abs. 2 S. 1 AGG –, der unterschiedliche Prämien und Leistungen in Versicherungsverträgen je nach Geschlecht zuließ, soweit das Geschlecht statistisch ein maßgeblicher Faktor für die Risikobewertung war. Diese Norm erklärte der Europäische Gerichtshof mit Wirkung vom 21. 12. 2012 für ungültig unter Hinweis auf die Unvereinbarkeit mit den Zielen der Richtlinie 2004/113/EG sowie Art. 21 und 23 EU-GRCh.[493]

Ob hierzulande überhaupt individualisierte Versicherungsvertragskonditionen aufgrund algorithmenbasierter Entscheidungen rechtlich möglich sind, hängt zunächst davon ab, ob es sich einen Zweig der Sozialversicherung oder um eine Individualversicherung handelt.[494]

---

[487] *O'Neil*, Weapons of Math Destruction, 2017, S. 163.

[488] *Lüttringhaus*, in: Dutta/Heinze (Hrsg.), Beiträge zur Emeritierung von Jürgen Basedow, 2018, S. 55 (56).

[489] S. Fn. 217 in Abschnitt B.

[490] Differenzierend *Lüttringhaus*, in: Dutta/Heinze (Hrsg.), Beiträge zur Emeritierung von Jürgen Basedow, 2018, S. 55 (61 f.); s. auch https://www.nytimes.com/2019/04/10/opinion/insurance-ai.html [zuletzt abgerufen am 22. 2. 2021].

[491] EuGH, Urteil v. 1. 3. 2011, Rs. C-236/09 (*Test-Achats*), ECLI:EU:C:2011:100.

[492] Richtlinie 2004/113/EG des Rates v. 13. Dezember 2004 zur Verwirklichung des Grundsatzes der Gleichbehandlung von Männern und Frauen beim Zugang zu und bei der Versorgung mit Gütern und Dienstleistungen, ABl. L 373 v. 21. 12. 2004, S. 37–43.

[493] EuGH, Urteil v. 1. 3. 2011, Rs. C-236/09 (*Test-Achats*), EU:C:2011:100, Rn. 32; kritisch aus rechtsdogmatischer Sicht *Lüttringhaus*, EuZW 2011, 296 (297 ff.); *Purnhagen*, EuR 2011, 690 (696 ff.).

[494] Ausführlich zur Unterscheidung *Bitter/Uphues*, Big Data und die Versichertengemeinschaft, ABIDA-Dossier, 2017, S. 1 (2 f.).

aa) Keine Risikoindividualisierung in der Sozialversicherung

Die Sozialversicherung ist durch das Solidaritätsprinzip als Ausprägung des Sozialstaatsprinzips gekennzeichnet.[495] Daher bleibt in der Sozialversicherung naturgemäß wenig Raum für individualisierte Versicherungsbeiträge. In diesem Bereich wird die Debatte um individualisierte Beiträge nur hinsichtlich der Krankenkassen geführt. Der SVRV veröffentlichte 2018 ein Gutachten zu Scores unter anderem bei Krankenversicherungen.[496] Von den insgesamt 110 gesetzlichen und 43 privaten Krankenversicherern in Deutschland nahmen 47 gesetzliche und 15 private Anbieter an einer Befragung zum Thema Scoring teil.[497] Keine der Versicherungen bietet aktuell verhaltensbasierte Beiträge an.[498] Dies ist auch kaum überraschend im Hinblick auf die rechtliche Regulierung. Zum einen sind die Kriterien für die Kalkulation der Versicherungsbeiträge normiert: In der gesetzlichen Krankenversicherung berechnet sich die Prämie gemäß § 3 SGB V i. V. m. § 241 SGB V nach einem festen Prozentsatz der beitragspflichtigen Einnahmen des Versicherten. In der privaten Krankenversicherung als substitutive Versicherung nach § 146 Versicherungsaufsichtsgesetz (VAG) ist die Beitragshöhe durch § 203 Versicherungsvertragsgesetz (VVG) festgelegt.[499] Zum anderen kann der Versicherer nicht unbegrenzt Gesundheitsdaten bei Dritten erheben, auf denen eine individuelle Prämie aufbauen würde, sondern ist an § 284 Abs. 5 SGB V bzw. § 213 VVG gebunden. Dies dürfte eine Erhebung bei den Anbietern von Fitness-Apps und ähnlichen Dienstleistungen verhindern.[500]

Sachprämien oder Vergünstigen bei Kooperationspartnern der Krankenkasse können unter Umständen einen Anreiz für gesundheitsbewusstes Verhalten setzen, aber nicht als individualisierter Versicherungsbeitrag auf Grundlage einer einzelpersonenbezogenen Risikoprognose gelten. Eine weitreichende Ansicht fasst Beitragsrückerstattungen für die Nichtinanspruchnahme von Leistungen der Krankenkassen in einer rein wirtschaftlichen Perspektive als Beitragsindividualisierung auf.[501]

---

[495] Zur Anknüpfung an das Sozialstaatsprinzip *Butzer*, Fremdlasten in der Sozialversicherung, 2001, S. 388 ff.

[496] SVRV (Hrsg.), Verbrauchergerechtes Scoring – Gutachten des Sachverständigenrats für Verbraucherfragen, 2018.

[497] A. a. O., S. 74.

[498] A. a. O., S. 77.

[499] Die Bundesregierung hält „risikoadjustierte" Prämien in der privaten Krankenversicherung durch Gesundheits-Apps als nicht vereinbar mit der derzeitigen Rechtslage, vgl. BT-Drs. 18/10259, S. 5.

[500] A. A. SVRV (Hrsg.), Verbrauchergerechtes Scoring – Gutachten des Sachverständigenrats für Verbraucherfragen, 2018, S. 126 mit der Begründung, dass die Datenerhebung im Rahmen von Fitness-Apps nicht bei Dritten, sondern direkt beim Versicherten erfolgt. In der Regel werden aber die Gesundheitsdaten durch den App- bzw. *Wearable*-Anbieter erhoben und gespeichert, sodass der Versicherer Zugriff nur über diesen Anbieter erhält.

[501] SVRV (Hrsg.), Verbrauchergerechtes Scoring – Gutachten des Sachverständigenrats für Verbraucherfragen, 2018, S. 128.

Die Verfasser der SVRV-Studie weisen zudem darauf hin, dass die Anbindung der Sozialversicherung an das in Art. 20 Abs. 1 GG normierte Sozialstaatsprinzip eine künftige stärkere Individualisierung der Beiträge wohl nicht hindern würde, da das Grundgesetz dem Gesetzgeber einen großen Spielraum bei der einfachgesetzlichen Konkretisierung des Sozialstaatsprinzips lässt.[502] Bislang besteht aber keine rechtliche Basis für eine automatisierte individuelle Festsetzung der Sozialversicherungsbeiträge.

bb) Tendenzen zu verhaltensbasierten Prämien in der Individualversicherung

Weniger strikt reguliert sind Individualversicherungen, die sich durch das Äquivalenzprinzip auszeichnen, d. h. den Zusammenhang zwischen Prämienhöhe und personenbezogenem Risiko.[503]

Algorithmenbasierte Anpassungen von Versicherungsprämien aufgrund von individuell erfasstem Verhalten finden sich in der Kfz- und in der Lebens- und Berufsunfähigkeitsversicherung. Gleichwohl ist darauf hinzuweisen, dass trotz vertrags- und versicherungsrechtlicher Zulässigkeit[504] sog. Telematik-Tarife in der Kfz-Haftpflichtversicherung, die sich am automatisiert erfassten Fahrverhalten des Versicherten orientieren (ausgewertet werden unter anderem Beschleunigungs- und Bremsmanöver, Fahrgeschwindigkeit und GPS-Daten[505]), in der Praxis noch kaum genutzt werden.[506]

Im Segment der Lebens- und Berufsunfähigkeitsversicherung existiert beispielsweise ein Tarif-Modell des Versicherungsunternehmens „Generali", das den Abschluss einer Risikolebens- oder Berufsunfähigkeitsversicherung an ein Gesundheitsprogramm koppelt: Die erfolgreiche Teilnahme an diesem Programm führt zu Vergünstigungen bei Partnerunternehmen und zu einer Verringerung der Versicherungsprämie um bis zu 16 % im laufenden Vertragsverhältnis.[507] Die

---

[502] Ebd.

[503] *Lüttringhaus*, in: Dutta/Heinze (Hrsg.), Beiträge zur Emeritierung von Jürgen Basedow, 2018, S. 55 (61).

[504] *Klimke*, r+s 2015, 217 (219), soweit der Versicherungsnehmer ausreichend darüber informiert wird, welche Parameter sich auf den Score und somit auf die Prämienberechnung auswirken.

[505] *Lüttringhaus*, in: Dutta/Heinze (Hrsg.), Beiträge zur Emeritierung von Jürgen Basedow, 2018, S. 55 (58).

[506] Von etwa 90 Kfz-Versicherern bieten nur 16 Unternehmen Telematik-Tarife an, s. SVRV (Hrsg.), Verbrauchergerechtes Scoring – Gutachten des Sachverständigenrats für Verbraucherfragen, 2018, S. 76.

[507] S. https://www.generali-vitalityerleben.de/noch-fragen/ [zuletzt abgerufen am 22. 2. 2021]; ein ähnliches Modell bietet der US-amerikanisch-kanadische Versicherer „John Hancock" an: https://www.johnhancock.com/content/johnhancock/news/insurance/2018/09/john-hancock-leaves-traditional-life-insurance-model-behind-to-incentivize-longer--healthier-lives.html [zuletzt abgerufen am 22. 2. 2021].

Herabsetzung des Versicherungsbeitrags erfolgt durch eine Überschussbeteiligung: „Durch ein gesundheitsbewusstes Verhalten können Sie einen besseren Generali Vitality Status erreichen, wodurch der jährliche Cashback sich erhöhen kann. Umgekehrt kann der Cashback aber auch sinken oder sogar ganz entfallen, wenn Sie sich weniger gesundheitsbewusst verhalten und ihr [sic] Generali Vitality Status sinkt."[508] Dieses Modell wird als versicherungsrechtlich zulässig erachtet, gerade weil es um Überschüsse geht, die abhängig vom gesundheitsbewussten Verhalten verteilt werden, und nicht um den Versicherungsbeitrag an sich.[509] Gefordert wird aber auch hier, dass offen gelegt werden muss, welche Faktoren das gesundheitsbewusste Verhalten bestimmen und wie diese gewichtet werden.[510] Die Beschreibung des „Generali Vitality"-Tarifs genüge dem im Transparenzgebot enthaltenen Bestimmtheitsgebot gemäß § 307 Abs. 1 S. 2 BGB so noch nicht: Ein bestimmter „Vitality-Status" korrespondiere nicht mit einer konkreten Angabe, wie sich dieser Status auf die Überschussbeteiligung auswirke.[511] Der „Generali"-Konzern plant – entgegen früherer Aussagen – derzeit nicht, das Modell auf die private Krankenversicherung auszuweiten.[512]

Die Gefahr der intransparenten verhaltensbasierten Prämienberechnung und eine Informationsasymmetrie zulasten des Versicherten rückt in den USA stärker ins Bewusstsein, wo Versicherungsunternehmen deutlich mehr Datenquellen auswerten können als in der Europäischen Union.[513] Im Bundesstaat New York können Lebensversicherer unter anderem Daten aus Sozialen Medien nutzen, um Risikoprofile von – potenziellen – Versicherungsnehmern zu erstellen und entsprechend die Prämien anzupassen.[514] Das *New Yorker State Department of Financial Services* – eine Aufsichtsbehörde, die auch für die Regulierung von Versicherungsprodukten zuständig ist – gab im Januar 2019 Leitlinien für Versicherungsunternehmen heraus zum Umgang mit externen Datenquellen.[515] Darin wird die Einhaltung bestehender Diskriminierungsverbote[516] sowie eine transpa-

---

[508] S. https://www.generali-vitalityerleben.de/noch-fragen/ [zuletzt abgerufen am 22.2.2021].

[509] *Brömmelmeyer*, r+s 2017, 225 (227ff.).

[510] A.a.O., 225 (230) anknüpfend an *Klimke*, Fn. 712.

[511] A.a.O., 225 (230, 232).

[512] S. https://www.sueddeutsche.de/wirtschaft/lebensversicherung-generali-zuckt-zurueck-1.4586691 [zuletzt abgerufen am 22.2.2021].

[513] Aus US-Perspektive *O'Neil*, Weapons of Math Destruction, 2017, S. 161 ff.

[514] S. https://www.wsj.com/articles/new-york-insurers-can-evaluate-your-social-media-useif-they-can-prove-why-its-needed-11548856802 [zuletzt abgerufen am 22.2.2021].

[515] S. https://www.dfs.ny.gov/industry_guidance/circular_letters/cl2019_01 [zuletzt abgerufen am 22.2.2021].

[516] Eine Studie des Journalistenverbands „ProPublica" von Angwin u.a. kam 2017 zu dem Ergebnis, dass die Bewohner von Gegenden, in denen überwiegend Angehörige von Minderheiten leben, bis zu 30 % höhere Kfz-Versicherungsbeiträge zahlen als in anderen Wohngegenden, auch wenn die statistischen Unfallrisiken etc. vergleichbar sind, s. https://www.propublica.org/article/minority-neighborhoods-higher-car-insurance-premiums-white-areas-same-risk [zuletzt abgerufen am 22.2.2021].

rente Prämienkalkulation gefordert.[517] Doch die – nicht rechtsverbindlichen – Leitlinien lösen einige grundsätzliche Probleme nicht: Zum einen können die durch Diskriminierungsverbote geschützten Merkmale bei großen Datenmengen über *Proxy*-Variablen sichtbar werden, gerade bei selbstlernenden Algorithmen. Wenn ein Versicherungsnehmer beispielsweise Mitglied in einer „Facebook"-Gruppe für eine bestimmte Genmutation ist, könnte ein Algorithmus daraus Rückschlüsse auf – rechtlich geschützte – genetische Informationen ziehen und als hohes Risiko für das Versicherungsunternehmen werten.[518] Außerdem sind die Daten aus Sozialen Medien anfällig für Manipulationen.[519] Zum Teil wird auch aus ökonomischen Gründen auf wenig aussagekräftige *Proxy*-Variablen ausgewichen oder relevante Daten werden kaum gewichtet: Vorfälle verursacht durch Trunkenheit am Steuer zählen in den USA bei manchen Kfz-Versicherern weniger als *High-School*-Notendurchschnitte, obwohl Erstere in einem signifikanten Zusammenhang mit Autounfällen stehen.[520]

Es lässt sich festhalten, dass aus technologischer Perspektive durchaus Potenzial für algorithmenbasierte Entscheidungen in der Versicherungsbranche vorhanden ist, insbesondere für personalisierte Versicherungsvertragskonditionen aufgrund individueller Risikoeinschätzung. Allerdings ist der Versicherungssektor in Deutschland bzw. der Europäischen Union momentan stark reguliert, sodass kaum Spielraum für individualisierte Prämien besteht. Befürchtungen im Hinblick auf eine Entsolidarisierung im Versicherungswesen sind daher eher zukunftsgerichtet.[521]

III. Automatisierte personenbezogene Entscheidung nach Art. 22 Abs. 1 DSGVO

Nachdem in einem ersten Schritt die Charakteristika und die grundlegenden Funktionsweisen algorithmenbasierter personenbezogener Entscheidungen sowie exemplarische Anwendungsfelder beleuchtet wurden, stellt sich im Anschluss die Frage, wie das geltende Recht diese Entwicklung einhegt.

Im Gegensatz zu den zahlreichen Regulierungsansätzen hinsichtlich künstlicher Intelligenz im Allgemeinen und automatisierten Entscheidungen im Speziellen, die

---

[517] S. https://www.dfs.ny.gov/industry_guidance/circular_letters/cl2019_01 [zuletzt abgerufen am 22.2.2021].

[518] S. https://www.nytimes.com/2019/04/10/opinion/insurance-ai.html [zuletzt abgerufen am 22.2.2021].

[519] S. https://www.forbes.com/sites/jessicabaron/2019/02/04/life-insurers-can-use-social-media-posts-to-determine-premiums/#74361fe523ce [zuletzt abgerufen am 22.2.2021].

[520] *O'Neil*, Weapons of Math Destruction, 2017, S. 165; *Hildebrandt*, Geo. L. Tech. Rev. 2 (2018), 252 (270) spricht hier von der Versuchung „to go for ,low hanging fruit'".

[521] So etwa geäußert in BT-Drs. 18/3633, S. 2.

nicht im positiven Recht verankert sind, stellt Art. 22 DSGVO eine der ersten gesetzlichen Einschränkungen automatisierter personenbezogener Entscheidungen in den EU-Mitgliedstaaten dar. Da die Genese und Rezeption dieser Norm vorliegend als Quellenmaterial für die grundrechtliche Herleitung der Regulierung automatisierter Entscheidungen dienen, werden zunächst die Voraussetzungen von Art. 22 DSGVO näher untersucht. Dies dient dazu, sich dem Begriff der automatisierten personenbezogenen Entscheidung anzunähern. Ein Schwerpunkt wird dabei auf die Fragen gelegt, ob die Prämisse der Vollautomatisierung in Art. 22 DSGVO ein praxistauglicher Differenzierungsansatz ist, und ob die normative Eingrenzung über das Kriterium der Rechtswirkung oder der in ähnlicher Weise erheblichen Beeinträchtigung hinreichend greifbar ist.

1. Entscheidung

Im Kontext von Art. 22 Abs. 1 DSGVO ist der Entscheidungsbegriff nicht legaldefiniert. Im ersten Verordnungsentwurf der Europäischen Kommission vom 25. 1. 2012 war noch von einer „auf einer rein automatisierten Verarbeitung von Daten basierenden Maßnahme" die Rede.[522] Der Begriff der Maßnahme war deutlich weiter als das Entscheidungserfordernis und hätte rein faktische Wirkungen bzw. Entscheidungsvorbereitungen wohl eingeschlossen.[523] Der erste Kommissionsentwurf setzte sich damit auch von Art. 15 Abs. 1 der Datenschutzrichtlinie als Vorgängernorm ab, die im Einklang mit der letztlich verabschiedeten Fassung des Art. 22 Abs. 1 eine „Entscheidung" vorsah. Irreführend ist in diesem Kontext die Erläuterung in Erwägungsgrund 71 S. 1 DSGVO, dass eine Entscheidung eine Maßnahme einschließen könne. Dies dürfte aber als legislatorisches Relikt des ersten Verordnungsentwurfs zu werten sein.[524]

Im Folgenden wird untersucht, wie das Kriterium der Entscheidung separat vom Attribut der Automatisierung zu definieren ist.

a) Wahl zwischen Optionen als Minimalkonsens

Mangels Definition des Merkmals „Entscheidung" in der DSGVO, knüpft die Literatur zu Art. 22 Abs. 1 DSGVO an das Kriterium der Auswahl an:

---

[522] Art. 20 des Vorschlags für eine Verordnung des Europäischen Parlaments und des Rates zum Schutz natürlicher Personen bei der Verarbeitung personenbezogener Daten und zum freien Datenverkehr (Datenschutz-Grundverordnung), KOM(2012) 11 endg. v. 25. 1. 2012.

[523] Rat der EU, Dok. 7375/12 der Arbeitsgruppe zu Informationsaustausch und Datenschutz (DAPIX) v. 8. 3. 2012, Nr. 157; die EU-Kommission lehnte sich hier wohl stärker an die Empfehlung des Europarats CM/Rec(2010)13 v. 23. 11. 2010 zum Profiling an, die zum Beispiel von „pre-contractual measures" sprach.

[524] So *Abel*, ZD 2018, 304 (305).

Eine „Entscheidung im eigentlichen Sinne" sei der Vorgang, „zwischen mindestens zwei Optionen eine Wahl [zu] treffen und hierzu eigenständig Kriterien an[zu]wenden" und letztlich eine „wertende Auswahl" vorzunehmen[525] bzw. ein „aus mindestens zwei Varianten auswählender, gestaltender Akt mit in gewisser Weise abschließender Wirkung"[526].

Nicht sinnvoll ist hingegen der Ansatz, die Entscheidung als Handeln bzw. Unterlassen mit Rechtswirkung in Abgrenzung zur Maßnahme als Handeln bzw. Unterlassen mit faktischer Wirkung zu definieren,[527] denn Art. 22 Abs. 1 DSGVO setzt neben dem Vorliegen einer Entscheidung voraus, dass diese eine rechtliche Wirkung oder eine ähnlich erhebliche Beeinträchtigung entfaltet. Die Rechtswirkung bereits in den Begriff der Entscheidung zu integrieren würde folglich eine weitere Tatbestandsvoraussetzung vorwegnehmen oder im Falle einer Maßnahme dazu führen, dass im Anschluss ohnehin die rechtliche oder ähnlich erhebliche Beeinträchtigung geprüft werden muss.

b) Beurteilungsspielraum

Unklar ist, wie viel Spielraum der Verantwortliche bei der Wahl der Option haben muss, d. h. nach welchen Kriterien eine Variante der anderen vorgezogen wird. Dass überhaupt ein Spielraum bestehen muss, um von einer Entscheidung zu sprechen, kommt in den Attributen „wertend"[528], „gestaltend"[529] oder „eigenständig"[530] zum Ausdruck. Reine Berechnungen, zum Beispiel von Sozialleistungen, fallen konsequenterweise nicht darunter. In den Gesetzesmaterialien zu § 6a BDSG a.F., der Art. 15 DSRL als Vorgängernorm zu Art. 22 DSGVO umsetzte, werden Prozesse wie Geldtransaktionen im Rahmen vertraglicher Beziehungen zwischen Kreditinstitut und Kunden ausdrücklich ausgenommen.[531] Begründet wird dies damit, dass durch die Transaktion, beispielsweise das Abheben an einem Geldautomaten, nur die zuvor festgelegten Vertragsbedingungen ausgeführt würden.[532] Auch hier scheint ein gewisser Beurteilungsspielraum implizit vorausgesetzt, dem das simple Befolgen einer „Wenn-Dann"-Logik nicht genügt.

---

[525] *Helfrich*, in: Sydow (Hrsg.), DSGVO, 2. Aufl. 2018, Art. 22 Rn. 43.

[526] *Schulz*, in: Gola (Hrsg.), DSG-VO, 2. Aufl. 2018, Art. 22 Rn. 18 mit Bezug auf *von Lewinski*, in: BeckOK-Datenschutzrecht, § 6a BDSG Rn. 19 [Stand: 24. Ed. Mai 2018]: „ein gestaltender Akt mit in gewisser Weise abschließender Wirkung"; *Arning*, in: Moos u. a. (Hrsg.), DSGVO, 2018, Kap. 6 Rn. 350.

[527] So aber *Veil*, in: Gierschmann u. a. (Hrsg.), DS-GVO, 2018, Art. 22 Rn. 58 mit Hinweis auf den Erwägungsgrund 71 S. 1 DSGVO.

[528] *Helfrich*, in: Sydow (Hrsg.), DSGVO, 2. Aufl. 2018, Art. 22 Rn. 43.

[529] *Schulz*, in: Gola (Hrsg.), DS-GVO, 2. Aufl. 2018, Art. 22 Rn. 18; zur Vorgängernorm s. *von Lewinski*, in: BeckOK-Datenschutzrecht, § 6a BDSG Rn. 19 [Stand: 24. Ed. Mai 2018].

[530] *Helfrich*, in: Sydow (Hrsg.), DSGVO, 2. Aufl. 2018, Art. 22 Rn. 43.

[531] BT-Drs. 14/4329, S. 37 – der Finanzsektor wird exemplarisch angeführt.

[532] Ebd.

Fraglich ist jedoch, wie weit dieser Spielraum reicht bzw. wie ein Mindeststandard zu definieren ist. Jemand muss etwa entscheiden, mit welchem Verkehrsmittel er sich zu seinem Arbeitsplatz begibt. Zur Wahl stehen ihm beispielsweise PKW, Fahrrad, Straßenbahn oder Fußweg. Die Kriterien, nach denen er eine dieser Möglichkeiten auswählt, kann er frei bestimmen und gegeneinander abwägen. So kann er Geschwindigkeit, Umweltfreundlichkeit oder Komfort berücksichtigen. Denkbar ist aber auch, dass das Kriterium der Umweltfreundlichkeit vorgegeben wird. Ohne weitere Spezifikationen besteht ein Spielraum, wie das Kriterium zu verstehen ist und darauf aufbauend, wie die verschiedenen Verkehrsmittel im Hinblick auf die Umweltfreundlichkeit zu bewerten sind. In beiden Fällen ist wohl von einer Entscheidung auszugehen. In komplexeren Konstellationen wird das eigenständige Element einer Wahl aber schwer zu bestimmen sein.

Gleichwohl ist dieser Aspekt gerade im Kontext algorithmenbasierter Entscheidungen relevant, stellt sich doch zunächst die Frage, was genau in der Praxis automatisiert wird: Handelt es sich um eine automatisierte Prognose, die als Grundlage der menschlichen Entscheidung dient, um eine automatisierte Wahl aufgrund durch den Menschen vorgegebener Kriterien oder um eine Wahl unter Berücksichtigung von Kriterien, die ein Algorithmus im Hinblick auf die Problemstellung autonom entwickelt? Von diesen Merkmalen hängt letztlich ab, ob es sich tatsächlich um eine automatisierte Entscheidung handelt und welche Einflussmöglichkeiten ein menschlicher Anwender auf diesen Prozess hat. Der Beurteilungsspielraum ist folglich auch stark durch die technologische Ausgestaltung der Anwendung bedingt. Die zuvor erörterten Anwendungsbeispiele haben dieses Spektrum verdeutlicht.

Der Sachverständigenrat für Verbraucherfragen konstatiert daher, dass die Erläuterungen zum Entscheidungskriterium in Art. 22 Abs. 1 DSGVO sich auf „darstellerische[...] Strategien" beschränken und dass angesichts der vielfältigen Möglichkeiten der Interaktion zwischen Mensch und Maschine „eher das Problem markiert als ein Lösungskriterium genannt" sei.[533]

Festhalten lässt sich, dass das Kriterium der Entscheidung in der Literatur und den Gesetzesmaterialien zu Art. 22 Abs. 1 DSGVO bzw. der Vorgängernorm des Art. 15 Abs. 1 DSRL nur vereinzelt separat definiert wird. Als Minimalkonsens der vorausgehenden Erläuterungen stellt sich die Entscheidung dar als Vorhandensein von mindestens zwei Optionen mit einem gewissen Beurteilungsspielraum hinsichtlich der Wahl einer der Optionen.

---

[533] SVRV (Hrsg.), Verbrauchergerechtes Scoring – Gutachten des Sachverständigenrats für Verbraucherfragen, 2018, S. 117.

2. Personenbezogene Bewertung

Es muss sich um eine natürliche Person handeln, die von der automatisierten Entscheidung betroffen ist.[534]

Nicht unmittelbar personenbezogene Entscheidungen wären beispielsweise automatisierte Infrastrukturen in *Smart Cities* oder Industrieanlagen – wobei die Übergänge in *Smart Cities* zwischen objekt- und personenbezogenen Entscheidungen fließend sein können: Ein *Smart-City*-Projekt der „Alphabet"-Tochtergesellschaft „Sidewalk Labs" in Toronto zum Beispiel sah ursprünglich urbane Infrastrukturen vor, die mit den Passanten auf der Basis von Tracking durch Sensoren und Kameras interagieren. Diese Pläne wurden jedoch aufgrund persönlichkeitsrechtlicher Bedenken teilweise aufgegeben.[535]

Der Personenbezug wird deutlich am Beispiel des Profiling als automatisierte Datenverarbeitungen: Profiling wird in Art. 4 Nr. 4 DSGVO definiert als

„jede Art der automatisierten Verarbeitung personenbezogener Daten, die darin besteht, dass diese personenbezogenen Daten verwendet werden, um bestimmte persönliche Aspekte, die sich auf eine natürliche Person beziehen, zu bewerten, insbesondere um Aspekte bezüglich Arbeitsleistung, wirtschaftliche Lage, Gesundheit, persönliche Vorlieben, Interessen, Zuverlässigkeit, Verhalten, Aufenthaltsort oder Ortswechsel dieser natürlichen Person zu analysieren oder vorherzusagen".

Darauf aufbauend reguliert Art. 22 Abs. 1 DSGVO Entscheidungen, die ausschließlich auf einer automatisierten Verarbeitung, einschließlich Profiling, beruhen. Das bedeutet im Umkehrschluss, dass nach dem Wortlaut auch personenbezogene automatisierte Entscheidungen denkbar sind, die nicht auf Profiling beruhen, da dies nunmehr als Anwendungsbeispiel formuliert wird. Unklar ist somit, ob sich aus der Nennung des Profiling als Beispiel auf ein eingrenzendes Element im Sinne einer Persönlichkeitsbewertung schließen lässt.

Die Datenschutzrichtlinie sprach zwar nicht explizit von Profiling, ging aber in Art. 15 Abs. 1 von einer ähnlichen Definition wie in Art. 4 Nr. 4 DSGVO aus. Allerdings war hier die personenbezogene Bewertung unmissverständlich als Eingrenzung des Anwendungsbereichs formuliert, da die automatisierte Datenverarbeitung, auf der die Entscheidung ausschließlich beruhte, „zum Zwecke der Bewertung einzelner Aspekte" der betroffenen Person erfolgen musste. Aus dieser Tatsache sowie aus dem Erwägungsgrund 71 der DSGVO und der Hervorhebung des Profiling in Art. 22 Abs. 1 DSGVO schließt der Großteil des Schrifttums, dass die automatisierte Verarbeitung trotz des offenen Wortlauts zum Zweck der Bewertung persönlicher Aspekte des Betroffenen erfolgen muss.[536] Hier ein „Min-

---

[534] S. auch Erwägungsgrund 14 DSGVO.

[535] S. https://www.nytimes.com/2019/10/31/world/canada/toronto-google-sidewalk.html [zuletzt abgerufen am 22.2.2021].

[536] So *Buchner*, in: Kühling/ders. (Hrsg.), DS-GVO/BDSG, 2. Aufl. 2018, Art. 22 DSGVO Rn. 17 ff.; *Scholz*, in: Simitis u. a. (Hrsg.), DSGVO/BDSG, 2019, Art. 22 DSGVO Rn. 19; *von*

destmaß an Komplexität"[537] zu verlangen im Sinne einer dem Profiling zumindest vergleichbaren Analyse oder Vorhersage der Eigenschaften oder der Lebenssituation des Betroffenen, scheint im Hinblick auf den Schutzzweck der Norm sinnvoll: Anderenfalls würde jegliche automatisierte Entscheidung, die der betroffenen Person gegenüber eine rechtliche Wirkung entfaltet oder sie in ähnlicher Weise erheblich beeinträchtigt, in den Anwendungsbereich von Art. 22 Abs. 1 DSGVO fallen, d. h. auch deterministische „Wenn-Dann"-Entscheidungen, bei denen es keinen qualitativen Unterschied macht, ob sie von einem Menschen oder einem Algorithmus getroffen werden, etwa bei Zutrittskontrollen ohne Ermessensspielraum oder Kreditkartenverfügungen.[538]

Auf Scoring wird im Gegensatz zu Profiling in der Datenschutz-Grundverordnung hingegen nicht Bezug genommen, gleichwohl wird es in § 31 Abs. 1 BDSG legaldefiniert als „die Verwendung eines Wahrscheinlichkeitswerts über ein bestimmtes zukünftiges Verhalten einer natürlichen Person zum Zweck der Entscheidung über die Begründung, Durchführung oder Beendigung eines Vertragsverhältnisses mit dieser Person". Diese Definition wirft mehrere Probleme auf: Inhaltlich entspricht § 31 Abs. 1 BDSG der Vorschrift § 28b BDSG a. F., d. h. auch das Zulässigkeitskriterium des „wissenschaftlich anerkannten mathematisch-statistischen Verfahrens" bleibt in § 31 Abs. 1 Nr. 2 BDSG bestehen. Dieser Standard, der wohl nur eine „Basisrationalität"[539] sichert und keine fortlaufende Anpassung an den Stand der Technik,[540] ist in der Datenschutz-Grundverordnung hingegen nicht vorgesehen. Die Neufassung im Rahmen des Bundesdatenschutzgesetzes setzt jedoch eine Öffnungsklausel in der Verordnung voraus. Sie kann aber insbesondere nicht auf Art. 22 Abs. lit. b DSGVO gestützt werden, da das Scoring als Entscheidungs*vorbereitung* schon nicht unter den Tatbestand des Art. 22 Abs. 1 DSGVO fällt.[541] Die Annahme einer „impliziten" Öffnungsklausel läuft dem ausdrücklichen Ziel der Vollharmonisierung der Datenschutz-Grundverordnung zuwider.[542] Daher geht die überwiegende Auffassung mittlerweile von der Unionsrechtswidrigkeit des § 31 BDSG aus.[543]

Lewinski, in: BeckOK-Datenschutzrecht, Art. 22 DSGVO Rn. 12 f. [Stand: 32. Ed. Mai 2020]; *Schulz*, in: Gola (Hrsg.), DSG-VO, 2. Aufl. 2018, Art. 22 Rn. 20; offen *Hladjk*, in: Ehmann/Selmayr (Hrsg.), DS-GVO, 2. Aufl. 2018, Art. 22 Rn. 7; für eine Orientierung am Wortlaut hingegen *Veil*, in: Gierschmann u. a. (Hrsg.), DS-GVO, 2018, Art. 22 Rn. 22; *Dammann*, ZD 2016, 307 (312).

[537] *Schulz*, in: Gola (Hrsg.), DSG-VO, 2. Aufl. 2018, Art. 22 Rn. 20.
[538] *Buchner*, in: Kühling/ders. (Hrsg.), DS-GVO/BDSG, 2. Aufl. 2018, Art. 22 DSGVO Rn. 18.
[539] *Gerberding/Wagner*, ZRP 2019, 116 (118).
[540] Ebd.
[541] Ausführlich zur Unionsrechtswidrigkeit des § 31 BDSG *Martini*, Blackbox Algorithmus, 2019, S. 174 ff.
[542] So aber *Taeger*, ZRP 2016, 72 (74 f.); *Roßnagel*, BT-Drs. 18(24)94, S. 6.
[543] *Martini*, Blackbox Algorithmus, 2019, S. 176; *ders.*, in: Paal/Pauly (Hrsg.), DS-GVO/BDSG, 2. Aufl. 2018, Art. 22 DSGVO Rn. 44; *Buchner*, in: Kühling/ders. (Hrsg.), DS-GVO/BDSG, 2. Aufl. 2018, § 31 BDSG Rn. 4 f.; *Abel*, ZD 2018, 103 (105 f.); *Moos/Rothkegel*, ZD 2016, 561 (567); offen *Lapp*, in: Gola/Heckmann (Hrsg.), BDSG, 13. Aufl. 2019, § 31 Rn. 4 f.; *Kühling*, NJW 2017, 1985 (1988).

Zum anderen verengt die Definition in § 31 Abs. 1 BDSG den Kontext des Scorings auf das Vertragsverhältnis. Dies hängt zwar mit dem Zweck der Norm zusammen, den Verbraucher vor Überschuldung und damit auch den Wirtschaftsverkehr zu schützen,[544] ist aber irreführend, weil der Zusammenhang mit dem Vertragsverhältnis in die Legaldefinition mitaufgenommen wurde. Scoring im weiteren Sinne findet aber nicht nur in diesem Bereich statt, sondern beispielsweise auch in staatlichen Sicherheitsfragen, so etwa bei der Bekämpfung von Terrorismus und schwerer Kriminalität.[545] Vorzugswürdig wäre daher eine anwendungsneutrale Definition in der Datenschutz-Grundverordnung gewesen.

Es lässt sich festhalten, dass Profiling einen Unterfall automatisierter personenbezogener Entscheidungen und Scoring wiederum einen Unterfall von Profiling darstellt – der Unterschied zwischen Profiling und Scoring besteht in der Regel darin, dass das Persönlichkeitsprofil beim Scoring quantifiziert wird in Form von Wahrscheinlichkeitswerten oder relativen Kategorien.[546]

Da die Datenschutz-Grundverordnung das Profiling jedoch nur als eine Art der automatisierten Verarbeitung nennt, ist diese Differenzierung praktisch kaum relevant.

3. Automatisierung

Dem Wortlaut nach verlangt Art. 22 Abs. 1 DSGVO, dass die Entscheidung ausschließlich auf einer automatisierten Verarbeitung beruht. Fraglich ist daher zunächst, ob jegliche menschliche Beteiligung im Entscheidungsprozess die Anwendbarkeit des Art. 22 DSGVO ausschließt. In qualitativer Hinsicht setzt eine automatisierte Entscheidungs*unterstützung* hingegen ein – zumindest rudimentäres – Verständnis des Anwenders für das Zustandekommen der automatisierten Entscheidungsgrundlage sowie eine freie Entscheidungsmöglichkeit im Hinblick auf die Vorgaben des Algorithmus voraus. Andernfalls bestünde faktisch kein Unterschied zu einer Vollautomatisierung. Daher scheint es sinnvoll, nicht lediglich formal danach zu differenzieren, ob überhaupt ein Mensch in den Entscheidungsprozess involviert ist, sondern dessen tatsächliche Einflussmöglichkeit auf die Entscheidung nach Möglichkeit prozessübergreifend zu evaluieren. Dabei spielen einerseits Faktoren eine Rolle, die den Unterschied zwischen voll- und teilautomatisierten Prozessen nivellieren, während andererseits je nach Anwendungsbereich unterschiedliche Anforderungen an die menschliche Einflussnahme bzw. Kontrolle gestellt werden könnten.

---

[544] BR-Drs. 110/17, S. 101.

[545] S. Abschnitt B. II. 2.

[546] Die Definition in § 31 Abs. 1 BDSG geht von Wahrscheinlichkeitswerten aus; *Zweig/Krafft*, in: Mohabbat Kar u. a. (Hrsg.), (Un)Berechenbar? Algorithmen und Automatisierung in Staat und Gesellschaft, 2018, S. 204 (209 f.) verstehen Scoring hingegen als relative numerische Bewertung.

Im Folgenden wird dargelegt, warum in der Praxis im Einzelfall Rechtsschutzlücken entstehen können, wenn die menschliche Beteiligung im Entscheidungsprozess primär formal beurteilt wird. Daran schließt sich die Frage an, wie der maßgebliche tatsächliche Einfluss eines Menschen auf die Entscheidung erfasst werden
kann und ob eine abgestufte Kontrolle je nach Entscheidungskontext sinnvoll ist.

a) Vollautomatisierung als Voraussetzung des Art. 22 Abs. 1 DSGVO

Der Anwendungsbereich des Art. 22 Abs. 1 DSGVO greift nach dem eindeutigen Wortlaut nur dann, wenn die Entscheidung *ausschließlich* auf einer automatisierten Verarbeitung beruht, d. h. der Anwendungsbereich ist dem Wortlaut nach
nicht eröffnet, sobald ein Mensch in den Entscheidungsprozess involviert ist.[547]
Dies wirft jedoch die Frage auf, ob dies unabhängig vom Ausmaß der möglichen
Einflussnahme gilt. Für eine enge Auslegung, d. h. für eine Annahme der Vollautomatisierung nur bei Fehlen jeglicher menschlichen Beteiligung, spricht, dass
das Europäische Parlament im Gesetzgebungsprozess einen Änderungsantrag zu
Art. 20 des Kommissionsentwurfs[548] dahingehend stellte, dass Maßnahmen reguliert werden sollten, die sich „ausschließlich *oder vorrangig* auf automatisierte
Verarbeitung stützen"[549]. Dass diese Änderung im verabschiedeten Gesetzestext
nicht beibehalten wurde, spricht für eine intendierte restriktive Interpretation.[550]

Vereinzelte Stimmen in der Literatur lehnen eine rein objektiv-prozessuale Betrachtung dahingehend ab, dass der Anwendungsbereich des Art. 22 DSGVO auch
dann eröffnet sein sollte, wenn ein Mensch in den Entscheidungsprozess involviert
ist, dieser aber nur als „Scheinentscheider"[551] ohne eigenen Beurteilungsspielraum
auftritt: Brkan vertritt die Auffassung, dass nur eine offensichtliche Entscheidungs-
unterstützung den Anwendungsbereich des Art. 22 DSGVO ausschließen würde.[552]
Die Begründung, die reine Pro-forma-Beteiligung eines Menschen böte keinen
ausreichenden Datenschutz,[553] greift allerdings zu kurz. Art. 22 DSGVO stellt gerade nicht auf den Datenschutz ab, da die Norm auch unter der Prämisse greift,

---

[547] *Hladjk*, in: Ehmann/Selmayr (Hrsg.), DS-GVO, 2. Aufl. 2018, Art. 22 Rn. 6; *Wachter
u. a.*, Int'l Data Privacy L. 7 (2017), 76 (92).

[548] Vorschlag für eine Verordnung des Europäischen Parlaments und des Rates zum Schutz
natürlicher Personen bei der Verarbeitung personenbezogener Daten und zum freien Datenverkehr (Datenschutz-Grundverordnung), KOM(2012) 11 endg. v. 25. 1. 2012. Die Materie wurde
letztlich in Art. 22 geregelt.

[549] Änderungsantrag Nr. 115 im Bericht über den Vorschlag für eine Verordnung des Europäischen Parlaments und des Rates zum Schutz natürlicher Personen bei der Verarbeitung
personenbezogener Daten und zum freien Datenverkehr (allgemeine Datenschutzverordnung)
v. 21. 11. 2013, A7–0402/2013 [Hervorhebung d. Verf.].

[550] *Wachter u. a.*, Int'l Data Privacy L. 7 (2017), 76 (92); wohl auch *Schulz*, in: Gola (Hrsg.),
DS-GVO, 2. Aufl. 2018, Art. 22 Rn. 16.

[551] *Veil*, in: Gierschmann u. a. (Hrsg.), DS-GVO, 2018, Art. 22 Rn. 59.

[552] *Brkan*, Int'l J. L. Info. Tech. 27 (2019), 91 (102).

[553] A. a. O., 91 (101).

dass die Daten rechtmäßig verarbeitet wurden. Es geht im Kern vielmehr um die Differenzierung, ob der Mensch der Entscheidungsgewalt eines anderen Menschen oder einer Maschine unterworfen wird. Damit stellt Art. 22 DSGVO eine atypische Norm im Datenschutzrecht dar.[554] Der Verweis auf das Datenschutzniveau ist hier also nicht zielführend.

Ausschlaggebend scheint vielmehr, dass eine „Entscheidung" im Sinne der anfänglichen Ausführungen eine inhaltliche und nicht nur rein formale menschliche Beteiligung voraussetzt – die „schlichte Übernahme [...] einer [...] automatisierten [...] ‚Entscheidungsempfehlung'"[555] sei nicht ausreichend.[556] Teilweise wird dies auch mit § 6a Abs. 1 S. 2 BDSG a. F. begründet, der die Vorgängernorm Art. 15 DSRL in deutsches Recht umsetzte und vorsah, dass „eine ausschließlich auf eine automatisierte Verarbeitung gestützte Entscheidung [...] insbesondere dann vor[liegt], wenn keine inhaltliche Bewertung und darauf gestützte Entscheidung durch eine natürliche Person stattgefunden hat".[557] In dieser Konzeption war also die Beteiligung eines Menschen im Entscheidungsprozess grundsätzlich mit einer inhaltlichen Beurteilung verknüpft.

Zu Art. 15 DSRL argumentiert Bygrave für eine relative Einordnung des Kriteriums „ausschließlich": Eine Entscheidung könne allein deshalb kaum vollautomatisiert sein, weil das zugrunde liegende Programm menschengemacht sei.[558] Dies ist aber eine sehr extensive Auffassung, die nicht zwischen der Modellkonzipierung und dem Entscheidungsprozess differenziert. Er schlussfolgert daraus, dass eine Entscheidung, die ausschließlich auf einer automatisierten Verarbeitung beruht, dann vorliegt, wenn eine Person keinen tatsächlichen Einfluss auf das Ergebnis des Entscheidungsprozesses ausüben könne.[559] Dies wäre dann der Fall, wenn die Person die automatisierte Ausgabe nicht beurteilen könne, bevor sie als Entscheidung formalisiert werde.[560]

Auch der Sachverständigenrat für Verbraucherfragen löst sich von einer rein formalen Betrachtungsweise und nimmt eine automatisierte Entscheidung an, „je

---

[554] Ausführlich dazu in Abschnitt C. I. 1. b).

[555] *Helfrich*, in: Sydow (Hrsg.), DSGVO, 2. Aufl. 2018, Art. 22 Rn. 44.

[556] In diesem Sinne *Buchner*, in: Kühling/ders. (Hrsg.), DS-GVO/BDSG, 2. Aufl. 2018, Art. 22 Rn. 15; *Martini*, in: Paal/Pauly (Hrsg.), DS-GVO/BDSG, 2. Aufl. 2018, Art. 22 DSGVO Rn. 19; *Helfrich*, in: Sydow (Hrsg.), DSGVO, 2. Aufl. 2018, Art. 22 Rn. 44; Artikel-29-Datenschutzgruppe, Guidelines on automated individual decision-making and Profiling for the purposes of Regulation 2016/679, WP 251, aktualisiert und angenommen am 6. 2. 2018, S. 21; offen hingegen *Atzert*, in: Schwartmann u. a. (Hrsg.), DS-GVO/BDSG, 2018, Art. 22 Rn. 64 f.; eher formal-prozessual *Hladjk*, in: Ehmann/Selmayr (Hrsg.), DS-GVO, 2. Aufl. 2018, Art. 22 Rn. 6.

[557] *Buchner*, in: Kühling/ders. (Hrsg.), DS-GVO/BDSG, 2. Aufl. 2018, Art. 22 Rn. 15; *Martini*, in: Paal/Pauly (Hrsg.), DS-GVO/BDSG, 2. Aufl. 2018, Art. 22 DSGVO Rn. 19; s. auch BT-Drs. 16/10529, S. 13.

[558] *Bygrave*, Comp. L. & Sec. Rev. 17 (2001), 17 (20).

[559] Ebd.

[560] Ebd.

weniger man erwarten kann, dass ein Mensch das Ergebnis des automatisierten Datenverarbeitungsvorgangs ändert oder für unmaßgeblich erachtet und zweitens je sozial erheblicher das Ergebnis des Datenverarbeitungsvorgangs ist"[561]. Gerade das normative Kriterium der Sozialerheblichkeit ist jedoch schwer greifbar und wird nicht näher erläutert.

Welchen Kriterien die menschliche Entscheidung bzw. Interventionsmöglichkeit genügen muss, um den Anwendungsbereich des Art. 22 Abs. 1 DSGVO auszuschließen, wird sich voraussichtlich erst durch zukünftige Rechtsprechung oder durch neue EU-rechtliche Vorgaben für entscheidungsunterstützende Systeme[562] herauskristallisieren.

Die Intention des Gesetzgebers war es jedenfalls, teilautomatisierte Entscheidungen aus dem Anwendungsbereich des Art. 22 Abs. 1 DSGVO auszunehmen. Ausschlaggebend war wohl auch die ökonomische Erwägung, innovative Wirtschaftsmodelle nicht im Keim zu ersticken.[563]

Art. 22 Abs. 1 DSGVO liegt durch die Voraussetzung der Vollautomatisierung die implizite Prämisse zugrunde, dass es für den Betroffenen im Ergebnis einen Unterschied macht, ob die Entscheidung vollautomatisiert oder teilautomatisiert mit einem „human in the loop"[564] getroffen wird – ohne weitere Anforderungen an die menschliche Beteiligung zu stellen. Dem menschlichen Entscheider wird also per se ein tatsächlicher Einfluss auf eine algorithmenbasierte Entscheidung zugesprochen, der beispielsweise ein Score, eine prozentuale Wahrscheinlichkeitsangabe oder eine Klassifikation zugrunde liegt.[565] Diese in Art. 22 Abs. 1 DSGVO angelegte stark formale Betrachtungsweise lässt Faktoren außer Acht, die den menschlichen Entscheidungsspielraum in einem teilautomatisierten Prozess einschränken, und bietet als binäres System keinen Raum für abgestufte Kontrollmöglichkeiten je nach Entscheidungskontext.

---

[561] SVRV (Hrsg.), Verbrauchergerechtes Scoring – Gutachten des Sachverständigenrats für Verbraucherfragen, 2018, S. 117.

[562] Diese fordern etwa ausdrücklich *Martini u. a.*, Automatisch erlaubt?, 2020, Bertelsmann Stiftung, S. 9; in diese Richtung auch *Wischmeyer*, in: ders./Rademacher (Hrsg.), Regulating Artificial Intelligence, 2020, S. 75 (94).

[563] Die Bedeutung von KI für das zukünftige Wirtschaftswachstum der EU wird von der EU-Kommission als hoch eingeschätzt, s. KOM(2018) 237 endg. v. 25. 4. 2018.

[564] *Dreyer/Schulz*, Was bringt die Datenschutz-Grundverordnung für automatisierte Entscheidungssysteme?, Bertelsmann Stiftung 2018, S. 29.

[565] *Zweig/Krafft*, in: Mohabbat Kar u. a. (Hrsg.), (Un)Berechenbar? Algorithmen und Automatisierung in Staat und Gesellschaft, 2018, S. 204 (210).

b) Überwiegende Praxis
der automatisierten Entscheidungsunterstützung

Der Anwendungsbereich des Art. 22 DSGVO ist, wie zuvor dargelegt, nur eröffnet, wenn die Entscheidung *ausschließlich* auf einer automatisierten Verarbeitung beruht. Momentan ergeht aber – dies haben die Anwendungsbeispiele aufgezeigt – nur ein Bruchteil der personenbezogenen automatisierten Entscheidungen ohne eine – zumindest formale – Beteiligung menschlicher Entscheider. Vollautomatisierte Entscheidungsstrukturen finden sich in Deutschland und der Europäischen Union vor allem dann, wenn keine Personen direkt betroffen sind, zum Beispiel bei der Ressourcenverwaltung in *Smart-City*-Projekten[566], in der Industrieproduktion[567] oder bei Finanztransaktionen[568].

Die weit überwiegenden personenbezogenen Anwendungsfelder – zum Beispiel Polizei-, Sozial-, Steuer- und Strafrecht im staatlichen Bereich; Kreditvergabe, Personalmanagement oder Versicherungswesen im Privatsektor – sind hingegen überwiegend so konzipiert, dass lediglich eine automatisierte Vorentscheidung ergeht bzw. eine Entscheidungsgrundlage geschaffen wird.[569] Diese quantifizierte Einschätzung, d. h. der Score, der Wahrscheinlichkeitswert oder die Klassifikation, wird einem Menschen vorgelegt, der letztlich entscheidet, ob er der automatisierten Prognose folgt oder nicht: Ein Algorithmus beurteilt also die Erfolgsaussichten eines Arbeitssuchenden auf dem Arbeitsmarkt, die Plausibilität der Angaben eines Steuerpflichtigen oder die künftige Leistung eines Bewerbers in einem Unternehmen. Auf dieser Grundlage trifft anschließend ein Mensch die Entscheidung: Welche Fördermaßnahme ist für den Arbeitssuchenden passend? Werden die Angaben des Steuerpflichtigen näher überprüft? Wird der Bewerber eingestellt? Durch diese Zweiteilung, die sowohl im staatlichen als auch im privaten Bereich noch der Regel entspricht, ist der Anwendungsbereich des Art. 22 Abs. 1 DSGVO stark eingeschränkt. So kann die Norm dem Wortlaut nach allenfalls eine präventive Regulierung im Hinblick auf die Entwicklung künftiger vollautomatisierter Entscheidungsmodelle darstellen, solange die Rechtsprechung nicht der teilweise vertretenen Auffassung folgt, die hohe Anforderungen an die menschliche Beteiligung im Entscheidungsprozess stellt.[570]

---

[566] *Brauneis/Goodman*, Yale J.L. & Tech. 20 (2018), 103 (114 f.).

[567] *Zweig/Krafft*, in: Mohabbat Kar u. a. (Hrsg.), (Un)Berechenbar? Algorithmen und Automatisierung in Staat und Gesellschaft, 2018, S. 204 (208).

[568] Zum Beispiel im algorithmischen Handel im Sinne des § 80 Abs. 2 S. 1 Wertpapierhandelsgesetz (WpHG).

[569] S. Tabelle 1.

[570] S. Fn. 556 in Abschnitt B.

c) Ungeeignete formale Differenzierung

Die sich auf den Wortlaut und das Gesetzgebungsverfahren stützende formal-prozessuale Betrachtungsweise, die den Anwendungsbereich des Art. 22 DSGVO ausschließt, sobald ein Mensch in den Entscheidungsprozess involviert ist, klammert die Tatsache aus, dass die menschlichen Einfluss- und Kontrollmöglichkeiten im Rahmen teilautomatisierter Entscheidungen stark differieren können. Dies soll anhand einiger externer und interner Faktoren verdeutlicht werden, die den Unterschied zwischen voll- und teilautomatisierten Entscheidungen nivellieren können. Wenn aber die in Art. 22 Abs. 1 DSGVO angelegte formale Differenzierung nicht zielführend ist, stellt sich im Anschluss die Frage, wie der tatsächliche Einfluss und die Kontrolle eines menschlichen Entscheiders in teilautomatisierten Prozessen evaluiert und sichergestellt werden kann. Hierbei kann es zudem sinnvoll sein, die Kontrolldichte vom Entscheidungskontext abhängig zu machen.

aa) Nivellierende Faktoren

(1) Technologische Faktoren

Die Möglichkeit, von einer automatisierten Vorentscheidung abzuweichen, setzt zunächst voraus, dass der Entscheidungsträger zumindest ansatzweise nachvollziehen kann, wie diese zustande gekommen ist, d. h. welche Hypothese dem Modell zugrunde liegt, welche Variablen herangezogen und wie diese gewichtet sowie welche Datensätze genutzt werden. Verfügt ein Entscheidungsträger nicht über diese Informationen, kann er hinsichtlich des Outputs nur eine intuitive Plausibilitätseinschätzung abgeben. Die in Art. 13 Abs. 2 lit. f, Art. 14 Abs. 2 lit. g und Art. 15 Abs. 1 lit. h DSGVO normierten Informations- bzw. Auskunftsansprüche hinsichtlich der Logik einer automatisierten Entscheidung sind Betroffenenrechte,[571] d. h. diese Rechte führen allenfalls indirekt dazu, dass auch der Entscheidungsträger selbst mit der Funktionsweise der Algorithmen vertraut ist, auf die er seine Entscheidung stützt.

Hinsichtlich der Frage, ob und inwieweit automatisierte Entscheidungsfindungen aus rein technologischer Perspektive transparent gestaltet werden *können*, sodass diese für menschliche Anwender nachvollziehbar sind, ist zunächst nach der Komplexität des Modells zu differenzieren: Die Logik eines deterministischen Algorithmus ist für Menschen in der Regel ohne Weiteres verständlich, solange es sich nicht um einen Algorithmus mit zahlreichen Variablen handelt.

---

[571] Kritisch zum Umfang dieses Auskunftsanspruchs *Wachter u. a.*, Int'l Data Privacy L. 7 (2017), 76.

Im Fokus der Transparenzdebatte stehen tiefe künstliche neuronale Netze[572]: Die Modelle können aus Milliarden an Parametern und Verbindungen zwischen den Einheiten (Knotenpunkten) bestehen, sodass zwar der Output im Laufe des Trainings konstant gehalten und das Modell mit neuen Daten getestet werden kann, aber nicht nachvollziehbar ist, aus welchen Parametern sich die Ausgabe zusammensetzt und warum dies so ist.[573] Selbst bei kleineren künstlichen neuronalen Netzen mit einigen tausend Parametern sind die Daten schwer nachvollziehbar. Zudem handelt es sich um dynamische Systeme, insbesondere bei rekurrenten neuronalen Netzen, sodass selbst im Falle einer Erklärbarkeit diese nur eine Momentaufnahme darstellen würde.[574]

In den letzten Jahren hat sich die Forschung zu der Erklärbarkeit des Outputs neuronaler Netze jedoch weiterentwickelt. Zwar kann noch lange nicht von einer umfassenden Nachprüfbarkeit und Erklärbarkeit von Klassifikationen durch neuronale Netze gesprochen werden und es ist auch fraglich, ob dies jemals vollumfänglich erreicht wird, aber es existieren verschiedene Methoden, die für die Ausgabe entscheidenden Parameter zu identifizieren – *ex post* etwa LRP (*Layer-Wise Relevance Propagation*), LIME (*Local Interpretable Model-Agnostic Explanations*) oder BETA (*Black Box Explanations through Transparent Approximations*).[575] Als Status quo lässt sich jedoch festhalten, dass tiefe neuronale Netze noch teilweise intransparent sind und dass diese Intransparenz ein begründetes Abweichen eines menschlichen Entscheidungsträgers erheblich erschwert.

(2) Eigentumsrechtliche Faktoren

Neben technologischen Grenzen können auch Eigentumsrechte, beispielsweise in Form von Urheber- und gewerblichen Schutzrechten oder Betriebs- und Geschäftsgeheimnis,[576] verhindern, dass ein Entscheidungsträger die Funktionsweise der genutzten Software kennt. Dies ist in erster Linie für denjenigen problematisch, der von einer automatisierten Entscheidung betroffen ist und eine Offenlegung der

---

[572] Ausführlich zu neuronalen Netzen s. Abschnitt B. I. 5. c).

[573] *LeCun u. a.*, Nature 521 (2015), 436 (440); *Marcus*, Deep Learning: A Critical Appraisal, 2018 [arXiv: 1801.00631v1], S. 1 (10 f.); *Burrell*, Big Data & Soc'y 3 (2016), 1.

[574] *Kroll u. a.*, U. Pa. L. Rev. 165 (2017), 633 (659 f.); *Russell/Norvig*, Künstliche Intelligenz, 3. Aufl. 2012, S. 847.

[575] Einen guten Überblick bietet *Holzinger*, Informatik Spektrum 41 (2018), 138; im Detail *Lapuschkin*, Opening the Machine Learning Black Box with Layer-wise Relevance Propagation, Diss. 2018; *Montavon u. a.*, Digital Signal Processing 73 (2018), 1 (6 ff.) zu LRP; *Samek u. a.*, Explainable Artificial Intelligence, 2017 [arXiv: 1708.08296v1]; *Ribeiro u. a.*, Explaining the Predictions of Any Classifier, 2016 [arXiv: 1602.04938v3]; *Nguyen u. a.*, Plug & Play Generative Networks, 2017 [arXiv: 1612.00005v2].

[576] Zu immaterialgüterrechtlichen Aspekten s. *Hetmank/Lauber-Rönsberg*, GRUR 2018, 574; zur Schutzfähigkeit von Algorithmen s. *T. Dreier*, in: ders./Schulze (Hrsg.), UrhG, 6. Aufl. 2018, § 69a Rn. 22 m. w. N.

Entscheidungsparameter von staatlichen oder privaten Institutionen fordert. Bei der Frage, ob ein Entscheidungsträger das Zustandekommen einer automatisierten Vorentscheidung nachvollziehen kann, werden eigentumsrechtliche Schranken des Informationszugangs aber ebenfalls relevant: Wenn staatliche Einrichtungen Softwarelizenzen von Privatunternehmen erwerben, ist grundsätzlich nicht davon auszugehen, dass die Entscheidungsträger die Funktionsweise der Software im Detail kennen. Dass der Staat auf kommerzielle Anbieter zurückgreifen muss, ist momentan die Regel: So arbeitet die hessische Polizei etwa mit einer Software des US-amerikanischen Unternehmens „Palantir", die österreichischen Sozialbehörden stützen sich auf den Algorithmus eines Privatunternehmens bei der Wahl der Fördermaßnahmen für Arbeitssuchende und die US-Justiz nutzt bei der Beurteilung der Rückfallwahrscheinlichkeit von Straftätern überwiegend kommerziell entwickelte Modelle.[577]

Das Problem stellt sich nicht, wenn staatliche Institutionen auf Eigenentwicklungen zurückgreifen, deren Entscheidungsparameter ggf. nicht der Öffentlichkeit zur Verfügung gestellt werden, aber zumindest für die Anwender intern transparent sind. So arbeiten zum Beispiel die Polizeibehörden in Nordrhein-Westfalen bei der ortsbezogenen Kriminalitätsvorhersage mit der intern entwickelten Software „SKALA".[578]

(3)   Verhaltenspsychologische Faktoren

Im Gegensatz zu der Problematik der Nachvollziehbarkeit algorithmenbasierter Entscheidungen auf technologischer Ebene gibt es relativ wenige aktuelle Publikationen zu dem Aspekt, wie Menschen mit Algorithmen-Prognosen umgehen, auf die sie ihre Entscheidung stützen. Gleichwohl ist diese Fragestellung relevant: Da die Datenschutz-Grundverordnung implizit voraussetzt, dass ein menschlicher Sachbearbeiter die automatisierte Prognose angemessen einordnen und in Anbetracht derselben frei entscheiden kann, müsste sich dies mit verhaltenspsychologischen und -ökonomischen Annahmen decken, um die Unterscheidung zwischen Voll- und Teilautomatisierung zu plausibilisieren.

Es existieren kaum aktuelle empirische Feldstudien, die auswerten, wie in einem bestimmten Anwendungsbereich ein Sachbearbeiter Entscheidungen fällt, die er routinemäßig auf Algorithmen stützt.[579] Zu untersuchende Aspekte könnten sein, wie oft er von der automatisierten Vorentscheidung abweicht, ob er dies systematisch in bestimmten Fällen tut, ob er quantifizierte Risiken als höher oder niedriger

---

[577] Zu den Anwendungen im Detail s. Abschnitt B. II.

[578] Landeskriminalamt NRW (Hrsg.), Evaluation des Projekts „SKALA", 2018, S. 14.

[579] *De-Arteaga u. a.*, A Case for Humans-in-the-Loop: Decisions in the Presence of Erroneous Algorithmic Scores, 2020 [arXiv:2002.08035v2] untersuchen den Umgang von Sachbearbeitern in der Sozialverwaltung mit Scores, die das Risiko von Kindesmisshandlungen abbilden – dazu im Folgenden.

einstuft etc. Feldstudien könnten die umfangreiche Forschung zum menschlichen Umgang mit (teil-)automatisierten Umgebungen und numerischen Werten ergänzen, die überwiegend experimentelle Settings zugrunde legt und aus der Zeit vor *Big-Data*-Anwendungen stammt. Aus der vorhandenen Forschung lassen sich jedoch folgende Schlüsse ziehen:

(a) Ankereffekt

Im Hinblick auf die Orientierung von Menschen an numerischen arbiträren Ausgangswerten ist vor allem der sog. Ankereffekt bekannt.[580] Dieser besagt zunächst, dass Menschen, die eine Schätzung abgeben, sich an Zahlen orientieren, die ihnen vorgegeben wurden.[581] Sie nehmen also den Zahlenwert als Ausgangspunkt ihrer Prognose. Viel zitiert wurde das Experiment, in dessen Rahmen Teilnehmer schätzen sollten, wie hoch der Anteil afrikanischer Staaten in der UNO sei.[582] Vor der Beantwortung der Frage wurde ein Glücksrad gedreht, das den Testpersonen zufällig die Zahl 10 oder 65 präsentierte.[583] Der zufällige Ausgangswert hatte einen signifikanten Effekt auf die Schätzung hinsichtlich der afrikanischen UN-Staaten.[584] Neuere Untersuchungen legen nahe, dass zum Beispiel bei Güterpreisen das „Zufallsspektrum" noch im nachvollziehbaren Bereich liegen muss, um einen Ankereffekt nachzuweisen.[585] Interessant ist, dass sowohl Laien als auch Fachkundige dem Effekt zu unterliegen scheinen.[586] Der Unterschied besteht darin, dass Experten den Einflusses der Anker-Variablen tendenziell negieren.[587] Fraglich ist jedoch, wie sich spezielles Vorwissen auswirkt, das nicht einer generellen Expertise zugerechnet werden kann.[588] Der Ankereffekt zeigt sich zudem unabhängig von Belohnungsanreizen für korrekte Prognosen.[589] Dies spricht dafür, dass der Ankereffekt relativ stabil ist.

---

[580] Zu den Ursprüngen s. *Sugden u. a.*, J. Econ. Psychol. 39 (2013), 21 (22).

[581] *Tversky/Kahneman*, Sciences 185 (1974), 1124 (1128). Später definierte Kahneman den Ankereffekt weiter, indem er ihn nicht auf numerische Ausgangswerte beschränkte, sondern von „stimulus or a message" sprach, s. *Kahneman*, Org. Behav. & Hum. Dec. Proc. 51 (1992), 296 (308).

[582] *Tversky/Kahneman*, Sciences 185 (1974), 1124 (1128).

[583] Ebd.

[584] Ebd.; weitere Beispiele finden sich bei *Kahneman*, Thinking, Fast and Slow, 2012, S. 120 ff.

[585] *Sugden u. a.*, J. Econ. Psychol. 39 (2013), 21 (31); zweifelnd *Northcraft/Neale*, Org. Behav. & Hum. Dec. Proc. 39 (1987), 84 (91).

[586] *Northcraft/Neale*, Org. Behav. & Hum. Dec. Proc. 39 (1987), 84 (95); *Englich/Mussweiler*, J. Appl. Soc. Psychol. 31 (2001), 1535 (1546); s. aber *Wilson u. a.*, J. Exp. Psychol. 125 (1996), 387 (399).

[587] *Northcraft/Neale*, Org. Behav. & Hum. Dec. Proc. 39 (1987), 84 (95).

[588] *Mussweiler/Strack*, J. Exp. Soc. Psychol. 36 (2000), 495 (496 ff.).

[589] *Tversky/Kahneman*, Sciences 185 (1974), 1124 (1128).

Übertragen auf algorithmenbasierte Entscheidungen bedeutet dies: Ein US-amerikanischer Strafrichter, der die Rückfallwahrscheinlichkeit eines Straftäters beurteilen soll und dem eine automatisierte Prognose vorliegt, dass diese Wahrscheinlichkeit 70 % beträgt, wird voraussichtlich die Rückfallwahrscheinlichkeit nicht mit 20 % einschätzen, sondern eher in einem Spektrum von 60–80 %. Zwar ist der Ausgangswert in dieser Konstellation nicht arbiträr, d. h. der numerischen Entscheidungsgrundlage liegt ein hypothesengeleitetes Modell zugrunde. Allerdings zeigt sich, dass durch die automatisierte Einschätzung ein Entscheidungsrahmen geschaffen wird, von dem der Mensch sich nicht ohne Weiteres löst. Algorithmenbasierte Entscheidungen „präformieren Räume, in denen sich menschliche Handlungsautonomie verwirklicht"[590]. Diese „Präformierung" ist gerade dann problematisch, wenn das Modell, das eine Entscheidungsempfehlung abgibt, nicht ausreichend validiert wurde. Dann führt die Kombination von fehlendem technischem Wissen und Ankereffekt dazu, dass unzutreffende Entscheidungen reproduziert werden.

(b) Übermäßiges Vertrauen in automatisierte Systeme (overreliance)

Spätestens seit den 1950er-Jahren gibt eine verhaltenspsychologische Forschung zu der Frage, ob und unter welchen Bedingungen sich Menschen auf automatisierte Entscheidungshilfen verlassen. Dies ist in erster Linie in Fällen relevant, in denen Fehler im Zusammenspiel von Mensch und Maschine potenziell hohe Schäden verursachen – so stammen viele der ersten Studien aus dem Arbeitsbereich von Piloten, die seit Jahrzehnten in (teil-)automatisierten Umgebungen agieren.[591] Ausgeblendet werden hier Studien, die Präferenzen von Menschen beleuchten, die selbst von einer menschlichen oder automatisierten Entscheidung betroffen sind. Vorliegend ist nur die Perspektive des Entscheidungsträgers relevant. Dabei offenbart sich ein empirisches Paradox, das oft als *overreliance* und *underreliance* bezeichnet wird: Es handelt sich um die Tatsache, dass Menschen tendenziell automatisierte Entscheidungsunterstützung über- oder unterschätzen, was zu fehlerhaften Ergebnissen führen kann.

Die ablehnende Haltung von menschlichen Entscheidungsträgern gegenüber algorithmenbasierter Unterstützung wird in der neueren Forschung teilweise auch *algorithm aversion* genannt.[592] Es gibt vielfältige Gründe für dieses Phänomen, das noch nicht hinreichend erforscht ist, etwa die Überschätzung der eigenen Fä-

---

[590] SVRV (Hrsg.), Verbrauchergerechtes Scoring – Gutachten des Sachverständigenrats für Verbraucherfragen, 2018, S. 117.

[591] S. die Nachweise bei *Sarter*, in: Parasuraman/Mouloua (Hrsg.), Automation and Human Performance, 1996, S. 267 (267 f.).

[592] S. *Dietvorst u. a.*, Management Sci. 64 (2018), 1155; *Burton u. a.*, J. Behav. Decision Making 33 (2020), 220.

higkeiten, das Gefühl von Kontrollverlust oder falsche Referenzpunkte, wenn fehlerhafte Algorithmen etwa nicht mit der menschlichen Entscheidungsqualität verglichen werden, sondern ausschließlich mit einem optimalen Algorithmus.[593]

In einem Umfeld, in dem Menschen verpflichtet sind, routinemäßig automatisierte Entscheidungsgrundlagen einzubeziehen, könnte sich aber der gegenteilige Effekt stärker auswirken, nämlich die blinde Orientierung an automatisierten Empfehlungen unter Ausblendung von Fehlern im weitesten Sinne (*overreliance* oder *automation bias*):

Parasuraman/Riley unterscheiden hier zwischen „monitoring failures" und „commission errors": Erstere bezeichnen menschliche Fehler beim Überwachen automatisierter Entscheidungssysteme[594] – diese Art von *overreliance* lässt sich auf personenbezogene algorithmenbasierte Entscheidungen, die hier im Fokus stehen, nur bedingt übertragen, da es vor allem um die Überwachung von Entwicklungen in Echtzeit geht, so zum Beispiel bei Piloten, die ihre (teil-)automatisierte Arbeitsumgebung fortlaufend kontrollieren müssen. Zweitere bezeichnen das Befolgen einer automatisierten Vorgabe, die ungeeignet oder falsch ist.[595] Dies kann zu einem Teufelskreis führen, da der Verlust menschlicher Entscheidungsfähigkeit durch mangelndes „Training" dazu führt, sich verstärkt auf die automatisierte Entscheidungsempfehlung zu verlassen.[596] Gefördert wird dieses Verhalten durch die verhaltenspsychologische Tendenz, in Entscheidungssituationen den „Weg des geringsten Widerstands" im Sinne der geringsten kognitiven Anstrengung zu wählen.[597] Zudem gibt es Experimente, die ein blindes Vertrauen in automatisierte, offensichtlich falsche Entscheidungsunterstützungen sowohl bei fachlichen Anfängern als auch bei Experten nachweisen.[598] So werden Entscheidungen, die nicht mit der objektiven Datengrundlage übereinstimmen, auch eher akzeptiert, wenn sie von einer Maschine stammen und nicht von einem Menschen.[599]

Diese Forschung bezieht sich auf deterministische Algorithmen, die von den Anwendern grundsätzlich mit vertretbarem Aufwand überprüft werden können. Daher ist davon auszugehen, dass sich der *overreliance*-Effekt in einer Umgebung selbstlernender Systeme verstärkt, deren Entscheidungslogik nicht oder nur mit er-

---

[593] S. *Dietvorst u. a.*, Management Sci. 64 (2018), 1155; einen Überblick über den Forschungsstand mit Vorschlägen für eine verbesserte Mensch-Maschine-Interaktion bietet *Burton u. a.*, J. Behav. Decision Making 33 (2020), 220; zur Nutzung einfacher Entscheidungsregeln s. *Arkes u. a.*, Org. Behav. & Hum. Dec. Proc. 37 (1986), 93 (103 ff.).

[594] *Parasuraman/Riley*, Human Factors 39 (1997), 230 (240).

[595] A. a. O., 230 (239).

[596] A. a. O., 230 (243).

[597] *Mosier/Skitka*, in: Parasuraman/Mouloua (Hrsg.), Automation and Human Performance, 1996, S. 201 (203).

[598] *Will*, Comp. Hum. Behav. 7 (1991), 171 (175, 181).

[599] *Mosier/Skitka*, in: Parasuraman/Mouloua (Hrsg.), Automation and Human Performance, 1996, S. 201 (207).

heblichem Aufwand seitens des menschlichen Anwenders nachvollzogen werden kann. Hier wird die Tendenz größer sein, sich auf die automatisierte Entscheidungsempfehlung zu verlassen.[600]

(4) Organisationsstrukturelle Faktoren

Selbst wenn eine automatisierte Vorentscheidung nachvollziehbar ist und der menschliche Bearbeiter davon abweichen kann, wird er dies in der Regel nur tun, wenn damit kein erheblicher Aufwand verbunden ist, d. h. es darf keine starken prozessualen Einschränkungen geben. Andernfalls bedeutet auch dies eine faktische Vollautomatisierung.

Wenn im Sinne der Effizienz der Einklang mit der maschinellen Prognose die Regel ist und die Abweichung die Ausnahme, kann dies zu umfangreichen Begründungspflichten führen, wenn sich ein Bearbeiter anders entscheidet.[601] Dieser Aufwand, vor allem in zeitlicher Hinsicht, kann zum Beispiel bei einer vorgegebenen Erledigungsquote dazu führen, dass der Entscheidungsspielraum nicht wahrgenommen wird. Der Effizienzgewinn wird oft an erster Stelle genannt, wenn es darum geht, automatisierte Prozesse einzuführen.[602] Wagner spricht hier von „Quasi-Automatisierung" und entwickelt einen Kriterienkatalog, um diese zu identifizieren: Je weniger Zeit pro Entscheidung verfügbar ist und je geringer die Qualifikation, Haftung, Betreuung sowie der Informationszugang und Handlungsspielraum des Entscheiders sind, desto eher sei diese „Quasi-Automatisierung" anzunehmen.[603]

Die empirische Befundlage zum Zusammenhang zwischen erhöhter Arbeitsbelastung und erhöhter Bereitschaft, eine automatisierte Entscheidungsunterstützung zu nutzen – ggf. ohne sie zu hinterfragen –, ist nicht eindeutig und hängt wohl stark von individuellen Faktoren ab; es gibt allerdings Studien, in denen Teilnehmer die Arbeitsbelastung als Grund für den Rückgriff auf automatisierte Hilfsmittel nennen.[604]

---

[600] Hinsichtlich aktueller Anwendungsfälle ist die empirische Forschung noch im Anfangsstadium; interessant ist die Studie von *De-Arteaga u. a.*, A Case for Humans-in-the-Loop: Decisions in the Presence of Erroneous Algorithmic Scores, 2020 [arXiv:2002.08035v2], die zu dem Ergebnis kommen, dass Sachbearbeiter in der Sozialverwaltung bei falschen Risikoscores im Zusammenhang mit möglichen Kindesmisshandlungen den Algorithmus weder ignorieren noch ihm blind vertrauen.

[601] Dies war etwa der Fall in der polnischen Sozialverwaltung bei der Vergabe von Fördermaßnahmen an Arbeitssuchende auf Grundlage eines Algorithmus, s. *Niklas u. a.*, Profiling the unemployed in Poland, 2015, Fundacja Panoptykon, S. 28.

[602] S. beispielhaft zur Modernisierung des Verwaltungsrechts BT-Drs. 18/8434, S. 5, 121 f.

[603] *Wagner*, Pol'y & Internet 11 (2019), 104 (115).

[604] *Parasuraman/Riley*, Human Factors 39 (1997), 230 (236).

Auch die Verteilung von Haftungsrisiken wird maßgeblich bestimmen, ob von der automatisierten Entscheidungsempfehlung abgewichen wird oder nicht.[605]

Denkbar ist ebenfalls, dass die Weisungen des Arbeitgebers so präzise sind, dass der Bearbeiter keinen Ermessenspielraum hat, zum Beispiel wenn eine Scorewert-Untergrenze für die Vergabe von Krediten bestimmt wird.[606] So gibt es zum Beispiel Fälle, in denen ein Dispositionskredit abgelehnt wird für Kontoinhaber, denen alle drei Monate ein Promotionsstipendium ausgezahlt wird, da das automatisierte Risikobeurteilungssystem den Zahlungseingang in diesem Turnus nicht als „regelmäßiges" Einkommen wertet und der Sachbearbeiter nicht von der automatisierten Vorgabe für das Kriterium der Regelmäßigkeit abweicht. Möller/Florax weisen zutreffend darauf hin, dass die Reduzierung des Ermessenspielraums des menschlichen Entscheidungsträgers durch möglichst objektive automatisierte Vorgaben gerade das Ziel dieser Verfahren sei.[607] Hinsichtlich des Algorithmus, der in der polnischen Sozialverwaltung genutzt wurde, um Fördermaßnahmen an Arbeitssuchende zu verteilen, zeigen statistische Auswertungen der Daten des Arbeits- und Sozialministeriums, dass 49,3 % der Sachbearbeiter mindestens ein Mal ein Profil manuell abänderten und dass die Änderungen in der Summe lediglich 0,58 % aller Fälle betrafen.[608] Da die Motivation für die Änderungen bzw. für die unveränderte Übernahme des Scores nicht erfasst wurde, ist unklar, ob es sich eher um organisationsstrukturelle oder verhaltenspsychologische Gründe handelt.

bb) Menschliche Entscheidungskontrolle einzelfallabhängig

Folglich kann es nicht ausreichen, dass ein Mensch pro forma in den teilautomatisierten Entscheidungsprozess eingebunden ist. Schwierig zu bestimmen ist jedoch, wann von einer tatsächlichen Entscheidungskontrolle auszugehen ist. Die formale Differenzierung nach einem „human in the loop" hat demgegenüber den Vorteil, dass nach außen leicht erkenn- und dokumentierbar ist, ob ein Mensch an der Entscheidung beteiligt ist. Aus den obigen Ausführungen lassen sich jedoch folgende Rückschlüsse ziehen, wann tendenziell von einer menschlichen Entscheidungskontrolle auszugehen ist: Für kognitive Verzerrungen wie den Ankereffekt beim Umgang mit algorithmischen Prognosen kann ein Bewusstsein zum Beispiel durch Schulungen geschaffen werden. Hier geht es in erster Linie um Aufklärung und Selbstreflexion. Technologische Komplexität lässt sich hingegen nur bedingt reduzieren. Im staatlichen Bereich könnte verstärkt auf Software in – zumindest partieller – Eigenentwicklung geachtet werden. Die Wahrnehmung von Entscheidungsspielräumen auch bei automatisierten Handlungsempfehlungen lässt sich

---

[605] SVRV (Hrsg.), Verbrauchergerechtes Scoring – Gutachten des Sachverständigenrats für Verbraucherfragen, 2018, S. 118.
[606] Beispiel bei *Möller/Florax*, MMR 2002, 806 (809).
[607] Ebd.
[608] *Niklas u. a.*, Profiling the unemployed in Poland, 2015, Fundacja Panoptykon, S. 28.

unter Umständen durch einen geringen Begründungsaufwand für abweichende Entscheidungen, eine ausreichende Bearbeitungszeit und eine entsprechende Verteilung der Haftungsrisiken fördern.

Wie weit die menschliche Kontrolle in automatisierten Entscheidungen sichergestellt werden sollte, hängt nicht zuletzt vom Anwendungskontext ab: Bei einer den Betroffenen begünstigenden[609] vollautomatisierten Entscheidung mag es vertretbar sein, geringere Anforderungen an eine menschliche Überprüfung zu stellen als an teilautomatisierte Entscheidungen mit weitreichenden Konsequenzen – so leuchtet es ein, dass ein Richter, der über die Aussetzung einer Haftstrafe zur Bewährung entscheidet und sich dabei auf eine automatisierte Rückfallprognose stützt, höheren Anforderungen an seine Entscheidungsfindung unterliegt. Abgestufte Schutzkonzepte scheinen daher grundsätzlich sinnvoller als eine binäre Kategorisierung in Voll- und Teilautomatisierung. Gleichzeitig korrespondieren abgestufte Kontrollmechanismen mit normativen Wertungen, was für den Betroffenen als im weitesten Sinne nachteilig oder erheblich anzusehen ist. Darüber besteht noch kein – im staatlichen Bereich auch demokratisch legitimierter – Konsens für die meisten Anwendungsbereiche algorithmenbasierter Entscheidungen. Ein abgestuftes Schutzkonzept ist de lege lata zudem schwer mit der binären Struktur des Art. 22 Abs. 1 DSGVO vereinbar, da es vom eindeutigen Wortlaut der Vollautomatisierung abweicht. Hier besteht ein unionsrechtlicher Reformbedarf hinsichtlich automatisierter Entscheidungsunterstützungen.

d) Fazit

Die Datenschutz-Grundverordnung geht von einer prozessualen Vollautomatisierung aus, die grundsätzlich nur dann gegeben ist, wenn kein Mensch in den Entscheidungsprozess involviert ist. Dies entspricht aber momentan nicht der weit überwiegenden Praxis in privaten und staatlichen Strukturen, die vielmehr auf entscheidungsunterstützende Systeme zurückgreifen und daher zumindest formal einen Menschen in den Entscheidungsprozess einbeziehen. Deshalb ist es derzeit treffender, von algorithmenbasierten Entscheidungen zu sprechen. Eine automatisierte Entscheidungsgrundlage, zum Beispiel in Form eines Scores, eines Wahrscheinlichkeitswerts oder einer Klassifikation, wird einem menschlichen Entscheidungsträger vorgelegt, der dann beschließt, ob er dieser Prognose folgt oder nicht.

Ob diese Beteiligung tatsächlich zu einer anderen Art der Entscheidungsfindung führt, ist jedoch fraglich. Die in der Datenschutz-Grundverordnung implizit vorausgesetzte Einfluss- und Kontrollmöglichkeit eines Menschen im Rahmen von teilautomatisierten Entscheidungen hängt von mehreren Faktoren ab: Zum einen sind der Nachvollziehbarkeit der automatisierten Entscheidungsunterstüt-

---

[609] Zu der Frage, ob Art. 22 DSGVO überhaupt den Betroffenen begünstigende Entscheidungen erfasst, s. Fn. 618 in Abschnitt B.

zung durch den Anwender ggf. eigentumsrechtliche und technologische Grenzen gesetzt, wenn es sich um komplexe Systeme handelt. Zum anderen sprechen verhaltenspsychologisch der sog. Ankereffekt und ein teilweise übermäßiges Vertrauen in automatisierte Systeme dafür, dass eine automatisierte Prognose einen numerischen Entscheidungskorridor schafft, von dem sich der menschliche Entscheidungsträger nicht ohne Weiteres löst. Schließlich hängt es auch von der organisationsstrukturellen Einbettung ab, ob der Anwender von vorgeschlagenen Entscheidungen abweicht. Dazu zählen beispielsweise vorgegebene Erledigungsquoten oder das Haftungsregime. Daran wird deutlich, dass eine rein formale Differenzierung zwischen Voll- und Teilautomatisierung anhand des Kriteriums menschlicher Beteiligung wenig aussagekräftig ist, sondern auf die konkrete Ausgestaltung des Prozesses abgestellt werden muss, d. h. auf den tatsächlichen Entscheidungsspielraum des Menschen angesichts automatisierter Entscheidungsunterstützungen. Darüber hinaus kann es sinnvoll sein, es vom Anwendungskontext abhängig zu machen, wie eingehend sich ein menschlicher Entscheider mit der automatisierten Entscheidungsempfehlung auseinanderzusetzen hat. Abgestufte Schutzkonzepte sind hier vorzugswürdig. Damit sollte jedoch eine demokratische Debatte über die normativen Prämissen unterschiedlicher Kontrolldichte bei staatlichen Anwendungsfeldern einhergehen.

4. Normative Eingrenzung in Art. 22 Abs. 1 DSGVO

In der Debatte um die Regulierung algorithmenbasierter personenbezogener Entscheidungen besteht die größte Schwierigkeit darin, ein eingrenzendes Element zu finden, das solche Entscheidungen herausfiltert, die – weit formuliert – erheblich für die Betroffenen sind und daher im Fokus von Regulierungsbestrebungen stehen. Worin dieses Kriterium besteht bzw. an welches Rechtsgut angeknüpft wird, ist bislang nicht geklärt. Wachter/Mittelstadt konstatieren zutreffend hinsichtlich der Überprüfbarkeit von algorithmenbasierten Entscheidungen: „A legal or ethical basis is required to justify demands for explanations [...]"[610]. Zwar bezieht sich die Aussage speziell auf die Erklärbarkeit von algorithmenbasierten Entscheidungen als Mittel zur Überprüfbarkeit, aber vor dem Hintergrund, dass Erklärbarkeit bzw. Transparenz die häufigsten Forderungen im Kontext von Regulierungsbestrebungen sind,[611] kann dies als grundlegende Feststellung gewertet werden. Dies gilt wohlgemerkt nur für allgemeine Regulierungsansätze und nicht für sektorspezifische Normen: Wird beispielsweise im Wettbewerbsrecht die Kollusion durch automatisierte Preissetzung untersucht, existiert eine konkrete Rechtsgutanknüpfung.[612]

---

[610] *Wachter/Mittelstadt*, Colum. Bus. L. Rev. 2019, 494 (503).

[611] Für eine Differenzierung zwischen Informationszugang und Erklärbarkeit *Wischmeyer*, in: ders./Rademacher (Hrsg.), Regulating Artificial Intelligence, 2020, S. 75 (87 ff.).

[612] Zu diesem Problem statt vieler *Siciliani*, J. Eur. C. L. & Pract. 10 (2019), 31.

Grundsätzlich können personenbezogene algorithmenbasierte Entscheidungen normativ oder deskriptiv systematisiert werden, indem zum Beispiel auf ein Schutzgut oder auf bestimmte technische Spezifikationen abgestellt wird. Die zuvor dargestellten Anwendungsbeispiele aus dem privaten und öffentlichen Sektor wurden auf Grundlage einer deskriptiven Systematisierung – konkret die Vermeidung ökonomischer und sozialer Risiken als unmittelbarer Anwendungszweck – ausgewählt.

Neben grundrechtlichen Erwägungen, zum Beispiel der Schutz vor Diskriminierung, werden auf normativer Ebene teilweise auch ethisch-gesellschaftliche Motive herangezogen, um die Begrenzung automatisierter Entscheidungen zu begründen: Vertreten wird insbesondere, dass nur die personenbezogenen algorithmenbasierten Entscheidungen reguliert werden sollen, die die gesellschaftliche Teilhabe einschränken, wobei sich das Problem stellt, wie dieses Kriterium zu definieren ist.[613] Zum Teil mischen sich juristische und ethische Argumentationslinien.[614] Aber auch im rechtlichen Bereich zeigt sich, wie schwierig eine normative Eingrenzung des Regulierungsgegenstands ist. Art. 22 Abs. 1 DSGVO knüpft nicht an ein bestimmtes Rechtsgut an, sondern verlangt, dass die automatisierte Entscheidung der betroffenen Person gegenüber „rechtliche Wirkung entfaltet oder sie in ähnlicher Weise erheblich beeinträchtigt". Dass diese weite Formulierung zu Rechtsunsicherheit führt und sich daher nur bedingt als Eingrenzungskriterium eignet, wird im Folgenden aufgezeigt.

a) Rechtliche Wirkung

Nach überwiegender Auffassung handelt es sich trotz der Formulierung „die betroffene Person hat das Recht" in Art. 22 Abs. 1 DSGVO nicht um einen subjektiven Anspruch, sondern um ein objektives Verbot – mit zahlreichen Ausnahmen – bestimmter automatisierter Entscheidungen.[615] Das Verbot von personen-

---

[613] *Zweig/Krafft*, in: Mohabbat Kar u. a. (Hrsg.), (Un)Berechenbar? Algorithmen und Automatisierung in Staat und Gesellschaft, 2018, S. 204 (206, 208); in diese Richtung WBGU (Hrsg.), Unsere gemeinsame digitale Zukunft, 2019, S. 39 f.; auch der „Atlas der Automatisierung" der Initiative „AlgorithmWatch" geht von Teilhabe aus und definiert diese als Chance, „aktiv und passiv gesellschaftliche Möglichkeiten und Rechte zu nutzen oder wahrzunehmen", s. https://atlas.algorithmwatch.org/report/einleitung [zuletzt abgerufen am 22.2.2021]; *Vieth/Wagner*, Teilhabe, ausgerechnet, 2017, S. 9 definieren Teilhabe als „gleichberechtigte Einbeziehung von Individuen und Organisationen in politische Entscheidungs- und Willensbildung sowie die faire Partizipation aller an sozialer, kultureller und wirtschaftlicher Entwicklung".

[614] Ein Beispiel hierfür sind die „Ethics Guidelines for Trustworthy AI" der unabhängigen sog. Hochrangigen Expertengruppe für künstliche Intelligenz, die von der EU-Kommission initiiert wurde, s. https://ec.europa.eu/futurium/en/ai-alliance-consultation/guidelines#Top [zuletzt abgerufen am 22.2.2021].

[615] So *Schulz*, in: Gola (Hrsg.), DS-GVO, 2. Aufl. 2018, Art. 22 Rn. 5; *Helfrich*, in: Sydow (Hrsg.), DSGVO, 2. Aufl. 2018, Art. 22 Rn. 39 f.; *Buchner*, in: Kühling/ders. (Hrsg.), DS-GVO/BDSG, 2. Aufl. 2018, Art. 22 Rn. 12; *Martini*, in: Paal/Pauly (Hrsg.), DS-GVO/BDSG,

bezogenen Algorithmen-Entscheidungen wird normativ dahingehend eingegrenzt, dass nur solche in den Anwendungsbereich der Vorschrift fallen, die dem Betroffenen gegenüber rechtliche Wirkung entfalten oder ihn in ähnlicher Weise erheblich beeinträchtigen.

Die Voraussetzung, dass die auf einer automatisierten Verarbeitung beruhenden Entscheidung der betroffenen Person gegenüber rechtliche Wirkung entfalten muss, steht gleichwertig neben der anderen Alternative, der erheblichen Beeinträchtigung in ähnlicher Weise.[616]

Überwiegend wird in der deutschen Literatur die rechtliche Wirkung in Art. 22 Abs. 1 Alt. 1 DSGVO mit dem Begriff der Rechtsfolge gleichgesetzt, d.h. der rechtliche Status einer Person muss geändert werden.[617] Umstritten ist, ob diese Rechtsfolge auch positiver Natur sein kann oder ob die Norm nur vor negativen bzw. nur teilweise begünstigenden Rechtsfolgen als Ergebnis eines automatisierten Entscheidungsprozesses schützt.[618] In Frankreich beispielsweise wurde Art. 15 DSRL als Vorgängernorm von Art. 22 DSGVO dahingehend umgesetzt, dass automatisierte Entscheidungen nicht erfasst wurden, die dem Anliegen der betroffenen Person entsprachen.[619]

Im hoheitlichen Bereich kann eine negative Rechtsfolge etwa ein belastender Verwaltungsakt im Rahmen der Eingriffsverwaltung oder das Versagen von öf-

---

2. Aufl. 2018, Art. 22 DSGVO Rn. 1, 29; a. A. wohl *Kamlah*, in: Plath (Hrsg.), DSGVO/BDSG, 3. Aufl. 2018, Art. 22 DSGVO Rn. 4; *Atzert*, in: Schwartmann u. a. (Hrsg.), DS-GVO/BDSG, 2018, Art. 22 DSGVO Rn. 2; *Bull*, Der Staat 58 (2019), 57 (72 f.); ausführlich zu den verschiedenen Interpretationsmöglichkeiten, aber im Ergebnis auch für eine Einordnung als Verbot *Brkan*, Int'l J. L. Info. Tech. 27 (2019), 91 (98 f.).

[616] *Schulz*, in: Gola (Hrsg.), DS-GVO, 2. Aufl. 2018, Art. 22 Rn. 24.

[617] *Scholz*, in: Simitis u. a. (Hrsg.), DSGVO/BDSG, 2019, Art. 22 DSGVO Rn. 32; *Buchner*, in: Kühling/ders. (Hrsg.), DS-GVO/BDSG, 2. Aufl. 2018, Art. 22 DSGVO Rn. 24; *Martini*, in: Paal/Pauly (Hrsg.), DS-GVO/BDSG, 2. Aufl. 2018, Art. 22 DSGVO Rn. 26; *Schulz*, in: Gola (Hrsg.), DS-GVO, 2. Aufl. 2018, Art. 22 Rn. 22; *Helfrich*, in: Sydow (Hrsg.), DSGVO, 2. Aufl. 2018, Art. 22 Rn. 48.

[618] Nur negative bzw. teilweise begünstigende Rechtsfolgen sehen abgedeckt *Schulz*, in: Gola (Hrsg.), DS-GVO, 2. Aufl. 2018, Art. 22 Rn. 22; *Veil*, in: Gierschmann u. a. (Hrsg.), DS-GVO, 2018, Art. 22 Rn. 70 f.; *Buchner*, in: Kühling/ders. (Hrsg.), DS-GVO/BDSG, 2. Aufl. 2018, Art. 22 Rn. 25 mit Verweis auf die Systematik und den Schutzzweck der Norm; a. A. Artikel-29-Datenschutzgruppe, Guidelines on Automated individual decision-making and Profiling for the purposes of Regulation 2016/679, WP 251, aktualisiert und angenommen am 6.2.2018, S. 11; *Helfrich*, in: Sydow (Hrsg.), DSGVO, 2. Aufl. 2018, Art. 22 Rn. 49 mit Verweis auf Wortlaut und systematische Stellung; *Scholz*, in: Simitis u. a. (Hrsg.), DSGVO/BDSG, 2019, Art. 22 DSGVO Rn. 32; *Martini*, in: Paal/Pauly (Hrsg.), DS-GVO/BDSG, 2. Aufl. 2018, Art. 22 DSGVO Rn. 26, 28; *Atzert*, in: Schwartmann u. a. (Hrsg.), DS-GVO/BDSG, 2018, Art. 22 Rn. 39 mit dem Argument, dass „affect" in der englischen Fassung neutraler sei als „beeinträchtigen" in der deutschen Version – dies könnte auch durch die französische Fassung („l'affectant") gestützt werden.

[619] Art. 10 Loi n° 78–17 du 6 janvier 1978 relative à l'informatique, aux fichiers et aux libertés in der Fassung v. 7.8.2004, JORF v. 7.8.2004, n° 182, S. 14063.

fentlich-rechtlichen Leistungen in der Leistungsverwaltung sein.[620] Auch die Kündigung eines öffentlich-rechtlichen Vertrags fällt darunter.[621]

In privatrechtlichen Beziehungen handelt es sich typischerweise um die Kündigung eines Vertrags oder um das Nichterfüllen von Ansprüchen.[622] Die Verweigerung eines Vertragsschlusses ist nach überwiegender Auffassung nicht vom Merkmal der Rechtswirkung umfasst, solange nicht gegen einfachgesetzliche Diskriminierungsverbote, insbesondere gegen das Allgemeine Gleichbehandlungsgesetz, verstoßen wird oder ausnahmsweise ein Kontrahierungszwang gegeben ist.[623] Zum Teil wird aber auch die Ansicht vertreten, dass die Entscheidung, kein Vertragsverhältnis mit dem Betroffenen einzugehen, dessen Status insofern ändere, als ihm der Eintritt in die Rechtsbeziehung verwehrt bliebe.[624] Dies ist aber eine sehr weitreichende Auffassung, die eine Rechtsfolge mit dem Ausbleiben einer solchen gleichsetzt und damit stark in die Vertragsfreiheit eingreift.

b) In ähnlicher Weise erhebliche Beeinträchtigung

Schwerer zu fassen ist Art. 22 Abs. 1 Alt. 2 DSGVO. Fraglich ist letztlich, was unter einer „erheblichen Beeinträchtigung" zu verstehen ist. Als vager Eingrenzungsversuch wird diese dann angenommen, wenn automatisierte Entscheidungen „eine relevante Folge für die Persönlichkeitsentfaltung des Einzelnen auslösen"[625].

Beispielhaft könnten „Beeinträchtigungen der wirtschaftlichen oder persönlichen Situation" erfasst sein oder Diskriminierungen außerhalb des Allgemeinen Gleichbehandlungsgesetzes, die eine gewissen Erheblichkeitsschwelle überschreiten.[626] Die Beeinträchtigung an sich sei in Abgrenzung zu der rechtlichen Wirkung erstmal eine faktische Folge.[627] Die Erheblichkeit müsse dann im Einzelfall festgestellt werden mit einem durchschnittlichen Adressaten als objektivem Maß-

---

[620] *Schulz*, in: Gola (Hrsg.), DS-GVO, 2. Aufl. 2018, Art. 22 Rn. 23.

[621] *Scholz*, in: Simitis u. a. (Hrsg.), DSGVO/BDSG, 2019, Art. 22 DSGVO Rn. 33.

[622] *Herbst*, in: Eßer u. a. (Hrsg.), DSGVO/BDSG, 6. Aufl. 2018, Art. 22 DSGVO Rn. 16; *Schulz*, in: Gola (Hrsg.), DS-GVO, 2. Aufl. 2018, Art. 22 Rn. 23; *Scholz*, in: Simitis u. a. (Hrsg.), DSGVO/BDSG, 2019, Art. 22 DSGVO Rn. 34.

[623] *Scholz*, in: Simitis u. a. (Hrsg.), DSGVO/BDSG, 2019, Art. 22 DSGVO Rn. 34; *Schulz*, in: Gola (Hrsg.), DS-GVO, 2. Aufl. 2018, Art. 22 Rn. 25; offen gelassen von *Buchner*, in: Kühling/ders. (Hrsg.), DS-GVO/BDSG, 2. Aufl. 2018, Art. 22 Rn. 24 mit dem Argument, dass diese Konstellation jedenfalls von Art. 22 Abs. 1 Alt. 2 erfasst sei.

[624] *Helfrich*, in: Sydow (Hrsg.), DSGVO, 2. Aufl. 2018, Art. 22 Rn. 48; in diese Richtung auch *Veil*, in: Gierschmann u. a. (Hrsg.), DS-GVO, 2018, Art. 22 Rn. 62; ähnlich zu Art. 15 DSRL und § 6a BDSG a. F. *Möller/Florax*, MMR 2002, 806 (809).

[625] *Martini*, in: Paal/Pauly (Hrsg.), DS-GVO/BDSG, 2. Aufl. 2018, Art. 22 DSGVO Rn. 27.

[626] *Schulz*, in: Gola (Hrsg.), DS-GVO, 2. Aufl. 2018, Art. 22 Rn. 24; ähnlich *Buchner*, in: Kühling/ders. (Hrsg.), DS-GVO/BDSG, 2. Aufl. 2018, Art. 22 Rn. 26; *Scholz*, in: Simitis u. a. (Hrsg.), DSGVO/BDSG, 2019, Art. 22 DSGVO Rn. 35.

[627] *Atzert*, in: Schwartmann u. a. (Hrsg.), DS-GVO/BDSG, 2018, Art. 22 DSGVO Rn. 46.

stab.[628] Hier spiele auch die Sozialadäquanz und – im Falle von Konsumgütern –
die Möglichkeit, auf andere Anbieter auszuweichen, eine Rolle.[629] Der Ansatz,
eine erhebliche Beeinträchtigung davon abhängig zu machen, ob diese eine unbeabsichtigte Nebenfolge oder notwendiger Kern der automatisierten Entscheidung
sei,[630] scheint im Endeffekt nicht geeignet, die faktische Erheblichkeitsschwelle
für den Betroffenen zu verorten, sondern betrifft vielmehr die Zurechenbarkeit.

Angesichts dieser Rechtsunsicherheit wird zum Teil gefordert, der Europäische
Datenschutzausschuss solle Leitlinien veröffentlichen.[631]

So ist es naheliegend, dass die Voraussetzung der erheblichen Beeinträchtigung
vor allem anhand von konkreten Anwendungsbeispielen diskutiert wird. Dies betrifft zum Beispiel die Frage, ob die Verweigerung eines Vertragsschlusses bzw. der
Vertragsschluss nur zu bestimmten Konditionen unter Art. 22 Abs. 1 Alt. 2 DSGVO
fällt, wenn diese Konstellation nicht schon unter Alt. 1 subsumiert wird.[632] Zum
Teil wird dies abgelehnt mit dem Hinweis auf einen weitreichenden Kontrahierungszwang außerhalb von „monopolartigen Strukturen der Daseinsfürsorge".[633]
Die Gegenauffassung weist darauf hin, dass eben nicht der Vertragsschluss unmittelbar erzwungen werde, sondern nur die Einbeziehung eines Menschen in den Entscheidungsprozess.[634] Außerdem sei das in Erwägungsgrund 71 S. 1 DSGVO genannte Beispiel der Ablehnung eines Online-Kreditantrags ein Indiz für den Willen
des Gesetzgebers, diese Fälle unter Art. 22 Abs. 1 Alt. 2 DSGVO zu fassen.[635]

Auch die Modifikation von Vertragskonditionen wie eine automatisierte Preisdifferenzierung, die Festlegung des Zinssatzes abhängig von der Bonität des Kun-

---

[628] *Helfrich*, in: Sydow (Hrsg.), DSGVO, 2. Aufl. 2018, Art. 22 Rn. 52; *Scholz*, in: Simitis
u. a. (Hrsg.), DSGVO/BDSG, 2019, Art. 22 DSGVO Rn. 35; *Veil*, in: Gierschmann u. a. (Hrsg.),
DS-GVO, 2018, Art. 22 Rn. 66; zu Art. 15 DSRL s. *Bygrave*, Comp. L. & Sec. Rev. 17 (2001),
17 (19).

[629] *Scholz*, in: Simitis (Hrsg.), BDSG, 8. Aufl. 2014, § 6a Rn. 28 zur Umsetzung von Art. 15
DSRL in § 6a BDSG a. F.

[630] So *Scholz*, in: Simitis u. a. (Hrsg.), DSGVO/BDSG, 2019, Art. 22 DSGVO Rn. 35.

[631] *Hladjk*, in: Ehmann/Selmayr (Hrsg.), DS-GVO, 2. Aufl. 2018, Art. 22 Rn. 9; in Art. 70
Abs. 1 lit. f DSGVO sind Leitlinien, Empfehlungen und *Best-practice*-Beispiele speziell für
Art. 22 Abs. 2 DSGVO vorgesehen – der Europäische Datenschutzausschuss verweist bislang
jedoch nur auf die Stellungnahme der Artikel-29-Datenschutzgruppe, Guidelines on Automated individual decision-making and Profiling for the purposes of Regulation 2016/679, WP
251, aktualisiert und angenommen am 6. 2. 2018, s. https://edpb.europa.eu/our-work-tools/
general-guidance/gdpr-guidelines-recommendations-best-practices_de [zuletzt abgerufen am
22. 2. 2021].

[632] Dafür *Helfrich*, in: Sydow (Hrsg.), DSGVO, 2. Aufl. 2018, Art. 22 Rn. 48.

[633] *Schulz*, in: Gola (Hrsg.), DS-GVO, 2. Aufl. 2018, Art. 22 Rn. 25, 27, der aber wiederum
die in Erwägungsgrund 71 S. 1 DSGVO beispielhaft genannte Ablehnung eines Online-Kreditantrags als von der Norm erfasst sieht mit Hinweis auf die „erhebliche sozioökonomische
Relevanz"; *von Lewinski*, in: BeckOK-Datenschutzrecht, Art. 22 DSGVO Rn. 35, 39 [Stand:
32. Ed. Mai 2020].

[634] *Atzert*, in: Schwartmann u. a. (Hrsg.), DS-GVO/BDSG, 2018, Art. 22 Rn. 50.

[635] Ebd.; *Hladjk*, in: Ehmann/Selmayr (Hrsg.), DS-GVO, 2. Aufl. 2018, Art. 22 Rn. 9.

den oder das Angebot nur eines bestimmtes Zahlverfahrens im Online-Handel wird teilweise als erhebliche Beeinträchtigung eingeordnet.[636]

Unklar ist auch, ob Werbescoring, d.h. personalisierte Werbeangebote aufgrund der Analyse von Kunden- bzw. Nutzerdaten, erfasst ist und ob individuelle Konsumangebote aufgrund eines sog. *Customer Lifetime Value* darunterfallen.[637] Sog. Risikomanagementsysteme im Steuerrecht stellen wohl keine erhebliche Beeinträchtigung dar.[638]

Irreführend ist die Ansicht, „automatisierte hoheitliche Entscheidungen, wie Platzverweis, Gefährderansprache, vorläufige Festnahme oder Personenkontrolle/ Identitätsfeststellung, die im Wege des Predictive Policing ergehen"[639] unter Art. 22 Abs. 1 Alt. 2 DSGVO zu subsumieren. Unabhängig von dem zutreffenden Hinweis, dass diese Maßnahmen in den Anwendungsbereich der Richtlinie 2016/680 fallen, handelt es sich bei den genannten Beispielen – mit Ausnahme der Gefährderansprache – um klassische Verwaltungsakte, die Rechtswirkung im Sinne des Art. 22 Abs. 1 Alt. 1 DSGVO entfalten. Daran ändert der Kontext des *Predictive Policing* nichts – die Methode dient dem effizienten Ressourceneinsatz der Polizei, aber der Verwaltungsakt wird weiterhin durch einen menschlichen Polizeibeamten erlassen.[640]

Die Artikel-29-Datenschutzgruppe als Vorgängerin des Europäischen Datenschutzausschusses[641] unternimmt zunächst eine nicht fallbezogene Annäherung an das Kriterium der erheblichen Beeinträchtigung und erläutert, dass die Entscheidung das Potenzial haben müsse, die (Lebens-)Lage, das Verhalten oder die Wahlmöglichkeiten des Betroffenen erheblich zu beeinträchtigen, einen anhaltenden oder dauerhaften Einfluss auf den Betroffenen auszuüben oder im Extremfall zur Ausgrenzung oder Diskriminierung von Personen zu führen.[642] Letztlich räumt

---

[636] *Scholz*, in: Simitis u.a. (Hrsg.), DSGVO/BDSG, 2019, Art. 22 DSGVO Rn. 36.

[637] Dagegen mit Verweis auf Diskriminierungsverbote als Grenze *Schulz*, in: Gola (Hrsg.), DS-GVO, 2. Aufl. 2018, Art. 22 Rn. 28; dafür *Scholz*, in: Simitis u.a. (Hrsg.), DSGVO/BDSG, 2019, Art. 22 DSGVO Rn. 37; kritisch auch *Hladjk*, in: Ehmann/Selmayr (Hrsg.), DS-GVO, 2. Aufl. 2018, Art. 22 Rn. 9; Artikel-29-Datenschutzgruppe, Guidelines on automated individual decision-making and Profiling for the purposes of Regulation 2016/679, WP 251, aktualisiert und angenommen am 6.2.2018, S. 22, die u.a. darauf abstellt, wie stark die Werbung personalisiert ist, in welchem Kontext die Anzeige erscheint und ob Wissen hinsichtlich der Vulnerabilität der Zielgruppe bzw. der Zielperson ausgenutzt wird.

[638] Ohne nähere Begründung *Schulz*, in: Gola (Hrsg.), DS-GVO, 2. Aufl. 2018, Art. 22 Rn. 24.

[639] *Atzert*, in: Schwartmann u.a. (Hrsg.), DS-GVO/BDSG, 2018, Art. 22 Rn. 53.

[640] Dazu *Hofmann*, Predictive Policing, 2020, S. 252 f.; s. auch Abschnitt B. II. 2. a).

[641] Das unabhängige Beratungsgremium wurde auf Grundlage von Art. 29 DSRL eingesetzt und durch den Europäischen Datenschutzausschuss mit den erweiterten Kompetenzen und Aufgaben nach Art. 70 DSGVO abgelöst.

[642] Artikel-29-Datenschutzgruppe, Guidelines on automated individual decision-making and Profiling for the purposes of Regulation 2016/679, WP 251, aktualisiert und angenommen am 6.2.2018, S. 21.

das Gremium aber ein, dass eine allgemeine Definition schwierig sei und argumentiert anwendungsbezogen, dass zum Beispiel Entscheidungen, die die finanzielle Situation oder den Zugang zu Gesundheitsdienstleistungen, Berufstätigkeit oder Bildung betreffen, darunter fallen könnten.[643]

c) Fazit

Aus den vorherigen Ausführungen wird zunächst deutlich, dass die Rechtssicherheit, die durch Art. 22 Abs. 1 Alt. 1 DSGVO hinreichend gewährleistet ist, durch das Kriterium der erheblichen Beeinträchtigung in ähnlicher Weise – Art. 22 Abs. 1 Alt. 2 DSGVO – wieder abgeschwächt wird.

Dass diese Voraussetzung sehr vage ist, zeigt sich zum Beispiel auch daran, dass im Rahmen der Umsetzung von Art. 15 DSRL in Frankreich die zweite Alternative („l'affectant de manière significative") gar nicht übernommen, sondern nur auf die rechtlichen Folgen („effets juridiques") abgestellt wurde.[644]

Die Beurteilung, ob eine erhebliche Beeinträchtigung vorliegt, zwingt zu einer Wertung, die kaum Raum lässt für eine Abgrenzung zwischen dem Regulierungsgegenstand in technologischer Hinsicht und den normativen Beweggründen für die Regulierung. Der überwiegende Bezug auf das Anwendungsumfeld läuft auf eine Einzelfallprüfung hinaus, für die bislang klare Kriterien fehlen. Diese Kriterien lassen sich auch nicht aus der Entstehungsgeschichte der Norm herleiten: Die Voraussetzung, dass die automatisierte Entscheidungen für den Betroffenen rechtliche Folgen oder eine erhebliche Beeinträchtigung bewirken muss, findet sich erstmals in Art. 15 Abs. 1 DSRL, wurde im Gesetzgebungsprozess aber erst relativ spät durch den Rat der Europäischen Union eingeführt.[645] Hintergrund dieser Änderung war wohl, dass in den Verhandlungen keine Einigkeit darüber bestand, ob die Ablehnung eines Vertragsschlusses, insbesondere die Ablehnung eines Kreditantrags, unter das Kriterium der rechtlichen Folge subsumiert werden könne.[646] Maßgeblich war hier der Vorbehalt der Niederlande im Rat der Europäischen Union, der nur unter der Bedingung aufgegeben wurde, das Kriterium der rechtlichen Wirkung durch das Merkmal der Entscheidung „mit erheblichen

---

[643] A. a. O., S. 22.

[644] Art. 10 Loi n° 78–17 du 6 janvier 1978 relative à l'informatique, aux fichiers et aux libertés, geändert durch Art. 2 der Loi n° 2004–801 du 6 août 2004, JORF v. 7. 8. 2004, n° 182, S. 14063.

[645] Gemeinsamer Standpunkt (EG) Nr. 1/95 vom Rat festgelegt am 20. Februar 1995 im Hinblick auf den Erlaß der Richtlinie 95/.../EG des Europäischen Parlaments und des Rates vom ... zum Schutz natürlicher Personen bei der Verarbeitung personenbezogener Daten und zum freien Datenverkehr, ABl. C 93 v. 13. 4. 1995, S. 1–24.

[646] *Beckhusen*, Der Datenumgang innerhalb des Kreditinformationssystems der SCHUFA, 2004, S. 268; *Brühann*, in: Grabitz (Begr.) u. a., Recht der EU, Bd. IV, A 30, Art. 15 DSRL Rn. 6 [Stand: 13. EL 1999].

Konsequenzen" bzw. letztlich der „erheblich beeinträchtigenden" Entscheidung zu ersetzen oder zu ergänzen.[647]

Die Alternative der erheblichen Beeinträchtigung wurde daher als Auffangtatbestand aufgenommen. Damit hat der EU-Gesetzgeber jedoch mehr Probleme geschaffen als gelöst.

Zugleich zeigt sich daran, dass die Erwägungen den Vertragsschluss als Ausgangspunkt nahmen, obwohl die Datenschutzrichtlinie und die Datenschutz-Grundverordnung staatliche, d.h. insbesondere einseitige, und private Anwendungen gleichermaßen regulieren. Dieser Fokus wird auch deutlich in der Scoring-Definition in § 31 Abs. 1 BDSG – der allerdings überwiegend als unionsrechtswidrig bewertet wird.[648]

Der EU-Gesetzgeber hat aber zutreffend erkannt, dass die Rechtswirkung allein die Realität nur unzureichend abbildet: Die Nutzung von *Predictive Policing*-Methoden zum Beispiel führt erstmal nur zu einer erhöhten Polizeipräsenz an bestimmten Orten, der Erlass von – nichtautomatisierten – Verwaltungsakten wäre dann nur ein eventueller Effekt dieser Präsenz. Die Einschätzung des Zahlungsausfalls oder der Arbeitsleistung erfolgt ebenfalls vor Vertragsschluss. Das Kriterium der erheblichen Beeinträchtigung ist jedoch kaum geeignet, diese Praxis unter Berücksichtigung der Rechtssicherheit zu kategorisieren.

5. Kein vorbehaltloses Verbot automatisierter Entscheidungen

Art. 22 DSGVO verbietet automatisierte Entscheidungen, die dem Betroffenen gegenüber rechtliche Wirkungen entfalten oder ihn in ähnlicher Weise erheblich beeinträchtigen, nicht vorbehaltlos. In Art. 22 Abs. 2 DSGVO hat der Gesetzgeber weitreichende Ausnahmen normiert, die wiederum nur in den Grenzen von Art. 22 Abs. 3 und 4 DSGVO zulässig sind.

In der Entstehungsgeschichte der Norm lässt sich eine graduelle Ausweitung der Ausnahmen beobachten: In Art. 2 des französischen Datenschutzgesetzes in der Fassung vom 6.1.1978, der Art. 15 DSRL inspirierte,[649] war das Verbot bestimmter automatisierter Entscheidungen vorbehaltlos gewährleistet, während Art. 15 Abs. 2 DSRL solche Entscheidungen unter anderem im Kontext des Abschlusses oder der Erfüllung eines Vertrags zuließ, wenn dem Ersuchen der betroffenen Per-

---

[647] Rat der EG, Dok. 9957/94 der Arbeitsgruppe zu Wirtschaftsfragen (Datenschutz) v. 18.10.1994, S. 11; Rat der EG, Dok. 10496/94 der Versammlung des Ausschusses der Ständigen Vertreter der Mitgliedstaaten v. 4.11.1994 (Ext. 2), S. 9 – ein Verzeichnis der zitierten EU-Archivdokumente, die nicht online verfügbar sind, findet sich in Anhang II.
[648] S. Fn. 543 in Abschnitt B.
[649] Ausführlich dazu unter Abschnitt C.I.1.

son stattgegeben wurde.[650] In Art. 22 Abs. 2 lit. a DSGVO ist die Ausnahme nunmehr nicht auf diese Fälle beschränkt, sondern es reicht, dass die Entscheidung im Sinne des Art. 22 Abs. 1 DSGVO für den Abschluss oder die Erfüllung eines Vertrags zwischen dem Betroffenen und dem Verantwortlichen erforderlich ist. Dies beschreibt jedoch nur eine Tendenz; insbesondere sehen Art. 22 Abs. 2 lit. b und Abs. 3 DSGVO vor, dass die Ausnahmetatbestände von angemessenen Maßnahmen zur Wahrung der Rechte und Freiheiten sowie der berechtigten Interessen der betroffenen Person flankiert werden müssen.

Die Ausnahmen und ihre Begrenzung werden im Folgenden nur kurz angerissen, um deutlich zu machen, dass der Gesetzgeber auf EU-Ebene seit der Schaffung von Art. 15 DSRL nicht von einem vorbehaltlosen Verbot ausging, was ein Indiz in der grundrechtlichen Verankerung darstellen kann.

a) Ausnahmen

Der Europäische Datenschutzausschuss hat bislang keine Leitlinien, Empfehlungen und *Best-practice*-Beispiele im Sinne des Art. 70 Abs. 1 lit. f DSGVO veröffentlicht, um eine einheitliche Anwendung der Verordnung sicherzustellen, sodass die genauen Anforderungen und praktischen Ausgestaltungen im Rahmen von Art. 22 Abs. 2 DSGVO weiterhin unklar sind.[651]

aa) Erforderlichkeit für Abschluss oder Erfüllung eines Vertrags

Entscheidungen im Sinne des Art. 22 Abs. 1 DSGVO sind nach Art. 22 Abs. 2 lit. a DSGVO zulässig, wenn sie für den Abschluss oder die Erfüllung eines Vertrags zwischen dem Betroffenen und dem Verantwortlichen der Datenverarbeitung erforderlich sind. Weitgehend ungeklärt ist, wann die Erforderlichkeit gegeben ist – teilweise wird vertreten, es reiche ein „unmittelbare[r] Zusammenhang mit der Entscheidungs- und Kalkulationsgrundlage für ein konkretes Rechtsgeschäft"[652]; teilweise wird eine engere Auslegung dahingehend befürwortet, dass nur von einer Erforderlichkeit auszugehen sei, wenn der Abschluss oder die Erfüllung des Vertrags nicht ohne vertretbaren Aufwand von einer natürlichen Person überprüft werden könne. Dies sei nur bei Massenverträgen und „besonders komplexen oder

---

[650] *Dammann/Simitis*, EG-Datenschutzrichtlinie, 1997, Art. 15 Rn. 10.

[651] Er verweist jedoch auf die Stellungnahme der Artikel-29-Datenschutzgruppe, Guidelines on Automated individual decision-making and Profiling for the purposes of Regulation 2016/679, WP 251, aktualisiert und angenommen am 6.2.2018, s. https://edpb.europa.eu/our-work-tools/general-guidance/gdpr-guidelines-recommendations-best-practices_de [zuletzt abgerufen am 22.2.2021].

[652] *Buchner*, in: Kühling/ders. (Hrsg.), DS-GVO/BDSG, 2. Aufl. 2018, Art. 22 Rn. 30.

zeitkritischen" Überprüfungen der Fall.[653] Den Hauptanwendungsfall sieht die Literatur wohl in Bonitätsprüfungen.[654]

bb) Öffnungsklausel für Mitgliedstaaten

Art. 22 Abs. 2 lit. b DSGVO stellt eine fakultative Öffnungsklausel der Datenschutz-Grundverordnung für die Mitgliedstaaten dar: Diese können weitere Anwendungsbereiche vom Verbot des Art. 22 Abs. 1 DSGVO ausnehmen, solange das nationale Recht „angemessene Maßnahmen zur Wahrung der Rechte und Freiheiten sowie der berechtigen Interessen der Person enthält". Mitgliedstaaten müssen sich hierfür nicht auf Parlamentsgesetze stützen, sondern können Ausnahmen auch auf der Grundlage von Gesetzen im materiellen Sinne vorsehen.[655]

Der deutsche Gesetzgeber hat von dieser Öffnungsklausel im Bereich des Versicherungsrechts in § 37 BDSG Gebrauch gemacht.[656] Darüber hinaus hat er die Öffnungsklausel genutzt, um an den bereits existierenden Normen zu automatisierten Verwaltungsakten festzuhalten.[657] Dass Art. 22 Abs. 2 lit. b DSGVO durchaus unterschiedliche nationale Regelungen stützt, zeigt sich zum Beispiel daran, dass der französische Gesetzgeber sich ebenfalls auf die Öffnungsklausel beruft, um automatisierte Verwaltungsakte zu ermöglichen[658] – allerdings betrifft dies im Unterschied zum deutschen Recht auch Verwaltungsakte mit Ermessens- und Beurteilungsspielraum. Grenzen sind allerdings durch die Betroffenenrechte gesetzt, die unter anderem vorsehen, dass die Funktionsweise des Algorithmus dem Betroffenen im Detail und in verständlicher Form dargelegt werden muss.[659]

---

[653] *Herbst*, in: Eßer u. a. (Hrsg.), DSGVO/BDSG, 6. Aufl. 2018, Art. 22 DSGVO Rn. 19; *von Lewinski*, in: BeckOK-Datenschutzrecht, Art. 22 DSGVO Rn. 43 [Stand: 32. Ed. Mai 2020]; für eine enge Auslegung ebenfalls Artikel-29-Datenschutzgruppe, Guidelines on automated individual decision-making and Profiling for the purposes of Regulation 2016/679, WP 251, aktualisiert und angenommen am 6. 2. 2018, S. 13.

[654] *Hladjk*, in: Ehmann/Selmayr (Hrsg.), DS-GVO, 2. Aufl. 2018, Art. 22 Rn. 11; *Schulz*, in: Gola (Hrsg.), DS-GVO, 2. Aufl. 2018, Art. 22 Rn. 30; *Buchner*, in: Kühling/ders. (Hrsg.), DS-GVO/BDSG, 2. Aufl. 2018, Art. 22 Rn. 30.

[655] *Buchner*, in: Kühling/ders. (Hrsg.), DS-GVO/BDSG, 2. Aufl. 2018, Art. 22 Rn. 39.

[656] BT-Drs. 18/11325, S. 106; ausführlich und im Ergebnis gegen eine Sonderstellung der Versicherungsbranche *Schulz*, in: Gola (Hrsg.), DS-GVO, 2. Aufl. 2018, Art. 22 Rn. 33 ff.

[657] Die Gesetzesbegründung zum neuen BDSG erwähnt ausdrücklich nur § 35a VwVfG, s. BT-Drs. 18/11325, 106. Der Gesetzgeber in § 37 Abs. 1 BDSG die verwaltungsrechtlichen Ausnahmetatbestände nicht aufgelistet – dies hätte jedoch die Rechtssicherheit und Übersichtlichkeit gefördert, so *Martini/Nink*, NVwZ Extra 2017, 1 (7 f.).

[658] Art. 47 Abs. 2 Nr. 2 Loi n° 78–17 du 6 janvier 1978 relative à l'informatique, aux fichiers et aux libertés bezieht sich auf „décisions administratives individuelles", was weitgehend mit dem Institut des Verwaltungsakts vergleichbar ist, s. *Plessix*, Droit administratif général, 2. Aufl. 2018, S. 1057 f.; zur Automatisierung von Verwaltungsakten in Frankreich s. *Duclercq*, RDP 2019, 295.

[659] Art. 47 Abs. 2 Nr. 2 S. 3 Loi n° 78–17 du 6 janvier 1978 relative à l'informatique, aux fichiers et aux libertés: „Pour ces décisions, le responsable de traitement s'assure de la maî-

Daraus schließt das französische Verfassungsgericht *e contrario*, dass „selbstlernende" Algorithmen nicht eingesetzt werden können.[660]

Im Bereich automatisierter Entscheidungen kann sich über die Öffnungsklausel in Art. 22 Abs. 2 lit. b DSGVO daher langfristig in den Mitgliedstaaten eine heterogene Rechtslage entwickeln.

cc) Einwilligung des Betroffenen

Das Verbot nach Art. 22 Abs. 1 DSGVO greift weiterhin nicht, wenn der Betroffene ausdrücklich einwilligt gemäß Art. 22 Abs. 2 lit. c DSGVO. Der Begriff der Einwilligung ist in Art. 4 Nr. 11 DSGVO legaldefiniert und setzt insbesondere voraus, dass es sich um eine freiwillige Willensbekundung handelt, die der Betroffene auf der Grundlage der im Einzelfall relevanten Informationen abgibt. Die Anforderungen dürften vergleichbar sein mit denen im Rahmen der Einwilligung in die Verarbeitung personenbezogener Daten gemäß Art. 7 DSGVO.[661] Hier privilegiert der Gesetzgeber die „Entscheidungsautonomie des Einzelnen".[662]

b) Begrenzung der Ausnahmen

Art. 22 Abs. 3 und 4 DSGVO begrenzen wiederum die Ausnahmen in Art. 22 Abs. 2 DSGVO insbesondere in prozessualer und datenkategorialer Hinsicht: Zum einen dürfen Entscheidungen, die sich auf Art. 22 Abs. 2 DSGVO stützen, gemäß Art. 22 Abs. 4 DSGVO nicht auf besonders sensiblen Daten im Sinne des Art. 9 Abs. 1 DSGVO beruhen. Dazu zählen Daten, aus denen sich beispielsweise die ethnische Herkunft, die religiöse Überzeugung oder die sexuelle Orientierung einer Person ergibt. Grund dafür ist das hohe „Diskriminierungspotential"[663].

---

trise du traitement algorithmique et de ses évolutions afin de pouvoir expliquer, en détail et sous une forme intelligible, à la personne concernée la manière dont le traitement a été mis en œuvre à son égard.".

[660] Conseil constitutionnel, Décision n° 2018–765 DC du 12 juin 2018, *Loi relative à la protection des données personnelles*, Rn. 66–71; eine offizielle englische Übersetzung findet sich unter https://www.conseil-constitutionnel.fr/en/decision/2018/2018765DC.htm [zuletzt abgerufen am 22.2.2021]. Die Frage wurde vom Verfassungsgericht im Rahmen einer Kontrolle *a priori* (Art. 61 der französischen Verfassung) entschieden – vergleichbar mit der abstrakten Normenkontrolle, s. *Marsch*, in: ders./Vilain/Wendel (Hrsg.), Französisches und Deutsches Verfassungsrecht, 2015, S. 275 (291 f.); instruktiv zu den Unterschieden und Gemeinsamkeiten der Begründungspraxis des französischen und deutschen Verfassungsgerichts vor allem aus historischer und soziologischer Perspektive *Weber*, Der Begründungsstil von Conseil constitutionnel und Bundesverfassungsgericht, 2019.

[661] Für eine Übertragbarkeit der Kriterien *Buchner*, in: Kühling/ders. (Hrsg.), DS-GVO/BDSG, 2. Aufl. 2018, Art. 22 Rn. 41 f.; *Martini*, in: Paal/Pauly (Hrsg.), DS-GVO/BDSG, 2. Aufl. 2018, Art. 22 DSGVO Rn. 38.

[662] *Martini*, in: Paal/Pauly (Hrsg.), DS-GVO/BDSG, 2. Aufl. 2018, Art. 22 DSGVO Rn. 38.

[663] *Buchner*, in: Kühling/ders. (Hrsg.), DS-GVO/BDSG, 2. Aufl. 2018, Art. 22 Rn. 44.

Diese Daten können allerdings im Rahmen von Art. 22 Abs. 4 i.V.m. Art. 9 Abs. 2 lit. a oder g DSGVO genutzt werden, wenn die Entscheidung selbst auf einen Ausnahmetatbestand in Art. 22 Abs. 2 DSGVO gestützt werden kann und „angemessene Maßnahmen zum Schutz der Rechte und Freiheiten sowie der berechtigten Interessen der betroffenen Person getroffen wurden".[664]

Notwendig kann die Verarbeitung solch sensibler Daten etwa im Versicherungswesen sein.[665]

Auch im Bereich nichtsensibler Daten stellt Art. 22 Abs. 3 DSGVO sicher, dass für die Nutzung automatisierter Entscheidungen im Rahmen von Abs. 2 lit. a und c Mindeststandards gelten, „um die Rechte und Freiheiten sowie die berechtigten Interessen der betroffenen Person zu wahren"[666] – zu diesen Mindeststandards gehört die Möglichkeit, die Entscheidung anzufechten, den eigenen Standpunkt darzulegen und eine natürliche Person in den Entscheidungsprozess einzubeziehen.[667] Erwägungsgrund 71 S. 4 sieht darüber hinaus auch die Erläuterung der Entscheidung vor.[668]

6. Parallelregelung für den Bereich der Strafverfolgung und Gefahrenabwehr

Der EU-Gesetzgeber hat neben Art. 22 DSGVO, auf den vorstehend Bezug genommen wird, eine vergleichbare Regelung in der Richtlinie (EU) 2016/680 für den Bereich der Strafverfolgung und Gefahrenabwehr geschaffen.[669] Die parallele Ausarbeitung der Datenschutz-Grundverordnung und der Richtlinie (EU) 2016/680 erfolgte vor dem Hintergrund, dass sich das Europäische Parlament mit seiner Forderung nach einem einzigen Datenschutzregime, das ebenfalls für Polizei und Justiz gelten sollte, gegenüber der Kommission nicht durchsetzen konnte.[670] Der Rechtsrahmen für die straf- und gefahrenabwehrrechtliche Tätigkeit der Mitgliedstaaten ist stark national geprägt und die Harmonisierung der Datenverarbeitung durch Polizei und Justiz rückte erst durch den Vertrag von Lissabon und die

---

[664] *Von Lewinski*, in: BeckOK-Datenschutzrecht, Art. 22 DSGVO Rn. 59 f. [Stand: 32. Ed. Mai 2020].

[665] *Schulz*, in: Gola (Hrsg.), DS-GVO, 2. Aufl. 2018, Art. 22 Rn. 45.

[666] Im Falle des Art. 22 Abs. 2 lit. b DSGVO ist diese „Schutzklausel" unmittelbar in die Norm integriert.

[667] Zu der Ausgestaltung im Detail s. *Hladjk*, in: Ehmann/Selmayr (Hrsg.), DS-GVO, 2. Aufl. 2018, Art. 22 Rn. 15; *Schulz*, in: Gola (Hrsg.), DS-GVO, 2. Aufl. 2018, Art. 22 Rn. 41 f.; *Buchner*, in: Kühling/ders. (Hrsg.), DS-GVO/BDSG, 2. Aufl. 2018, Art. 22 Rn. 31 ff.; *von Lewinski*, in: BeckOK-Datenschutzrecht, Art. 22 DSGVO Rn. 48 ff. [Stand: 32. Ed. Mai 2020]; *Martini*, in: Paal/Pauly (Hrsg.), DS-GVO/BDSG, 2. Aufl. 2018, Art. 22 DSGVO Rn. 39a ff.

[668] Dazu *Wachter u. a.*, Int'l Data Privacy L. 7 (2017), 76 (79 ff.).

[669] S. Fn. 16 in Abschnitt A.

[670] *Johannes/Weinhold*, Das neue Datenschutzrecht bei Polizei und Justiz, 2018, Rn. 12.

EU-Grundrechtecharta in den Fokus.[671] So galt der Rahmenbeschluss 2008/977/JI[672] als Vorläufer der Richtlinie auch nur für die Datenverarbeitung zwischen den Mitgliedstaaten, während die Richtlinie (EU) 2016/680 sowohl die innerstaatliche als auch die mitgliedstaatenübergreifende Datenverarbeitung regelt.

Die Datenschutz-Grundverordnung und die Richtlinie stimmen hinsichtlich des Aufbaus und des Inhalts in wesentlichen Punkten überein. In der Praxis könnten die jeweiligen Anwendungsbereiche teilweise schwer abzugrenzen sein.[673]

Für automatisierte Entscheidungen enthält Art. 11 der Richtlinie (EU) 2016/680 eine Parallelregelung zu Art. 22 DSGVO, die durch § 54 BDSG umgesetzt wurde. Das Verbot vollautomatisierter personenbezogener Entscheidungen, die rechtliche Wirkungen (Art. 22 Abs. 1 DSGVO) bzw. nachteilige Rechtsfolgen (Art. 11 Abs. 1 Richtlinie (EU) 2016/680) für den Betroffenen haben oder eine erhebliche Beeinträchtigung für diesen darstellen, ist in beiden Rechtsakten vorgesehen. Der Hinweis in der Gesetzesbegründung zu § 54 BDSG, dass „interne Zwischenfestlegungen oder -auswertungen, die Ausfluss automatisierter Prozesse sind", nicht erfasst sind,[674] wird vereinzelt als unionsrechtswidrige Auslegung gewertet.[675] Dies verkennt aber, dass die Gesetzesbegründung hier nicht auf die Differenzierung zwischen einer nachteiligen Rechtsfolge und einer erheblichen Beeinträchtigung abstellt, sondern den Begriff der vollautomatisierten Entscheidung eng auslegt. Diese enge Auslegung wird aber durch den Wortlaut gestützt und dürfte in Einklang mit der entsprechenden Interpretation im Rahmen von Art. 22 Abs. 1 DSGVO[676] vertretbar sein.

Unterschiede zeigen sich in den Ausnahmetatbeständen, die insbesondere dadurch bedingt sind, dass die Datenschutz-Grundverordnung sich an staatliche und private Anwender richtet, während die Richtlinie (EU) 2016/680 die zuständigen Polizei- und Strafverfolgungsbehörden adressiert. Hervorzuheben ist hier insbesondere, dass Art. 11 Abs. 3 der Richtlinie, umgesetzt in § 54 Abs. 3 BDSG, ein ausdrückliches Diskriminierungsverbot auf der Grundlage von besonderen Kategorien personenbezogener Daten statuiert, das über Art. 22 DSGVO hinausgeht.[677] Dieses Diskriminierungsverbot ergibt sich aber bereits aus Art. 21 EU-GRCh.[678]

---

[671] A. a. O., Rn. 8 f.

[672] Rahmenbeschluss 2008/977/JI des Rates vom 27. 11. 2008 über den Schutz personenbezogener Daten, die im Rahmen der polizeilichen und justiziellen Zusammenarbeit in Strafsachen verarbeitet werden, ABl. L 350 v. 30. 12. 2008, S. 60–71.

[673] BT-Drs. 18/11325, S. 73 f.

[674] BT-Drs. 18/11325, S. 112.

[675] *Johannes/Weinhold*, Das neue Datenschutzrecht bei Polizei und Justiz, 2018, Rn. 165.

[676] S. Fn. 550 in Abschnitt B.

[677] *Martini*, in: Paal/Pauly (Hrsg.), DS-GVO/BDSG, 2. Aufl. 2018, Art. 22 DSGVO Rn. 7.

[678] *Schwichtenberg*, in: Kühling/Buchner (Hrsg.), DS-GVO/BDSG, 2. Aufl. 2018, § 54 BDSG Rn. 8; *Paschke*, in: Gola/Heckmann (Hrsg.), BDSG, 13. Aufl. 2019, § 54 Rn. 12.

In der Summe sind die meisten Ausführungen zu Art. 22 Abs. 1 DSGVO auf Art. 11 Abs. 1 der Richtlinie (EU) 2016/680 bzw. § 54 Abs. 1 BDSG übertragbar. Daher wird der Untersuchung ausschließlich Art. 22 DSGVO zugrunde gelegt, dessen Vorgängerregelungen bereits vor dem separaten Rechtsrahmen für die straf- und gefahrenabwehrrechtliche Datenverarbeitung existierten.[679]

7. Fazit

Die Eingrenzung des Begriffs der personenbezogenen automatisierten Entscheidung anhand der Voraussetzungen des Art. 22 DSGVO hat zum einen gezeigt, dass das Kriterium der Vollautomatisierung, das im Wesentlichen darauf abstellt, ob ein Mensch in den Entscheidungsprozess involviert ist, nicht die aktuelle Praxis abbildet, die vielmehr aus entscheidungsunterstützenden Systemen besteht. Zum anderen kann bei diesen teilautomatisierten Modellen der Einfluss des menschlichen Entscheiders aus technologischen, rechtlichen, verhaltenspsychologischen und organisationsstrukturellen Gründen so gering sein, dass faktisch kaum ein Unterschied zwischen einer voll- und einer teilautomatisierten Entscheidung besteht. Diese binäre Kategorisierung lässt zudem keinen Raum für kontextabhängige abgestufte Kontrollmechanismen.

Darüber hinaus führt das normativ-begrenzende Element der erheblichen Beeinträchtigung in ähnlicher Weise – mit der rechtlichen Wirkung als Bezugspunkt – zu Rechtsunsicherheit, da hier klare Kriterien für eine Einzelfallprüfung fehlen, die sich auch nicht der Entstehungsgeschichte der Norm und dem Schrifttum entnehmen lassen.

Damit erweist sich Art. 22 Abs. 1 DSGVO in seinen Grundvoraussetzungen im Hinblick auf die Vollautomatisierung als zu eng und bezüglich der erheblichen Beeinträchtigung als zu weit. Das Anwendungsfeld dieser Norm wird sich daher erst durch eine zukünftige Rechtsprechung des Europäischen Gerichtshofs herauskristallisieren.

IV. Fazit

Der Untersuchungsgegenstand – die algorithmenbasierte personenbezogene Entscheidung – wurde zunächst interdisziplinär beleuchtet und eingegrenzt. In einem ersten Schritt wurden die Charakteristika sowie Anwendungsbeispiele algorithmenbasierter Entscheidungen dargestellt. Im Hinblick auf die technologische Infrastruktur solcher Entscheidungssysteme ist hervorzuheben, dass die Verfügbarkeit großer Datenmengen, die verbesserten Rechen- und Speicherkapazitäten,

---

[679] Von den hier diskutierten Anwendungsbeispielen wäre nur das *Predictive Policing* in Deutschland an Art. 11 der Richtlinie (EU) 2016/680 bzw. § 54 BDSG zu messen.

die zunehmende Anzahl an nutzbaren Datenquellen sowie die Fortschritte im maschinellen Lernen, insbesondere in der Bilderkennung, komplexere algorithmenbasierte Entscheidungen ermöglichen. Dies bedeutet aber nicht automatisch, dass damit die Datenqualität gewährleistet wäre – Probleme stellen sich hier etwa bei der Repräsentation von Personengruppen in Trainingsdaten oder bei der Existenz von *Proxy*-Variablen für sensible Merkmale.

Die Anwendungsfelder für algorithmenbasierte personenbezogene Entscheidungen sind heterogen und finden sich sowohl im öffentlichen als auch im privaten Sektor. Über Effizienzerwägungen hinausgehend sind die damit verfolgten Zwecke ebenfalls unterschiedlich. Viele Modelle dienen der ursachenorientierten Risikovermeidung bzw. -minderung. Dies betrifft nicht nur klassische ökonomische Risiken, etwa in der Banken- und Versicherungsbranche, sondern auch soziale Risiken, zum Beispiel im Sicherheitsbereich bei der Beurteilung der Rückfallwahrscheinlichkeit von Straftätern. Dabei wird in einem ersten Schritt das zukünftige Verhalten oder die zukünftige Lebenssituation einer Person automatisiert eingeschätzt und in einem zweiten Schritt – im Falle einer negativen Prognose – eine in der Regel repressive oder ablehnende Maßnahme ergriffen.

Als Problem stellt sich in diesem Zusammenhang die in manchen Anwendungsfällen mangelnde Validität der genutzten Modelle heraus: Unabhängig von der Datenqualität wird die dem Algorithmus zugrunde liegende Hypothese nicht kritisch hinterfragt und es existieren in manchen Bereichen keine unabhängigen Validierungsstudien, zum Beispiel bei der Identifizierung potenzieller Straftäter oder der Leistungseinschätzung von Bewerbern unter anderem anhand ihrer Stimmparameter. Dies ist umso bedenklicher, als dies auch in Sphären vorkommt, die für den Betroffenen essenziell für seine persönliche Freiheit, seine ökonomische Situation und seine ideelle Selbstverwirklichung sind.

Gleichzeitig besteht eine Diskrepanz zwischen der medialen und politischen Aufmerksamkeit für manche Anwendungsfälle und der tatsächlichen Nutzung und rechtlichen Regulierung algorithmenbasierter personenbezogener Entscheidungen in diesen Fällen. Dies betrifft zum Beispiel in Deutschland die Versicherungsbranche im Gesundheitsbereich, deren Regulierung momentan wenig Raum für eine *Big Data*-basierte Personalisierung der Versicherungskonditionen bietet. Es lässt sich daher festhalten, dass algorithmenbasierte personenbezogene Entscheidungen je nach Anwendungsbereich bereits etabliert sind oder eine Option für die Zukunft darstellen. Die sektorübergreifende Entwicklungstendenz weist aber in Deutschland und anderen EU-Mitgliedstaaten auf eine zunehmende Nutzung dieser Entscheidungsmodelle hin. Damit gewinnt Art. 22 DSGVO an Bedeutung, wobei dieser nur vollautomatisierte Entscheidungen erfasst. Im Rahmen der Auslegung der Norm hat sich zunächst gezeigt, dass die Voraussetzungen des Art. 22 DSGVO noch teilweise strittig sind. Dies betrifft insbesondere den normativen Zugriff über das Kriterium der rechtlichen Wirkung oder der in ähnlicher Weise erheblichen Beeinträchtigung. Die Rechtsunsicherheit liegt nicht zuletzt daran, dass diesbezüglich noch keine Rechtsprechung des Europäischen Gerichtshofs existiert. Zudem entspricht die Voraussetzung der Vollautomatisierung nicht der weit überwiegenden Praxis: Die Regel sind vielmehr entscheidungsvorbereitende bzw. -unterstützende Systeme. Technologische, eigentumsrechtliche, verhaltenspsychologische und organisationsstrukturelle Bedingungen können den Unterschied zwischen Voll- und Teilautomatisierung jedoch nivellieren, sodass die formale Differenzierung zwischen voll- und teilautomatisierten Entscheidungen ungeeignet scheint. Statt dieses binären Zugriffs scheint es sinnvoll, die Reichweite der menschlichen Kontrolle vom Entscheidungskontext abhängig zu machen und abgestufte Schutzkonzepte zu privilegieren. So bedarf eine vollautomatisierte begünstigende Entscheidung unter Umständen keiner detaillierten Nachprüfung im Gegensatz zu einer teilautomatisierten Entscheidung mit weitreichenden Konsequenzen für den Betroffenen, zum Beispiel die Aussetzung einer Haftstrafe zur Bewährung auf der Grundlage einer automatisierten Rückfallprognose.

C. Grundrechtliche Verankerung
von Art. 22 DSGVO

Nachdem die Charakteristika und Anwendungsfelder algorithmenbasierter Entscheidungen erläutert und die Voraussetzungen von Art. 22 DSGVO vertieft wurden, wird die Genese der Norm beginnend beim französischen Datenschutzrecht in den 1970er-Jahren über die Kodifikation im Unionsrecht bis hin zur Rezeption durch die rechtswissenschaftliche Literatur in Deutschland unter dem Gesichtspunkt der grundrechtlichen Argumentationslinien aufgefächert. Untersucht wird zunächst insbesondere, ob die grundrechtliche Begründung der Einschränkung automatisierter Entscheidungen in einer historischen und rechtsvergleichenden Perspektive konsistent ist. Dies dient dazu, den Normzweck zu schärfen und im Idealfall einen Kern gemeinsamer grundrechtlicher Argumentation zu identifizieren.

Anschließend werden die grundrechtlichen Referenzen im deutschen Schrifttum zu Art. 22 DSGVO und Art. 15 DSRL vertieft im Hinblick auf die Frage, ob die in Teil B. dargestellten Spezifika algorithmenbasierter Entscheidungen von den Schutzbereichen und -konzepten der Grundrechte abgedeckt werden können, die als normatives Fundament von Art. 22 DSGVO ausgemacht werden. Hier dient die interdisziplinäre Eingrenzung des Untersuchungsgegenstands als empirischer Rekurs. In diesem zweiten Schritt wird somit nach der Tragfähigkeit der zunächst herausgearbeiteten Argumentationslinien gefragt – der primäre Maßstab ist hier das Grundgesetz.

Außer Acht gelassen werden die Grundrechtspositionen der Nutzer algorithmenbasierter Entscheidungen im Privatrechtsverhältnis, da der Fokus auf den grundrechtlichen Schutzbereichen der von algorithmenbasierten Entscheidungen Betroffenen liegt und der Ausgleich konfligierender Grundrechtspositionen im Sinne einer praktischen Konkordanz stark einzelfallbezogen ist.

Die Analyse stützt sich hinsichtlich der Genese der Norm überwiegend auf die Primärquellen der Gesetzgebungsprozesse in Frankreich und auf Unionsebene. In der Literatur wurde die normative Verankerung der Vorgängerregelungen von Art. 22 DSGVO vereinzelt reflektiert; die rechtswissenschaftliche Rezeption gewinnt an Dynamik nach Inkrafttreten der Datenschutz-Grundverordnung. Einschlägige Rechtsprechung gibt es bislang jedoch nicht.

I. Grundrechtliche Argumentation in der Genese von Art. 22 DSGVO

Die Regulierung automatisierter Entscheidungen in Art. 22 DSGVO hat ihren Ursprung in Art. 15 DSRL, der wiederum auf eine Norm im französischen Datenschutzrecht zurückgeht. Dieser Entstehungsprozess wurde in der rechtswissenschaftlichen Literatur im Hinblick auf die normative Motivation der Regulierung bislang kaum beleuchtet. Gleichwohl ist die Frage nach der Begründungskonsistenz und einem gemeinsamen grundrechtlichen Argumentationskern relevant für mögliche weitere regulatorische Stellschrauben – insbesondere vor dem Hintergrund der Diskussion einer Regulierung künstlicher Intelligenz auf nationaler und internationaler Ebene, die automatisierte Entscheidungen erfassen würde.[1]

1. Normgenese im französischen Datenschutzgesetz von 1978

Art. 2 des französischen Datenschutzgesetzes in der Fassung vom 6. 1. 1978[2] stellte in der Europäischen Union die erste Regulierung automatisierter personenbezogener Entscheidungen dar: Ähnliche Normen fanden sich erst mit erheblichem zeitlichen Abstand Anfang der 1990er-Jahre im spanischen und portugiesischen Datenschutzgesetz,[3] bevor das Inkrafttreten der Datenschutzrichtlinie im Jahr 1995 die Rechtslage harmonisierte und in Art. 15 Vorgaben für automatisierte personenbezogene Entscheidungen schuf. Darauf aufbauend wurde Art. 22 DSGVO konzipiert. Die französische Gesetzgebung hatte in dieser Hinsicht einen erheblichen Einfluss auf die Normierung auf EU-Ebene und damit letztlich auch auf die heutige Rechtslage in Deutschland.

Daher soll in einem ersten Schritt die Normgenese in Frankreich beleuchtet werden. In den Blick genommen wird das Gesetzgebungsverfahren einschließlich der Vorarbeiten der Kommission „Informatique et libertés". Ausgehend von den Gesetzesmaterialien soll untersucht werden, ob die Einschränkung automatisierter Entscheidungen mit dem Schutz von Grundrechten begründet wurde und ob konkrete Gefährdungslagen identifiziert wurden.

---

[1] KOM(2020) 65 endg. v. 19.2.2020, S. 10 ff.

[2] S. Fn. 22 in Abschnitt A.

[3] In Spanien handelte es sich um ein Betroffenenrecht in Art. 12 des Ley Orgánica 5/1992, de 29 octubre, de regulación del tratamiento automatizado de los datos de carácter personal. Die Norm galt für Verwaltungsakte und zwischen Privaten; in Portugal gab es ein spezielles Verbot automatisierter Entscheidungen für staatliche Entscheidungsträger in Art. 16 des Lei n°10/91 da Protecção de Dados Pessoais face à Informática. Frankreich, Spanien und Portugal waren wohl die einzigen Mitgliedstaaten, die die Materie vor Inkrafttreten der Datenschutzrichtlinie gesetzlich regelten, s. *Bygrave*, Comp. L. & Sec. Rev. 17 (2001), 17 (17). Portugal nimmt auch insofern eine Sonderstellung ein, als seine Verfassung von 1976 in Art. 35 verhältnismäßig detailliert die Nutzung von Informationstechnologie regelt, s. dazu *González Fuster*, The Emergence of Personal Data Protection as a Fundamental Right of the EU, 2014, S. 66 f.

a) Politischer Kontext

Mit der Nutzung elektronischer Datenbanken und der damit einhergehenden Möglichkeit, große Datenbestände zu verknüpfen und dauerhaft zu speichern, rückte der Datenschutz in den Fokus der Öffentlichkeit. In Frankreich kristallisierte sich diese Debatte vor allem im Kontext des Projekts „SAFARI" (*Système automatisé pour les fichiers administratifs et le répertoire des individus*) heraus, das letztlich in der Verabschiedung des ersten französischen Datenschutzgesetzes mündete, in dessen Rahmen automatisierte personenbezogene Entscheidungen reguliert wurden: Die Tageszeitung „Le Monde" berichtete im März 1974 von einem Projekt des Innenministeriums, verschiedene personenbezogene Datenbestände zusammenzuführen und zentral zu speichern, darunter polizeiliche Fahndungsdaten, Daten zu Verkehrsdelikten und steuerrechtliche Daten.[4] Kritisiert wurde in dieser Hinsicht vor allem, dass es keinen legislativen Rahmen für das Vorgehen gab, das Justizministerium sich nicht kritisch mit dem Projekt auseinandersetzte und dass der Schutz von Grundrechten im Kontext elektronischer Datenverarbeitung bis zu diesem Zeitpunkt nicht Gegenstand einer öffentlichen parlamentarischen Debatte war.[5]

Die Befürchtung, dass zentrale Datensammlungen dem Staat ermöglichen würden, eine Art Überwachungsmonopol aufzubauen, stand im Fokus der Diskussion um das Projekt „SAFARI". Es ging nicht um die Datensammlung und -auswertung durch Privatunternehmen, sondern zur Debatte standen umfassenden Datenbanken durch staatliche Institutionen. Diesen Ursprung gilt es zu vergegenwärtigen, da heute vor allem das Gefahrenpotenzial für Grundrechte im Kontext von Privatunternehmen analysiert wird, deren Geschäftsmodell auf der Auswertung von Nutzerdaten basiert.[6]

Diese Schutzrichtung war in Deutschland vergleichbar: Aus dem sog. Mikrozensus-Beschluss und dem sog. Volkszählungsurteil des Bundesverfassungsgerichts, das das Recht auf informationelle Selbstbestimmung konturierte, wird deutlich, dass es auch in Deutschland darum ging, den Bürger davor zu schützen, dass seine personenbezogenen Daten durch den Staat umfassend gesammelt, zwischen verschiedenen staatlichen Institutionen ausgetauscht und ausgewertet werden.[7]

Die Reaktionen auf das Projekt „SAFARI" in Frankreich und das Volkszählungsgesetz von 1983 in Deutschland zeugen daher von einem ersten Bewusstsein

---

[4] *Boucher*, Une division de l'informatique est créée à la chancellerie – „Safari" ou la chasse aux Français, in: „Le Monde" v. 21.3.1974; früh zu dieser Entwicklung unter rechtsvergleichenden Aspekten *Braibant*, RIDC 23 (1971), 793.

[5] *Boucher*, Une division de l'informatique est créée à la chancellerie – „Safari" ou la chasse aux Français, in: „Le Monde" v. 21.3.1974.

[6] Zuletzt BVerfG NJW 2020, 300 (Rn. 85 ff.); *Hoffmann-Riem*, AöR 142 (2017), 1 (21 ff.); zugespitzt *Zuboff*, The Age of Surveillance Capitalism, 2019, S. 63 ff.

[7] BVerfGE 27, 1 (6); 65, 1 (64 ff.).

neuer technologischer Möglichkeiten des Staates, personenbezogene Daten der Bürger zu sammeln, zu speichern und auszuwerten. Das Projekt „SAFARI" war der unmittelbare Anstoß für den Gesetzgebungsprozess in Frankreich im Bereich des Datenschutzes, auch wenn im Gesetzgebungsverfahren rechtsvergleichend darauf hingewiesen wurde, dass sich das Vorhaben in eine internationale Entwicklung einfügte.[8] So trat das hessische Datenschutzgesetz bereits 1970 in Kraft,[9] es sah aber keinen Paragrafen vor, der speziell automatisierte Entscheidungen einschränkte. Auch das Bundesdatenschutzgesetz vom 27. 1. 1977 traf diesbezüglich keine Regelung.[10]

b) Atypische Norm im Datenschutzrecht

Bereits die erste Fassung des Art. 2 vom 6. 1. 1978 stellt eine atypische Norm im Datenschutzrecht dar. Art. 2 der *Loi informatique et libertés* legt letztlich ein Verbot automatisierter Entscheidungen fest, die eine natürliche Person betreffen und auf einer Persönlichkeitsprofilbildung[11] des Betroffenen basieren. Der Gesetzgeber differenziert nach Justizentscheidungen (*décision de justice*) sowie Verwaltungsentscheidungen und Entscheidungen im Privatsektor (*décision administrative ou privée*).[12]

Der atypische Charakter der Norm im Datenschutzrecht lässt sich nicht primär über eine Abgrenzung der Schutzzwecke des Art. 2 der *Loi informatique et libertés* im Verhältnis zu den anderen Normen des Datenschutzrechts herleiten, was nicht zuletzt daran liegt, dass die normativen Grundlagen des Datenschutzes nicht klar umrissen sind: Genannt werden etwa der Schutz von Menschenwürde, Privatheit, Autonomie und Gleichheit.[13]

Die Alleinstellung des Verbots bestimmter automatisierter Entscheidungen gründet sich vor allem auf einen prozessualen Unterschied: Das klassische Daten-

---

[8] Rapport de M. Foyer au nom de la commission des lois, Dok. n° 3125 der Assemblée Nationale, Annexe au procès-verbal de la séance du 4 octobre 1977, S. 7.

[9] Hessisches Datenschutzgesetz v. 7. 10. 1970, GVBl. Hessen 1970 I, S. 625.

[10] Gesetz zum Schutz vor Mißbrauch personenbezogener Daten bei der Datenverarbeitung vom 27. Januar 1977, BGBl. 1977 I, S. 201.

[11] In den Gesetzgebungsmaterialien wird leider nicht deutlich, worin der Unterschied zwischen den beiden Alternativen – Definition des Profils („définition du profil") oder Definition der Persönlichkeit („définition de la personnalité") des Betroffenen – liegt.

[12] Zu der Begründung dieser Differenzierung s. Abschnitt C. I. 1. c) cc).

[13] *Marsch*, Das europäische Datenschutzgrundrecht, 2018, S. 91 ff.; *von Lewinski*, Die Matrix des Datenschutzes, 2014, S. 18 ff.; *Bygrave*, Data Protection Law, 2002, S. 133 ff.; *Poscher*, in: Miller (Hrsg.), Privacy and Power, 2017, S. 129 (131 ff.) billigt dem Datenschutz nur eine dienende Funktion zur Realisierung von Grundrechten zu; kritisch auch *Bull*, Informationelle Selbstbestimmung – Vision oder Illusion?, 2. Aufl. 2011, S. 36: „Die verschiedenen Ansätze, Prinzipien des Datenschutzrechts aus der Verfassung abzuleiten, sind unsystematisch, unstimmig, teilweise widersprüchlich.".

schutzrecht knüpft an die Kontrolle personenbezogener Daten über Instrumente wie Einwilligung, Datensparsamkeit oder Zweckbindung an. Art. 2 der *Loi informatique et libertés* und die darauf aufbauenden Normen in der Datenschutzrichtlinie und der Datenschutz-Grundverordnung setzen jedoch bei der Art der Verarbeitung und den Entscheidungsstrukturen an, was über die Kontrolle der Datenbasis hinausgeht.[14]

Irreführend ist es daher, das Verbot automatisierter Entscheidungen dem klassischen Datenschutzrecht zuzurechnen, weil die Regulierung auch dann greift, wenn die Datengrundlage des Algorithmus rechtmäßig verarbeitet wurde. Insofern überzeugt die Auffassung nicht, der Gesetzgeber habe lediglich Verletzungen des Datenschutzes und der Privatsphäre sowohl im menschlichen als auch im maschinellen Entscheidungsprozess verhindern wollen.[15]

González Fuster bezeichnet die französische Norm schlicht als „innovativ".[16] Im Hinblick auf Art. 15 DSRL qualifiziert Bygrave die Regelung als „rather special", da sie von einem bestimmten Entscheidungstyp ausgehen würde.[17] Diese Wahrnehmung der Norm als Fremdkörper im Datenschutzrecht dominiert auch in Bezug auf Art. 22 DSGVO.[18]

Vor diesem Hintergrund könnte die französische Gesetzgebung und die davon beeinflusst Normierung in Art. 15 DSRL und Art. 22 DSGVO nur dann im Datenschutz verankert werden, wenn dieser in prozessualer Hinsicht weit ausgelegt bzw. das Objekt des Datenschutzes neu verhandelt wird. Martini konstatiert zutreffend: „Die Grundausrichtung des Datenschutzrechts entstammt der Ära der Lochkarten."[19] Er plädiert aus einer regulatorischen Perspektive dafür, den juristischen Rahmen nicht länger allein „von der Analyse*basis* ‚personenbezogenes Datum'" her zu denken, sondern den „Gefährdungsgrad der eingesetzten (Informations-) Technologie ‚Algorithmus' bzw. ‚Softwareanwendung'" zu berücksichtigen.[20] Diese Fokusverschiebung auf die Verarbeitungstätigkeit würde eine Einschränkung automatisierter Entscheidungen im Datenschutzrecht verorten.

---

[14] *Scholz*, in: Simitis (Hrsg.), BDSG, 8. Aufl. 2014, § 6a Rn. 9 zur Umsetzung von Art. 15 DSRL in § 6a BDSG a. F.

[15] So *Duclercq*, RDP 2019, 295 (302 f.) in Bezug auf Art. 22 DSGVO.

[16] *González Fuster*, The Emergence of Personal Data Protection as a Fundamental Right of the EU, 2014, S. 65.

[17] *Bygrave*, Comp. L. & Sec. Rev. 17 (2001), 17 (17); ebenso zu Art. 15 DSRL und der Umsetzung durch § 6a BDSG a. F. *Kamlah*, in: Plath (Hrsg.), BDSG/DSGVO, 2. Aufl. 2016, § 6a BDSG Rn. 2; *Scholz*, in: Simitis (Hrsg.), BDSG, 7. Aufl. 2011, § 6a Rn. 4; *Bull*, Informationelle Selbstbestimmung – Vision oder Illusion?, 2. Aufl. 2011, S. 66.

[18] *Scholz*, in: Simitis u. a. (Hrsg.), DSGVO/BDSG, 2019, Art. 22 DSGVO Rn. 4; *Buchner*, in: Kühling/ders. (Hrsg.), DS-GVO/BDSG, 2. Aufl. 2018, Art. 22 DSGVO Rn. 11; *von Lewinski*, in: BeckOK-Datenschutzrecht, Art. 22 DSGVO Rn. 3 [Stand: 32. Ed. Mai 2020]; *Schulz*, in: Gola (Hrsg.), DS-GVO, 2. Aufl. 2018, Art. 22 Rn. 2; *Ernst*, in: Wischmeyer/Rademacher (Hrsg.), Regulating Artificial Intelligence, 2020, S. 53 (69 f.); *Djeffal*, ZaöRV 2020, 847 (858).

[19] *Martini*, Blackbox Algorithmus, 2019, S. 158.

[20] A. a. O., S. 162.

Die Frage, ob die Regulierung algorithmenbasierter Entscheidungen sinnvoll im Datenschutzrecht zu verankern ist, hat – entgegen anderer Auffassungen[21] – durchaus praktische Konsequenzen: Die Normgenese im französischen Datenschutzrecht und die dieser Logik folgende Integrierung in die Datenschutzrichtlinie und die Datenschutz-Grundverordnung verstellt den Blick dafür, dass die Regelung letztlich auf der Prämisse beruht, dass einen qualitativen Unterschied macht, ob der Mensch der Entscheidungsgewalt eines anderen Menschen oder einer Maschine unterworfen wird. Der Gesetzgeber nimmt weiterhin an, dass letztere Alternative für die betroffene Person – erstmal nicht näher benannte – Risiken birgt, die dadurch eingegrenzt werden, dass automatisierte personenbezogene Entscheidungen grundsätzlich verboten sind. Diese implizite Annahme ist eine gänzlich andere Perspektive als der Schutz personenbezogener Daten durch die Kontrolle des Datenflusses. Nur vor diesem Hintergrund ist die grundrechtliche Argumentation in der Entstehungsgeschichte des Art. 22 DSGVO zu verstehen.

c) Entwicklung des Normtextes im Gesetzgebungsverfahren

Das Gesetzgebungsverfahren von den ersten Vorarbeiten in beratenden Gremien im Jahr 1974 bis zur Verabschiedung der *Loi informatique et libertés* am 6. 1. 1978 war außergewöhnlich lang. Dies lag aber nicht daran, dass das Verbot automatisierter Entscheidungen umstritten war – hier wurde trotz einiger wesentlicher redaktioneller Änderungen relativ schnell ein Konsens erzielt –, sondern betraf vor allem die Organisation und Kompetenzen der durch das Gesetz geschaffenen Datenschutzbehörde, der CNIL. Hinsichtlich des hier maßgeblichen Art. 2 der *Loi informatique et libertés*, der ein Verbot der zuvor beschriebenen automatisierten Entscheidungen statuierte, sind im Wesentlichen drei Phasen bzw. Textfassungen entscheidend: Die Stellungnahme der durch den französischen Präsidenten eingesetzten Expertenkommission „Informatique et libertés" im Jahr 1974 hatte wesentlichen Einfluss auf den Regierungsentwurf vom 9. 8. 1976, der wiederum durch den Senat im Laufe des Gesetzgebungsverfahrens in entscheidenden Punkten geändert wurde. Die durch den Senat vorgeschlagene Redaktion des Art. 2 war letztlich auch die Version, die im Rahmen des Gesetzes am 6. 1. 1978 verabschiedet wurde.

aa) Die Vorarbeit der Kommission „Informatique et libertés"

Nachdem im Frühling 1974 die öffentliche Diskussion um das Projekt „SAFARI" den fehlenden Rechtsrahmen für die Datenverarbeitung durch staatliche Stellen und den Einsatz von EDV-Systemen hervorgehoben hatte, setzte der französische Präsident Giscard d'Estaing am 8. 11. 1974 die ans Justizministerium angegliederte

---

[21] *Bygrave*, Comp. L. & Sec. Rev. 17 (2001), 17 (17).

Kommission „Informatique et libertés" ein, die untersuchen sollte, wie der Einsatz von Informatik im öffentlichen und privaten Sektor mit dem Schutz der Grundrechte und insbesondere dem Schutz des Privatlebens zu vereinbaren sei.[22] Das Gremium bestand unter anderem aus dem Vizepräsidenten des *Conseil d'État*[23], dem Präsidenten der *Cour de cassation*[24], dem renommierten Verfassungsrechtsprofessor Vedel und dem Professor und Rechtsinformatiker Catala. Die hochkarätig besetzte Kommission spricht dafür, dass die Regierung dem Thema grundlegende Bedeutung beimaß.[25] Die Kommission reichte im Juni 1975 das Gutachten ein.[26] Auch wenn das Gutachten nicht explizit ein Verbot automatisierter Entscheidungen empfiehlt, geht es bereits über eine rein datenzentrierte Perspektive hinaus und nimmt die Art der Datenverarbeitung in den Blick: Interessanterweise konzentrieren sich die Autoren nicht auf personenbezogene Entscheidungen im Sinne einer Individualbezogenheit, sondern gehen zunächst von infrastrukturellen und ökonomischen Entscheidungen aus, die eine Personengruppe betreffen, beispielsweise die automatisierte Festlegung eines Fabrikstandortes – wobei auch hier lediglich eine Entscheidungshilfe durch den Algorithmus zugrunde gelegt wird.[27] Das Gutachten weist in diesem Kontext auf mehrere Risiken hin: Es würde zum einen eine faktische Machtverschiebung zugunsten des Entwicklers des automatisierten Entscheidungsmodells bedeuten, da der Entscheidungsträger in der Regel nicht mit der detaillierten Funktionsweise des Modells vertraut sei und sich im Zweifel auf die vermeintliche Objektivität der Maschine verlassen würde.[28] Solche Anwendungen könnten zum anderen in unvorhersehbarer Weise die Freiheitsrechte von Personengruppen einschränken.[29] Auf den grundrechtlichen Aspekt wird noch zurückzukommen sein. Die Kommission machte deutlich, dass es in Frankreich zu diesem Zeitpunkt keine Präzedenzfälle und keinen regulatorischen Rahmen gab, sie die beschriebenen Szenarien aber als „reelle Gefahr" einschätzte, die berücksichtigt werden sollte.[30]

---

[22] Décret n° 74–938 du 8 novembre 1974 portant création de la commission Informatique et libertés, JORF v. 13.11.1974, S. 11403f.

[23] Der *Conseil d'État* hat eine Doppelfunktion als oberstes Verwaltungsgericht und Beratungsorgan, das etwa rechtliche Gutachten zu Gesetzesvorhaben der Regierung erstellt. Der Vizepräsident steht an der Spitze des *Conseil d'État*; die Bezeichnung als Vize stammt aus der Zeit, in der der französische Staatschef der Institution vorstand.

[24] Die *Cour de cassation* ist das oberste Gericht der ordentlichen Gerichtsbarkeit.

[25] Bereits im Jahr 1969 hatte die Regierung den *Conseil d'État* um eine Stellungnahme zu dem Thema gebeten, s. Rapport de M. Foyer au nom de la commission des lois, Dok. n° 3125 der Assemblée Nationale, Annexe au procès-verbal de la séance du 4 octobre 1977, S. 12.

[26] CNIL, Rapport de la Commission Informatique et libertés („Rapport Tricot"), 1975, Documentation française.

[27] A.a.O., S. 21, 82.

[28] A.a.O., S. 82f.

[29] A.a.O., S. 21.

[30] A.a.O., S. 83.

Die knapp formulierten Lösungsvorschläge lesen sich überraschend aktuell – die Entwickler sollten die verarbeiteten Daten und die Datenquellen offenlegen sowie die Modellkonzeption („démarches intellectuelles qui ont permis la construction des programmes"), während die Verantwortlichen, d.h. die Entscheidungsträger, kenntlich machen sollten, dass sie solche Programme nutzen.[31] Von einer externen Kontrollinstanz eingesetzte Experten sollten zudem die Möglichkeit haben, weitere Informationen von den Verantwortlichen zu erhalten.[32]

Aus der Tatsache, dass die Verfasser des Gutachtens „lediglich" Transparenzanforderungen stellten, lässt sich schließen, dass sie nicht von einem grundsätzlichen Verbot ausgingen bzw. dieses befürworteten. Es besteht aber kein Zweifel, dass der Tricot-Bericht sich zukunftsorientiert mit automatisierten Entscheidungsstrukturen auseinandersetzte und damit erste Pflöcke für das anschließende Gesetzgebungsverfahren einschlug.

bb) Der Einfluss des Tricot-Berichts auf den Regierungsentwurf von 1976

Der erste Gesetzentwurf der Regierung unter Federführung des Justizministeriums folgte etwa ein Jahr später.[33] Er statuiert in Art. 2, dass keine Justiz- oder Verwaltungsentscheidung, die die Beurteilung menschlichen Verhaltens beinhaltet, als alleinige Grundlage eine automatisierte Informationsverarbeitung haben kann.[34] Das Kriterium der automatisierten Informationsverarbeitung wurde in Art. 5 in der Fassung des Gesetzes von 1978 legaldefiniert und bezeichnete verkürzt eine Reihe von automatisierten (Rechen-)Vorgängen in Bezug auf die Sammlung, Speicherung, Erstellung, Änderung, Konservierung und Zerstörung personenbezogener Informationen.[35]

---

[31] Ebd.

[32] Ebd.

[33] Projet de loi n° 2516 relatif à l'informatique et aux libertés, eingegangen bei der Nationalversammlung am 9. 8. 1976. Es hatte bereits seit 1970 einige erfolglose Gesetzesinitiativen von Abgeordneten der Nationalversammlung gegeben, die in erster Linie darauf abzielten, eine staatliche Kontrollinstanz zu etablieren, zuletzt die Initiative von Cousté, Proposition de loi n° 1004, eingegangen bei der Nationalversammlung am 4. 4. 1974.

[34] „Aucune décision juridictionnelle ou administrative impliquant une appréciation sur un comportement humain ne peut avoir pour seul fondement un traitement automatisé d'informations."; der Begriff „traitement automatisé" wird heute überwiegend mit „Algorithmus" gleichgesetzt, s. *Duclercq*, RDP 2017, 1401 (1408).

[35] „Est dénommé traitement automatisé d'informations nominatives au sens de la présente loi tout ensemble d'opérations réalisées par des moyens automatiques, relatif à la collecte, l'enregistrement, l'élaboration, la modification, la conservation et la destruction d'informations nominatives ainsi que tout ensemble d'opérations de même nature se rapportant à l'exploitation de fichiers ou bases de données et notamment les interconnexions ou rapprochements, consultations ou communications d'informations nominatives.".

Da die französischen Gesetzesmaterialien die Begründung nicht nach den Artikeln des Gesetzentwurfs strukturieren, bleiben die Erwägungsgründe der Regierung im Detail spekulativ. Feststeht, dass der Tricot-Bericht erheblichen Einfluss auf den Entwurf hatte – dies wird in der Diskussion des Textes in der Nationalversammlung mehrfach betont.[36] Während der Grundgedanke, einen Rechtsrahmen für automatisierte Entscheidungen zu etablieren, also aus dem Gutachten der Kommission „Informatique et libertés" zu stammen scheint, löst sich die Regierung in zwei entscheidenden Punkten von den Vorschlägen der Kommission: Zum einen verschiebt sich der Fokus von Entscheidungen, die auf nichtpersonenbezogenen Daten beruhen (beispielsweise infrastrukturelle Planungen), auf direkt personenbezogene Entscheidungen (Beurteilung menschlichen Verhaltens im Rahmen von Justiz- und Verwaltungsentscheidungen). Zum anderen sieht der Entwurf ein grundsätzliches Verbot automatisierter Entscheidungen in diesem Bereich vor, anstatt sie nur unter den Vorbehalt von Transparenzpflichten zu stellen.

Weder der Bericht des Abgeordneten Foyer[37] im Namen der *Commission des lois*[38] – vergleichbar mit dem Rechtsausschuss des Bundestages – noch die Debatte in der Nationalversammlung gehen auf die Hintergründe der Regelung ein; die Abgeordneten nehmen Art. 2 ohne Änderungsvorschläge und ohne Aussprache an.[39] Dies mag ebenfalls für den atypischen Charakter der Norm im Datenschutz sprechen.

cc) Wesentliche Änderungen durch den Senat

Die zentrale Änderung der Redaktion von Art. 2 erfolgte in der ersten Lesung im Senat auf der Grundlage des Thyraud-Berichts[40] im Namen der *Commission des lois*[41] des Senats. Das Gutachten sah folgende Fassung vor, die so auch 1978 in Kraft trat:

> „Keine Justizentscheidung, die eine Beurteilung menschlichen Verhaltens beinhaltet, darf als Grundlage eine automatisierte Informationsverarbeitung haben, die eine Definition des Profils oder der Persönlichkeit des Betroffenen erstellt.

---

[36] Assemblée Nationale, Erste Sitzung am 4.10.1977, JORF v. 5.10.1977, n° 79, S. 5783, 5788.

[37] Rapport de M. Foyer au nom de la commission des lois, Dok. n° 3125 der Assemblée Nationale, Annexe au procès-verbal de la séance du 4 octobre 1977. Der Foyer-Bericht beschränkt sich im Wesentlichen darauf, die rechtsvergleichenden Aspekte des Tricot-Berichts zu aktualisieren und den Gesetzentwurf strukturiert zusammenzufassen.

[38] Commission des Lois constitutionnelles, de la Législation et de l'Administration générale de la République.

[39] Assemblée Nationale, Erste Sitzung am 4.10.1977, JORF v. 5.10.1977, n° 79, S. 5783, 5791.

[40] Rapport de M. Thyraud au nom de la commission des lois, Dok. n° 72 des Sénat, Annexe au procès-verbal de la séance du 10 novembre 1977.

[41] Commission des Lois constitutionnelles, de Législation, du Suffrage universel, du Règlement et d'Administration générale.

Keine Entscheidung der Verwaltung oder im privaten Bereich, die eine Beurteilung menschlichen Verhaltens beinhaltet, darf als alleinige Grundlage eine automatisierte Informationsverarbeitung haben, die eine Definition des Profils oder der Persönlichkeit des Betroffenen erstellt."[42]

Das Gutachten von Thyraud führte erstens eine Differenzierung zwischen Justizentscheidungen auf der einen Seite und Entscheidungen der Verwaltung und des Privatsektors auf der anderen Seite ein: Erstere sollten im Bereich der personenbezogenen Profilbildung auch keiner Teilautomatisierung zugänglich sein, während bei Letzteren eine Vollautomatisierung ausgeschlossen wird („seul fondement"). Die weite Formulierung „Justizentscheidung" zielte letztlich auf richterliche Entscheidungen: Die *Commission des lois* sah die Spruchtätigkeit des Richters als fehlbaren, aber notwendigerweise menschlichen Entscheidungsprozess an. Sie wollte ausdrücklich Praktiken wie in den USA unterbinden, die die „Gefährlichkeit" von Straffälligen statistisch ermitteln würden[43] – die Kommission bezog sich wohl auf die Evaluierung der Rückfallwahrscheinlichkeit.

Zweitens erweiterte der Thyraud-Bericht den Anwendungsbereich auf Entscheidungen des Privatsektors – auch hier ist die Begründung recht dünn, aber Hintergrund waren anscheinend automatisierte Profilbildungen in der Personalverwaltung, beispielsweise im Rahmen einer Beförderung.[44]

Drittens präzisierte die Kommission, dass eine automatisierte Profilbildung des Betroffenen verhindert werden sollte – worin der Unterschied zwischen der Festlegung des Profils und der Persönlichkeit des Betroffen („définition du profil ou de la personnalité") besteht, wird nicht erläutert.

In der Diskussion des Gesetzentwurfs im Senat am 17. 11. 1977 wird nochmals die Sonderstellung der richterlichen Entscheidung hervorgehoben als unabdingbar menschliches Urteil. Der Maschine dürften keine Aufgaben überlassen werden, die so „nobel" seien wie die des Richters.[45] Diese Formulierung impliziert, dass neben der Komplexität justizieller Entscheidungen auch der soziale Status der Berufsgruppe eine Rolle gespielt haben mag. Gleichzeitig wird betont, dass automatisierte entscheidungsvorbereitende Anwendungen in der Justiz nicht ausgeschlossen seien, solange es sich nicht um die automatisierte Erstellung von Persönlichkeitsprofilen handele.

---

[42] „Aucune décision de justice impliquant une appréciation sur un comportement humain ne peut avoir pour fondement un traitement automatisé d'informations donnant une définition du profil ou de la personnalité de l'intéressé.

Aucune décision administrative ou privée impliquant une appréciation sur un comportement humain ne peut avoir pour seul fondement un traitement automatisé d'informations donnant une définition du profil ou de la personnalité de l'intéressé." [Üb. d. Verf.].

[43] Rapport de M. Thyraud au nom de la commission des lois, Dok. n° 72 des Sénat, Annexe au procès-verbal de la séance du 10 novembre 1977, S. 22.

[44] Ebd.

[45] Sénat, Sitzung am 17. 11. 1977, JORF v. 5. 10. 1977, n° 77, S. 2769.

Die Redaktion des Art. 2 auf der Grundlage des Thyraud-Berichts wurde im weiteren Gesetzgebungsverfahren nicht mehr geändert und diskutiert, sodass dieser Text Bestandteil des Gesetzes vom 6. 1. 1978 wurde.

d) Grundrechtliche Referenzen

Nachdem in einem ersten Schritt die Normgenese auf institutioneller Ebene dargestellt wurde, wird im Folgenden auf der Grundlage der Gesetzesmaterialien – einschließlich der dargestellten Vorarbeiten – ausgewertet, ob die Einschränkung automatisierter Entscheidungen mit dem Schutz von Grundrechten begründet wurde bzw. von welchen Gefährdungslagen der Gesetzgeber ausging.

Aus den vorherigen Ausführungen zum Gesetzgebungsverfahren wird die Schwierigkeit deutlich, die grundrechtliche Argumentation, die den gesamten Gesetzestext trägt, von den Erwägungen im Hinblick auf Art. 2 zu trennen, da die Begründung sich kaum auf einzelne Normen bezieht. Daher werden neben den wenigen Erläuterungen speziell zu Art. 2 die grundrechtlichen Referenzen im Kontext der Gesetzesbegründung aufgegriffen und mit dem Regelungsinhalt von Art. 2 abgeglichen.

aa) Bezug auf hypothetische Gefährdungslagen

Zunächst ist festzuhalten, dass für die automatisierte Erstellung von Persönlichkeitsprofilen als Grundlage einer personenbezogenen Entscheidung kaum Anwendungsfälle im Gesetzgebungsverfahren genannt werden: Während der Tricot-Bericht noch infrastrukturelle Entscheidungen aufführt, die nicht direkt individualbezogen sind,[46] nennen die Mitglieder von Senat und Nationalversammlung lediglich zwei Beispiele: Die Profilbildung hinsichtlich des Rückfallrisikos („Gefährlichkeit") von Straffälligen in den USA sowie Entscheidungen in der Personalverwaltung wie beispielsweise eine Beförderung.[47] Hinsichtlich der letztgenannten Anwendung wird auch nicht deutlich, ob es sich um eine Praxis in französischen Unternehmen handelte. Zudem gehen die Akteure nicht darauf ein, welche Grundrechte in den konkret genannten Fällen verletzt sein könnten – unabhängig von der Frage der Grundrechtsgeltung zwischen Privaten. Im Gegensatz zur Debatte zum Datenschutz im engeren Sinne, die durch das Projekt „SAFARI" angestoßen wurde, war eine empirische Grundlage für die Diskussion um automatisierte personenbezogene Entscheidungen folglich kaum vorhanden. Die Gefähr-

---

[46] CNIL, Rapport de la Commission Informatique et libertés („Rapport Tricot"), 1975, S. 21, 82.

[47] Rapport de M. Thyraud au nom de la commission des lois, Dok. n° 72 des Sénat, Annexe au procès-verbal de la séance du 10 novembre 1977, S. 22.

dungslagen sind vor allem hypothetischer Natur[48] und fußen in Spekulationen hinsichtlich der langfristigen technischen Entwicklung und einem tendenziell dystopischen Vokabular: Der weitgehende Konsens der am Gesetzgebungsverfahren Beteiligten lautete, dass zukünftig größere Datenmengen schneller verarbeitet würden, die Verbreitung von Computern zunehme und nachfolgende Generationen sich verstärkt mit dem Verhältnis von Mensch und Maschine auseinanderzusetzen hätten.[49] Obwohl in den Gesetzgebungsmaterialien keine Stellungnahmen von Mathematikern oder Ingenieuren enthalten sind, ist es teils erstaunlich, wie treffend die damaligen Mutmaßungen die heutige Nutzungsform personenbezogener Daten umreißen: Der Berichterstatter der *Commission des lois* des Senats beschrieb etwa das Szenario, dass Politiker nicht länger einheitliche Wahlwerbung schalten, sondern Inhalte für den einzelnen Bürger aufgrund seiner individuellen Situation anbieten würden.[50]

Während die Gutachten der jeweiligen *Commission des lois* von Senat und Nationalversammlung noch darauf hinweisen, dass die „Informatik" im Sinne einer praktischen Informatik Verwaltungsstrukturen effizienter gestalten, repetitive Aufgaben ausführen und menschliche Fehler aufdecken könne,[51] ist die Rhetorik in den Parlamentsdebatten stärker dystopisch geprägt:[52] Die Rede ist zum Beispiel von der „Allmacht" der Maschinen[53], einem „Zivilisationsproblem"[54] oder dem „neuen Geisteszustand" einer „technologischen Zivilisation"[55]. Der Schatten von Georges Orwell habe während der ersten Lesung deutlich über der Nationalversammlung geschwebt, resümierte der Justizminister[56] – das Gleiche gilt jedoch für den Senat. Das Gesetzesvorhaben würde „die zukünftige Realität" und die „Probleme von morgen" angehen.[57]

Die Gefährdung grundrechtlicher Garantien wird daher tendenziell auf die Zukunft bezogen.

---

[48] So ausdrücklich CNIL, Rapport de la Commission Informatique et libertés („Rapport Tricot"), 1975, S. 11.

[49] Sénat, Sitzung am 17. 11. 1977, JORF v. 18. 11. 1977, n° 77, S. 2750; Sénat, Sitzung am 19. 12. 1977, JORF, n° 103, 20. 12. 1977, S. 4249.

[50] Sénat, Sitzung am 17. 11. 1977, JORF v. 18. 11. 1977, n° 77, S. 2751.

[51] CNIL, Rapport de la Commission Informatique et libertés („Rapport Tricot"), 1975, S. 23.

[52] Zur Kulturgeschichte des Topos der Maschine s. *Rieger*, in: Engemann/Sudmann (Hrsg.), Machine Learning – Medien, Infrastrukturen und Technologien der Künstlichen Intelligenz, 2018, S. 117 (117 ff.).

[53] Sénat, Sitzung am 19. 12. 1977, JORF v. 20. 12. 1977, n° 103, S. 4249.

[54] Ebd.

[55] Sénat, Sitzung am 17. 11. 1977, JORF v. 18. 11. 1977, n° 77, S. 2751.

[56] A. a. O., S. 2767.

[57] A. a. O., S. 2766.

bb) Explizit grundrechtliche Argumentation

Das Dekret des französischen Präsidenten zur Einrichtung der *Commission Informatique et libertés* vom 8. 11. 1974 gab bereits vor, dass sich die Kommissionsmitglieder mit der Frage auseinandersetzen sollten, wie die Entwicklung der „informatique" – was je nach Kontext „Informatik", „Computer" oder „EDV-System" bedeutet – mit der Garantie der Achtung des Privatlebens („respect de la vie privée") und den individuellen und öffentlichen Freiheiten („libertés individuelles"[58] und „libertés publiques") zu vereinbaren sei. Diese Notionen sind zunächst in die französische verfassungsrechtliche Terminologie einzuordnen, bevor ihre Bedeutung für Art. 2 der *Loi informatique et libertés* untersucht wird.

(1) Freiheitsrechte (Libertés publiques)

Während das deutsche Grundgesetz und die verfassungsrechtliche Literatur ausdrücklich auf den Terminus „Grundrecht" abstellt, finden sich in der heutigen französischen Verfassung vom 4. 10. 1958[59] die Begriffe „libertés publiques" (Art. 34, 73, 74), „droits de l'homme" (Präambel sowie Art. 53–1) und „libertés fondamentales" (Art. 53–1). Das Schrifttum und der *Conseil constitutionnel* verwenden bis heute ebenfalls eine heterogene Terminologie:[60] Begriffe wie „libertés publiques", „droits de l'homme", „droits fondamentaux", „libertés fondamentales" oder „droits et libertés fondamentaux" weisen einen gemeinsamen Kern auf, haben aber unterschiedliche Nuancen: Die naturrechtlich geprägten „droits de l'homme" werden als „Menschenrechte" verstanden,[61] der Terminus „libertés publiques" dominierte bis in die 1980er-Jahre[62], findet sich nun aber neben den – zumindest in der Literatur und in der Universitätslehre verbreiteten[63] – Bezeichnungen „droits fondamentaux", „libertés fondamentales" oder „droits et libertés fondamentaux".

---

[58] „Libertés individuelles" werden von „libertés collectives" dahingehend abgegrenzt, dass Letztere im Kollektiv ausgeübt werden, etwa die Versammlungsfreiheit.

[59] Die Verfassungstexte, die das französische Verfassungsgericht (*Conseil constitutionnel*) seiner verfassungsrechtlichen Kontrolle zugrunde legt, sind neben der Verfassung v. 4. 10. 1958 die Erklärung der Menschen- und Bürgerrechte v. 26. 8. 1789, die Präambel der Verfassung v. 27. 10. 1946 sowie die *Charte de l'environnement* von 2004. Diese Texte bilden gemeinsam mit einigen ungeschriebenen Prinzipien den „Bloc de constitutionnalité", d. h. den Kontrollmaßstab des Verfassungsgerichts.

[60] Ausführlich *Stelten*, Gerichtlicher Grundrechtsschutz in Frankreich, 2018, S. 225 ff.

[61] A. a. O., S. 227 f.; *Hochmann*, in: Marsch u. a. (Hrsg.), Französisches und Deutsches Verfassungsrecht, 2015, S. 323 (324 f.).

[62] Daran halten weiterhin fest *Rivero/Moutouh*, Libertés publiques, 9. Aufl. 2003; *Wachsmann*, Libertés publiques, 2. Aufl. 1998.

[63] *Favoreu u. a.*, Droit constitutionnel, 22. Aufl. 2020, Rn. 1280 sieht als Ausgangspunkt die Konferenz im Februar 1981 in Aix-en-Provence zum Thema „Cours constitutionnelles européennes et droits fondamentaux"; zur Terminologie in der Universitätslehre s. *Hochmann*, in: Marsch u. a. (Hrsg.), Französisches und Deutsches Verfassungsrecht, 2015, S. 323 (328 f.); der *Conseil constitutionnel* nimmt in der jüngeren Rechtsprechung kaum noch Bezug auf diese

Der Begriff „libertés publiques", der wörtlich zunächst mit „öffentlichen Freiheiten" übersetzt werden kann, ist insofern irreführend, als er nicht nur Freiheitsrechte in der öffentlichen Sphäre bezeichnet, sondern die Qualifikation „publiques" sich darauf bezieht, dass die öffentliche Gewalt eingreift, um diese Rechte zu schützen und auszugestalten.[64] Der Schutz der Privatsphäre ist beispielsweise auch eine „öffentliche" Freiheit.[65] Im Gegensatz zu Grundrechten können diese Freiheiten auch lediglich einfachgesetzlich geschützt werden – Teile der Literatur lösen sich jedoch von diesem historisch engen Verständnis und meinen damit auch übergesetzliche Normen.[66] Nur vor diesem Hintergrund ist es verständlich, dass der *Conseil constitutionnel* in der Übersetzung der Verfassung von 1958 den Terminus „libertés publiques" mit „Grundrechte" überträgt.[67]

Dass der Schutz von Freiheitssphären in Frankreich historisch vor allem dem Parlament und nicht dem Verfassungsgericht anvertraut wurde, ist in der „legizentristischen" Tradition begründet, die die Freiheit des Einzelnen im Sinne von „geschützte[n] individuelle[n] Autonomiesphären"[68] einfachgesetzlich durch das Parlament garantiert und definiert sieht, da das Gesetz in Anknüpfung an Rousseau der Ausdruck des allgemeinen Willens, der „volonté générale"[69] sei und ein Schutzbedürfnis daher vor allem im Verhältnis zur Exekutive bestehe.[70] Manche Autoren sehen in dem terminologischen Wandel hin zu „droits fondamentaux", „libertés fondamentales" oder „droits et libertés fondamentaux" eine konzeptionelle Verschiebung von der „Gesetzeskonformität" zur „Verfassungskonformität" als Kern der Rechtsordnung.[71] Diese Perspektive mag auch gestützt werden durch die Einführung eines verfassungsrechtlichen Individualrechtsbehelfs in Form der *Question prioritaire de constitutionnalité (QPC)* durch die Verfassungsreform vom 24. 7. 2008.[72]

Begrifflichkeiten, sondern spricht in Variationen von „verfassungsrechtlich garantierten Rechten und Freiheiten", s. *Stelten*, Gerichtlicher Grundrechtsschutz in Frankreich, 2018, S. 238 f.

[64] *Rivero/Moutouh*, Libertés publiques, 9. Aufl. 2003, S. 6 f.

[65] *Favoreu u. a.*, Droit constitutionnel, 22. Aufl. 2020, Rn. 1282.

[66] M. w. N. *Stelten*, Gerichtlicher Grundrechtsschutz in Frankreich, 2018, S. 228 f.

[67] S. https://www.conseil-constitutionnel.fr/de/verfassung-vom-4-oktober-1958 [zuletzt abgerufen am 22. 2. 2021].

[68] *Stelten*, Gerichtlicher Grundrechtsschutz in Frankreich, 2018, S. 226 f.

[69] Art. 6 DDHC.

[70] *Hochmann*, in: Marsch u. a. (Hrsg.), Französisches und Deutsches Verfassungsrecht, 2015, S. 323 (326); s. dazu auch rechtshistorisch *Hamon/Troper*, Droit constitutionnel, 38. Aufl. 2017, Rn. 325 ff.

[71] *Favoreu u. a.*, Droit constitutionnel, 22. Aufl. 2020, Rn. 1285; ausführlich *Champeil-Desplats*, Jus Politicum 2010, 1; s. *Meindl*, La notion de droit fondamental, 2003, S. 72 ff. zu den unterschiedlichen Schutzniveaus der „libertés publiques" und der „droits fondamentaux".

[72] Loi constitutionnelle n° 2008–724 du 23 juillet 2008 de modernisation des institutions de la Ve République, JORF v. 24. 7. 2008, n° 0171, S. 11890; zur Rolle des Verfassungsprozessrechts in der Herausbildung der Grundrechtsdefinition s. *Favoreu u. a.*, Droit constitutionnel, 22. Aufl. 2020, Rn. 1291; *Favoreu u. a.*, Droit des libertés fondamentales, 2000, Rn. 73; zur Situation vor der Einführung der *QPC* s. *Redor*, CRDF 2002, 91 (95 f.).

Die Tatsache, dass sich die französische Verfassungsrechtswissenschaft erst seit den 1980er-Jahren mit der Notion „droits fondamentaux" auseinandersetzt, erklärt, warum die Gesetzgebungsmaterialien der *Loi informatique et libertés* nicht den Schutz der „droits fondamentaux" im Sinne einer sprachlich engeren Verbindung zu „Grundrechten" als Bezugspunkt haben, sondern die damals übliche Bezeichnung „libertés publiques" im Sinne von Freiheitsrechten anführen.

Das Anliegen der *Commission Informatique et libertés* von 1974 und der Akteure im Gesetzgebungsprozess war es also zunächst, ganz allgemein die Nutzung persönlicher Daten ohne die Verletzung von Freiheitsrechten zu gewährleisten. Diese Interpretation ergibt sich aus einem Beitrag von Joinet, der den Gesetzentwurf der *Loi informatique et libertés* seinerzeit mitverfasste: In einer rechtsvergleichenden Abhandlung stellte er fest, dass sich mit Ausnahme von Frankreich die anderen Staaten, die damals an Gesetzesvorhaben zum Datenschutz arbeiteten, primär auf das Konzept der Privatsphäre bezogen – wobei es dafür keine einheitliche Definition gab. Joinet nahm als Begründung dieser Sonderstellung Frankreichs einen Bericht des italienischen Juristen Rodotà für die OECD als Grundlage, in dem dieser dafür plädierte, die Regulierung der Verarbeitung personenbezogener Daten nicht auf den Schutz der Privatsphäre zu verengen, sondern den Schutzzweck in den Freiheitsrechten insgesamt zu sehen, der Schutz des Privatlebens sei hierfür nur das Vehikel.[73] Die im Vergleich zu den anderen Staaten breitere Perspektive auf die Implikationen der Datenverarbeitung für die Freiheitsrechte war somit ein bewusst gewählter Ansatz des französischen Gesetzgebers;[74] hervorgehoben wurde die machtpolitische Dimension und das Missbrauchspotenzial, das aus einem – zu dieser Zeit nur staatlich denkbaren – Monopol informationstechnischer Infrastrukturen resultieren könnte.[75] Vor diesem Hintergrund galt es die „libertés publiques" zu schützen. Dieser grundrechtliche „Rundumschlag" wird auch in Art. 1 der *Loi informatique et libertés* deutlich, der vorsieht, dass die Informatik nicht die menschliche Identität, die Menschenrechte, das Privatleben und die individuellen und öffentlichen Freiheiten verletzen darf. Die Erwähnung der Menschenrechte bezog sich auf die Allgemeine Erklärung der Menschenrechte der Vereinten Nationen und die Europäische Menschenrechtskonvention des Europarats.[76] Die Hervorhebung der menschlichen Identität wandte sich gegen die Erfassung aller Bürger durch eine Identifikationsnummer, die im Rahmen des Projekts „SAFARI" befürchtet worden war.[77]

Der Schutz der Freiheitsrechte war somit ein Anliegen des Gesetzgebers, das aber den gesamten Gesetzestext trug und daher keine Differenzierung zwischen

---

[73] *Joinet*, in: Colson u. a. (Hrsg.), Computer en privacy, 1975, S. 61 (67).

[74] *González Fuster*, The Emergence of Personal Data Protection as a Fundamental Right of the EU, 2014, S. 63 f.

[75] *Joinet*, in: Colson u. a. (Hrsg.), Computer en privacy, 1975, S. 61 (67).

[76] Sénat, Sitzung am 17. 11. 1977, JORF v. 18. 11. 1977, n° 77, S. 2768.

[77] Ebd.

der Motivation der Regulierung personenbezogener automatisierter Entscheidungen und klassischen datenschutzrechtlichen Belangen erlaubt.

(2) Achtung des Privatlebens (Droit au respect de la vie privée)

Die separate Nennung der Achtung des Privatlebens („respect de la vie privée") neben den „libertés publiques" in den Zielsetzungen der Kommission war dogmatisch nicht zwingend, da der Schutz des Privatlebens selbst eine „liberté publique" darstellt.[78]

Es kann sich daher nur um eine Hervorhebung handeln – so betonte der Tricot-Bericht, dass der Schutz des Privatlebens vor der missbräuchlichen Sammlung, Verarbeitung und Verbreitung personenbezogener Daten ein Hauptanliegen der Kommission war.[79] Gleichzeitig wies die Kommission – in Einklang mit der späteren Stellungnahme von Joinet – darauf hin, dass der Schutz des Privatlebens zwar ein zentrales Argument für den Datenschutz darstellte, sie aber die Freiheitsrechte insgesamt als betroffen ansah. Zum Zeitpunkt des Gesetzgebungsverfahrens war das Recht auf Achtung des Privatlebens lediglich einfachgesetzlich verankert in Art. 9 des *Code civil*, der noch heute vorsieht, dass „jeder das Recht auf Achtung seines Privatlebens hat". Diese Kodifikation war erst 1970 erfolgt, sodass die *Loi informatique et libertés* unter dem Eindruck entstand, der Schutz des Privatlebens im französischen Recht sei eine neuartige Errungenschaft.[80] Da die französische Verfassung ebenso wenig wie das Grundgesetz das Privatleben ausdrücklich als solches schützte, konkretisierte der *Conseil constitutionnel* den Schutzgehalt als Ausprägung der in Art. 2 DDHC garantierten Freiheit – relativ spät – ab den 1990er-Jahren.[81]

In der ursprünglichen und in den 1970er-Jahren vorherrschenden Konzeption dieses Freiheitsrechts handelte es sich um ein Abwehrrecht insbesondere gegenüber dem Staat, das die Privat- und Intimsphäre des Einzelnen schützt – der Fokus lag auf dem räumlichen Aspekt wie der Unverletzlichkeit der Wohnung oder des PKWs.[82] Es ging vor allem um die visuelle und akustische Abschirmung und weniger um die persönlichkeitsrechtliche Entfaltung im öffentlichen Raum.[83]

---

[78] *Rivero/Moutouh*, Libertés publiques, 9. Aufl. 2003, S. 18.

[79] CNIL, Rapport de la Commission Informatique et libertés („Rapport Tricot"), 1975, S. 19.

[80] Zur Bedeutung des Art. 9 des *Code civil* s. *Canas*, NCCC (n°48) 2015, 47.

[81] Ausführlich *Mazeaud*, NCCC (n°48) 2015, 7 (Rn. 7 f.); s. auch *Hochmann*, in: Marsch u. a. (Hrsg.), Französisches und Deutsches Verfassungsrecht, 2015, S. 323 (349). Heute wird das Recht auf Achtung des Privatlebens in der französischen Verfassungsrechtsprechung vor allem im Kontext der technologischen Weiterentwicklung der personenbezogenen Datenverarbeitung herangezogen, so *Favoreu u. a.*, Droit constitutionnel, 22. Aufl. 2020, Rn. 1351.

[82] *Mazeaud*, NCCC (n°48) 2015, 7 (Rn. 6 f.).

[83] *Rigaux*, RIDC 43 (1991), 539 (541) betont, dass das US-amerikanische *Privacy*-Konzept und das deutsche Persönlichkeitsrecht bereits im Ursprung weiter waren als der Schutz des Privatlebens im französischen Recht; *Mazeaud*, NCCC (n°48) 2015, 7 (Rn. 11) vertritt die Auf-

Vor diesem Hintergrund kann der Schutz des Privatlebens jedoch nicht als normative Grundlage speziell für ein Verbot personenbezogener automatisierter Entscheidungen in der *Loi informatique et libertés* herangezogen werden. Dies korrespondiert mit der zuvor begründeten These, dass das Datenschutzrecht im Sinne einer Kontrolle des Einzelnen über seine persönlichen Daten nicht der naheliegende Anknüpfungspunkt für ein Verbot gemäß Art. 2 war. Das Recht auf Achtung des Privatlebens wird im Gesetzgebungsverfahren auch nicht in direktem Zusammenhang mit Art. 2 angeführt. Das Verbot gilt gerade nicht nur für rechtswidrig erlangte Daten, sondern knüpft an den Verarbeitungsvorgang an sich und die Art der Entscheidung an.

Obwohl der Schutz des Privatlebens eine wesentliche Rolle in der Gesetzesbegründung der *Loi informatique et libertés* spielte, diente er wohl nicht als grundrechtliches Argument für das Verbot automatisierter personenbezogener Entscheidungen.

cc) Implizit grundrechtliche Argumentation

Die ausdrücklichen grundrechtlichen Bezüge in der Entstehungsgeschichte der *Loi informatique et libertés* erschöpfen sich in der allgemeinen Nennung der Freiheitsrechte und der Hervorhebung des Schutzes des Privatlebens. Zwei Motive, die aus heutiger Sicht in der grundrechtlichen Debatte um die Einschränkung automatisierter Entscheidungen vertraut scheinen, zogen sich jedoch durch den gesamten Gesetzgebungsprozess: Es handelte sich zum einen um die Befürchtung, den Menschen in seiner Selbstbestimmung und seiner Entfaltungsfreiheit einzuschränken, wenn seine Persönlichkeit oder seine Situation durch eine automatisiertes Profil zwangsläufig stereotyp abgebildet wird und er keine Möglichkeit hat, dem entgegenzuwirken. Zum anderen betonte der französische Gesetzgeber, dass die Technologie kein Selbstzweck sei, sondern dem Menschen zu dienen habe. Die Regulierung personenbezogener automatisierter Entscheidungen trug damit auch dem Primat der menschlichen Individualität gegenüber der Maschine Rechnung. Während diese Argumentation in der deutschen Rechtswissenschaft teilweise an das Recht auf informationelle Selbstbestimmung und den Schutz der Menschenwürde angeknüpft wird,[84] handelte es sich im Kontext der *Loi informatique et*

---

fassung, dass diese – vor allem im Verhältnis zur Rechtsprechung des EGMR – restriktive Interpretation bis heute in der Rechtsprechung des *Conseil constitutionnel* dominiert. Besonders deutlich wird dies beispielsweise in dem Urteil des EGMR *S. A. S./Frankreich*: Während der *Conseil constitutionnel* die Verfassungskonformität des Verbots der Gesichtsverhüllung an öffentlichen Orten nicht am Schutz des Privatlebens maß, sah der EGMR einen Eingriff in den Schutzbereich des Art. 8 EMRK, s. EGMR, Urteil v. 1.7.2014, Nr. 43835/11, *S. A. S./Frankreich*, Rn. 106 f. (juris).

[84] Dazu Abschnitt C. II. 2. und 3.

libertés allenfalls um implizit grundrechtliche Referenzen und tendenziell um ethische Motive.

(1) Schutz der Persönlichkeitsentfaltung im Kontext von Profiling

Bereits der Tricot-Bericht löst sich vom Fokus auf den reinen Datenschutz und bezieht die Konsequenzen von automatisierter Informationsverarbeitung mit ein. Unter dem Abschnitt „Risiken für die Zukunft" prognostizieren die Autoren:

> „Jede Verarbeitung basiert auf Kombinationen von ja und nein. Daraus resultiert eine Kategorisierung von Situationen und Individuen. Dies ist bereits eine Tendenz unserer Zivilisation. Der generelle Einsatz von Informatik wird sie verstärken. [...] In sozialer Hinsicht tendiert sie [die Informatik, Anm. d. Verf.] dazu, Situationen festzuschreiben, indem sie Individuen Kategorien zuordnet, die vormals seltener und approximativer waren und von denen sie sich leichter befreien konnten. [...] Welche psychologischen Konsequenzen wird für den Menschen der Zukunft die Tatsache haben zu wissen, dass nichts Wichtiges, das ihn betrifft, je vergessen wird, da davon immer eine Spur im Speicher[85] eines Computers bleibt? Ist es nicht, über die durch Gesetz anerkannten Freiheiten hinaus, zusammen mit der Fähigkeit, sich neu zu erfinden, das intimste Gefühl von Freiheit, das davon betroffen sein wird?"[86]

Das Gutachten stellt damit auf drei Aspekte ab, die zusammengenommen den Autoren Anlass zu der Befürchtung geben, dass automatisierte Entscheidungen die Freiheit des Individuums einschränken: Erstens kann die Datenverarbeitung – die Autoren nutzen wahlweise die Begriffe „Informatik", „Computer" und „Maschine" – nur auf einer binären Schematisierung beruhen, was eine Abbildung komplexer Sachverhalte unter Umständen ausschließt und den individuellen Umständen eines Menschen nicht gerecht wird.

Zweitens wird es dem Einzelnen möglicherweise erschwert, eine bereits erfolgte „Kategorisierung" seiner Person bzw. seiner Situation in Frage zu stellen und zu korrigieren.

---

[85] Die im Original genutzte Formulierung „mémoire" bietet den Vorteil, sowohl die physische als auch die metaphysische Dimension des Problems deutlich zu machen, da „mémoire" einerseits den (elektronischen) Speicher und andererseits das Gedächtnis und die Erinnerung bezeichnet.

[86] CNIL, Rapport de la Commission Informatique et libertés („Rapport Tricot"), 1975, S. 15 f.: „Tout traitement repose sur des combinaisons de oui et de non. Il en résulte une catégorisation des situations et des individus. C'est déjà une tendance de notre civilisation. Le recours généralisé à l'informatique la renforcera. [...] Socialement, elle [l'informatique] tendent [sic] à figer les situations en attachant aux individus des étiquettes jadis plus rares et plus approximatives et dont il leur était plus facile de se débarrasser. [...] Quelles conséquences psychologiques aura pour l'homme de l'avenir le fait de savoir que rien d'important de ce qui le concerne n'est oublié, parce qu'il en reste toujours quelque trace dans la mémoire d'un ordinateur? Au-delà des libertés reconnues par la loi, n'est-ce pas, en même temps que la capacité de se renouveler, le sentiment le plus intime de la liberté qui en sera affecté?" [Üb. d. Verf.].

Drittens weisen die Autoren darauf hin, dass personenbezogenen Daten und Ergebnisse automatisierter Verarbeitungen in größerem Umfang vorhanden sind und dauerhaft gespeichert werden können.[87] Aus diesem Zusammenspiel erwächst in ihren Augen zukünftig ein Risiko für die Freiheit des Einzelnen im Sinne eines Rechts, „sich neu zu erfinden", d. h. die eigene Persönlichkeit zu entfalten, sie als dynamisch und gestaltbar zu erfahren.

Dieser Aspekt wird im anschließenden Gesetzgebungsverfahren mehrfach aufgegriffen: So nimmt zunächst der Bericht Foyer darauf Bezug[88] und auch in der Sitzung der Nationalversammlung vom 4. 10. 1977 wird dieses Risiko von den Abgeordneten betont.[89] Das Gleiche gilt für den Senat in der Sitzung vom 17. 11. 1977.[90] Allerdings beschränken sich alle Referenzen darauf, die Darstellung des Tricot-Berichts zustimmend wiederzugeben, ohne die Problematik zu vertiefen. Sie können daher nur als Indiz dafür gesehen werden, dass es sich nicht um eine vereinzelte Meinung der Kommission „Informatique et libertés" handelte, sondern die Befürchtung, dass Menschen durch binäre automatisierte Abläufe kategorisiert würden und dies nicht in Frage stellen könnten, von mehreren Abgeordneten und Senatoren geteilt wurde.

Fraglich ist, ob dieser vage Bezug auf die Gefährdung der „Freiheit" durch die Festlegung auf Persönlichkeitsprofile und die dauerhafte Speicherung personenbezogener Daten im Kontext des französischen Verfassungsrechts in den 1970er-Jahren grundrechtlich angeknüpft werden kann. Dagegen spricht bereits die Formulierung in dem zuvor zitierten Abschnitt „über die durch Gesetz anerkannten Freiheiten hinaus" – unter Rückbezug auf die Einordnung des Begriffs „libertés publiques" gilt auch hier, dass der Schutz der Freiheitssphären des Einzelnen traditionell einfachgesetzlich kodifiziert wurde. Der Begriff der Freiheit hat im französischen Verfassungsrecht verschiedene Dimensionen: In den 1970er-Jahren wurde der Schutz der Freiheit des Einzelnen („liberté individuelle") vom *Conseil constitutionnel* zunächst als ungeschriebener verfassungsrechtlicher Grundsatz anerkannt.[91] In der Entscheidung vom 12. 1. 1977 zieht das Gericht die Freiheit

---

[87] Dieser Aspekt wird zwar im Kontext einer „Kategorisierung" von Individuen genannt, geht aber über automatisierte Entscheidungen hinaus und erinnert aus heutiger Sicht eher an die Problematik, die durch ein „Recht auf Vergessen(werden)" adressiert wird, dazu BVerfG, Beschluss v. 6. 11. 2019, Az. 1 BvR 276/17 (juris); BVerfG NJW 2020, 300; BGH, Entscheidung v. 27. 7. 2020, bislang nur Pressemitteilung zu Az. VI ZR 405/18 und VI ZR 476/18 (juris); EuGH, Urteil v. 13. 5. 2014, Rs. C-131/12 (*Google Spain*), ECLI:EU:C:2014:317; EuGH, Urteil v. 24. 9. 2019, Rs. C-507/17 (*Google LLC*), ECLI:EU:C:2019:772; EuGH, Urteil v. 24. 9. 2019, Rs. C-136/17 (*GC u. a.*), ECLI:EU:C:2019:773; aus verfassungs- und zivilrechtlicher Perspektive *Becker*, Das Recht auf Vergessenwerden, 2019; s. auch Sénat, Sitzung am 17. 11. 1977, JORF v. 18. 11. 1977, n° 77, S. 2751: „Tout être humain a droit à l'oubli.".

[88] Rapport de M. Foyer au nom de la commission des lois, Dok. n° 3125 der Assemblée Nationale, Annexe au procès-verbal de la séance du 4 octobre 1977, S. 6.

[89] Assemblée Nationale, Erste Sitzung am 4. 10. 1977, JORF v. 5. 10. 1977, n° 79, S. 5782, 5786.

[90] Sénat, Sitzung am 17. 11. 1977, JORF v. 18. 11. 1977, n° 77, S. 2764.

[91] Die Praxis, ungeschriebene verfassungsrechtliche Grundsätze zu identifizieren, ergibt sich aus dem Verweis auf die „Principes fondamentaux reconnus par les lois de la République"

des Einzelnen als Schranke der staatlichen Befugnis zur Durchsuchung von Fahr-
zeugen zur Aufklärung und Verhütung von Straftaten heran.[92] Von dieser Herleitung nahm der *Conseil constitutionnel* im Folgenden Abstand und legte bis in die
1990er-Jahre stattdessen Art. 66 der französischen Verfassung weit aus, obwohl
dieser nach dem Wortlaut Schutz gegen willkürliche Festnahmen bietet und somit
eher die physische Freiheit garantiert – vergleichbar mit Art. 104 GG.[93] In jüngerer
Zeit wird die Freiheit des Einzelnen daher auf Art. 2 und 4 DDHC gestützt.[94] Dies
bietet nicht nur den Vorteil, dass der Wortlaut offener ist als der Bezug auf die physische Freiheit in Art. 66 der französischen Verfassung, sondern garantiert auch,
dass der Schutz sowohl dem ordentlichen Richter als auch dem Verwaltungsrichter
obliegt.[95] Hervorzuheben ist jedoch, dass dieses Freiheitsrecht nicht ohne Weiteres mit der allgemeinen Handlungsfreiheit der deutschen Grundrechtsdogmatik
gleichgesetzt werden kann: Während Art. 2 Abs. 1 GG als „Auffanggrundrecht"
interpretiert wird, das zum Tragen kommt, wenn speziellere Freiheitsrechte nicht
einschlägig sind,[96] werden Art. 2 und 4 DDHC mangels einer Benennung spezi-
fischer Freiheitsrechte im „Bloc de constitutionnalité" herangezogen, um daraus
verschiedene Dimensionen der Freiheit abzuleiten, etwa die Freizügigkeit („liberté
d'aller et de venir"), die Ehefreiheit („liberté du mariage") oder die Unverletzlichkeit der Wohnung („inviolabilité du domicile").[97] Der *Conseil constitutionnel* hat
bislang aber keine Ausprägung der persönlichen Freiheit des Einzelnen im Kontext
von Persönlichkeitsprofilen auf der Grundlage automatisierter Datenverarbeitung
konturiert. In jüngster Zeit hat er Transparenzanforderungen an algorithmenbasierte Entscheidungen gestellt, diese aber auf der Grundlage von Art. 15 DDHC im
Sinne eines Rechts auf Zugang zu Verwaltungsdokumenten hergeleitet.[98] Persönlichkeitsrechtliche Aspekte werden jedoch nicht aufgegriffen.

---

in der Präambel der Verfassung von 1946, auf die wiederum die Präambel der Verfassung von
1958 Bezug nimmt und die somit Bestandteil des „Bloc de constitutionnalité" im Sinne eines
verfassungsrechtlichen Kontrollmaßstabes ist.

[92] Conseil constitutionnel, Décision n° 76–75 DC du 12 janvier 1977, *Loi autorisant la
visite des véhicules en vue de la recherche et de la prévention des infractions pénales.* Eine
offizielle deutsche Übersetzung findet sich unter https://www.conseil-constitutionnel.fr/de/
decision/1977/7675DC.htm [zuletzt abgerufen am 22.2.2021].

[93] *Hochmann*, in: Marsch u.a. (Hrsg.), Französisches und Deutsches Verfassungsrecht, 2015,
S. 323 (349).

[94] *Favoreu u.a.*, Droit constitutionnel, 22. Aufl. 2020, Rn. 1344f.

[95] Art. 66 bezog sich ausdrücklich auf die „autorité judiciaire" als Garant der persönlichen
Freiheit.

[96] Statt vieler *Jarass*, in: Jarass/Pieroth, GG, 16. Aufl. 2020, Art. 2 Rn. 1.

[97] Mit weiteren Beispielen *Favoreu u.a.*, Droit constitutionnel, 22. Aufl. 2020, Rn. 1344f.;
Hochmann, in: Marsch u.a. (Hrsg.), Französisches und Deutsches Verfassungsrecht, 2015,
S. 323 (349).

[98] Conseil constitutionnel, Décision n° 2020–834 QPC du 3 avril 2020, *Union nationale des
étudiants de France*, Rn. 8, 17; zu selbstlernenden Algorithmen in der Verwaltung s. Conseil
constitutionnel, Décision n° 2018–765 DC du 12 juin 2018, *Loi relative à la protection des
données personnelles*, Rn. 71.

Im Hinblick auf die eingangs zitierte Befürchtung der Autoren des Tricot-Berichts einer Kategorisierung von Menschen durch automatisierte gruppenbasierte Persönlichkeitsprofile, die die Betroffenen nicht ohne Weiteres verweigern bzw. korrigieren können, lässt sich daher festhalten, dass es zum damaligen Zeitpunkt keine grundrechtliche Referenz war. Die verfassungsrechtliche Ausdifferenzierung verschiedener Freiheitsaspekte erfolgte zum einen erst deutlich später und deckte zum anderen nicht speziell die beschriebene Entwicklung ab.

Im französischen Gesetzgebungsverfahren war es somit eher eine ethische Erwägung, die das Verbot automatisierter personenbezogener Entscheidungen mittrug.

Aus der Perspektive der heutigen deutschen Grundrechtsdogmatik scheinen die Ausführungen im Tricot-Bericht vertraut im Spiegel der bundesverfassungsgerichtlichen Judikatur zum Recht auf informationelle Selbstbestimmung: Ohne die grundrechtliche Analyse der Einschränkung algorithmenbasierter Entscheidungen in der deutschen Rechtswissenschaft vorwegzunehmen, sei an dieser Stelle darauf hingewiesen, wie geistesverwandt sich die eingangs zitierte Passage von 1975 und die Ausführungen des Bundesverfassungsgerichts im Beschluss „Recht auf Vergessen I" zum Recht auf informationelle Selbstbestimmung lesen.[99] Beide Institutionen thematisieren das Profiling von Individuen, die diese automatisierten Prozesse und ihre Ergebnisse kaum in Frage stellen können, und sehen darin eine Gefahr für die freie Persönlichkeitsentfaltung. Das Bundesverfassungsgericht verweist zusätzlich auf die Manipulierbarkeit und Intransparenz der Datenverarbeitung. Die Mitglieder der Kommission „Informatique et libertés" und die politischen Akteure im französischen Gesetzgebungsverfahren hatten damit eine soziale und technologische Entwicklung vor Augen, für die sie einen Rechtsrahmen schaffen wollten, um die von der Verfassung garantierten Freiheitsrechte zu schützen, blieben aber im Vagen, welche Grundrechte diese – zum damaligen Zeitpunkt eher spekulativen – neuen Gefährdungslagen einhegen sollten.[100]

(2)   Primat der menschlichen Individualität gegenüber der Maschine

Ein weiterer Grund, warum der französische Gesetzgeber das Verbot bestimmter automatisierter Entscheidungen aufnahm, obwohl es keine typische datenschutzrechtliche Norm war, mag darin liegen, dass das Gesetz von 1978 von Anfang an nicht als Datenschutzgesetz im engeren Sinne gedacht war, sondern auch als legis-

---

[99] S. dazu Abschnitt C. II. 3. b).

[100] Dies mag auch ein Grund sein, warum sich die französische Rechtswissenschaft angesichts der technologischen Entwicklung der letzten Jahre nun verstärkt der Figur des Rechts auf informationelle Selbstbestimmung zuwendet: Der *Conseil d'État* schlug in einer umfassenden Studie zu Digitalisierung und Grundrechten im Jahr 2014 vor, das Recht auf informationelle Selbstbestimmung bzw. ein vergleichbares Recht im europäischen Datenschutzrecht zu verankern, s. Conseil d'État (Hrsg.), Le numérique et les droits fondamentaux, 2014, S. 267 ff.

lative Antwort auf die Frage nach dem Verhältnis von Mensch und Maschine. Der Senator und Berichterstatter des Rechtsausschusses Thyraud betonte, dass das Gesetz zwei Ziele verfolge: Zum einen sollte es die Verarbeitung personenbezogener Daten regulieren, zum anderen ermöglichte es eine „Grundsatzerklärung zum Stellenwert der Informatik in unserer Gesellschaft"[101] – wobei die Informatik hier als semantischer Platzhalter für die Idee des Computers, der Automatisierung und Informationsspeicherung diente. Diese Konzeption manifestiert sich an verschiedenen Stellen: Sie wird bereits aus der Bezeichnung der jeweiligen Datenschutzgesetze deutlich: Während das erste Datenschutzgesetz in Hessen schlicht als „Datenschutzgesetz" und das Bundesdatenschutzgesetz als „Gesetz zum Schutz vor Mißbrauch personenbezogener Daten bei der Datenverarbeitung" betitelt wurde, heißt das französische Datenschutzgesetz bis heute „Loi relative à l'informatique, aux fichiers et aux libertés", d.h. Gesetz zu Informatik, Dateien und Freiheiten. Freiheiten sind hier als Freiheitsrechte zu verstehen.[102] Noch deutlicher wird diese grundlegende Sichtweise in Art. 1 der *Loi informatique et libertés*, dessen erster Satz – unverändert seit 1978 – lautet: „Die Informatik muss im Dienste jedes Bürgers stehen." Diese Deklaration ging auf einen Änderungsantrag von *Villa* und einigen anderen Abgeordneten zurück, der in der Nationalversammlung und im Senat sofort auf Zustimmung stieß.[103] Auch der Tricot-Bericht sah den Datenschutz als Bestandteil einer grundlegenden gesellschaftlichen Transformation durch Computer.[104] Aus der Erklärung, die Informatik müsse dem Menschen dienen, lassen sich keine konkreten subjektiven Rechte des Einzelnen ableiten. Was jedoch anklingt, ist das Primat des Menschlichen gegenüber der Maschine, die Ablehnung der Technologie als Selbstzweck. Die Parlamentsmitglieder operierten nicht explizit mit dem Begriff der Würde und dem Bild des Menschen als Objekt automatisierter Entscheidungssysteme, während dies in der Rezeption von Art. 22 DSGVO in der deutschen Rechtswissenschaft weit verbreitet ist.[105] Aus der Perspektive des französischen Verfassungsrechts ist dies jedoch nicht verwunderlich, da das Konzept der Menschenwürde nicht als separates Grundrecht normiert ist. In einer Grundsatzentscheidung im Jahr 1994 zur Bioethik betonte der *Conseil constitutionnel*, dass der Schutz der Menschenwürde ein Grundsatz von Verfassungsrang sei, der sich aus dem ersten Satz der Präambel der Verfassung von 1946 ergebe, die Teil des „Bloc de constitutionnalité" ist. Dort heißt es, dass jeder Mensch ohne Unterschied der Rasse, der Religion oder des Glaubens unveräußerliche und heilige Rechte

---

[101] Sénat, Sitzung am 17.11.1977, JORF v. 18.11.1977, n° 77, S. 2750: „une déclaration de principe sur la place de l'informatique dans notre société" [Üb. d. Verf.].

[102] *González Fuster*, The Emergence of Personal Data Protection as a Fundamental Right of the EU, 2014, S. 63.

[103] Assemblée Nationale, Erste Sitzung am 4.10.1977, JORF v. 5.10.1977, n° 79, S. 5790; Sénat, Sitzung am 17.11.1977, JORF v. 18.11.1977, n° 77, S. 2768.

[104] CNIL, Rapport de la Commission Informatique et libertés („Rapport Tricot"), 1975, S. 19ff.

[105] Dazu Abschnitt C.II.2.

besitze. Zu diesen Rechten zähle die Menschenwürde.[106] Das Verfassungsgericht hat sich in den Folgejahren unter anderem darauf berufen, um ein Recht auf angemessenes Wohnen zu begründen oder die Rechte von ohne ihre Einwilligung eingewiesenen Patienten zu stärken.[107] Da die *Loi informatique et libertés* lange vor der *Bioéthique*-Entscheidung verabschiedet wurde, war der Begriff der Menschenwürde zu diesem Zeitpunkt im grundrechtlichen nationalen Diskurs weniger verbreitet. Die Erklärung, die Informatik müsse im Dienste des Bürgers stehen und das Gesetz regele das Verhältnis von Mensch und Maschine – und „nicht irgendeiner Maschine, da es sich um den Computer handelt"[108] – öffnet ein normativ sehr weites Feld, wobei sie sich im Hinblick auf die Regulierung automatisierter Entscheidungen in einem kleineren Maßstab wiederfindet in der Aussage, es müsse personenbezogene Entscheidungen geben, die dem Menschen vorbehalten seien.[109] „Menschliche Verantwortungen" könnten nicht ohne Weiteres an Maschinen delegiert werden.[110] Dahinter steht der Gedanke, dass ein Algorithmus an eine binäre Schematisierung bzw. eine vorgegeben Skala gebunden ist, die keinen Raum für atypische Nuancen und letztlich auch für Empathie lässt.[111] Im Hinblick auf die Abwesenheit von Empathie beinhaltet eine automatisierte Entscheidung also zwangsläufig eine gewisse Objektifizierung des Entscheidungssubjekts, sodass die französische Argumentation sich inhaltlich – wenn auch nicht formal über das Grundrecht der Menschenwürde – mit der späteren Rezeption der deutschen Rechtswissenschaft teilweise deckt. Dabei ist aber darauf hinzuweisen, dass die Deklaration, die Informatik müsse dem Menschen dienen, ähnlich wie der Verweis auf die Freiheitsrechte, den gesamten Gesetzestext normativ trägt und nicht ausschließlich auf Art. 2 der *Loi informatique et libertés* bezogen werden kann.

dd) Fazit

Im Gegensatz zu anderen Staaten verfolgte Frankreich mit dem Gesetz von 1978 von Anfang an einen sehr weiten Ansatz bei der legislativen Auseinandersetzung mit der Datenverarbeitung. Dies erklärt zum Teil die Normgenese des

---

[106] Conseil constitutionnel, Décision n° 94–343/344 DC du 27 juillet 1994, *Loi relative au respect du corps humain et loi relative au don et à l'utilisation des éléments et produits du corps humain, à l'assistance médicale à la procréation et au diagnostic prénatal („Bioéthique"),* Rn. 2; deutlicher im Hinblick darauf, dass die Menschenwürde zu diesen unveräußerlichen und heiligen Rechten gehört Conseil constitutionnel, Décision n° 2010–14/22 QPC du 30 juillet 2010, *Garde à vue,* Rn. 19.

[107] Weitere Beispiele finden sich bei *Favoreu u. a.,* Droit constitutionnel, 22. Aufl. 2020, Rn. 1342; interessant in diesem Zusammenhang auch Conseil constitutionnel, Décision n° 2018–761 QPC du 1 février 2019, *Pénalisation des clients de personnes se livrant à la prostitution.*

[108] Assemblée Nationale, Erste Sitzung am 4. 10. 1977, JORF v. 5. 10. 1977, n° 79, S. 5784.

[109] Sénat, Sitzung am 17. 11. 1977, JORF v. 5. 10. 1977, n° 77, S. 2769.

[110] A. a. O., S. 2751.

[111] CNIL, Rapport de la Commission Informatique et libertés („Rapport Tricot"), 1975, S. 16.

Art. 2, der keine typische Datenschutznorm darstellt. Im Fokus standen nicht nur der Schutz der Privatsphäre, sondern die Freiheitsrechte im Allgemeinen. Auch vor dem Hintergrund, dass die Gesetzesbegründung nicht anhand der einzelnen Normen strukturiert war, bleibt die grundrechtliche Argumentation hier wenig greifbar. Inhaltlich nähert sich die Charakterisierung der zukünftigen Risiken aus der Perspektive der deutschen Rechtswissenschaft dem Schutzbereich der informationellen Selbstbestimmung und der Menschenwürde an, aus französischer Sicht war dies jedoch – zumindest zum damaligen Zeitpunkt – kein explizit verfassungsrechtlicher Diskurs, sondern eher ein ethisches Motiv. Dies spiegelt sich in den Parlamentsdebatten, die im Vergleich zu Deutschland stärker von einem philosophischen und literarischen Diskurs zum Verhältnis von Mensch und Maschine geprägt waren. Auf das Risiko der Diskriminierung durch algorithmenbasierte Entscheidungen wurde ebenfalls kein Bezug genommen. Der Tricot-Bericht verwies zwar auf eine mögliche Verschärfung gesellschaftlicher Ungleichheit durch automatisierte Datenverarbeitung, begründete dies aber mit den damals sehr hohen Anschaffungskosten für Computer und einem eventuellen Monopol von technologischem Wissen und Daten.[112] Da mögliche Diskriminierungen oft erst im Rahmen empirischer Auswertungen der Anwendungsfälle automatisierter Entscheidungen festgestellt werden und es damals kaum praktische Beispiele gab, ist die mangelnde Auseinandersetzung damit jedoch nicht verwunderlich.

In der Gesamtschau war in Frankreich im Vergleich zu anderen Staaten das Bewusstsein stärker ausgeprägt, dass die Datenverarbeitung, die Automatisierung von Prozessen und die sich abzeichnende Zuspitzung dieser Entwicklung nicht nur den Datenschutz im Sinne einer Kontrolle der Datenverarbeitung und die Wahrung der Privatsphäre touchierte. Diese Wahrnehmung korrespondierte jedoch nicht mit einem ausdifferenzierten grundrechtlichen Instrumentarium, das für den technologischen Fortschritt hätte herangezogen werden können, sodass die grundrechtlichen Referenzen zwingend oberflächlich blieben.

e) Fazit

Hinsichtlich der Normgenese im französischen Datenschutzrecht bleibt festzuhalten, dass Art. 2 der *Loi informatique et libertés* von 1978 eine singuläre und atypische Norm im Datenschutzrecht war. Während der gesamte Gesetzestext sich auf den Schutz der Freiheitsrechte und insbesondere den Schutz des Privatlebens stützte, blieb die grundrechtliche Motivation für die Regulierung personenbezogener automatisierter Entscheidungen im Vagen. Die Befürchtung, die freie Entfaltung der Persönlichkeit des Einzelnen durch Entscheidungen auf der Grundlage automatisierter stereotyper Profile einzuschränken und den Menschen der Entscheidungsgewalt von Algorithmen zu unterwerfen, die atypischen Fälle unter

---

[112] A. a. O., S. 17.

Umständen nicht gerecht werden können, war nicht ausdrücklich verfassungsrechtlich begründet, erwies sich aber aus heutiger Perspektive als eine hellsichtige Skizzierung der Risiken der technologischen und soziologischen Entwicklung, die erst später im Verfassungsrecht aufgegriffen werden sollten. Der französische Gesetzgeber war sich bewusst, dass die *Loi informatique et libertés* und damit auch Art. 2 zukunftsgerichtet war: „Dies ist der Beweis, dass die Gesetzgebung ausnahmsweise nicht einer Entwicklung folgen wird, die sich außerhalb von uns abspielt, sondern die künftige Realität vorbereitet."[113] Der Senator und Berichterstatter des Rechtsausschusses Thyraud ging so weit zu sagen, dass das Gesetz in der Zukunft als wegweisender Text gesehen würde, auf den sich die mit der „Allmacht der Maschinen" konfrontierten Nachkommen beziehen würden.[114]

2. Grundrechtliche Argumentationslücke im europäischen Diskurs

Mit dem Erlass der europäischen Datenschutzrichtlinie[115] am 24. 10. 1995 und der anschließenden Umsetzung in den EU-Mitgliedstaaten wurde die Nutzung personenbezogener automatisierter Entscheidungen durch Art. 15 DSRL in Ansätzen harmonisiert.[116] Die Norm fand „auf Drängen Frankreichs"[117] Eingang in die Richtlinie. Nachdem zuvor festgestellt wurde, dass die entsprechende Regelung im französischen Recht zum einen atypisch war und zum anderen ihre normative Begründung im Vagen blieb, stellt sich nun die Frage, wie sich der Einfluss Frankreichs im europäischen Gesetzgebungsverfahren manifestierte und ob sich daran anknüpfend auf europäischer Ebene ein Diskurs über die normative Motivation entwickelte, automatisierte personenbezogene Entscheidungen einzuschränken. Von Interesse ist daher, ob sich die Verlagerung der zuvor nur in Frankreich national geführten Debatte auf ein supranationales Niveau als fruchtbar erwies für die grundrechtliche Herleitung des Verbots bestimmter algorithmenbasierter Entscheidungen.

---

[113] Sénat, Sitzung am 17. 11. 1977, JORF v. 18. 11. 1977, n° 77, S. 2766: „C'est la preuve que, pour une fois, la loi va non pas suivre un évolution faite en dehors de nous, mais plutôt préparer la réalité future [...]" [Üb. d. Verf.].

[114] Sénat, Sitzung am 19. 12. 1977, JORF v. 20. 12. 1977, n° 103, S. 4249: „[L]a loi sur l'informatique et les libertés sera très certainement considérée dans l'avenir comme un texte fondamental. C'est à elle que se référeront nos descendants lorsqu'ils seront confrontés, plus encore que nous-mêmes, à la toute-puissance des machines.".

[115] S. Fn. 44 in Abschnitt A.

[116] Zu der Entwicklung des Datenschutzrechts von nationalen Regelungen hin zu einem europäischen Konzept s. *González Fuster*, The Emergence of Personal Data Protection as a Fundamental Right of the EU, 2014, S. 111 ff.; *Bygrave*, Data Protection Law, 2002, S. 30 ff.

[117] *Wuermeling*, DB 1996, 663 (668).

a) Datenschutzrichtlinie

aa) Frankreichs Einfluss auf die Redaktion des Art. 15 der Datenschutzrichtlinie

Frankreichs Einbezug automatisierter personenbezogener Entscheidungen in das Datenschutzrecht blieb eine Ausnahme unter den EU-Mitgliedstaaten. Die Diskussion darüber wurde hingegen gut zehn Jahre nach der Verabschiedung der *Loi informatique et libertés* auf europäischer Ebene begonnen, als die Europäische Kommission anstrebte, den Schutz personenbezogener Daten zu harmonisieren und diesbezüglich einen Richtlinienvorschlag unterbreitete.[118]

Dieser Richtlinienvorschlag enthielt bereits in Art. 14 Nr. 2 das Recht der betroffenen Person, „keiner Verwaltungsmaßnahme oder Entscheidung im privaten Bereich unterworfen zu werden, die eine Beurteilung ihres Verhaltens enthält und sich dabei allein auf eine rechnergestützte Verarbeitung personenbezogener Daten stützt, die ein Persönlichkeitsprofil des Betroffenen herstellt". Die fast wörtliche Übernahme von Art. 2 der *Loi informatique et libertés* zeigte bereits die französische Handschrift der europäischen Regelung.[119] Für den gesamten Richtlinienvorschlag wurde hervorgehoben, dass dieser insbesondere von französischen, niederländischen und deutschen Rechtskonzepten beeinflusst war.[120] Hinsichtlich Art. 14 Nr. 2 gab es außerhalb Frankreichs jedoch kein Vorbild.[121]

Es lässt sich beobachten, dass die Redaktion des Artikels sich im Laufe des Gesetzgebungsverfahrens stückweise vom ursprünglichen Kommissionsvorschlag, der sich sehr stark an die französische Fassung anlehnte, entfernt:

Das Europäische Parlament schlug in der ersten Lesung eine Fassung vor, die insbesondere die Ausnahme der Einwilligung des Betroffenen vorsah.[122] Neben der Einführung von Ausnahmen änderte sich auch die Formulierung des ersten

---

[118] Vorschlag für eine Richtlinie des Rates zum Schutz von Personen bei der Verarbeitung personenbezogener Daten, ABl. C 277 v. 5.11.1990, S. 3–24. Zur Entwicklung des Verbots automatisierter Entscheidungen auf unionsrechtlicher Ebene s. auch *Djeffal*, ZaöRV 2020, 847 (851 ff.).

[119] Die französische Fassung von Art. 14 Nr. 2 des Richtlinienvorschlags lautete: „de ne pas être soumise à une décision administrative ou privée impliquant une appréciation de son comportement qui ait pour seul fondement un traitement automatisé de données à caractère personnel donnant une définition du profil ou de la personnalité de l'intéressé"; dazu im Vergleich Art. 2 Abs. 2 der *Loi informatique et libertés*: „Aucune décision administrative ou privée impliquant une appréciation sur un comportement humain ne peut avoir pour seul fondement un traitement automatisé d'informations donnant une définition du profil ou de la personnalité de l'intéressé.".

[120] Stellungnahme des Europäischen Wirtschafts- und Sozialausschusses, ABl. C 159 v. 17.6.1991, S. 38–48 (39).

[121] A.a.O., S. 38 (43).

[122] Stellungnahme des Europäischen Parlaments in erster Lesung in der Sitzung v. 11.3.1992, ABl. C 94 v. 13.4.1992, S. 173–201 (186).

Absatzes: Im geänderten Kommissionsvorschlag vom 16. 10. 1992 ist von einer *beschwerenden* Verwaltungsmaßnahme oder Entscheidung im privaten Bereich die Rede, gleichzeitig wurde das Kriterium der Verhaltensbeurteilung gestrichen.[123] Die Fassung, die letztlich verabschiedet wurde, war die des Rates in seinem gemeinsamen Standpunkt vom 20. 2. 1995[124] – die Differenzierung zwischen Verwaltungsmaßnahme und Entscheidung im privaten Bereich wurde aufgegeben, die Voraussetzung der rechtlichen Folge und der erheblichen Beeinträchtigung eingeführt. Zudem wurde der Begriff des Persönlichkeitsprofils fallen gelassen, aber gleichzeitig klargestellt, dass der Zweck der automatisierten Datenverarbeitung in der Bewertung „einzelner Aspekte" des Betroffenen liegen müsse.

Somit ist festzuhalten, dass die Ursprungsversion der Norm ein Zwilling des Art. 2 der *Loi informatique et libertés* von 1978 war, sie jedoch im EU-Gesetzgebungsprozess einige Modifikationen erfuhr, die den Bezug zum französischen Recht zwar nicht verschwinden ließen, aber ihr eine unionsrechtliche Eigenständigkeit verliehen. Zu untersuchen ist, ob sich damit auch die grundrechtliche Begründung für die Regelung änderte bzw. an Kontur gewann.

bb) Normative Unschärfen im Gesetzgebungsprozess

Die gesamte Richtlinie stützte sich auf den Schutz der Grundrechte und der Privatsphäre.[125] Insbesondere der erste Halbsatz des zweiten Erwägungsgrundes („Die Datenverarbeitungssysteme stehen im Dienste des Menschen [...]") erinnert stark an Art. 1 S. 1 der *Loi informatique et libertés*. Speziell im Hinblick auf Art. 15 DSRL zeigt sich, dass die normative Motivation in den einzelnen Phasen des Gesetzgebungsverfahrens in unterschiedlicher Ausführlichkeit reflektiert wurde: Im Rechtsausschuss des Europäischen Parlaments spielte die Norm eine untergeordnete Rolle – insgesamt wurde der ursprüngliche Kommissionsvorschlag, der sich im Hinblick auf Art. 15 DSRL stark am französischen Recht orientierte, als zu restriktiv empfunden.[126]

Die Entwicklung des Normtextes im Rat vollzog sich vor allem unter praktischen Gesichtspunkten: Die französische Delegation wurde gebeten, konkrete Anwendungsbeispiele zu nennen, da es allein in Frankreich eine entsprechende

---

[123] Geänderter Vorschlag für eine Richtlinie des Rates zum Schutz von Personen bei der Verarbeitung personenbezogener Daten, ABl. C 311 v. 27. 11. 1992, S. 30–61 (50).

[124] Gemeinsamer Standpunkt (EG) Nr. 1/95 vom 20. 2. 1995, vom Rat festgelegt gemäß dem Verfahren des Artikels 189b des Vertrags zur Gründung der Europäischen Gemeinschaft im Hinblick auf den Erlass einer Richtlinie des Europäischen Parlaments und des Rates zum Schutz natürlicher Personen bei der Verarbeitung personenbezogener Daten und zum freien Datenverkehr, ABl. C 93 v. 13. 4. 1995, S. 1–24 (12).

[125] S. Erwägungsgrund 2 der DSRL.

[126] Bericht des Rechtsausschusses des Europäischen Parlaments v. 15. 1. 1992 (Berichterstatter Hoon), Dok. A3/1992/10, S. 23, 52.

Norm gab.[127] Um den Delegationen der anderen Mitgliedstaaten die Relevanz der Regelung zu verdeutlichen, führten die französischen Vertreter insbesondere das Scoring im Banken- und Versicherungssektor, die standardisierte Vorauswahl von Kindern für medizinische und sozialpädagogische Maßnahmen im Gesundheitswesen und psychologische Auswahltests in der Personalverwaltung an.[128] Der Automatisierungsgrad dürfte hier relativ gering gewesen sein – der Beschreibung der französischen Vertretung lässt sich entnehmen, dass es sich wohl um Profile handelte, deren Faktoren vorher von den Entscheidungsträgern festgelegt und dann lediglich automatisiert zusammengerechnet wurden. In diesem Kontext führte die Ständige Vertretung Frankreichs nur aus, dass Art. 2 der *Loi informatique et libertés* geschaffen wurde in Anbetracht der „Gefahr", die eine Automatisierung personenbezogener Entscheidungen mit sich bringen würde.[129] Hier zeigt sich wieder der normative „weiße Fleck", indem die Automatisierung mit der Gefahr gleichgesetzt wird, ohne darzulegen, worin diese Gefahr letztlich besteht.

Das Vereinigte Königreich, Dänemark und Irland vertraten die Auffassung, dass die Norm nicht zum Regelungsgehalt der Richtlinie passe und sich allenfalls aus dem Prinzip des „fair processing" ergebe[130] – ein Einwand, der von den anderen Mitgliedstaaten nicht so deutlich artikuliert wurde, sich aber mit der zuvor dargestellten Rezeption in der rechtswissenschaftlichen Literatur deckt, dass der Bezugspunkt der Automatisierung nicht einem privatsphärenorientierten Datenschutzrecht entsprach.

Der Fokus der Arbeitsgruppe des Rates zu ökonomischen Fragen lag folglich weniger auf der ethischen oder grundrechtlichen Herleitung der Norm, sondern auf deren Praktikabilität.

Die deutlichste Motivation für Art. 15 DSRL findet sich in der Begründung der Kommission – in der damaligen Nummerierung zu Art. 16 des geänderten Vorschlags.[131] Die Kommission warnte vor einer „mißbräuchlichen Verwendung der Informatik bei der Entscheidungsfindung" als eine der „Hauptgefahren der Zukunft".[132] Sie sah eine technologische Entwicklung hin zu komplexeren Entscheidungssystemen auf der einen Seite und ein übermäßiges Vertrauen der Entscheidungsträger in eine vermeintlich objektive maschinelle Entscheidung auf der

---

[127] Rat der EG, Dok. 7284/91 der Arbeitsgruppe zu Wirtschaftsfragen (Datenschutz) v. 19.7.1991, S. 2; Dok. 4725/93 der Arbeitsgruppe zu Wirtschaftsfragen (Datenschutz) v. 16.2.1993, Anhang zu Art. 16.

[128] Rat der EG, Anmerkung der Ständigen Vertretung Frankreichs, Dok. 5579/93 v. 22.3.1993, Anhang.

[129] Ebd.

[130] Rat der EG, Dok. 7993/94 der Arbeitsgruppe zu Wirtschaftsfragen (Datenschutz) v. 23.6.1994, S. 5; Dok. 9957/94 der Arbeitsgruppe zu Wirtschaftsfragen (Datenschutz) v. 18.10.1994, S. 10.

[131] Abgedruckt bei *Brühann*, in: Grabitz (Begr.) u.a., Recht der EU, Bd. IV, A 30, Art. 15 DSRL Einl. [Stand: 13. EL 1999].

[132] Ebd.

anderen Seite und damit letztlich eine Verantwortungsdelegation an Algorithmen. In dieser Logik sollte ein Verbot vollautomatisierter Entscheidungen mit dem Ziel der Bewertung der Persönlichkeit oder der Situation des Betroffenen eine menschliche Einschätzung und Interventionsmöglichkeit sichern. Die Argumentation bezieht sich also primär auf kognitive Einschränkungen des Anwenders beim Umgang mit automatisierten Entscheidungssystemen. Ob daraus dann in einem zweiten Schritt ein Eingriff in die Grundrechte des von der Entscheidung Betroffenen folgt, bleibt unklar. Wie in den Ausführungen Frankreichs im Rat scheint auch hier die Hypothese zugrunde zu liegen, dass eine menschliche Entscheidung per se einer automatisierten Entscheidung vorzuziehen sei. Wenn daher davon die Rede ist, dass der Entscheidungsträger seiner Verantwortung nachkommen müsse, geht es nicht um Zurechnungsfragen, sondern um eine menschliche Auseinandersetzung mit dem zu entscheidenden Sachverhalt bzw. der betroffenen Person. Auf mögliche qualitative Unterschiede zwischen menschlichen und maschinellen Entscheidungsfindungen wird aber nicht eingegangen. Diese Hierarchisierung mag aus Sicht der deutschen Rechtswissenschaft eine menschenwürdebezogene Argumentation erkennen lassen, doch die Begründung der Kommission bleibt dafür zu knapp.

Außerdem darf nicht aus dem Blick verloren werden, dass zum Zeitpunkt der Erarbeitung der Richtlinie die EU-Grundrechtecharta noch nicht existierte und diesbezüglich keine unionsrechtliche Grundrechtsdogmatik. Die EMRK wiederum wurde erst durch den Vertrag von Lissabon über Art. 6 Abs. 3 EUV unmittelbarer Bestandteil des Unionsrechts, stellte aber seit dem Vertrag von Maastricht nach Art. F Abs. 2 EUV a. F. ausdrücklich eine Rechtserkenntnisquelle dar.[133] Die EMRK enthält jedoch keine technologiebezogenen Grundrechte bzw. die von der Konvention garantierten Rechte wurden vom EGMR nie im Kontext von automatisierten Entscheidungen mobilisiert, sodass die EU-Organe nicht auf eine solche Rechtsprechung zurückgreifen konnten. Auch wenn die Datenschutzkonvention des Europarats von 1981[134] eine Referenz in der Entstehung der Datenschutzrichtlinie war, enthielt diese bis zum Änderungsprotokoll vom 10. 10. 2018[135] keine Vorgaben für personenbezogene automatisierte Entscheidungen.

Frankreichs Einfluss auf die Redaktion des Art. 15 DSRL ging folglich kaum mit einer Diskussion der nationalen Argumente für eine Regulierung automatisierter Entscheidungen auf europäischer Ebene einher. Die normative Herleitung wurde entweder ausgeblendet oder – im Falle der Europäischen Kommission – nicht ersichtlich an die französische Normgenese angeknüpft.

---

[133] Zur Rolle der EMRK im Unionsrecht vor dem Inkrafttreten des Vertrags von Maastricht s. *Michl*, Die Überprüfung des Unionsrechts am Maßstab der EMRK, 2014, S. 5 ff., 51 ff.; *Bleckmann*, Die Bindung der Europäischen Gemeinschaft an die Europäische Menschenrechtskonvention, 1986, S. 35 ff.

[134] Übereinkommen zum Schutz des Menschen bei der automatischen Verarbeitung personenbezogener Daten v. 28. 1. 1981, SEV Nr. 108.

[135] Protocol amending the Convention for the Protection of Individuals with regard to Automatic Processing of Personal Data v. 10. 10. 2018, CETS Nr. 223.

cc) Umsetzung des Art. 15 der Datenschutzrichtlinie in Deutschland und Frankreich

Die Regelung in Art. 15 DSRL wurde in Deutschland und Frankreich jeweils durch eine Änderung der bereits existierenden Datenschutzgesetze umgesetzt.[136] Frankreich hielt insbesondere am Begriff des Profils fest, behielt die Sonderstellung von Justizentscheidungen bei und nahm nur das Kriterium der rechtlichen Folge auf, nicht hingegen die erhebliche Beeinträchtigung. Deutschland wiederum orientierte sich enger am Wortlaut des Art. 15 DSRL, fügte jedoch noch einige Klarstellungen ein.[137] Im Rahmen einer weiteren Reform des BDSG im Jahr 2009 wurde etwa präzisiert, dass eine vollautomatisierte Entscheidung insbesondere gegeben sei, wenn „keine inhaltliche Bewertung und darauf gestützte Entscheidung durch eine natürliche Person stattgefunden" habe.[138]

Auf der Gesetzgebungsebene war damit aber keine wesentliche inhaltliche Auseinandersetzung mit dem Schutzzweck verbunden: Der französische Gesetzgeber nannte erneut einige Anwendungsbeispiele aus dem Banken- und Versicherungssektor und der Personalverwaltung.[139] In Deutschland betonte die Legislative in einem Halbsatz, dass die Betroffenen vor intransparenten Entscheidungsprozessen geschützt werden sollten und stellte klar, welche Konstellationen nicht von der Regelung erfasst seien – zum Beispiel Abhebungen am Geldautomaten.[140]

Auf die Rezeption in der deutschen rechtswissenschaftlichen Literatur wird noch zurückzukommen sein.

Der erste Schritt der europäischen Harmonisierung im Datenschutzrecht brachte daher kaum Klarheit über die Motive, personenbezogene algorithmenbasierte Entscheidungen einzuschränken.

---

[136] Loi n° 2004–801 du 6 août 2004 relative à la protection des personnes physiques à l'égard des traitements de données à caractère personnel et modifiant la loi n° 78–17 du 6 janvier 1978 relative à l'informatique, aux fichiers et aux libertés, JORF n° 182 v. 7.8.2004, S. 14063; Gesetz zur Änderung des Bundesdatenschutzgesetzes und anderer Gesetze v. 18. Mai 2001, BGBl. 2001 I, S. 904.

[137] S. Anhang I.

[138] Gesetz zur Änderung des Bundesdatenschutzgesetzes vom 29. Juli 2009, BGBl. 2009 I, S. 2254.

[139] Rapport de M. Türk au nom de la commission des lois, Dok. n° 218 des Sénat, Annexe au procès-verbal de la séance du 19 mars 2003, S. 67 ff.

[140] BT-Drs. 14/4329, S. 37.

b) Datenschutz-Grundverordnung

aa) Wandel des technologischen und ökonomischen Kontextes

Als sich die Europäische Kommission etwa zwanzig Jahre nach der Ausarbeitung der Datenschutzrichtlinie erneut mit einem unionsweiten Datenschutz – dieses Mal in Form einer Verordnung – auseinandersetzte, hatten die Informationstechnologie, der Zugang zu personenbezogenen Daten und das maschinelle Lernen bereits erhebliche Fortschritte gemacht. Der europäische Gesetzgeber musste daher mit einem neuen technologischen Kontext umgehen. Gleichzeitig hatte in der Zwischenzeit ein weitreichender Umbruch bei der Datenverarbeitung stattgefunden: Während von den Ursprüngen des Art. 22 DSGVO im französischen Datenschutzrecht bis zum Erlass der Datenschutzrichtlinie sich die Debatten primär auf die Datenverarbeitung durch den Staat bezogen und auf die sich daraus speziell ergebenden Gefährdungslagen, traten nun privatwirtschaftliche Akteure auf, deren Geschäftsmodell von großen Mengen personenbezogener Daten abhing: Die heute bekannten US-amerikanischen Unternehmen „Amazon", „Facebook" und „Google" wurden alle Mitte der 1990er-Jahre bis Anfang der 2000er-Jahre gegründet und gehören heute, gemessen am Börsenwert, zu den wertvollsten Unternehmen weltweit.[141] Damit erweiterte sich die Debatte um die Auswertung personenbezogener Daten um die Komponente der Marktmacht.[142]

Für algorithmenbasierte Entscheidungen bedeutete dies, dass diese zumindest im Privatsektor nun auf einer breiteren Datenbasis getroffen werden konnten und in Kombination mit Fortschritten im maschinellen Lernen die Aussicht auf verbesserte automatisierte Entscheidungssysteme bestand.

bb) Fokus auf Praktikabilität der Norm

Die Redaktion von Art. 22 DSGVO baute im Wesentlichen auf Art. 15 DSRL auf. Zum Teil wird vertreten, dass der Anwendungsbereich des Art. 22 DSGVO im Verhältnis zu Art. 15 DSRL erweitert wurde, da im Rahmen der Datenschutzrichtlinie nur Entscheidungen dem Verbot unterfielen, die „zum Zweck der Bewertung einzelner Aspekte einer Person" getroffen wurden, diese Beschränkung im Wortlaut des Art. 22 Abs. 1 DSGVO jedoch nicht mehr angelegt sei.[143]

---

[141] Zu den Börsenwerten für das Jahr 2019 s. https://www.spiegel.de/wirtschaft/unternehmen/nur-noch-zwei-deutsche-firmen-sind-unter-den-100-wertvollsten-der-welt-a-1303111.html [zuletzt abgerufen am 22.2.2021].

[142] Plastisch zu diesem Umbruch *Zuboff*, The Age of Surveillance Capitalism, 2019, S. 63 ff.; *Cohen*, Between Truth and Power, 2019, S. 54 ff.

[143] *Veil*, in: Gierschmann u.a. (Hrsg.), DS-GVO, 2018, Art. 22 Rn. 22; a.A. *Buchner*, in: Kühling/ders. (Hrsg.), DS-GVO/BDSG, 2. Aufl. 2018, Art. 22 DSGVO Rn. 17 ff.; *Scholz*, in: Simitis u.a. (Hrsg.), DSGVO/BDSG, 2019, Art. 22 DSGVO Rn. 19; *von Lewinski*, in: BeckOK-

Hinsichtlich der Ausnahmetatbestände wurden diese insbesondere um die Option der ausdrücklichen Einwilligung des Betroffenen erweitert. Dieser Erlaubnistatbestand war im Rahmen der Datenschutzrichtlinie bereits erwogen worden, hatte aber keinen Eingang in die Richtlinie gefunden, da befürchtet wurde, ein für den Betroffenen „ungünstiges Machtverhältnis" – als Beispiel genannt wurde ein Arbeitssuchender im Verhältnis zu einem potenziellen Arbeitgeber – lasse diesem de facto keine Entscheidungsfreiheit.[144] Im Übrigen wurden die Voraussetzungen und Streitstände bezüglich Art. 22 DSGVO bereits im ersten Kapitel ausführlich erläutert.

Im ersten Verordnungsentwurf der Kommission war bereits eine Nachfolgeregelung für Art. 15 DSRL enthalten.[145] Dies Kommission verwies darin auch auf die Empfehlung des Europarats zu Profiling – allerdings ohne eine nähere normative Anbindung.[146]

Das Europäische Parlament befürwortete in der ersten Lesung eine Abschwächung der Norm in Form eines Widerspruchsrechts anstelle eines objektiven Verbots.[147] Im Rechtsausschuss des Europäischen Parlaments wurde Art. 22 DSGVO – Art. 20 in der Entwurfsfassung – in erster Linie als datenschutzrechtliche Norm eingeordnet, sodass der atypische Charakter der Regelung nicht erörtert wurde.[148]

Im Rat gab es unterschiedliche Ansichten über die Reichweite der Einschränkung personenbezogener automatisierter Entscheidungen.[149] Deutschland und Polen bezweifelten, dass die Automatisierung ein geeignetes Kriterium sei, um Datenverarbeitungsprozesse zu identifizieren, die ein „hohes Risiko" darstellen[150] – auch hier bleibt unklar, für wen oder was ein hohes Risiko bestehen würde.

Datenschutzrecht, Art. 22 DSGVO Rn. 12 f. [Stand: 32. Ed. Mai 2020]; *Schulz*, in: Gola (Hrsg.), DSG-VO, 2. Aufl. 2018, Art. 22 Rn. 20.

[144] Begründung der Kommission zu Art. 16 des geänderten Richtlinienvorschlags, abgedruckt bei *Brühann*, in: Grabitz (Begr.) u. a., Recht der EU, Bd. IV, A 30, Art. 15 DSRL Einl. [Stand: 13. EL 1999].

[145] Vorschlag für Verordnung des Europäischen Parlaments und des Rates zum Schutz natürlicher Personen bei der Verarbeitung personenbezogener Daten und zum freien Datenverkehr (Datenschutz-Grundverordnung), KOM(2012) 11 endg. v. 25.1.2012, S. 61 f.; ausführlich zu den redaktionellen Änderungen im Laufe des Gesetzgebungsverfahrens *Helfrich*, in: Sydow (Hrsg.), DSGVO, 2. Aufl. 2018, Art. 22 Rn. 10 ff.

[146] KOM(2012) 11 endg. v. 25.1.2012, S. 10 mit Verweis auf die Empfehlung des Europarats CM/Rec(2010)13 v. 23.11.2010.

[147] Legislative Entschließung des Europäischen Parlaments vom 12.3.2014 zu dem Vorschlag für eine Verordnung des Europäischen Parlaments und des Rates zum Schutz natürlicher Personen bei der Verarbeitung personenbezogener Daten und zum freien Datenverkehr, ABl. C 378 v. 9.11.2017, S. 399–492 (439).

[148] Bericht des Ausschusses für bürgerliche Freiheiten, Justiz und Inneres des Europäischen Parlaments v. 21.11.2013 (Berichterstatter Albrecht), Dok. A7/2013/402, S. 236.

[149] Rat der EU, Dok. 7095/14, Pressemitteilung zur Sitzung des Rechtsauschusses des Rates v. 3./4.3.2014, S. 15.

[150] Rat der EU, Dok. 6079/1/14 der Arbeitsgruppe zu Informationsaustausch und Datenschutz (DAPIX) v. 11.3.2014, S. 10.

Das Vereinigte Königreich, das die Regelung – und bereits Art. 15 DSRL – sehr kritisch beurteilte, sah den normativen Zweck darin, „that people should not be subject to the ‚computer says no‘ culture in important decisions in their lives, without some ability to challenge that automated analysis"[151]. Diese Argumentation geht in die Richtung, intransparente Entscheidungen und das Abwälzen von Verantwortung auf Algorithmen zu verhindern, bleibt aber ebenfalls vage. Zudem wies das Vereinigte Königreich darauf hin, dass automatisierte Entscheidungen nicht per se falsch seien.[152]

c) Fazit

Die Initiative Frankreichs, eine dem Art. 2 der *Loi informatique et libertés* entsprechende Norm in der Datenschutzrichtlinie zu verankern, führte nur in geringem Maße zu einem Austausch auf europäischer Ebene über die normativen Gründe einer solchen Regelung. Dies war vor allem der Tatsache geschuldet, dass kein anderer Mitgliedstaat Erfahrung mit solch einem Verbot gesammelt hatte und viele Anwendungsbereiche automatisierter Entscheidungen noch hypothetisch waren. Es fehlte schlichtweg die Diskussionsgrundlage. Angesichts des Umfangs der durch die Richtlinie zu regelnden Datenverarbeitungsaspekte, die damals praktisch relevanter waren, fehlte der Raum für theoretische grundrechtliche Erörterungen – zumal Frankreich sich wie zuvor dargelegt zwar auf den Schutz der Freiheitsrechte im Rahmen automatisierter Entscheidungsprozesse berief, aber nicht ins Detail ging. Auch die Umsetzung der Richtlinie in Deutschland und Frankreich führte auf der Ebene des Gesetzgebungsprozesses nicht zu einer tiefergehenden normativen Auseinandersetzung mit dem Thema. Eine Schärfung der grundrechtlichen Argumentation im Hinblick auf die Einschränkung personenbezogener algorithmenbasierter Entscheidungen blieb daher aus.

Auch das Gesetzgebungsverfahren zur Datenschutz-Grundverordnung ist für die grundrechtliche Rückkopplung von Art. 22 DSGVO nicht fruchtbar. Dies ist vor dem Hintergrund nachvollziehbar, dass mit Art. 15 DSRL bereits eine ähnliche Regelung existierte, sodass der Fokus des Unionsgesetzgebers darauf lag, ausgehend von dieser Norm nachzujustieren, anstatt sich mit ihren normativen Prämissen auseinanderzusetzen. Die Reichweite der Regelung sowie Definitionsprobleme standen im Vordergrund.

---

[151] Rat der EU, Dok. 14147/3/12 der Arbeitsgruppe zu Informationsaustausch und Datenschutz (DAPIX) v. 1.2.2013, S. 251.
[152] Ebd.

3. Fazit

Hinsichtlich der Genese im französischen Datenschutzrecht ist festzuhalten, dass Art. 2 der *Loi informatique et libertés* von Beginn an eine atypische Norm darstellte, die von der Befürchtung getragen war, automatisierte Entscheidungen könnten zu einer stereotypen Erfassung menschlicher Eigenschaften und Lebensverhältnisse führen und somit die Individualität des Einzelnen negieren. Diese Erwägungen waren allerdings zukunftsbezogen. Betont wurde wiederholt, dass die technologische Entwicklung dem Menschen zu dienen habe und kein Selbstzweck sei. Die normative Motivation wurde jedoch nicht auf die grundrechtlichen Garantien der französischen Verfassung bezogen, sondern erschöpfte sich in allgemeinen Verweisen auf die Freiheitsrechte.

Dies konkretisierte sich auch nicht auf unionsrechtlicher Ebene, nachdem auf Initiative Frankreichs mit Art. 15 DSRL eine Norm im Europarecht eingeführt wurde, die sich an der französischen Regelung orientierte. Damit ging aber keine kritische Reflektion über die normativen Prämissen der Regelung einher. Dabei spielte vermutlich auch eine Rolle, dass mit der Verankerung im Datenschutzrecht ein vermeintlich eindeutiger normativer Überbau gegeben war.

Die Datenschutz-Grundverordnung führte mit Art. 22 DSGVO die Regulierung automatisierter Entscheidungen fort und baute im Wesentlichen auf Art. 15 DSRL auf, ohne die Debatte um die Gründe hierfür zu beleben. Die unionsrechtliche Harmonisierung blieb in dieser Hinsicht ein normativer „blinder Fleck", sodass nicht von einer rechtsordnungsübergreifenden Begründungskonsistenz im französischen und europäischen Gesetzgebungsverfahren ausgegangen werden kann.

II. Grundrechtliche Rezeption in Deutschland

Die deutsche rechtswissenschaftliche Auseinandersetzung mit Art. 22 DSGVO und den Vorgängerregelungen hat sich im Zuge der technologischen Entwicklung der letzten Jahre verstärkt. Vorliegend wird primär die Kommentarliteratur zu Art. 22 DSGVO, Art. 15 DSRL und § 6a BDSG a. F. im Hinblick auf grundrechtliche Argumentationslinien ausgewertet. Einschlägige Rechtsprechung existiert in Deutschland und auf Unionsebene bislang nicht.

Es wird untersucht, welche Grundrechte in der deutschen Literatur am häufigsten herangezogen werden, um den Zweck der genannten Regelungen zu konkretisieren. Ausgehend von dieser quantitativen Systematisierung werden die angesprochenen Schutzbereiche bezogen auf algorithmenbasierte Entscheidungen am Maßstab des Grundgesetzes vertieft und zur Argumentation in der französischen Normgenese in Bezug gesetzt.

1. Autonome normative Herleitung

In der deutschen rechtswissenschaftlichen Literatur zu Art. 22 DSGVO, Art. 15 DSRL und § 6a BDSG a. F. wird die Entstehungsgeschichte der Norm im Hinblick auf den französischen Ursprung weitgehend ausgeblendet. Nur vereinzelt finden sich Hinweise darauf, dass die europäischen Regelungen im französischen Datenschutzgesetz wurzeln.[153] Zum Teil wird die Begründung auf unionsrechtlicher Ebene hinzugezogen,[154] doch insgesamt lässt sich festhalten, dass das Schrifttum in Deutschland die grundrechtliche Verankerung des Art. 22 DSGVO und der Vorgängerregelungen relativ autonom konkretisiert und sich dabei überwiegend auf den Schutz der Menschenwürde, die informationelle Selbstbestimmung und Diskriminierungsverbote bezieht.

Inhaltliche Überschneidungen mit den Erwägungen des französischen Gesetzgebers können daher nicht als rechtswissenschaftlicher Dialog, sondern als parallele Schlussfolgerungen verstanden werden. Inwieweit Schnittmengen zwischen der Gesetzesbegründung in Frankreich und der Auslegung der europarechtlichen Regelungen in der deutschen Literatur bestehen, ist herauszuarbeiten.

Zunächst werden die Argumentationslinien im deutschen Schrifttum aufgefächert und vertieft im Hinblick auf die Frage, ob die im ersten Teil dargestellten Charakteristika algorithmenbasierter Entscheidungen von den Schutzbereichen und -konzepten der Menschenwürde, der informationellen Selbstbestimmung als Ausprägung des allgemeinen Persönlichkeitsrechts sowie der Gleichheitsrechte adressiert werden können. Da die Untersuchung auf Anwendungen algorithmenbasierter Entscheidungen im staatlichen und privaten Bereich abstellt, ist hier ebenfalls auf die mittelbare Drittwirkung der Grundrechte sowie im Bereich der Gleichheitsrechte konkret auf das Allgemeine Gleichbehandlungsgesetz als Ausprägung der verfassungsrechtlichen Wertungen in Art. 3 Abs. 3 GG abzustellen. Insofern zeigt sich auch ein partieller Wandel in der Motivation, algorithmenbasierte Entscheidungen zu regulieren: In den 1970er-Jahren lag der Fokus auf der Begrenzung automatisierter staatlicher Verwaltung, während aktuell privatwirtschaftliche Anwendungen die rechtswissenschaftliche und -politische Debatte prägen.

Bei den jeweiligen Grundrechten wird der Bezug zu den normativen Erwägungen in der französischen Normgenese hergestellt.

---

[153] *Martini*, Blackbox Algorithmus, 2019, S. 169; *Marsch*, Das europäische Datenschutzgrundrecht, 2018, S. 93; *Wuermeling*, DB 1996, 663 (668); *Bull*, Der Staat 58 (2019), 57 (73); ausführlich allein *Djeffal*, ZaöRV 2020, 847 (851 ff.).

[154] Etwa bei *Dammann/Simitis*, EG-Datenschutzrichtlinie, 1997, Art. 15 Einl.; *Brühann*, in: Grabitz (Begr.) u. a., Recht der EU, Bd. IV, A 30, Art. 15 DSRL Einl. [Stand: 13. EL 1999]; *Djeffal*, ZaöRV 2020, 847 (853 ff.).

2. Schutz der Menschenwürde

Ein verbreiteter Topos in der grundrechtlichen Verankerung von Art. 22 DSGVO und den Vorgängerregelungen ist die Gefahr der Objektifizierung des Menschen durch automatisierte personenbezogene Entscheidungen. In diesem Zusammenhang ist in einem ersten Schritt zu untersuchen, ob die datenschutzrechtliche Literatur diese Referenz konkretisiert, und in einem zweiten Schritt der Frage nachzugehen, ob der Bezug zur sog. Objektformel geeignet ist, Gefährdungslagen im Kontext algorithmenbasierter Entscheidungen zu konturieren.

a) Der Mensch als Objekt automatisierter Entscheidungsprozesse

Im Zusammenhang mit Art. 15 DSRL merkt Brühann an, dass der Schutz des Menschen vor automatisierten Entscheidungen „vielleicht am deutlichsten die Entwicklung der Richtlinie in Richtung eines umfassenden Schutzes der Grundrechte und -freiheiten" markiere.[155] Es bleibt die Frage: Welchen grundrechtlichen Schutzzweck verfolgt eine allgemeine Einschränkung personenbezogener algorithmenbasierter Entscheidungen?

Die deutsche rechtswissenschaftliche Literatur – insbesondere die Kommentarliteratur – zu Art. 22 DSGVO sowie zu Art. 15 DSRL und der Umsetzung in § 6a BDSG a. F. sieht den Zweck der Norm weit überwiegend darin, den Menschen davor zu schützen, zum bloßen Objekt automatisierter Entscheidungen zu werden und stellt damit einen Bezug zum Schutz der Menschenwürde her.[156] Dies ist zunächst ein quantitativer Befund: Nahezu alle Autoren operieren mit ähnlichen Formulierungen, ohne im Detail auszuführen, was sie darunter verstehen. Der Mensch müsse vor „menschenunwürdiger Ausnutzung technischer Möglichkeiten zur Automatisierung von Lebenssachverhalten"[157] geschützt werden und es müsse verhindert werden, dass der Betroffene „zum bloßen Objekt voll automatisierter

---

[155] *Brühann*, in: Grabitz (Begr.) u. a., Recht der EU, Bd. IV, A 30, Art. 15 DSRL Rn. 1 [Stand: 13. EL 1999].

[156] *Atzert*, in: Schwartmann u. a. (Hrsg.), DS-GVO/BDSG, 2018, Art. 22 DSGVO Rn. 4; *Buchner*, in: Kühling/ders. (Hrsg.), DS-GVO/BDSG, 2. Aufl. 2018, Art. 22 DSGVO Rn. 1; *Martini*, in: Paal/Pauly (Hrsg.), DS-GVO/BDSG, 2. Aufl. 2018, Art. 22 DSGVO Rn. 1, 8; *von Lewinski*, in: BeckOK-Datenschutzrecht, Art. 22 DSGVO Rn. 2 [Stand: 32. Ed. Mai 2020]; *Scholz*, in: Simitis u. a. (Hrsg.), DSGVO/BDSG, 2019, Art. 22 DSGVO Rn. 3; *ders.*, in: Simitis (Hrsg.), BDSG, 8. Aufl. 2014, § 6a Rn. 3; *Marsch*, Das europäische Datenschutzgrundrecht, 2018, S. 93; *Drackert*, Die Risiken der Verarbeitung personenbezogener Daten, 2014, S. 137; *Martini*, Blackbox Algorithmus, 2019, S. 170; *Ernst*, in: Klafki u. a. (Hrsg.), Digitalisierung und Recht, 2017, S. 63 (70); *Bull*, Informationelle Selbstbestimmung – Vision oder Illusion?, 2. Aufl. 2011, S. 66; kritisch *Schulz*, in: Gola (Hrsg.), DS-GVO, 2. Aufl. 2018, Art. 22 Rn. 2; *Dammann*, ZD 2016, 307 (313); *Zarsky*, Seton Hall L. Rev. 47 (2017), 995 (1017).

[157] *Atzert*, in: Schwartmann u. a. (Hrsg.), DS-GVO/BDSG, 2018, Art. 22 DSGVO Rn. 4.

Datenverarbeitungsverfahren verkommt"[158]. Es gelte, eine „ungeprüfte Unterwerfung des Individuums unter die Entscheidung der Maschine"[159] zu verhindern. Auffällig ist die Prädominanz der Vorstellung des Menschen als „Objekt" automatisierter Prozesse.[160] Es darf bezweifelt werden, dass dies ein „einfacher"[161] normativer Anker ist. Die Idee des Menschen als „Informationsobjekt" ist auch aus dem sog. Volkszählungsurteil vertraut, wobei in diesem Kontext die Datenmenge und der unkontrollierte Datenfluss und nicht die automatisierte Entscheidungsfindung im Zentrum stand.[162]

Bemerkenswert ist weiterhin, dass zwar fast alle Stimmen in der Literatur auf die im Rahmen des Art. 1 Abs. 1 GG entwickelte sog. Objektformel zurückgreifen, um den Schutzzweck des Art. 22 DSGVO zu umreißen, aber nur wenige explizit die Menschenwürde als – zumindest potenzielles – Schutzgut nennen.[163] Bevor auf die sog. Objektformel als Bezugspunkt eingegangen wird, stellt sich daher die Frage, ob in der datenschutzrechtlichen Literatur überhaupt ein Konsens darüber besteht, was sich hinter der Formulierung, der Mensch dürfe nicht zum „bloßen Objekt" automatisierter Entscheidungsprozesse werden, verbirgt. Die vorhandenen Ausführungen sind knapp, lassen jedoch zwei Argumentationslinien erkennen:

aa) Interpretation als Autonomieverlust infolge von Intransparenz

Die erste Befürchtung ist, dass die Betroffenen zum Objekt werden, weil sie Entscheidungsvorgängen „ausgeliefert"[164] sind, die sie nicht durchschauen können und die es ihnen folglich nicht erlauben, „to react to a decision in a meaningful way – either by challenging it (exit), by changing their behavior (loyalty) or by initiating a debate on whether the criteria they were subjected to are acceptable in a democratic society (voice)"[165].

Freilich sind auch menschliche Entscheidungen für den Betroffenen nur eingeschränkt nachvollziehbar und teilweise von irrationalen Erwägungen geleitet.[166] Dies hängt auch davon ab, wie formalisiert der menschliche Entscheidungsprozess

---

[158] Ebd.

[159] *Von Lewinski*, in: BeckOK-Datenschutzrecht, Art. 22 DSGVO Rn. 2 [Stand: 32. Ed. Mai 2020].

[160] S. Fn. 156 in Abschnitt C.

[161] So aber *Martini*, Blackbox Algorithmus, 2019, S. 170.

[162] BVerfGE 65, 1 (48).

[163] Ausdrücklich *Drackert*, Die Risiken der Verarbeitung personenbezogener Daten, 2014, S. 137; *Martini*, Blackbox Algorithmus, 2019, S. 170; *ders.*, in: Paal/Pauly (Hrsg.), DS-GVO/BDSG, 2. Aufl. 2018, Art. 22 DSGVO Rn. 29; *Bygrave*, Data Protection Law, 2002, S. 322; *Dammann*, ZD 2016, 307 (313).

[164] *Scholz*, in: Simitis (Hrsg.), BDSG, 8. Aufl. 2014, § 6a Rn. 3.

[165] *Wischmeyer*, in: ders./Rademacher (Hrsg.), Regulating Artificial Intelligence, 2020, S. 75 (87).

[166] Darauf weist zutreffend hin *Schulz*, in: Gola (Hrsg.), DS-GVO, 2. Aufl. 2018, Art. 22 Rn. 2.

durch externe Vorgaben ist. Es darf aber nicht den Blick dafür verstellen, dass automatisierte personenbezogene Entscheidungen eine neue Herausforderung im Hinblick auf die Dokumentation der Entscheidungsfindung für den Betroffenen darstellen – insbesondere wenn es sich um ein Modell handelt, das auf maschinellem Lernen basiert.[167]

Die besondere Schwierigkeit besteht darin, dass allein die Transparenz automatisierter Entscheidungsfindung nur für die wenigsten Betroffenen gleichbedeutend ist mit Verständlichkeit. Mit Transparenz im Sinne einer Offenlegung des Quelltextes ist für die Mehrheit der Bevölkerung mangels Fachkenntnis nicht viel gewonnen.[168] Während in dieser Hinsicht weitgehend Konsens herrscht, gehen die Meinungen darüber auseinander, wie eine Verständlichkeit vermittelt werden kann und welche rechtlichen Vorgaben nötig sind.[169] Der entscheidende Punkt ist jedoch, dass diejenigen, die eine Objektifizierung des Betroffenen mit einem Verlust von Handlungsmöglichkeiten und effektiver Rechtsdurchsetzung durch intransparente algorithmenbasierte Entscheidungsprozesse gleichsetzen, dies nicht als immerwährenden Zustand sehen: Obgleich die inhaltliche Ergebniskontrolle einer natürlichen Person notwendig sei, um die „Transparenz und Fairness" der Entscheidung zu garantieren,[170] ließe sich das Objektifizierungsargument größtenteils entkräften, wenn eine automatisierte Entscheidung kontrollier- und dem Betroffenen verständlich darlegbar wäre und dies durch entsprechende Rechte

---

[167] S. dazu Abschnitt B. I. 5.

[168] Zu Recht wurde insofern kritisiert, dass das französische Hochschul- und Forschungsministerium nach Transparenzforderungen im Hinblick auf die teilautomatisierte Studienplatzvergabe nur den Quelltext des genutzten Algorithmus offenlegte, s. https://framagit.org/parcoursup/algorithmes-de-parcoursup [zuletzt abgerufen am 22. 2. 2021].

[169] Für eine unterschiedliche Erklärungstiefe je nach institutionellem Rahmen bzw. Erklärungsadressat *Wischmeyer*, in: ders./Rademacher (Hrsg.), Regulating Artificial Intelligence, 2020, S. 75 (92 f.); *Hildebrandt*, Geo. L. Tech. Rev. 2 (2018), 252 (272 f.) betont den Unterschied zwischen Erklärbarkeit und Rechtfertigung; zur Reichweite der Informationsansprüche in der DSGVO s. *Wachter u. a.*, Int'l Data Privacy L. 7 (2017), 76; zur Idee der „hypothetical alterations" bzw. „counterfactual explanations" s. *Citron/Pasquale*, Wash. L. Rev. 89 (2014), 1 (28 f.); *Wachter u. a.*, Harv. J. L. & Tech. 31 (2018), 841; *Kroll u. a.*, U. Pa. L. Rev. 165 (2017), 633 berücksichtigt insbesondere die Perspektive von Programmierern; für unterschiedliche Transparenzanforderungen je nach Risikoklasse *Krafft/Zweig*, Transparenz und Nachvollziehbarkeit algorithmenbasierter Entscheidungsprozesse – Ein Regulierungsvorschlag aus sozioinformatischer Perspektive, 2019, Verbraucherzentrale Bundesverband e. V., S. 31 ff.; interessant in diesem Kontext auch die Transparenzanforderungen des französischen Verfassungsgerichts in jüngeren Entscheidungen: Conseil constitutionnel, Décision n° 2018–765 DC du 12 juin 2018, *Loi relative à la protection des données personnelles*, Rn. 66–71; Décision n° 2020–834 QPC du 3 avril 2020, *Union nationale des étudiants de France*, insb. Rn. 8, 17.

[170] *Scholz*, in: Simitis (Hrsg.), BDSG, 8. Aufl. 2014, § 6a Rn. 3; in diese Richtung wohl auch *von Lewinski*, in: BeckOK-Datenschutzrecht, Art. 22 DSGVO Rn. 2 [Stand: 32. Ed. Mai 2020]. Der Gedanke des „fair processing" klang auch im Gesetzgebungsverfahren zur Datenschutzrichtlinie an, s. Rat der EG, Dok. 7993/94 der Arbeitsgruppe zu Wirtschaftsfragen (Datenschutz) v. 23. 6. 1994, S. 5.

eingefordert werden könne.[171] In dieser Perspektive scheint der absolute Anspruch des Art. 22 Abs. 1 DSGVO trotz der Ausnahmen, die eine Vollautomatisierung in vielen Bereichen erlauben, sehr weitreichend.

Diese Argumentationslinie nimmt vor allem die praktischen Konsequenzen des Einsatzes von Algorithmen zur Entscheidungsfindung und den aktuellen Stand der technologischen Entwicklung in den Blick.

bb) Interpretation als Konfrontation mit Empathielosigkeit

Die zweite Interpretation, was es bedeutet, den Menschen zum „bloßen Objekt" automatisierter Entscheidungsprozesse zu machen, scheint grundsätzlicher Natur und stellt verstärkt auf die Verweigerung von Menschlichkeit im Sinne einer Empathiefähigkeit ab. Atzert tendiert zu solch einer Sichtweise, wenn er ausführt:

> „Sinn und Zweck des Art. 22 ist der Schutz der Betroffenen vor menschenunwürdiger Ausnutzung technischer Möglichkeiten zur Automatisierung von Lebenssachverhalten. Art. 22 verhindert, dass der Mensch zum bloßen Objekt voll automatisierter Datenverarbeitungsverfahren verkommt. Verantwortliche sollen Entscheidungen, die für Betroffene rechtlich relevant sind oder sie gar beschweren nicht „ausschließlich" auf rationale Erwägungen bzw. eine Schematisierung von Lebenssachverhalten stützen dürfen und zugleich den emotionalen Faktor ‚Mensch' systematisch ausklammern können."[172]

Da eine Maschine nicht empathisch auf individuelle Umstände eingehen kann, ist sie nicht in der Lage, atypische Fälle zu berücksichtigen, wenn sie das erste Mal damit konfrontiert wird. Darin liegt das Risiko, die Individualität des Einzelnen zu verkennen: Eine schematische statistische Behandlung von Personen missachte zwingend diese Individualität.[173] Zudem steht die Befürchtung im Raum, dass die Entscheidungskriterien automatisierter Systeme nicht sachgerecht und in einem demokratischen Diskurs festgelegt, sondern „einseitig an den Erfordernissen von Software und Sachzielen" ausgerichtet werden.[174] Dies deckt sich mit der Kritik von O'Neil, dass kommerzielle Versicherungsanbieter teilweise aus ökonomischen

---

[171] *Wischmeyer*, in: ders./Rademacher (Hrsg.), Regulating Artificial Intelligence, 2020, S. 75 (87); *ders.*, AöR 143 (2018), 1 (41) in Fn. 162: „Umgekehrt kann durch eine hinreichend sensible Gestaltung des Entscheidungsrahmens verhindert werden, dass der Einzelne durch die maschinelle Entscheidung zum ‚Objekt' wird.".

[172] *Atzert*, in: Schwartmann u. a. (Hrsg.), DS-GVO/BDSG, 2018, Art. 22 DSGVO Rn. 4.

[173] *Gigerenzer u. a.*, The Empire of Chance – How probability changed science and everyday life, 1989, S. 252; *Luhmann*, Recht und Automation in der öffentlichen Verwaltung, 2. Aufl. 1997, S. 60 vertritt hingegen die Auffassung, dass es auf lange Sicht „keine rationalen Gründe [gebe], die Menschenleistung der Maschinenleistung vorzuziehen" – allerdings unter der Prämisse, dass Computerprogramme lernen, mit unstrukturierten Problemen umzugehen. Aus heutiger Sicht geht das maschinelle Lernen in diese Richtung.

[174] *Brühann*, in: Grabitz (Begr.) u. a., Recht der EU, Bd. IV, A 30, Art. 15 DSRL Rn. 1 [Stand: 13. EL 1999].

Gründen auf wenig aussagekräftige *Proxy*-Variablen ausweichen.[175] Teilweise ist plakativ die Rede von einer „Unterwerfung des Individuums unter die Entscheidung der Maschine"[176]. Damit verbunden ist die Befürchtung, dass die Prämisse der Berechenbarkeit menschlichen Verhaltens den freien Willen des Einzelnen in Frage stellt.[177]

Diese Ansicht blendet vielleicht aus, dass auch menschliche Entscheidungen vielfach stark schematisiert und unter Zeitdruck getroffen werden. Das Primat der menschlichen Entscheidung ist daher eher die potenzielle *Möglichkeit* der Empathie, der Berücksichtigung der Individualität eines jeden Menschen. Damit soll auch verhindert werden, dass eine automatisierte Umwelt zum Selbstzweck wird, die sich nicht an den Bedürfnissen der Menschen ausrichtet – und in staatlichen Strukturen dadurch teilweise ihre demokratische Legitimation verliert. Einen solchen „Menschenvorbehalt" fordert F. Kirchhof grundsätzlich im staatlichen Bereich bei Entscheidungen auf Grundlage „voluntativer Wertungen".[178] Dies entspricht der momentanen einfachgesetzlichen Rechtslage; eine Neuerung wäre allerdings eine ausdrückliche verfassungsrechtliche Verankerung.[179]

cc) Fazit

Zwischen den beiden dargestellten Argumentationen gibt es zweifellos Überschneidungen: Den automatisierten Entscheidungsprozess nachvollziehbar zu gestalten, dient gerade dazu, dass der Betroffene Entscheidungsgrundlagen in Frage stellen und individuelle Umstände vor einem menschlichen Entscheidungsträger geltend machen kann. Ein Unterschied besteht aber insofern als das Verständnis der Objektifizierung durch Intransparenz verschiedenen Abhilfemöglichkeiten zugänglich ist und sich der Dynamik der technologischen Entwicklung bis zu einem gewissen Grad anpassen kann. Die empathielose Maschine als Bezugspunkt der Objektifizierung des Menschen setzt hingegen bei einer Eigenschaft automatisierter Prozesse an, die sich voraussichtlich nie ändern wird. In dieser Perspektive ist der Einbezug des Menschen in den Entscheidungsprozess die einzig denkbare Gestaltung. Die Vorbehalte gegen algorithmenbasierte Entscheidungen scheinen hier größer zu sein.

---

[175] *O'Neil*, Weapons of Math Destruction, 2017, S. 165.

[176] *Von Lewinski*, in: BeckOK-Datenschutzrecht, Art. 22 DSGVO Rn. 2 [Stand: 32. Ed. Mai 2020].

[177] *Dreyer*, in: Hoffmann-Riem (Hrsg.), Big Data – Regulative Herausforderungen, 2018, S. 135 (139).

[178] S. https://www.lto.de/recht/hintergruende/h/interview-ferdinand-kirchhof-bverfg-digitalisierung-gg-algorithmen-art-10/ [zuletzt abgerufen am 22.2.2021].

[179] Praktisch relevant scheint aber auch die Frage, wie sichergestellt wird, dass bei teilautomatisierten Entscheidungen die Kontrolle des Ergebnisses durch einen Menschen nicht nur pro forma erfolgt.

Inhaltlich lässt sich dies durchaus an Erwägungen des französischen Gesetzgebers anbinden: Zwar nutzte dieser nicht die Formulierung des Menschen als „Objekt" automatisierter Entscheidungen, doch Art. 1 S. 1 der *Loi informatique et libertés* („Die Informatik muss im Dienste jedes Bürgers stehen.") sei im Hinblick auf den Schutz der Menschenwürde „weniger handgreiflich, aber von seiner Stoßrichtung ebenso eindeutig"[180].

Nachdem untersucht wurde, auf welche Gefährdungslagen in der datenschutzrechtlichen Literatur abgestellt wird, um die Formulierung, der Mensch dürfe nicht zum „bloßen Objekt" automatisierter Entscheidungen werden, greifbar zu machen, ist anschließend zu klären, ob die hier systematisch genutzte sog. Objektformel zur Konkretisierung des Schutzzwecks beiträgt.

b) Kein Deutungsgewinn aus der begrifflichen Nähe zur Objektformel

Es hat sich gezeigt, dass die fast wörtliche Übernahme der im Kontext der Menschenwürde etablierten sog. Objektformel in der deutschen Literatur am stärksten verbreitet ist, um den Schutzzweck der Einschränkung automatisierter Entscheidungen zu definieren. Bei der Rezeption des Art. 15 DSRL tritt für Marsch „die Nähe zur Objektformel offen zutage, mit deren Hilfe das Bundesverfassungsgericht Verletzungen der Menschenwürde identifiziert."[181] Nur was folgt daraus? Da der Schutzbereich des Art. 1 Abs. 1 GG überwiegend negativ vom Eingriff her gedacht wird,[182] wäre eine mögliche Auslegung, dass die „Schablone" der sog. Objektformel bereits verdeutlicht, dass der Mensch objektifiziert wird, wenn eine ihn betreffende Entscheidung mit rechtlichen oder ähnlich beeinträchtigenden Konsequenzen automatisiert erfolgt. In dieser Perspektive könnte es einen Eingriff in den Schutzbereich bzw. eine Antastung des Art. 1 Abs. 1 GG darstellen, was nach überwiegender Auffassung die Verletzung der Menschenwürde indiziert.[183] Dies setzt aber voraus, dass die sog. Objektformel ein tragfähiges Konzept ist, um Verletzungen der Menschenwürde festzustellen, und keine „Leerformel"[184], wie teilweise angemerkt.

---

[180] *Marsch*, Das europäische Datenschutzgrundrecht, 2018, S. 93.

[181] Ebd.

[182] *Höfling*, in: Sachs (Hrsg.), GG, 8. Aufl. 2018, Art. 1 Rn. 14; *Graf Vitzthum*, JZ 1985, 201 (202).

[183] Ausdrücklich BVerfGE 75, 369 (380); 93, 266 (293); *Kunig*, in: von Münch (Begr.)/ders. (Hrsg.), GG, Bd. I, 6. Aufl. 2012, Art. 1 Rn. 4; *Starck*, in: von Mangoldt (Begr.) u. a., GG, Bd. I, 7. Aufl. 2018, Art. 1 Abs. 1 Rn. 34; *Dreier*, in: ders. (Hrsg.), GG, Bd. I, 3. Aufl. 2013, Art. 1 Abs. 1 Rn. 130; *Höfling*, in: Sachs (Hrsg.), GG, 8. Aufl. 2018, Art. 1 Rn. 11; *Jarass*, in: Jarass/Pieroth, GG, 16. Aufl. 2020, Art. 1 Rn. 15; kritisch zur Gleichsetzung von Eingriff und Verletzung *Herdegen*, in: Maunz/Dürig (Begr.), GG, Bd. I, Art. 1 Abs. 1 Rn. 73 [55. EL Mai 2009]; paradox *Hillgruber*, in: BeckOK-GG, Art. 1 Rn. 10 [Stand: 43. Ed. Mai 2020], s. dazu auch *Goos*, Innere Freiheit, 2011, S. 164 ff.

[184] *Hoerster*, JuS 1983, 93 (95); daran anschließend *Dreier*, in: ders. (Hrsg.), GG, Bd. I, 3. Aufl. 2013, Art. 1 Abs. 1 Rn. 55.

aa) Gehalt der Objektformel

Die sog. Objektformel wird mehrheitlich im Schrifttum und vom Bundesverfassungsgericht herangezogen, um den Schutzgehalt der in Art. 1 Abs. 1 GG proklamierten Menschenwürde zu konturieren.[185] Die Norm fällt zudem unter die sog. Ewigkeitsgarantie des Art. 79 Abs. 3 GG und entfaltet nach wohl überwiegender Auffassung unmittelbare Drittwirkung.[186] Weitgehender Konsens besteht darüber, dass jeder Mensch Würde allein aufgrund seines Menschseins besitzt und diese nicht erst durch bestimmte Leistungen oder Eigenschaften erlangt.[187] Entstehungsgeschichtlich geht die ausdrückliche Niederlegung in der Verfassung vor allem auf die Erfahrung des Nationalsozialismus zurück[188] und stellt sich somit als „antitotalitäres Versprechen"[189] dar. Art. 1 Abs. 1 GG soll den „sozialen Wert- und Achtungsanspruch" des Menschen schützen.[190] Was sich jedoch konkret daraus ableiten lässt, ist höchst umstritten.[191] Einen Versuch, den Inhalt des Art. 1 Abs. 1 GG durch

---

[185] Beispielsweise BVerfGE 96, 375 (399); 109, 279 (312); 117, 71 (89); 131, 268 (286); 144, 20 (Rn. 540); *Jarass*, in: Jarass/Pieroth, GG, 16. Aufl. 2020, Art. 1 Rn. 11; *Starck*, in: von Mangoldt (Begr.) u. a., GG, Bd. I, 7. Aufl. 2018, Art. 1 Abs. 1 Rn. 17; *Hofmann*, in: Schmidt-Bleibtreu (Begr.) u. a., GG, 14. Aufl. 2018, Art. 1 Rn. 7; *Hillgruber*, in: BeckOK-GG, Art. 1 Rn. 13 [Stand: 43. Ed. Mai 2020]; *Höfling*, in: Sachs (Hrsg.), GG, 8. Aufl. 2018, Art. 1 Rn. 15 f.; *Häberle*, in: Isensee/P. Kirchhof (Hrsg.), Handbuch des Staatsrechts, Bd. II, 3. Aufl. 2004, § 22, S. 317 (342).

[186] So *Herdegen*, in: Maunz/Dürig (Begr.), GG, Bd. I, Art. 1 Abs. 1 Rn. 74 [55. EL Mai 2009]; *Hillgruber*, in: BeckOK-GG, Art. 1 Rn. 8 [Stand: 43. Ed. Mai 2020]; *Starck*, in: von Mangoldt (Begr.) u. a., GG, Bd. I, 7. Aufl. 2018, Art. 1 Abs. 1 Rn. 33; *Kunig*, in: von Münch (Begr.)/ders. (Hrsg.), GG, Bd. I, 6. Aufl. 2012, Art. 1 Rn. 27; *Goos*, Innere Freiheit, 2011, S. 168; für eine mittelbare Drittwirkung, aber ein besonderes Gewicht des Art. 1 Abs. 1 GG im Rahmen des Privatrechtsverhältnis *Jarass*, in: Jarass/Pieroth, GG, 16. Aufl. 2020, Art. 1 Rn. 4, 14a; das Bundesverfassungsgericht nimmt wohl eine mittelbare Drittwirkung an, s. BVerfGE 96, 375 (398); 102, 347 (367).

[187] S. etwa *Hillgruber*, in: Epping/ders. (Hrsg.), GG, 2. Aufl. 2013, Art. 1 Rn. 12; *ders.*, in: BeckOK-GG, Art. 1 Rn. 3 [Stand: 43. Ed. Mai 2020]; *Jarass*, in: Jarass/Pieroth, GG, 16. Aufl. 2020, Art. 1 Rn. 6; *Kunig*, in: von Münch (Begr.)/ders. (Hrsg.), GG, Bd. I, 6. Aufl. 2012, Art. 1 Rn. 11 ff.; *Baer*, DZPhil 2005, 571 (576); die Leistungstheorien hingegen betonen den dynamischen Zusammenhang zwischen Würde und Selbstverwirklichung bzw. -darstellung; grundlegend *Luhmann*, Grundrechte als Institution, 6. Aufl. 2019, S. 68 ff.; kritisch dazu u. a. *Häberle*, in: Isensee/P. Kirchhof (Hrsg.), Handbuch des Staatsrechts, Bd. II, 3. Aufl. 2004, § 22, S. 317 (343).

[188] Sehr ausführlich *Enders*, Die Menschenwürde in der Verfassungsordnung, 1997, S. 25 ff., 404 ff.; s. auch die Verweise auf die Dokumente des Parlamentarischen Rates bei *Böckenförde*, JZ 2003, 809 (809).

[189] *Baldus*, Kämpfe um die Menschenwürde, 2016, S. 246.

[190] BVerfG 87, 209 (228).

[191] Die einschlägige Literatur kann hier nicht umfassend abgebildet werden; s. zum historischen Entstehungsprozess der Norm *Enders*, Die Menschenwürde in der Verfassungsordnung, 1997, S. 25 ff., 404 ff.; zu den philosophischen Wurzeln *von der Pfordten*, Menschenwürde, 2016, S. 11 ff.; überwiegend wird die Menschenwürde als Grundrecht anerkannt – eindeutig BVerfGE 109, 133 (151); 125, 175 (222); 132, 134 (Rn. 63); ausführlich zu den unterschiedlichen Positionen *Enders*, Die Menschenwürde in der Verfassungsordnung, 1997, S. 91 ff.; für die Deutung als Grundrecht *Herdegen*, in: Maunz/Dürig (Begr.), GG, Bd. I, Art. 1 Abs. 1 Rn. 29

den Rückgriff auf die Verletzungshandlung näher zu bestimmen, stellt die sog. Objektformel dar, die auf Dürig in Anlehnung an Kant zurückgeht: „Die Menschenwürde als solche ist getroffen, wenn der konkrete Mensch zum Objekt, zu einem bloßen Mittel, zur vertretbaren Größe herabgewürdigt wird."[192] Konsensfähige Eingriffe in die Menschenwürde, die teils auch den speziellen Verboten in Art. 3 und 4 EMRK und Art. 4 und 5 EU-GRCh unterliegen, sind Genozid, Sklaverei, Zwangsarbeit oder Menschenhandel. Die negative Definition der Menschenwürde über die sog. Objektformel als „Recht gegen eine limitierte Kasuistik der Grausamkeiten"[193] hilft darüber hinaus aber nur begrenzt. Angesichts der heterogenen Sachverhalte, die der bundesverfassungsgerichtlichen Rechtsprechung zugrunde liegen, und der teils extensiven Auslegung der Menschenwürde durch das Bundesverfassungs- und Bundesverwaltungsgericht[194] erweist sich die sog. Objektformel für eine Bestimmung bzw. Systematisierung des Garantiegehalts des Art. 1 Abs. 1 GG kaum als tauglich.[195] Allerdings erkennt auch das Bundesverfassungsgericht an, dass die sog. Objektformel „lediglich die Richtung andeuten [könne], in der Fälle der Verletzung der Menschenwürde gefunden werden können"[196]. Der Vorteil dieser Formel ist, dass sie offen für soziologische Entwicklungen ist und der Verfassungsinterpretation einen gewissen Spielraum gewährt. Sie vermeidet eine „Petrifizierung oder Überideologisierung des Rechts"[197] und dient als sprachlicher Anker in der

---

[55. EL Mai 2009]; *Höfling*, in: Sachs (Hrsg.), GG, 8. Aufl. 2018, Art. 1 Rn. 6; *Kunig*, in: von Münch (Begr.)/ders. (Hrsg.), GG, Bd. I, 6. Aufl. 2012, Art. 1 Rn. 18; *Starck*, in: von Mangoldt (Begr.) u. a., GG, Bd. I, 7. Aufl. 2018, Art. 1 Abs. 1 Rn. 31; a. A. insbesondere *Dürig*, AöR 81 (1956), 117 (119 ff.); *Dreier*, in: ders. (Hrsg.), GG, Bd. I, 3. Aufl. 2013, Art. 1 Abs. 1 Rn. 124 ff. – die praktische Konsequenz der Differenzierung dürfte allerdings gering sein, da jedenfalls die Verletzung eines Grundrechts in Verbindung mit Art. 1 Abs. 1 GG geltend gemacht werden kann und die Menschenwürde so zur Entfaltung kommt; zusammenfassend zur Debatte in jüngerer Zeit um eine positivistische oder überpositive Deutung *Baldus*, Kämpfe um die Menschenwürde, 2016, S. 237 ff.; zum Spannungsverhältnis zwischen Absolutheitsanspruch und Abwägungsfähigkeit *Herdegen*, in: Maunz/Dürig (Begr.), GG, Bd. I, Art. 1 Abs. 1 Rn. 73 [55. EL Mai 2009]; *Baer*, DZPhil 2005, 571 (585 ff.); *Teifke*, Das Prinzip Menschenwürde, 2011; *Alexy*, AöR 140 (2015), 497; *Baldus*, AöR 136 (2011), 529; *Quecke*, Unantastbare Menschenwürde, 2020; zur europäischen und internationalen Dimension *Blömacher*, Die Menschenwürde als Prinzip des deutschen und europäischen Rechts, 2016, S. 175 ff.; *Kirste*, in: Gröschner/Lembcke (Hrsg.), Das Dogma der Unantastbarkeit, 2009, S. 175 ff.; neuere Deutungen der Menschenwürde bei *Enders*, Die Menschenwürde in der Verfassungsordnung, 1997, S. 502 ff. als ein „Recht auf Rechte" – *Blömacher*, Die Menschenwürde als Prinzip des deutschen und europäischen Rechts, 2016, S. 119 f. betont hier den Bezug zu *Arendts* Gedanken – sowie bei *Goos*, Innere Freiheit, 2011, S. 139 als „Chiffre für die ‚innere Freiheit'".

[192] *Dürig*, AöR 81 (1956), 117 (127).

[193] *Baer*, DZPhil 2005, 571 (580).

[194] S. etwa das Urteil BVerwG NJW 1982, 664 zu Peepshows, kritisch dazu u. a. *Hoerster*, JuS 1983, 93 (96); ebenfalls extensiv in Bezug auf den Schutzbereich der Menschenwürde BVerwG NVwZ 2002, 598 (603).

[195] *Goos*, Innere Freiheit, 2011, S. 72: „Was das verbindende Element der über 50-jährigen Würde-Rechtsprechung des Bundesverfassungsgerichts ist, ist nach alledem schwer zu sagen.".

[196] BVerfGE 30, 1 (25).

[197] *Graf Vitzthum*, JZ 1985, 201 (202).

bundesverfassungsgerichtlichen Judikatur. Die Schwäche der sog. Objektformel offenbart sich allerdings sehr schnell, wenn Sachverhalte zur Debatte stehen, die sich nicht den genannten offensichtlichen Verletzungen der Menschenwürde zuordnen lassen. Sie bietet keine Orientierung im Hinblick auf den Schutzgehalt des Art. 1 Abs. 1 GG, was sich auch daran zeigt, dass die Literatur, die sich auf die sog. Objektformel beschränkt, weitgehend die Formulierung von Dürig wiedergibt und anschließend die Rechtsprechung des Bundesverfassungsgerichts in Fallgruppen systematisiert. Daher wird sie zum Teil als „Leerformel"[198] oder „leere Hülse"[199] kritisiert. Allein durch die Tatsache, dass der Schutzzweck des Art. 22 DSGVO und der Vorgängerregelungen damit umschrieben wird, dass der Mensch nicht zum bloßen Objekt automatisierter Entscheidungen degradiert werden dürfe, ist folglich nicht viel gewonnen. Zu untersuchen bleibt, ob sich in der Rechtsprechung des Bundesverfassungsgerichts Anhaltspunkte für eine Verletzung der Menschenwürde durch automatisierte Entscheidungsprozesse finden, die nicht ausschließlich auf das Recht auf informationelle Selbstbestimmung abstellen.

bb) Keine Übertragbarkeit technologiebezogener Judikatur des Bundesverfassungsgerichts

Es lässt sich zunächst festhalten, dass die Entwicklungen im Bereich der Datenverarbeitung, der Computer-Hardware und des maschinellen Lernens nicht ohne Weiteres an die Fallgruppen angeknüpft werden können, für die das Bundesverfassungsgericht die Menschenwürde unabhängig von der informationellen Selbstbestimmung mobilisiert. Insbesondere sind die Diskussionen um die Menschenwürde bei humangenetischen und biotechnologischen Praktiken nicht übertragbar. Auffällig ist zudem, dass das Bundesverfassungsgericht in Entscheidungen, die die informationelle Selbstbestimmung betrafen, trotz deren Mitverankerung in Art. 1 Abs. 1 GG nicht auf die sog. Objektformel rekurriert. Es hält aber bereits im sog. Mikrozensus-Beschluss fest, dass es mit der Menschenwürde unvereinbar sei, „den Menschen zwangsweise in seiner ganzen Persönlichkeit zu registrieren und zu katalogisieren"[200]. Von diesem sprachgebräuchlichen Bezug zu Gegenständen

---

[198] So *Hoerster*, JuS 1983, 93 (95) mit dem Verweis darauf, dass die Negativdefinition immer ein moralisches Werturteil voraussetze, wann in die „sittlich legitime" Selbstbestimmung des Menschen eingegriffen werde – für dieses Werturteil fehlten aber in den meisten Anwendungsfällen „intersubjektiv akzeptierte[...] Kriterien"; zustimmend *Dreier*, in: ders. (Hrsg.), GG, Bd. I, 3. Aufl. 2013, Art. 1 Abs. 1 Rn. 55; kritisch auch *Goos*, Innere Freiheit, 2011, S. 26 ff.; *Enders*, Die Menschenwürde in der Verfassungsordnung, 1997, S. 386; *Tiedemann*, Menschenwürde als Rechtsbegriff, 2. Aufl. 2010, S. 83.

[199] *Herdegen*, JZ 2001, 773 (775) in Bezug auf die Umschreibung der „Instrumentalisierung" des Menschen; er sieht darin zudem eine „Tautologie im Mantel einer volksnahen Version der *Kant*schen Ethik", ebd.; s. auch *ders.*, in: Maunz/Dürig (Begr.), GG, Bd. I, Art. 1 Abs. 1 Rn. 36 f. [55. EL Mai 2009].

[200] BVerfGE 27, 1 (6); BVerfGE 65, 1 (52 f.) stellt klar, dass dies auch für partielle Persönlichkeitsbilder gilt.

lässt sich ein Bogen zur sog. Objektformel schlagen.[201] Diese hat sich bislang als hinreichend flexibel in Anbetracht neuer technologischer Entwicklungen erwiesen und so fragt Benda, „ob angesichts dieser Entwicklungen [Modernisierung und Technisierung der Verwaltung, Anm. d. Verf.] ein menschenwürdiges Dasein überhaupt noch möglich ist. Dies ist die Verfassungsfrage der nahen Zukunft; hinter ihr werden alle anderen durch Art. 1 Abs. 1 GG aufgeworfenen Probleme an Bedeutung zurücktreten"[202]. Gleichzeitig warnt Dreier davor, Art. 1 Abs. 1 GG als „Inbegriff für eine bestimmte Verfassung der Gesamtgesellschaft, als politische Option für oder gegen gewisse epochale Entwicklungen"[203] in Stellung zu bringen. Jedenfalls haben das Bundesverfassungsgericht und – soweit ersichtlich – andere Bundesgerichte bislang keine Entscheidungen zu automatisierten personenbezogenen Entscheidungen gefällt unter Berufung auf den Schutz der Menschenwürde. Dies liegt auch daran, dass der Einsatz (teil-)automatisierter Entscheidungssysteme – wie in Teil B. aufgezeigt – erst in den letzten Jahren zugenommen hat und somit schlicht der Judikaturanlass fehlte.

Annussek bejaht einen Eingriff in den Schutzbereich des Art. 1 Abs. 1 GG losgelöst von der informationellen Selbstbestimmung bei der automatisierten Kennzeichenüberprüfung von Kraftfahrzeugen, soweit ein flächendeckender Einsatz nicht ausgeschlossen wird, und stützt dies auf ein Zusammenspiel der bundesverfassungsgerichtlichen Entscheidungen zum „Lauschangriff" und zur automatisierten Kennzeichenerfassung. Das Bundesverfassungsgericht hätte im Urteil zur akustischen Überwachung des Wohnraums zu Zwecken der Strafverfolgung eine Verletzung der Menschenwürde mit einer flächendeckenden Überwachung begründet und im Urteil zur automatisierten Erfassung von Kraftfahrzeugkennzeichen ausgeführt, eine flächendeckende Kontrolle sei unverhältnismäßig.[204]

Unabhängig von der Frage, ob der automatisierte Kennzeichenabgleich eine Vorentscheidung zu einem staatlichen Handeln darstellt, verkennt diese Argumentation zum einen, dass Art. 1 Abs. 1 GG im Urteil zur automatisierten Kennzeichenerfassung ausschließlich im Rahmen der informationellen Selbstbestimmung einschlägig war und zum anderen, dass es einen qualitativen Unterschied macht, ob eine flächendeckende Kennzeichenerfassung im öffentlichen Raum eingeführt wird oder eine akustische Wohnraumüberwachung stattfindet, die den „Kernbereich privater Lebensgestaltung"[205] betrifft. Ein Eingriff in die Menschenwürde wurde in letzterem Fall gerade bejaht, weil der Wohnraum grundsätzlich ein geschützter Ort ist, an dem höchstpersönliche Empfindungen und Bedürfnisse ge-

---

[201] S. insofern auch die Formulierungsbeispiele bei *Dürig*, AöR 81 (1956), 117 (127).

[202] *Benda*, in: ders. u. a. (Hrsg.), Handbuch des Verfassungsrechts, 2. Aufl. 1994, § 6 Rn. 24.

[203] *Dreier*, in: ders. (Hrsg.), GG, Bd. I, 3. Aufl. 2013, Art. 1 Abs. 1 Rn. 51.

[204] *Annussek*, Automatisierte Kraftfahrzeugkennzeichenüberprüfung in den Ländern, 2018, S. 79 mit Bezug auf BVerfGE 109, 279; 120, 378.

[205] BVerfGE 6, 32 (41); 109, 279 (313 ff.).

äußert und gelebt werden können.[206] Die Zusammenschau der Entscheidungen trägt daher nicht.

Verfassungsrechtlich konkretisiert wird die Relation zwischen Menschenwürde und technologischer Entwicklung allein in der Bremer Landesverfassung, die in Art. 12 Abs. 1 postuliert: „Der Mensch steht höher als Technik und Maschine." Dies wird überwiegend als Facette der Menschenwürde verstanden.[207] Allerdings finden sich in der Entstehungsgeschichte der Norm keine weiterführenden Erläuterungen und es gibt keine einschlägige Rechtsprechung.[208] Eine vergleichbare Norm existierte auch nicht in früheren Bremer Verfassungen oder der Weimarer Reichsverfassung.[209] Aus der Tatsache, dass der Artikel bereits seit 1947 Bestandteil der bremischen Landesverfassung ist, lässt sich nur schließen, dass der Anstoß nicht in der datenschutzrechtlichen Debatte ab den 1960er-Jahren lag. Der Norm kann in ihrer weiten Formulierung daher bislang nur ein Symbolwert zugesprochen werden als Affirmation der Singularität des Menschen, ähnlich wie Art. 1 S. 1 der *Loi informatique et libertés* dies festschreibt.

Obwohl die Literatur zu Art. 22 DSGVO und Art. 15 DSRL beharrlich die sog. Objektformel heranzieht, um den Schutzzweck dieser Normen zu bestimmen, spiegelt sich dies nicht in der Rechtsprechung wider. Eine Konkretisierung bleibt hier aus.

c) Vergleich mit französischer Normgenese

Bei der Analyse der grundrechtlichen Argumente, die der französische Gesetzgeber im Jahr 1978 heranzog, um personenbezogene automatisierte Entscheidungen im öffentlichen und privaten Sektor größtenteils zu verbieten, wurde bereits auf den Menschenwürdebezug des Art. 1 S. 1 der *Loi informatique et libertés* hingewiesen, der klarstellt, dass die Informatik im Dienste jedes Bürgers stehen muss. Es handelt sich jedoch um eine symbolische Leitlinie für die folgenden Artikel – nicht nur für Art. 2 der *Loi informatique et libertés* – und nicht um ein subjektives Recht des Einzelnen. Obwohl der Begriff der Menschenwürde im französischen Gesetzgebungsverfahren nicht fällt – was sich auch dadurch erklärt, dass die Menschenwürde im französischen Verfassungsrecht nicht als separates Grundrecht normiert ist[210] –, ist hier das Primat des Menschlichen gegenüber der Maschine entscheidend. Die Absicht, Menschlichkeit, verstanden als Empathie, im Entscheidungsprozess zu bewahren, deckt sich daher mit dem dargestellten

---

[206] BVerfGE 109, 279 (313 ff.).

[207] *Sokol*, in: Fischer-Lescano u. a. (Hrsg.), Verfassung der Freien Hansestadt Bremen, 2016, Art. 12 Rn. 1, 8 ff.; *Neumann*, Verfassung der Freien Hansestadt Bremen, 1996, Art. 12 Rn. 2.

[208] *Sokol*, in: Fischer-Lescano u. a. (Hrsg.), Verfassung der Freien Hansestadt Bremen, 2016, Art. 12 Rn. 3.

[209] *Neumann*, Verfassung der Freien Hansestadt Bremen, 1996, Art. 12 Rn. 1.

[210] Dazu ausführlich Abschnitt C. I. 1. d) cc).

Verständnis in der deutschen Rechtswissenschaft, dass Art. 22 DSGVO sowie die Vorgängerregelungen eine Objektifizierung des Menschen verhindern sollen. Die – beim französischen Gesetzgeber eher ethische als verfassungsrechtliche – Argumentation läuft hier weitgehend parallel.

d) Fazit

Ein Großteil der deutschen rechtswissenschaftlichen Literatur stellt auf die im Kontext von Art. 1 Abs. 1 GG entwickelte sog. Objektformel ab, um den Schutzzweck von Art. 22 DSGVO und der Vorgängernorm zu konkretisieren. Die Gefahr, den Menschen zum „bloßen Objekt" automatisierter Entscheidungen zu machen, wird hier überwiegend als Konfrontation mit Intransparenz und Empathielosigkeit verstanden. Ähnlich argumentiert der französische Gesetzgeber in Art. 1 S. 1 der *Loi informatique et libertés* mit der Forderung, die Informatik müsse im Dienste jedes Bürgers stehen. Subjektive Rechte lassen sich daraus jedoch nicht ableiten.

Die sog. Objektformel und die diesbezügliche Rechtsprechung bieten in diesem Kontext keinen Deutungsgewinn und keine Schärfung der grundrechtlichen Verankerung von Art. 22 DSGVO. Gegen eine Anbindung der Norm an die sog. Objektformel und damit an die Menschenwürde sprechen zudem die weitreichenden Ausnahmen in Art. 22 Abs. 2 DSGVO von einem aber grundsätzlich formulierten Verbot in Art. 22 Abs. 1 DSGVO – dies lässt sich schwer mit der eingriffsorientierten Dogmatik und dem absoluten Schutzanspruch der Menschenwürde vereinbaren.

Das heißt nicht, dass nicht Konstellationen denkbar wären, in denen eine automatisierte Entscheidung im Sinne des Art. 22 Abs. 1 DSGVO die Menschenwürde verletzen würde: Vorstellbar wären etwa Entscheidungen im medizinischen Bereich, die gerade aufgrund der Automatisierung neben dem Recht auf Leben und körperliche Unversehrtheit auch die Menschenwürde tangieren könnten. Dies wäre jedoch im Einzelfall zu beurteilen.

Das Verbot personenbezogener automatisierter Entscheidungen, die dem Betroffenen gegenüber rechtliche Wirkung haben oder ihn in ähnlicher Weise erheblich beeinträchtigen, grundsätzlich dahingehend auszulegen, dass der Mensch davor geschützt werden soll, zum „Objekt" automatisierter Entscheidungsprozesse zu werden, ist aber verfehlt.[211] Eine Entscheidung im Sinne des Art. 22 Abs. 1 DSGVO

---

[211] Eine Sondermeinung vertritt hier *Bull*, Der Staat 58 (2019), 57 (69 ff.), der einen Eingriff in den Schutzbereich des Art. 1 Abs. 1 GG nicht für ausgeschlossen hält in dem Fall, dass die Automatisierung zu einem systematischen Wegfall von Arbeitsplätzen für Menschen führt. Er stellt insoweit auf das sinnstiftende Element der Erwerbstätigkeit und nicht auf die Objektifizierung des Menschen durch die Maschine ab. Allerdings ist die Dimension, die Bull als kritisch ansieht, noch nicht erreicht.

verletzt nicht per se die Menschenwürde. Zum einen gebietet dies die restriktive Anwendung von Art. 1 Abs. 1 GG, um einen konturlosen Schutzbereich und damit eine Banalisierung des Konzepts der Menschenwürde zu verhindern. Zum anderen ist die sog. Objektformel so vage, dass sie den Blick verstellt auf konkrete Probleme in Zusammenhang mit automatisierten Entscheidungen, die unter Umständen von anderen grundrechtlichen Garantien besser eingefangen werden könnten. Schutzlücken lassen sich so kaum identifizieren. Sich auf die sog. Objektformel und einen obstruktiven Dualismus zwischen Mensch und Maschine zurückzuziehen, bedeutet, in einer metaphysischen Sphäre zu verharren, anstatt einzelne existierende Problemlagen zu benennen. Ein Grund dafür mag sein, dass der Topos des Menschen als Objekt maschineller Herrschaft in der juristischen Literatur stärker techniksoziologisch geprägt ist, als es diese vermuten lässt. Bei der normativen Verankerung des Art. 22 DSGVO und der Vorgängernormen finden sich techniksoziologische und -philosophische Referenzen jedoch nur sehr selten – in der französischen Normgenese allerdings häufiger als in der deutschen Rezeption.[212] Dass das Verbot personenbezogener automatisierter Entscheidungen Ausdruck einer „irrationale[n] Technologiefeindlichkeit"[213] oder eines „diffusen allgemeinen Unbehagens"[214] sei, ist insoweit nur Spekulation. Die pauschale Begründung, der Schutzzweck von Art. 22 DSGVO und Art. 15 DSRL läge darin, zu verhindern, den Menschen zum Objekt maschineller Entscheidungsprozesse zu degradieren, ist aber kaum geeignet, diesen Einwand zu entkräften.

3. Informationelle Selbstbestimmung

Obgleich die sog. Objektformel bei der normativen Herleitung der Art. 22 DSGVO und Art. 15 DSRL sowie des § 6a BDSG a. F. dominiert, finden sich in der Literatur auch Verweise auf den Schutz der informationellen Selbstbestimmung

---

[212] S. etwa Assemblée Nationale, Erste Sitzung am 4. 10. 1977, JORF v. 5. 10. 1977, n° 79, S. 5784, 5787 f.; Sénat, Sitzung am 17. 11. 1977, JORF v. 5. 10. 1977, n° 77, S. 2751 f.; Sénat, Sitzung am 19. 12. 1977, JORF, n° 103, 20. 12. 1977, S. 4249; s. auch aus der juristischen technologiekritischen Debatte in Frankreich in jüngerer Zeit *Ost*, À quoi sert le droit?, 2016; *Supiot*, La Gouvernance par les nombres, 2015; in Deutschland wird im rechtswissenschaftlichen Diskurs vergleichsweise wenig auf die techniksoziologischen und -philosophischen Dimensionen abgestellt; zum technologischen Determinismus s. insbesondere *Schelsky*, Der Mensch in der wissenschaftlichen Zivilisation, 1961, S. 8, 10 ff., der an *Ellul*, La technique ou l'enjeu du siècle, 2. Aufl. 1990, S. 121 ff. anknüpft; für eine gesellschaftliche Verantwortung im Umgang mit technologischen Entwicklungen *Adorno*, in: Lenk/Ropohl (Hrsg.), Technik und Ethik, 1989, S. 22 (28 f.); gegen eine Personifizierung und Mystifizierung der Technologie und des Computers auch *Bull*, Der Staat 58 (2019), 57 (59 f.); *Capurro*, in: Lenk/Ropohl (Hrsg.), Technik und Ethik, 1989, S. 259 (261 ff.); zur Doppelfunktion des Computers als Werkzeug und Projektionsfläche menschlicher Vorstellungen s. *Weizenbaum*, Die Macht der Computer und die Ohnmacht der Vernunft, 1978.

[213] *Ladeur*, DÖV 2009, 45 (53) in Bezug auf Datenschutz.

[214] *Schulz*, in: Gola (Hrsg.), DS-GVO, 2. Aufl. 2018, Art. 22 Rn. 2.

als Ausprägung des allgemeinen Persönlichkeitsrechts.[215] Die informationelle Selbstbestimmung ist damit Teil des „scheinbar wildwuchsartig um Art. 2 I GG gerankte[n] Grundrechtsgeflecht[s]"[216]. Die nur vereinzelten und zum Teil zweifelnden[217] Verweise auf das Recht auf informationelle Selbstbestimmung, das in der ursprünglichen Konzeption eng mit dem Datenschutzrecht verflochten ist,[218] sind ein weiteres Indiz dafür, dass Art. 22 DSGVO und seine Vorgängerregelungen nicht dem klassischen Datenschutzrecht zuzuordnen sind. Allerdings hat das Bundesverfassungsgericht in seiner Entscheidung „Recht auf Vergessen I" angedeutet, den Schutzbereich bzw. das Schutzkonzept[219] der informationellen Selbstbestimmung fortzuentwickeln und im Kontext von automatisierten persönlichkeitsprofilbasierten Entscheidungen als einschlägig zu erachten.[220] Während die sog. Objektformel als grundrechtsdogmatische Referenz primär auf die Automatisierung an sich und deren Charakteristika abstellt, liegt der Fokus der persönlichkeitsrechtlichen Argumentation auf der Festlegung auf automatisierte Persönlichkeitsprofile, die in die Entscheidung einfließen. Im Folgenden wird zunächst die ursprüngliche Konzeption der informationellen Selbstbestimmung skizziert, bevor die Entscheidung des Bundesverfassungsgerichts im Kontext der jüngeren technologischen Entwicklung analysiert wird. Dies geschieht unter Rückbindung des bundesverfassungsgerichtlichen Beschlusses an die französische Normgenese – hier lässt sich ein Gleichlauf in der Argumentation feststellen.

---

[215] So *Dammann/Simitis*, EG-Datenschutzrichtlinie, 1997, Art. 15 Rn. 1; *Buchner*, in: Kühling/ders. (Hrsg.), DS-GVO/BDSG, 2. Aufl. 2018, Art. 22 DSGVO Rn. 11; *Scholz*, in: Simitis u. a. (Hrsg.), DSGVO/BDSG, 2019, Art. 22 DSGVO Rn. 10; *Ernst*, in: Klafki u. a. (Hrsg.), Digitalisierung und Recht, 2017, S. 63 (70); *Martini*, in: Paal/Pauly (Hrsg.), DS-GVO/BDSG, 2. Aufl. 2018, Art. 22 DSGVO Rn. 8 mit dem allgemeinen Hinweis auf die Gefahr für das Persönlichkeitsrecht; *Hoeren/Niehoff*, RW 2018, 47 (53).

[216] *Britz*, Freie Entfaltung durch Selbstdarstellung, 2007, S. 81.

[217] *Dammann/Simitis*, EG-Datenschutzrichtlinie, 1997, Art. 15 Rn. 1; *Buchner*, in: Kühling/ders. (Hrsg.), DS-GVO/BDSG, 2. Aufl. 2018, Art. 22 DSGVO Rn. 11.

[218] Diese Perspektive betonen zum Beispiel *Simitis*, NJW 1984, 398; *Steinmüller*, DuD 1984, 91; *Benda*, DuD 1984, 86 (89) zum sog. Volkszählungsurteil: „Insoweit kann man auch sagen, daß mit der Entscheidung der Datenschutz Verfassungsrang erhalten habe.".

[219] Vorliegend wird zwischen Schutzbereich und Schutzkonzept dahingehend differenziert, dass der Schutzbereich sich auf das in Art. 2 Abs. 1 und Art. 1 Abs. 1 GG verankerte allgemeine Persönlichkeitsrecht im Kontext der Verarbeitung personenbezogener Daten bezieht, während das Schutzkonzept den vom Bundesverfassungsgericht im sog. Volkszählungsurteil gewählten datenschutzrechtlichen Ansatz zur Gewährleistung dieses Rechts bezeichnet; ähnlich *Albers*, Informationelle Selbstbestimmung, 2005, S. 155 ff., 176 f., die nach Schutzgehalt und Schutzkonzept differenziert, sowie *Marsch*, in: Wischmeyer/Rademacher (Hrsg.), Regulating Artificial Intelligence, 2020, S. 33 (42), der zwischen „theoretical concept" und „legal construction" unterscheidet.

[220] BVerfG NJW 2020, 300 (Rn. 85 ff.).

a) Ursprüngliche Konzeption

Erstmals ausdrücklich anerkannt wurde das Recht auf informationelle Selbstbestimmung als Bestandteil des allgemeinen Persönlichkeitsrechts im sog. Volkszählungsurteil des Bundesverfassungsgerichts.[221] Folgeentscheidungen konkretisierten diese Ausprägung zum Teil.[222] Das Recht auf informationelle Selbstbestimmung gewährleistet, dass jeder „grundsätzlich selbst über die Preisgabe und Verwendung seiner persönlichen Daten [...] bestimmen [kann]"[223]. Das Bundesverfassungsgericht wies auf die Persönlichkeitsgefährdungen angesichts der Möglichkeiten der automatischen Datenverarbeitung hin, etwa die unbegrenzte Speicherung und Verknüpfung personenbezogener Daten.[224] Vor dem Hintergrund, dass sich Informationen auch aus der Zusammenschau von für sich genommen „belanglosen" Daten gewinnen lassen, gab es seine im sog. Mikrozensus-Beschluss vorgenommene Differenzierung zwischen Daten mit Bezug zum unantastbaren Bereich privater Lebensgestaltung und Daten außerhalb dieser Sphäre auf.[225] Es betonte zudem, dass das Recht auf informationelle Selbstbestimmung einem Einschüchterungseffekt entgegenwirken sollte: Wenn jeder damit rechnen müsste, dass personen-

---

[221] BVerfGE 65, 1. Hintergrund waren mehrere Verfassungsbeschwerden gegen das Volkszählungsgesetz 1983; für Analysen des Urteils s. nur *Albers*, Informationelle Selbstbestimmung, 2005, S. 152 ff.; *Benda*, DuD 1984, 86; *Hufen*, JZ 1984, 1072; *Schlink*, Der Staat 25 (1986), 233; *Simitis*, NJW 1984, 398; *Steinmüller*, DuD 1984, 91; *Trute*, JZ 1998, 822 (825); kritisch vor allem *Schneider*, DÖV 1984, 156 (161 ff.).

[222] BVerfGE 78, 77 (84) stellt klar, dass sich das Recht auf informationelle Selbstbestimmung nicht nur auf die automatische Datenverarbeitung bezieht; zur mittelbaren Drittwirkung s. BVerfGE 84, 192 (194 f.); bezogen auf die Preisgabe von belastenden Informationen BVerfGE 96, 171 (181); zu biometrischen Daten im Kontext des genetischen Fingerabdrucks s. BVerfGE 103, 21 (32 f.); zur Beschlagnahme von Datenträgern nach der Strafprozessordnung s. BVerfGE 113, 29 (45 f.); 115, 166 (187 f.); zur Rasterfahndung s. BVerfGE 115, 320 (341 ff.); zur Abfrage von Kontostammdaten und zu der ergänzenden Funktion des Rechts auf informationelle Selbstbestimmung im Verhältnis zum Post- und Fernmeldegeheimnis s. BVerfGE 118, 168 (183 ff.); zu Informationsansprüchen als prozessuale Ausgestaltung des Rechts auf informationelle Selbstbestimmung im Zusammenhang mit Steuerdaten s. BVerfGE 120, 351 (360 f.); zur automatisierten Kontrolle von Kraftfahrzeugkennzeichen s. BVerfGE 120, 378 (397 ff.); 150, 244 (Rn. 40 ff.); zur Spezialität des Art. 10 GG im Verhältnis zum Recht auf informationelle Selbstbestimmung s. BVerfGE 125, 260 (310); zur Zuordnung von Telefonnummern und IP-Adressen sowie zum Abruf von Bestandsdaten bei Anbietern von Telekommunikationsdiensten s. BVerfGE 130, 151 (183 f.); BVerfG, Beschluss v. 27. 5. 2020, Az. 1 BvR 1873/13 und 1 BvR 2618/13, Rn. 90 ff. (juris); zur Abgrenzung des Rechts auf informationelle Selbstbestimmung von den äußerungsrechtlichen Schutzgehalten des allgemeinen Persönlichkeitsrechts s. BVerfG NJW 2020, 300 (Rn. 79 ff.).

[223] BVerfGE 65, 1 (Ls. 1, 43); *Albers*, Informationelle Selbstbestimmung, 2005, S. 155 fasst die Konkretisierung des Rechts auf informationelle Selbstbestimmung prägnant wie folgt zusammen: „Nach seinem *Schutzziel* und nach dem damit verbundenen Inhalten, d. h. nach seinem *Schutzkonzept*, betrifft das Recht auf informationelle Selbstbestimmung also den Schutz gegen, den Einfluß auf und das eigene Wissen über den Umgang anderer mit den einen selbst betreffenden Informationen und Daten.".

[224] BVerfGE 65, 1 (42 f.).

[225] BVerfGE 65, 1 (45).

bezogene Daten jederzeit verarbeitet werden und niemand einschätzen könne, was dem Gegenüber im Rahmen sozialer Interaktionen über ihn bekannt sei, würde der Einzelne unter Umständen Handlungsoptionen und Verwirklichungsspielräume nicht wahrnehmen und sein Verhalten anpassen, indem er auf die Ausübung von Grundrechten verzichte. Dies würde in einer kollektiven Dimension auch der freiheitlichen Demokratie schaden.[226]

Hinsichtlich der Schutzstrategie machte das Bundesverfassungsgericht Vorgaben bezüglich der Rechtsgrundlage und der Ausgestaltung der Datenverarbeitung – Einschränkungen des Rechts auf informationelle Selbstbestimmung dürften allein aufgrund einer verfassungsgemäßen gesetzlichen Grundlage erfolgen, die verhältnismäßig sei und dem überwiegenden Allgemeininteresse diene. Personenbezogene Daten dürften nur zweckgebunden erhoben werden – wo dies nicht möglich sei, wie zum Beispiel bei statistischen Zwecken, sei ein verfahrensrechtlicher Schutz zu gewährleisten, etwa durch Auskunfts- und Löschpflichten.[227]

aa) Anbindung der Schutzstrategie an „Daten-Rohstoff"

Das Bundesverfassungsgericht hat in seiner Rechtsprechung zur informationellen Selbstbestimmung zwar mehrfach auf die automatische Datenverarbeitung im engeren Sinne, jedoch nicht auf automatisierte Entscheidungen abgestellt. Diese waren bislang nicht Gegenstand eines Verfahrens. Der Ausgangspunkt der Argumentation ist die Datengrundlage, verstanden als „(scheinbar) objektivierbare[r] Gegenstand"[228], der sich einer Person zuweisen lässt. Daran orientiert sich die Realisierung des Rechts auf informationelle Selbstbestimmung in Form von Lösch- und Auskunftspflichten, Datensparsamkeit, Zweckbindung, Einwilligungserfordernis etc. Insofern ist es missverständlich, wenn Simitis ausführt, die informationelle Selbstbestimmung sei „nicht daten-, sondern strikt verarbeitungsorientiert"[229] – er bezieht sich darauf, dass das Bundesverfassungsgericht das Schutzniveau nicht von bestimmten Datenkategorien abhängig macht. Auch wenn der Verarbeitungskontext relevant ist, bleibt der gedankliche Ausgangspunkt in prozessualer Hinsicht eine partielle Kontrolle des Einzelnen über die ihn betreffenden Daten. Diese Ausrichtung des Schutzkonzepts gilt es zunächst herauszuarbeiten, da im Folgenden die These vertreten wird, dass sich das Bundesverfassungsgericht mit den Aussagen zur informationellen Selbstbestimmung in seinem Beschluss „Recht auf Vergessen I" teilweise von dieser Perspektive löst und die Kontextualisierung der Daten und die technologischen Spezifika des Entscheidungsprozesses stärker einbezieht.

---

[226] BVerfGE 65, 1 (42 f.); 113, 29 (45 f.); 115, 320 (341 f.); 150, 244 (Rn. 51).
[227] BVerfGE 65, 1 (44, 46 ff.).
[228] *Albers*, Informationelle Selbstbestimmung, 2005, S. 158.
[229] *Simitis*, NJW 1984, 398 (402).

(1) Unklare Differenzierung zwischen Daten und Informationen

Zunächst ist festzuhalten, dass die bundesverfassungsgerichtliche Rechtsprechung zur informationellen Selbstbestimmung nicht oder nicht systematisch zwischen Daten und Informationen differenziert. Dies ist relevant für die Frage nach der Reichweite des Schutzkonzepts. Im sog. Volkszählungsurteil und in Folgeentscheidungen scheint das Gericht die Begriffe teilweise synonym zu verwenden, etwa wenn es von Informationsverarbeitungstechnologien, der dauerhaften Speicherung von Informationen oder sensiblen Informationen spricht.[230] Andererseits versteht es Informationen als etwas über Daten Hinausgehendes, wenn es auf Daten und „die durch sie vermittelten Informationen" abstellt.[231]

So wird teilweise nicht klar, wo genau das Schutzkonzept ansetzt bzw. wie weit es reicht, da eine Ansicht zwischen Daten und Informationen dahingehend unterscheidet, dass Letztere stets eine Interpretation und damit eine subjektive und selektive Komponente enthielten: Sie könnten nur durch eine „Deutungs- und Rekonstruktionsleistung"[232] in einem sozialen Kontext gewonnen werden. Insofern handele es sich um „interpretierte Daten"[233]. Dies deckt sich mit philosophischen Konzepten, die Information als „data + meaning"[234] definieren. In diesem Verständnis würde eine zumindest partielle Kontrolle über personenbezogene Informationen unter Umständen weiter reichen als eine reine Anknüpfung an die Datenbasis.

Diese Perspektive scheint sich das Bundesverfassungsgericht jedoch nicht zu eigen zu machen, wenn es Information mit einem „Abbild sozialer Realität"[235] gleichsetzt und damit eine faktisch-objektive Dimension impliziert. Daran wird auch die Diskrepanz zur Definition personenbezogener Daten in Art. 4 Nr. 1 DSGVO deutlich – verstanden als „alle Informationen, die sich auf eine identifizierte oder identifizierbare natürliche Person [...] beziehen". Der Begriff der Information wird hier sehr weit ausgelegt und umfasst sowohl Tatsachen als auch

---

[230] BVerfGE 65, 1 (42 ff.); 150, 244 (Rn. 38); synonym ebenfalls *Di Fabio*, in: Maunz/Dürig (Begr.), GG, Bd. I, Art. 2 Abs. 1 Rn. 175 [39. EL Juli 2001]; *Annussek*, Automatisierte Kraftfahrzeugkennzeichenüberprüfung in den Ländern, 2018, S. 81.

[231] BVerfGE 65, 1 (47).

[232] *Albers*, Informationelle Selbstbestimmung, 2005, S. 90; s. bereits *dies.*, Rechtstheorie 33 (2002), 61 (68 ff.).

[233] *Trute*, JZ 1998, 822 (825).

[234] *Floridi*, in: ders. (Hrsg.), The Blackwell Guide to the Philosophy of Computing and Information, 2004, S. 40 (42); zu subjektiven Elementen des Informationsbegriffs s. auch *Druey*, Information als Gegenstand des Rechts, 1995, S. 11.

[235] BVerfGE 65, 1 (44); wie umstritten der Informationsbegriff ist, zeigt sich auch an den Informationsfreiheitsgesetzen, die dieses zentrale Kriterium zum Teil nicht separat definieren – so § 3 IFG NRW – oder unterschiedlich konturieren – als Aufzeichnung in § 2 Nr. 1 IFG Bund oder als Akteneinsicht in § 1, § 3 IFG Berlin.

Einschätzungen – zum Beispiel statistische Wahrscheinlichkeitsaussagen – und subjektive Urteile über die Person; der Wahrheitsgehalt ist unerheblich.[236]

Der prozessuale Schutz der informationellen Selbstbestimmung in der Konzeption des Bundesverfassungsgerichts fokussiert sich hingegen tendenziell auf Daten im Sinne überprüfbarer Tatsachen[237], biometrischer Merkmale[238] oder physisch gespeicherter Elemente[239] – eine Eingriffsqualität wird auch bejaht, wenn die Daten nach einem Abgleich sofort wieder gelöscht werden[240]. Damit schützt das Recht auf informationelle Selbstbestimmung grundsätzlich nicht die Deutungshoheit über Daten.

(2)   Datenzentrisches Schutzkonzept der informationellen Selbstbestimmung

Die Idee, dass das Recht auf informationelle Selbstbestimmung auf prozessualer Ebene im Sinne eines Grundrechtsschutzes durch Verfahren an der Datenbasis ansetzt, wurzelt – zumindest in den Anfängen – auch in dem Vergleich von händisch geführten Karteisystemen und elektronischer Datenverarbeitung: Das Bundesverfassungsgericht konstatiert zwar, dass durch die moderne Datenverarbeitung neuartige Gefährdungen entstehen, greift aber beim Schutz der informationellen Selbstbestimmung auf die Vorstellung zurück, dass sich auch elektronische Daten quasi-gegenständlich zuordnen und verorten lassen.

Trute sieht darin die „eigentumsanaloge Konzeption eines Informationsbeherrschungsrechts", das in der Argumentation des Gerichts nicht ausreichend auf den Schutz des allgemeinen Persönlichkeitsrechts im Sinne einer freien Entfaltung auch unter den Bedingungen der Informationstechnologie zurückbezogen würde.[241] Ähnlich hält Bull es nicht für zwingend, das Recht auf informationelle Selbstbestimmung als Datenschutz-Grundrecht auszugestalten: Dieses komme daher „wie der *deus ex machina*, als vermeintlich zwingende Folge aus den vorangegangenen grundsätzlichen Ausführungen. [...] So richtig es ist, dass das Wissen über staatliche Registrierung und Protokollierung Einfluss auf das Handeln haben kann, so

---

[236] So *Klar/Kühling*, in: ders./Buchner (Hrsg.), DS-GVO/BDSG, 2. Aufl. 2018, Art. 4 DSGVO Rn. 8 ff.; *Karg*, in: Simitis u. a. (Hrsg.), DSGVO/BDSG, 2019, Art. 4 DSGVO Rn. 29; *Ernst*, in: Paal/Pauly (Hrsg.), DS-GVO/BDSG, 2. Aufl. 2018, Art. 4 DSGVO Rn. 14; *Klabunde*, in: Ehmann/Selmayr (Hrsg.), DS-GVO, 2. Aufl. 2018, Art. 4 Rn. 9 in Anbindung an Artikel-29-Datenschutzgruppe, Stellungnahme 4/2007 zum Begriff „personenbezogene Daten", WP 136, angenommen am 20. 6. 2007, S. 7.

[237] BVerfGE 78, 77 (84) betont, dass dies nicht nur die automatische Datenverarbeitung betrifft.

[238] BVerfGE 103, 21 (32).

[239] BVerfGE 113, 29 (45 f.); 115, 166.

[240] BVerfGE 150, 244 (Rn. 49 ff.).

[241] *Trute*, JZ 1998, 822 (825).

falsch ist die Behauptung, selbstbestimmtes Handeln sei nur bei Selbstbestimmung über die eigenen Daten, das eigene Abbild möglich."[242]

Auch Albers kritisiert dies als Argumentationsbruch zwischen Schutzrichtung und Schutzkonzept im sog. Volkszählungsurteil: Die Umsetzung des Rechts auf informationelle Selbstbestimmung als „Befugnis des Einzelnen, grundsätzlich selbst über die Preisgabe und Verwendung seiner persönlichen Daten zu bestimmen" sei lückenhaft hergeleitet und setze ohne nähere Begründung voraus, dass der Einzelne tatsächlich über „seine" Daten über die Preisgabe hinaus verfügen könne.[243]

Diese Anknüpfung ist im Kontext der aktuellen (informations-)technologischen Entwicklung noch fraglicher: Zum Zeitpunkt des sog. Volkszählungsurteils war der elektronische Datenfluss noch verhältnismäßig überschaubar. Mittlerweile nutzen die öffentliche Verwaltung und insbesondere Privatunternehmen große Mengen personenbezogener Daten aus einer Vielzahl unterschiedlicher Quellen, deren Verarbeitung der Einzelne gerade im Privatrechtsverhältnis – trotz Einwilligung – kaum überschauen kann.[244] Die Vorstellung von personenbezogenen Daten als disponibles Gut, das der Einzelne gleich einem Goldschatz horten und Münze für Münze freigeben kann, steht in Diskrepanz zu dieser Umwelt.

Freilich stellt auch das Bundesverfassungsgericht klar, dass die Verfügungsbefugnis des Einzelnen hinsichtlich seiner Daten nicht absolut ist und distanziert sich damit von privatistischen Ausgestaltungen. Vielmehr seien Daten und Informationen in einen kommunikativen Prozess eingebunden, in dem Einzel- und Kollektivinteressen in Einklang gebracht werden müssten.[245] Dieses Aushandeln bezieht sich jedoch stets auf Daten – die informationelle Selbstbestimmung wird hier auf eine Zuweisung von Verfügungsbefugnissen über diese reduziert. Dabei mag zuweilen die normative Stoßrichtung – die freie Entfaltung der Persönlichkeit auch unter den Bedingungen der Informationstechnologie – in den Hintergrund treten.[246]

---

[242] *Bull*, Informationelle Selbstbestimmung – Vision oder Illusion?, 2. Aufl. 2011, S. 33, 47.

[243] *Albers*, Informationelle Selbstbestimmung, 2005, S. 176, 236 ff.

[244] S. Abschnitt B. I. 2.

[245] BVerfGE 65, 1 (43 f.); zu privatautonomen Modellen s. *Buchner*, Informationelle Selbstbestimmung im Privatrecht, 2006, S. 203 ff.; die Kommunikationsdimension betonen insbesondere *Hoffmann-Riem*, AöR 123 (1998), 513 (520 ff.); *Ladeur*, DÖV 2009, 45 (47).

[246] *Marsch*, in: Wischmeyer/Rademacher (Hrsg.), Regulating Artificial Intelligence, 2020, S. 33 (41 ff.) plädiert dafür, das Schutzkonzept der informationellen Selbstbestimmung als veraltet anzuerkennen und es ausgehend vom Schutzzweck neu zu entwickeln. So könne der technologischen Entwicklung seit dem sog. Volkszählungsurteil Rechnung getragen werden. Im Übrigen könne der Europäische Gerichtshof die Spezifika der modernen Datenverarbeitung bei der Interpretation des Art. 8 EU-GRCh berücksichtigen.

bb) Abwehrrechtliches Verständnis

Eng damit verbunden ist die Ausgestaltung des Rechts auf informationelle Selbstbestimmung als Eingriffsabwehrrecht. Der Bezugspunkt des Eingriffs ist die Datengrundlage. Die prozessuale Konzeption des Rechts auf informationelle Selbstbestimmung steht hier dem Datenschutz sehr nahe. Von den verschiedenen Stufen der Datenverarbeitung ließen sich jedoch nur die personenbezogene Datenerhebung und die Verwendung von Daten als Grundlage für individualbezogene belastende Entscheidungen als klassische Eingriffe einordnen.[247] Im Übrigen wird das Recht auf informationelle Selbstbestimmung im staatsinternen Bereich durch spezifische Anforderungen an die Datenverarbeitung gewährleistet – etwa durch die Zweckbindung oder die Datensparsamkeit. Das Bundesverfassungsgericht hat in ständiger Rechtsprechung betont, dass sich Persönlichkeitsgefährdungen bereits im Vorfeld konkreter Bedrohungen von Rechtsgütern ergeben können und der Schutz der informationellen Selbstbestimmung daher teilweise institutionalisiert werden müsse.[248]

Die dogmatische Schwierigkeit dieser Konstruktion gründet darin, dass personenbezogene Daten im Gegensatz zu Rechtsgütern wie der körperlichen Integrität nicht der beinahe absoluten Verfügungshoheit des Einzelnen unterliegen, sondern Grundlage sozialer Interaktion in einer Demokratie sind.[249] Zudem setzt die Geltendmachung des Rechts auf informationelle Selbstbestimmung Kenntnis von der Datenverarbeitung voraus, die über Leistungsrechte realisiert wird.[250] Vor allem Ladeur kritisiert die Idee des Rechts auf informationelle Selbstbestimmung als Eingriffsabwehrrecht: Information – wohl verstanden als Datum – sei stets relational und die Verfügung darüber könne somit kein Anknüpfungspunkt für einen grundrechtlichen Schutzbereich sein.[251] Dieser sei im Übrigen zu vage, was kompensiert werde durch eine „antithetische Fixierung auf die ‚Daten*sammlung*', der umgekehrt ein Rechtsverlust entsprechen muss".[252] Die Unzulänglichkeit der abwehrrechtlichen Konzeption verschärfe sich in einer modernen Gesellschaft, die auf die Zirkulation von Daten angewiesen sei und in der sich datenbasiertes Wissen

---

[247] *Hufen*, JZ 1984, 1072 (1075).

[248] S. etwa BVerfGE 118, 168 (183 ff.); 120, 274 (311); 120, 378 (397 f.).

[249] Bereits BVerfGE 65, 1 (43 f.); kritisch zu einem Verständnis als absolute Verfügungsbefugnis über Daten auch *Masing*, NJW 2012, 2305 (2307).

[250] Dazu *Albers*, Informationelle Selbstbestimmung, 2005, S. 162 ff.

[251] *Ladeur*, DÖV 2009, 45 (52); die Kommunikationsdimension betont auch *Donos*, Datenschutz – Prinzipien und Ziele, 1998, S. 120 ff. und wendet sich gegen eine Konzeption der informationellen Selbstbestimmung als subjektives Recht; für einen instrumentellen Charakter ohne eigenständigen Schutzbereich insbesondere *Britz*, in: Hoffmann-Riem (Hrsg.), Offene Rechtswissenschaft, 2010, S. 561 (573 f.); *Poscher*, in: Gander u. a. (Hrsg.), Resilienz in der offenen Gesellschaft, 2012, S. 167 (178); *ders.*, in: Miller (Hrsg.), Privacy and Power, 2017, S. 129 (139).

[252] *Ladeur*, DÖV 2009, 45 (49, 51).

gleichzeitig zunehmend fragmentiere.[253] Stattdessen solle das Recht auf informationelle Selbstbestimmung besser als objektives Risikorecht mit einem Fokus auf der Datenverwendung ausgestaltet werden.[254]

Diese Auffassung ignoriert, dass ein risikorechtlicher Zugang und die damit verbundene Entscheidung, welche Verwendung personenbezogener Daten als kritisch anzusehen ist, in seiner zwingenden Pauschalität die freie Entfaltung des Einzelnen, die sich gerade nicht an Kollektivkriterien auszurichten hat, verkennt. Gleichzeitig legt sie aber die Schwächen des Eingriffsabwehrdenkens in einer zunehmend vernetzten und datenverarbeitenden Welt offen.[255]

cc) Fazit

Das Verbot personenbezogener automatisierter Entscheidungen im Sinne des Art. 22 DSGVO lässt sich kaum aus dem Recht auf informationelle Selbstbestimmung in seiner ursprünglichen Konzeption herleiten, was sich auch in der geringen Zahl der Verweise in der Literatur zu Art. 22 DSGVO widerspiegelt. Dies liegt daran, dass das Recht auf informationelle Selbstbestimmung durch das Bundesverfassungsgericht primär als Abwehrrecht entwickelt wurde, das auf die Verfügungsbefugnis des Einzelnen hinsichtlich „seiner" Daten abstellt. Dieser Anknüpfungspunkt lässt sich jedoch auf die Einschränkung automatisierter Entscheidungen nicht übertragen, da im Rahmen des Art. 22 DSGVO sowie der Vorgängernormen nicht die Rechtmäßigkeit der Datenverarbeitung in Frage steht. Wie zuvor erläutert, kann diese Regelung zumindest nicht im Hinblick auf das Schutzkonzept dem Instrumentarium des Datenschutzrechts zugeordnet werden. Gleichzeitig wird deutlich, dass die Verankerung des Rechts auf informationelle Selbstbestimmung im allgemeinen Persönlichkeitsrecht nicht zwingend auf eine datenschutzrechtliche Schutzstrategie heruntergebrochen werden muss.

b) Evolution des Schutzkonzepts

Dass durch einen Fokus auf den „Daten-Rohstoff" der Schutzbereich des Rechts auf informationelle Selbstbestimmung unzeitgemäß verengt würde, deutet das Bundesverfassungsgericht in einer jüngeren Entscheidung an.[256] Die Abhandlung hierzu ist zugebenermaßen knapp, da der Schutzbereich der informationellen Selbstbestimmung in dem Verfahren nicht einschlägig war. Allerdings greift das Gericht einige Aspekte heraus, die speziell beim Einsatz algorithmenbasierter

---

[253] A.a.O., 45 (46).

[254] A.a.O., 45 (53 ff.).

[255] Auch *Hoffmann-Riem*, AöR 123 (1998), 513 (522) sieht das Problem der Daten als Objekt „multipolare[r] Interessenkonstellationen".

[256] BVerfG NJW 2020, 300 (Rn. 85 ff.).

personenbezogener Entscheidungen grundrechtlich umstritten sind. Insofern lässt sich das allgemeine Persönlichkeitsrecht in seiner Ausprägung als Recht auf informationelle Selbstbestimmung unter Umständen als normatives Fundament von Art. 22 DSGVO identifizieren.

aa) Die Entscheidung „Recht auf Vergessen I" als Ausgangspunkt

Das Bundesverfassungsgericht scheint mit dem Schutzbereich der informationellen Selbstbestimmung einen grundrechtlichen Prüfungsmaßstab für automatisierte personenbezogene Entscheidungen auszumachen, der in der französischen Normgenese des Art. 2 der *Loi informatique et libertés* sein ethisch verankertes Äquivalent hat. Hier treffen sich die französischen und deutschen Argumentationslinien.

Bevor auf diese Argumentation des Bundesverfassungsgerichts im Detail eingegangen wird, ist zunächst festzuhalten, dass der Beschluss „Recht auf Vergessen I" über die hier erörterten Aspekte hinaus hohe Relevanz hat.

(1)   Entscheidungskontext

Der bundesverfassungsgerichtliche Beschluss „Recht auf Vergessen I" vom 6. 11. 2019 setzte sich unter anderem mit verschiedenen Ausprägungen des allgemeinen Persönlichkeitsrechts auseinander, deren Schutzgehalte es voneinander abgrenzte.

Der Beschwerdeführer war im Jahr 1982 wegen Mordes rechtskräftig zu einer lebenslangen Freiheitsstrafe verurteilt worden.[257] Das Magazin „Der Spiegel" veröffentlichte in seiner gedruckten Ausgabe 1982 und 1983 insgesamt drei Artikel über den Fall unter namentlicher Nennung des Beschwerdeführers. Die Artikel waren seit 1999 im Online-Archiv der „Spiegel Online GmbH" kosten- und barrierefrei abrufbar und erschienen unter den ersten Treffern einer gängigen Internet-Suchmaschine bei Eingabe des Namens des Beschwerdeführers. Dieser wurde 2002 aus der Haft entlassen und erfuhr im Jahr 2009 von der Online-Verfügbarkeit der ihn betreffenden Artikel. Mit einer Unterlassungsklage wandte er sich gegen die „Spiegel Online GmbH" mit dem Antrag, seinen Familiennamen in der Berichterstattung über die Straftat nicht zu nennen. Nach einer Klageabweisung durch den Bundesgerichtshof legte er Verfassungsbeschwerde ein und machte eine Verletzung seines allgemeinen Persönlichkeitsrechts geltend. Das Bundesverfassungsrecht grenzte den Schutzgehalt des Rechts auf informationelle Selbstbestimmung zum allgemeinen Persönlichkeitsrecht in seinen äußerungsrechtlichen Ausprägungen ab.[258] Nur Letzteres war in dem Verfahren maßgeblich.

---

[257] Zum Sachverhalt s. BVerfG, Beschluss v. 6. 11. 2019, Az. 1 BvR 16/13, Rn. 2 ff. (juris).
[258] BVerfG NJW 2020, 300 (Rn. 90 ff.).

(2) Mehrdimensionale Relevanz der Entscheidung

Die Entscheidung „Recht auf Vergessen I" ist in der Zusammenschau mit dem am selben Tag ergangenen Beschluss „Recht auf Vergessen II"[259] in mindestens dreifacher Hinsicht relevant:[260] Erstens konkretisieren beide Beschlüsse das allgemeine Persönlichkeitsrecht im Kontext personenbezogener Berichterstattung, die online zeitlich unbegrenzt zugänglich und so jederzeit abruf- und rekombinierbar ist. Vor diesem Hintergrund spiele die zeitliche Dimension in der Abwägung zwischen dem allgemeinen Persönlichkeitsrecht des Betroffenen und der Meinungsbzw. Pressefreiheit der Inhalteanbieter sowie des Informationsinteresses der Öffentlichkeit eine zentrale Rolle: „Die Möglichkeit des Vergessens gehört zur Zeitlichkeit der Freiheit."[261]

Zweitens stellen die Entscheidungen einen Meilenstein für die deutsche und europäische Grundrechtsdogmatik dar. Das Bundesverfassungsgericht entwickelt neue Leitlinien für die Prüfungskompetenz hinsichtlich der Unionsgrundrechte: Bislang hatte es in Fällen, in denen es einen Vorrang des Unionsrechts anerkannt hatte, keine Kontrolle am Maßstab der EU-GRCh vorgenommen, sondern auf die Prüfung durch die Fachgerichte in Dialog mit dem Europäischen Gerichtshof verwiesen.[262] Zumindest für die Urteilsverfassungsbeschwerde im Bereich des vollständig vereinheitlichten Unionsrechts behält sich das Bundesverfassungsgericht nun vor, die EU-GRCh unmittelbar als Prüfungsmaßstab heranzuziehen.[263] Die Kompetenz stützt es auf Art. 23 Abs. 1 GG in Verbindung mit den grundgesetzlich konturierten Aufgaben des Bundesverfassungsgerichts, zu denen ein effektiver Grundrechtsschutz zählt.[264] Eröffnet das Unionsrecht den Mitgliedstaaten hingegen Gestaltungsspielräume, kann das Gericht die EU-GRCh als zusätzlichen Prüfungsmaßstab berücksichtigen, wenn „konkrete und hinreichende Anhaltpunkte vorliegen", dass andernfalls „das grundrechtliche Schutzniveau des Unionsrechts ausnahmsweise nicht gewährleistet ist".[265] Dabei sei insbesondere auf die Rechtsprechung des Europäischen Gerichtshofs abzustellen.[266] Es gelte jedoch eine wi-

---

[259] BVerfG, Beschluss v. 6.11.2019, Az. 1 BvR 276/17 (juris). In diesem Fall ging es um einen gegen den Suchmaschinenbetreiber „Google" gerichteten Anspruch auf Unterlassung der Anzeige eines Suchergebnisses. Dieses wurde bei der Eingabe des vollständigen Namens der Beschwerdeführerin unter den ersten Treffern angezeigt.

[260] Überblickartig *Kühling*, NJW 2020, 275; *Klass*, ZUM 2020, 265; *Peifer*, GRUR 2020, 34; speziell zur grundrechtsdogmatischen unionsrechtlichen Dimension *Hoffmann*, NVwZ 2020, 33; *Kämmerer/Kotzur*, NVwZ 2020, 177; *Karpenstein/Kottmann*, EuZW 2020, 185; kritisch *Edenharter*, DÖV 2020, 349 (353 f.); zur Kompetenzabgrenzung zwischen Bundesverfassungsgericht und Europäischem Gerichtshof *Klein*, DÖV 2020, 341.

[261] BVerfG NJW 2020, 300 (Rn. 105).

[262] So etwa BVerfGE 73, 339 (374 ff.); 102, 147 (161 ff.); 110, 141 (154 f.); 115, 276 (299 f.); 118, 79 (95 f.); 129, 186 (198 ff.).

[263] BVerfG, Beschluss v. 6.11.2019, Az. 1 BvR 276/17, Rn. 52 (juris).

[264] BVerfG, Beschluss v. 6.11.2019, Az. 1 BvR 276/17, Rn. 53, 58 f. (juris).

[265] BVerfG NJW 2020, 300 (Rn. 63).

[266] BVerfG NJW 2020, 300 (Rn. 69).

derlegliche Vermutung dafür, „dass durch eine Prüfung am Maßstab der Grundrechte des Grundgesetzes das Schutzniveau der Charta, wie sie vom Europäischen
Gerichtshof ausgelegt wird, in der Regel mitgewährleistet ist".[267] Die Einbeziehung
der EU-GRCh könne zudem nur in dem Umfang erfolgen, in dem ihre Auslegung
offenkundig oder durch die Rechtsprechung des Europäischen Gerichtshofs bereits geklärt sei.[268]

Drittens grenzt das Bundesverfassungsgericht das allgemeine Persönlichkeitsrecht in seiner äußerungsrechtlichen Dimension vom Schutzgehalt der informationellen Selbstbestimmung ab.[269] Allein dieser Aspekt ist vorliegend relevant, da das
Gericht den Schutzbereich der informationellen Selbstbestimmung andeutungs-
weise angesichts der technologischen Entwicklung seit dem sog. Volkszählungsurteil aktualisiert. In dem eingangs geschilderten Sachverhalt sieht das Gericht
allein den äußerungsrechtlichen Schutzgehalt des allgemeinen Persönlichkeitsrechts als maßgeblich an. Das Recht auf informationelle Selbstbestimmung schütze
primär vor der intransparenten Verarbeitung personenbezogener Daten; im Falle
der Abrufbarkeit der „Spiegel"-Berichte gehe es aber gerade um einen öffentlichen
Kommunikationsprozess, der persönlichkeitsrechtliche Gefährdungen im Hinblick
auf „Form und Inhalt der Veröffentlichung selbst" berge.[270] Auffällig ist nun, dass
das Gericht es nicht bei dieser Abgrenzung belässt, sondern sich in einem Umfang zum Schutzgehalt der informationellen Selbstbestimmung äußert, der für das
Verfahren nicht zwingend notwendig gewesen wäre. So führt es insbesondere aus:

> „Angesichts der Manipulierbarkeit, Reproduzierbarkeit und zeitlich wie örtlich praktisch
> unbegrenzten Verarbeitungsmöglichkeit der Daten sowie ihrer unvorhersehbaren Rekom-
> binierbarkeit in intransparenten Verarbeitungsprozessen mittels nicht nachvollziehbarer
> Algorithmen können die Einzelnen hierdurch in weitreichende Abhängigkeiten geraten oder
> ausweglosen Vertragsbedingungen ausgesetzt sein. Diese Entwicklungen können damit
> tiefgreifende Gefährdungen der Persönlichkeitsentfaltung begründen. [...] Es [das Recht
> auf informationelle Selbstbestimmung, Anm. d. Verf.] bietet Schutz davor, dass Dritte sich
> individueller Daten bemächtigen und sie in nicht nachvollziehbarer Weise als Instrument
> nutzen, um die Betroffenen auf Eigenschaften, Typen oder Profile festzulegen, auf die sie
> keinen Einfluss haben und die dabei aber für die freie Entfaltung der Persönlichkeit sowie
> eine gleichberechtigte Teilhabe in der Gesellschaft von erheblicher Bedeutung sind. Der
> Gehalt dieses Rechts ist dabei entwicklungsoffen, so dass es auch weitere persönlichkeits-
> gefährdende Entwicklungen der Informationsverarbeitung aufnehmen kann."[271]

Das Bundesverfassungsgericht setzt sich hier zwar nicht ausdrücklich mit automatisierten *Entscheidungen* auseinander, geht aber speziell auf durch Algorithmen
kreierte Persönlichkeitsprofile ein, die die Grundlage für Vertragsschlüsse oder
soziale Teilhabe im weitesten Sinne bilden können. Insofern besteht hier ein kla-

---

[267] BVerfG NJW 2020, 300 (Rn. 55).
[268] BVerfG NJW 2020, 300 (Rn. 72).
[269] BVerfG NJW 2020, 300 (Rn. 90 ff.).
[270] BVerfG NJW 2020, 300 (Rn. 91).
[271] BVerfG NJW 2020, 300 (Rn. 85, 90).

rer Bezug zu den in Teil B. dargestellten Anwendungsfeldern (teil-)automatisierter Entscheidungsprozesse. Die Implikationen dieser Entscheidung gilt es daher zu vertiefen.

bb) Identifizierung neuer Gefährdungslagen

In der Entscheidung „Recht auf Vergessen I" identifiziert das Bundesverfassungsgericht hinsichtlich des Rechts auf informationelle Selbstbestimmung im Wesentlichen drei Gefährdungslagen im Kontext algorithmenbasierter Persönlichkeitsprofile bzw. Entscheidungen, die im Folgenden beleuchtet werden: Die Verdichtung automatisierter Fremdbilder, die Intransparenz algorithmenbasierter Systeme sowie die zunehmende Datenverarbeitung durch private, teils marktmächtige Unternehmen.

(1) Verdichtung automatisierter Fremdbilder

Das allgemeine Persönlichkeitsrecht schützt bis zu einem gewissen Grad auch die Selbstdarstellung des Individuums im Sinne einer „Freiheit des Einzelnen, selbst zu bestimmen, welches Persönlichkeitsbild er von sich vermitteln will"[272]. Spezielle Ausprägungen davon sind insbesondere das Recht am eigenen Bild sowie das Recht am eigenen Wort.[273] Da das Selbstverständnis des Einzelnen für das allgemeine Persönlichkeitsrecht zentral ist, zeichnet sich der Schutzbereich durch eine hohe Entwicklungsoffenheit aus.[274] Die Achtung der Privatsphäre garantiert in diesem Zusammenhang Bereiche, „in denen Nichtdarstellbares getan, von Selbstdarstellung ausgeruht und Selbstdarstellung vorbereitet werden kann"[275]. Daran wird auch die Wechselwirkung zwischen dem öffentlichen und dem privaten Raum für die Persönlichkeitsentwicklung deutlich.

Das Recht auf Selbstdarstellung ist jedoch nicht absolut, sondern in soziale Interaktionsprozesse eingebunden, in denen Selbst- und Fremdbild miteinander

---

[272] BVerfGE 82, 236 (269); s. auch BVerfGE 54, 148 (155f.); 63, 131 (142f.); *Dreier*, in: ders. (Hrsg.), GG, Bd. I, 3. Aufl. 2013, Art. 2 Abs. 1 Rn. 72; *Di Fabio*, in: Maunz/Dürig (Begr.), GG, Bd. I, Art. 2 Abs. 1 Rn. 166 [39. EL Juli 2001]; ders., Grundrechtsgeltung in digitalen Systemen, 2016, S. 51 f.; *Jarass*, in: Jarass/Pieroth, GG, 16. Aufl. 2020, Art. 2 Rn. 40; *Morlok*, Selbstverständnis als Rechtskriterium, 1993, S. 74 ff.; *Britz*, Freie Entfaltung durch Selbstdarstellung, 2007, S. 44 ff.; *dies.*, in: Hoffmann-Riem (Hrsg.), Offene Rechtswissenschaft, 2010, S. 561 (571 ff.); *Poscher*, in: Gander u. a. (Hrsg.), Resilienz in der offenen Gesellschaft, 2012, S. 167 (175 ff.); *Schmidt*, JZ 1974, 241 (244); *Jarass*, NJW 1989, 857 (859); *Schlink*, Der Staat 25 (1986), 233 (243); kritisch *Grimm*, JZ 2013, 585 (588).

[273] BVerfGE 35, 202 (220); 34, 238 (246); 54, 148 (155); 54, 208 (217f.).

[274] *Lang*, in: BeckOK-GG, Art. 2 Rn. 34 [Stand: 43. Ed. Mai 2020].

[275] *Schlink*, Der Staat 25 (1986), 233 (243); *Arendt*, Vita activa, 20. Aufl. 2019, S. 85 ff. sieht darin den Zweck von Privateigentum, der über den privativen Charakter hinausgeht.

ausgehandelt und in Konflikt treten können. Niemand hat einen Anspruch darauf, von anderen so dargestellt oder gar gesehen zu werden, wie es dem eigenen Selbstbild entspricht.[276] In diesem „Identitätsdialog"[277], der letztlich erlaubt, „fremde Identitätserwartungen zu beeinflussen und sich damit mittelbar und unmittelbar Raum für eigene Selbstvergewisserung zu sichern"[278], lassen sich Deutungshoheiten abstrakt schwer abgrenzen. Fremdbilder dienen somit als notwendige Orientierungspunkte und Reibungsflächen, anhand derer der Einzelne in Ablehnung oder Zustimmung seine Persönlichkeit entfaltet. Gleichzeitig besteht die Gefahr, dass Fremdbilder internalisiert werden und eine abweichende Persönlichkeitskonstituierung ersticken.

Im Rahmen der informationellen Selbstbestimmung als Ausprägung des allgemeinen Persönlichkeitsrechts wird dieser Konflikt auf die Dispositionsbefugnis über die eigenen Daten verlagert. Es hat sich bereits gezeigt, dass dieser Schluss brüchig ist. Wenn das Bundesverfassungsgericht eine Gefährdung der informationellen Selbstbestimmung darin sieht, dass Daten in intransparente Algorithmen eingespeist werden, „um die Betroffenen auf Eigenschaften, Typen oder Profile festzulegen, auf die sie keinen Einfluss haben"[279], bezieht es sich jedoch nicht primär auf die Preisgabe der Daten. Auch über den Verwendungszweck lassen sich automatisierte Prozesse, die die Situation, das Verhalten oder die Eigenschaften von Menschen prognostizieren, nur unzureichend einfangen: Das Bundesverfassungsgericht hat im Kontext der informationellen Selbstbestimmung wiederholt betont, der Einzelne könne bestimmen, zu welchem Zweck seine Daten genutzt werden.[280] Die Argumentation in „Recht auf Vergessen I" stellt jedoch vielmehr auf den Entscheidungsprozess, d. h. auf die Art und Weise der Datennutzung und die technologischen Charakteristika ab. Martini spricht – allerdings aus der Perspektive des Datenschutzes – von einer Berücksichtigung des „Gefährdungsgrad[es] der eingesetzten (Informations-)Technologie ,Algorithmus' bzw. ,Softwareanwendung'"[281]. Das Gericht orientiert sich hier stärker am Schutzgut des allgemeinen Persönlichkeitsrechts und wendet sich gegen eine einseitige automatisierte Festlegung auf Fremdbilder. Als Konsequenz verortet es das Schutzkonzept weniger in der Kontrolle des Datenflusses als in der Kontrolle des Datenverarbeitungsprozesses. Da das Recht auf informationelle Selbstbestimmung in dem Verfahren nicht maßgeblich war, vertieft es den Konflikt zwischen Selbst- und Fremdbild im Kontext von algorithmenbasierten Entscheidungen nicht. Unter Rückgriff auf die Ergebnisse von Teil B. lassen sich jedoch die strukturellen Spezifika dieses neuartigen Informationsgefüges benennen:

---

[276] BVerfGE 82, 236 (269); 97, 125 (149); 97, 391 (403); 99, 185 (194); 101, 361 (380).
[277] *Britz*, Freie Entfaltung durch Selbstdarstellung, 2007, S. 46.
[278] Ebd.
[279] BVerfG NJW 2020, 300 (Rn. 90).
[280] S. Fn. 222 in Abschnitt C.
[281] *Martini*, Blackbox Algorithmus, 2019, S. 162.

Erstens gibt es sowohl im Privatsektor als auch im staatlichen Bereich zunehmend mehr Anwendungsfelder für automatisierte Persönlichkeitsprofile und darauf aufbauende Entscheidungen – es verbinden sich hier technologische Machbarkeit und der gesamtgesellschaftliche Fokus auf Risikovermeidung. Diese Fremdbilder sind in der Regel dauerhaft verfüg- und skalierbar. Britz betont dabei den Zusammenhang von Datengrundlage und Fremdbild: Je mehr Informationen über eine Person verfügbar seien, desto engmaschiger werde sie mit Fremdbildern konfrontiert und desto schwieriger sei es, mit ihrer Selbstdarstellung durchzudringen.[282]

Zweitens entziehen sich solche Persönlichkeitsprognosen einem direkten „Identitätsdialog"[283]; eine Auseinandersetzung mit den Prämissen des Profils kann für den Laien in der Regel nur über den Umweg des Anwenders bzw. des Modellentwicklers erfolgen. Hinzu kommen unter Umständen eigentumsrechtliche und technologische Hürden. Auf diese Eigenschaften hatte bereits der Tricot-Bericht hingewiesen.[284]

Drittens können die so gewonnenen Fremdbilder durch Korrelationen in *Big Data* auf sensiblen Merkmalen basieren – Beispiele waren hier der Zusammenhang zwischen Einkaufsverhalten und Schwangerschaft oder der zweifelhafte Rückschluss von Gesichtsmerkmalen auf die sexuelle Orientierung.[285] Daran zeigt sich außerdem, dass derjenige, der über die Preisgabe seiner Daten entscheidet, schlecht abschätzen kann, welche Informationen – auch in Kombination mit nichtpersonenbezogenen Daten – daraus gewonnen werden. Das Schutzkonzept der informationellen Selbstbestimmung gerät hier an seine Grenzen. Die Grundidee, „allzu detaillierten Fremdbildern von einer Person dadurch die Grundlage [zu entziehen], dass personenbezogene Daten zurückgehalten werden"[286], lässt sich in der heutigen Gesellschaft kaum mehr umsetzen. Auf einer vorgelagerten Stufe kann es zudem Situationen geben, in denen der Betroffene gar nicht realisiert, dass er mit einem Fremdbild konfrontiert wird bzw. in einem perpetuierten Selbstbild gefangen ist, das ihm der Algorithmus zurückspielt.[287] Persönlichkeitsentfaltung benötigt die Möglichkeit von Denk- und Handlungsalternativen.[288]

Zu Debatte steht nicht nur die Beeinflussbarkeit von automatisierten Fremdbildern, um die Möglichkeit der Selbstreflexion zu sichern, sondern auch ihre Relevanz für eine „gleichberechtigte Teilhabe in der Gesellschaft"[289]. Damit bringt

---

[282] *Britz*, Freie Entfaltung durch Selbstdarstellung, 2007, S. 52 f.

[283] A. a. O., S. 46.

[284] S. Fn. 86 in Abschnitt C.

[285] S. Fn. 227 in Abschnitt B. und Fn 52 in Abschnitt B.

[286] *Britz*, Freie Entfaltung durch Selbstdarstellung, 2007, S. 53.

[287] Zu dieser Beeinflussung von Präferenzen s. *Wagner/Eidenmüller*, U. Chi. L. Rev. 86 (2019), 581 (597 ff.); *Möllers*, Die Möglichkeit der Normen, 2015, S. 455 f. weist auf den Wert des Zufalls für die Entwicklung von Normativität hin.

[288] *Schmidt*, JZ 1974, 241 (246 f.) sieht Persönlichkeitsschutz daher primär als Schutz der Entscheidungsfreiheit.

[289] BVerfG NJW 2020, 300 (Rn. 90).

das Bundesverfassungsgericht über gleichheitsrechtliche Erwägungen die äußere Dimension der Persönlichkeitsentfaltung ins Spiel. Im sog. Volkszählungsurteil hatte das Gericht den Bezug zwischen innerer und äußerer Freiheit hergestellt mit dem Szenario vor Augen, dass die Befürchtung der permanenten Speicherung von Verhaltensweisen den Einzelnen von der Ausübung seiner Grundrechte wie der Versammlungsfreiheit abhalten könnte.[290] Dies ist aber nicht die Konstellation, die in „Recht auf Vergessen I" angesprochen wird: Maßgeblich ist hier, dass Persönlichkeitsprofile als Torhüter fungieren, die den Weg zu Gütern, Dienstleistungen oder ideeller Förderung – kurzum zu Realisierungsbedingungen der Persönlichkeitsentfaltung – versperren können.[291]

Selbst unter der Prämisse transparenter Zugangskriterien kann die reine Vervielfachung von standardisierten Fremdbildern zu einem Anpassungsdruck in Bereichen führen, die vorher einer detaillierten externen Beurteilung entzogen waren, etwa das Freizeitverhalten. Wenn diese Fremdbilder als Torhüter im genannten Sinne dienen, kann daraus eine gesamtgesellschaftliche Verhaltenskonformität resultieren, die den Raum für die freie Persönlichkeitsentfaltung weiter einschränkt.

Bestehen bleibt die Schwierigkeit, dass sich bislang keine abstrakten Kriterien etabliert haben, anhand derer sich Eingriffe in den so definierten Schutzbereich der informationellen Selbstbestimmung von „rechtlich irrelevanten Informationsvorgängen"[292] abgrenzen lassen. Dass das Kriterium der Teilhabe zu vage ist, wurde bereits erörtert. Aus dem gleichen Grund ist auch die Orientierung an den normativen Eingrenzungen in Art. 22 Abs. 1 DSGVO über die rechtliche Wirkung oder die in ähnlicher Weise erhebliche Beeinträchtigung für eine Differenzierung nicht fruchtbar. Vorerst bleibt daher die Kasuistik der Rechtsprechung abzuwarten.

(2) Intransparenz algorithmischer Prozesse

Das Bundesverfassungsgericht hebt in „Recht auf Vergessen I" mehrfach hervor, dass das Recht auf informationelle Selbstbestimmung durch die intransparente Datenverarbeitung bzw. Erstellung von Persönlichkeitsprofilen gefährdet sei: Der Einzelne sei der „unvorhersehbaren Rekombinierbarkeit [von Daten, Anm. d. Verf.] in intransparenten Verarbeitungsprozessen mittels nicht nachvollziehbarer Algorithmen"[293] ausgesetzt, die Dritte „in nicht nachvollziehbarer Weise als Instrument nutzen [würden], um die Betroffenen auf Eigenschaften, Typen oder Profile festzulegen"[294]. Während im sog. Volkszählungsurteil und in der Folgerechtsprechung

---

[290] BVerfGE 65, 1 (43).
[291] Den Zusammenhang zwischen autonomer Lebensgestaltung als intrinsische Motivation und politischer Sicherung von Wahlmöglichkeiten des Einzelnen betont *Raz*, The Morality of Freedom, 1986, S. 410 f.
[292] *Britz*, Freie Entfaltung durch Selbstdarstellung, 2007, S. 64.
[293] BVerfG NJW 2020, 300 (Rn. 85).
[294] BVerfG NJW 2020, 300 (Rn. 90).

der Datenzugriff und -austausch im Vordergrund stand, knüpft das Gericht hier an die Art der Nutzung und damit auch an die Automatisierung an: In Teil B. wurde dargelegt, dass sich algorithmenbasierte Entscheidungsprozesse zum einen nur eingeschränkt überprüfen lassen, wenn komplexe Systeme genutzt werden, und dass Eigentumsrechte der Offenlegung von Algorithmen zum anderen entgegenstehen können. Das Gericht präzisiert hier nicht, ob es auf technologische oder eigentumsrechtliche Transparenzdefizite abstellt.

Das „Blackbox-Problem" stellt sich somit nicht nur im Kontext von Diskriminierungsverboten, Datenschutz oder Demokratieprinzip. Indem das Gericht intransparente algorithmenbasierte Entscheidungsprozesse als potenzielle Eingriffe in den Schutzbereich der informationellen Selbstbestimmung deutet, berücksichtigt es die doppelte Stoßrichtung des allgemeinen Persönlichkeitsrechts und der informationellen Selbstbestimmung als Ausprägung desselben: Es legt den Akzent auf die Selbstdarstellung als äußere Dimension im Sinne einer „Gewährleistung, über der eigenen Personen geltende Zuschreibungen selbst substanziell mitzuentscheiden"[295]. Wenn der Einzelne in einem Netz aus automatisierten Fremdbildern gefangen ist, deren Prämissen er nicht durchschaut, findet er keinen Anknüpfungspunkt, um sein Selbstbild in die Waagschale zu werfen. Dies mag ein Unterschied sein zu Fremdbildern, die sich anhand der Anpassung oder der – bewussten – Nichtanpassung an soziale Normen konstruieren: Wenn jemand ein Vorstellungsgespräch in einem Unternehmen wahrnimmt, das traditionell einen konservativen Kleidungsstil der Mitarbeiter wünscht, wird ihm dies in der Regel bekannt sein und er kann sein Verhalten, d. h. seine Kleidungswahl, danach ausrichten. Dass eine Missachtung dieser sozialen Norm unter Umständen dazu führt, dass der potenzielle Arbeitgeber eine Einstellung ablehnt, ist eine Konsequenz, die er in den Dialog von Selbst- und Fremdbild einbeziehen kann. Selbstdarstellung ist immer auch eine Kommunikationsleistung, die eine effektive Wahrnehmung auf der Empfängerseite voraussetzt.[296] Intransparente Datenverarbeitung verhindert, dass der Betroffene die möglichen Adressaten seiner Selbstdarstellung identifiziert.[297] Britz interpretiert das Recht auf informationelle Selbstbestimmung als „Absicherung der Offenheit des Vorgangs der Wahrnehmung von Persönlichkeit"[298]. Hier wird der enge Bezug zwischen dem intransparenten Entscheidungsprozess und der zuvor skizzierten Verdichtung automatisierter Fremdbilder deutlich.

---

[295] BVerfG NJW 2020, 300 (Rn. 87).
[296] *Britz*, Freie Entfaltung durch Selbstdarstellung, 2007, S. 47 ff.
[297] *Solove*, The Digital Person, 2004, S. 36 ff. weist zutreffend darauf hin, dass diese Situation überspitzt eher an *Kafkas* Weltentwurf in „Der Prozess" als an *Orwells* „1984" erinnert.
[298] *Britz*, Freie Entfaltung durch Selbstdarstellung, 2007, S. 52.

(3) Zunehmende Datenverarbeitung durch private Akteure

Das Bundesverfassungsgericht setzt sich in „Recht auf Vergessen I" ausschließlich mit der Nutzung von Algorithmen im Privatrechtsverhältnis auseinander. Der Beschwerdeführer richtete sich gegen die „Spiegel Online GmbH" als Betreiberin des Online-Archivs und damit gegen eine juristische Person des Privatrechts. In seiner Abgrenzung des Rechts auf informationelle Selbstbestimmung vom allgemeinen Persönlichkeitsrecht in seinen äußerungsrechtlichen Ausprägungen greift das Gericht folglich nur diese Konstellation auf. Dabei weist es im Kontext der informationellen Selbstbestimmung auf die veränderte technologische und ökonomische Situation hin, die bereits bei der Ausarbeitung der Datenschutz-Grundverordnung zur Debatte stand:[299]

> „In allen Lebensbereichen werden zunehmend für die Allgemeinheit grundlegende Dienstleistungen auf der Grundlage umfänglicher personenbezogener Datensammlungen und Maßnahmen der Datenverarbeitung von privaten, oftmals marktmächtigen Unternehmen erbracht, die maßgeblich über die öffentliche Meinungsbildung, die Zuteilung und Versagung von Chancen, die Teilhabe am sozialen Leben oder auch elementare Verrichtungen des täglichen Lebens entscheiden. Die einzelne Person kommt kaum umhin, in großem Umfang personenbezogene Daten gegenüber Unternehmen preiszugeben, wenn sie nicht von diesen grundlegenden Dienstleistungen ausgeschlossen sein will."[300]

Das Bundesverfassungsgericht nennt freilich keine konkreten Beispiele. Hufen hatte bereits im Zuge des sog. Volkszählungsurteils gewarnt, dass der Orwell'sche Große Bruder „sehr begabte jüngere Schwestern hat, die sich außerhalb des Öffentlichen Rechts tummeln"[301]. Dies ist in der Gesamttendenz zutreffend, da Unternehmen über das Instrument der Einwilligung zum Teil einen umfangreichen Zugriff auf personenbezogene Daten haben, darunter sensible Daten wie Gesundheitsdaten, auf deren Grundlage sie ihre Dienstleistung entwickeln bzw. mit denen sie diese finanzieren.[302] Allerdings hat die Untersuchung in Teil B. gezeigt, dass große Unterschiede zwischen Sektoren und Staaten bestehen und dass die Gräben nicht zwingend zwischen Privatsektor und staatlichem Bereich verlaufen. Aus dem reinen Datenumfang lässt sich auch nicht auf die Datenqualität und Validität des Entscheidungsmodells schließen. Festzuhalten bleibt, dass personenbezogene Daten sowohl in zentralen staatlichen als auch privaten Bereichen für algorithmenbasierte Entscheidungen genutzt werden. Damit erlangt das Recht auf informationelle Selbstbestimmung nicht nur als staatsorientiertes Abwehrrecht, sondern auch durch die mittelbare Drittwirkung zunehmend Bedeutung – auf die letztgenannte Dimension wird noch zurückzukommen sein.

---

[299] S. Abschnitt C. I. 2. b).

[300] BVerfG NJW 2020, 300 (Rn. 85).

[301] *Hufen*, JZ 1984, 1072 (1076).

[302] Zum Beispiel Apps zur Analyse des Menstruationszyklus bei Frauen, s. dazu auch https://netzpolitik.org/2019/zyklus-apps-geben-intime-daten-an-facebook-weiter/ [zuletzt abgerufen am 22. 2. 2021].

cc) Neuverortung des Schutzkonzepts der informationellen Selbstbestimmung

Die vom Bundesverfassungsgericht in „Recht auf Vergessen I" aufgeworfenen Gefährdungslagen lassen sich durch das im sog. Volkzählungsurteil etablierte und seitdem verfestigte Schutzkonzept der Bestimmung des Einzelnen über Preisgabe und Verwendung seiner Daten nur unzureichend einfangen. Das Gericht scheint dies selbst zu erkennen, wenn es darauf hinweist, dass der „Gehalt dieses Rechts [...] dabei entwicklungsoffen [ist], so dass es auch weitere persönlichkeitsgefährdende Entwicklungen der Informationsverarbeitung aufnehmen kann"[303]. Diese Aussage kann entweder als mögliche Ausweitung des Schutzbereichs oder des Schutzkonzepts eingeordnet werden, je nachdem, ob sich dem Recht auf informationelle Selbstbestimmung ein eigener normativer Schutzgehalt zuweisen lässt oder der instrumentelle Charakter als Realisierungsbedingung anderer Grundrechte im Vordergrund steht.[304] Klare Abgrenzungen sind auch hier schwer zu ziehen. Jedenfalls ist der Versuchung zu widerstehen, sich zu stark auf den Datenschutz zu fokussieren und das Recht auf informationelle Selbstbestimmung auf diesen zu reduzieren. Die Herleitung aus dem allgemeinen Persönlichkeitsrecht verdeutlicht vielmehr, dass dieses *ebenso* unter den Bedingungen moderner Datenzirkulation und -nutzung gilt und dass die Evolution des technologischen Kontextes unterschiedliche Schutzstrategien erfordern machen kann.[305] Die Verfügungsbefugnis des Einzelnen über die Preisgabe und Verwendung seiner persönlichen Daten ist kein Selbstzweck.[306] Insofern zielen die folgenden Ansätze nicht auf einen Wandel des Schutzgutes, sondern des Schutzkonzepts der informationellen Selbstbestimmung.

(1) Einbezug der Entscheidungsfindungsmodalitäten

In der Argumentation des Bundesverfassungsgerichts in „Recht auf Vergessen I" steht weniger die Datenerhebung als die Art der Datenauswertung im Vordergrund. Die Logik der Datenanalyse entzieht sich jedoch dem traditionellen Schutzkonzept des Rechts auf informationelle Selbstbestimmung. Dieser Aspekt wird im Datenschutzrecht als Idee eines „Rechts auf nachvollziehbare Inferenzen" diskutiert –

---

[303] BVerfG NJW 2020, 300 (Rn. 90).

[304] Die letztgenannte These wird insbesondere vertreten von *Britz*, in: Hoffmann-Riem (Hrsg.), Offene Rechtswissenschaft, 2010, S. 561 (573 f.); *Poscher*, in: Gander u. a. (Hrsg.), Resilienz in der offenen Gesellschaft, 2012, S. 167 (178); *ders.*, in: Miller (Hrsg.), Privacy and Power, 2017, S. 129 (139); s. auch *Grimm*, JZ 2013, 585 (585); zur Notwendigkeit der Unterscheidung zwischen rechtstheoretischer Konzeption und rechtspraktischer Konstruktion des Rechts auf informationelle Selbstbestimmung s. *Marsch*, Das europäische Datenschutzgrundrecht, 2018, S. 101 ff.

[305] *Grimm*, JZ 2013, 585 (585).

[306] Besonders deutlich *Marsch*, in: Wischmeyer/Rademacher (Hrsg.), Regulating Artificial Intelligence, 2020, S. 33 (40).

diese Debatte wird im Folgenden aufgegriffen, um die Herausforderungen eines entsprechenden grundrechtlichen Schutzkonzepts zu illustrieren.

(a)   Problemverortung des Bundesverfassungsgerichts

Bereits Albers hatte in ihrer Analyse des sog. Volkszählungsurteils darauf hingewiesen, dass das vom Bundesverfassungsgericht entworfene subjektivistische Schutzkonzept der Bestimmung über die Preisgabe und Verwendung persönlicher Daten letztlich handlungsorientiert bleibt und daher nur für die erste Alternative schlüssig ist.[307] Auf den Verwendungszweck abzustellen, impliziert wiederum eine Finalitätsorientierung, die den Weg zwischen Datenerhebung und Ausgabe im Sinne eines Ergebnisses außer Acht lässt. Wie in der interdisziplinären Untersuchung algorithmenbasierter Entscheidungen aufgezeigt wurde, ist oft nicht der Verwendungszweck an sich fraglich, sondern die Prämissen, die den Entscheidungsprozess strukturieren oder die mangelnde Nachprüfbarkeit der ausschlaggebenden Faktoren desselben. Die Rückfallwahrscheinlichkeit von Straftätern oder die Tauglichkeit eines Bewerbers für eine Stelle zu beurteilen wird als Verwendungszweck von Daten weit überwiegend nicht per se als kritikwürdig gesehen. Problematisch ist vielmehr, wenn das der Entscheidung zugrunde liegende Modell wissenschaftlich nicht valide ist – so gesehen bei der Nutzung von Stimm- und Sprachparametern für die Bewerberauswahl – oder selbstlernende Modelle Korrelationen mit sensiblen Merkmalen einbeziehen, die keinen oder nur begrenzten Einfluss auf den Output haben sollten – etwa bei dem Test-Algorithmus von „Amazon", der das weibliche Geschlecht im Bewerbungsverfahren negativ bewertete, weil in dem historischen Datensatz, mit dem das Modell trainiert wurde, die Mitarbeiter von „Amazon" überwiegend männlich waren. Beim Einsatz von neuronalen Netzen lassen sich derartige Weichenstellungen zudem schwer im Prozess selbst identifizieren. Diese Risiken sind der Automatisierung inhärent.

Das Bundesverfassungsgericht bringt daher die „Gefahren angesichts neuartiger Möglichkeiten der Datenverarbeitung"[308] und die Intention ins Spiel, das Recht auf informationelle Selbstbestimmung dagegen in Stellung zu bringen. Maßgeblich scheinen hier die personenbezogenen, nicht vorhersehbaren Schlussfolgerungen aus großen Datenmengen zu sein.[309] Zu möglichen Schutzstrategien äußert es sich jedoch nicht, da informationelle Selbstbestimmung in dem Verfahren nicht maßgeblich war.

---

[307] *Albers*, Informationelle Selbstbestimmung, 2005, S. 237.
[308] BVerfG NJW 2020, 300 (Rn. 90).
[309] BVerfG NJW 2020, 300 (Rn. 85).

(b) Parallele datenschutzrechtliche Debatte um ein „Recht auf nachvollziehbare Inferenzen"

Fraglich ist, ob sich ein Schutzkonzept entwickeln lässt, das das allgemeine Persönlichkeitsrecht unter den geänderten technologischen Bedingungen sichert. Wie schwierig es ist, den algorithmenbasierten Entscheidungsprozess einzubeziehen und gleichzeitig zu berücksichtigen, dass „niemand die Beobachtungen und Sinnkonstruktionen anderer beherrschen kann"[310], zeigt sich an einer parallelen Debatte im Datenschutzrecht um ein „Recht auf nachvollziehbare Inferenzen" im Rahmen automatisierter Entscheidungen. Dieses Recht wird insbesondere von Wachter/Mittelstadt gefordert.[311] Ausgangspunkt ist ihre Beobachtung, dass die Verfügbarkeit und die zunehmende Nutzung im Privatsektor von *Big Data* sowie die Fortschritte im maschinellen Lernen verstärkt zu intransparenten, nicht nachvollziehbaren und wissenschaftlich nicht validen automatisierten Entscheidungsprozessen führen, die die Privatsphäre, die Persönlichkeitsentwicklung, die Reputation und die informationelle Selbstbestimmung des Einzelnen gefährden.[312] Als Beispiele nennen sie Rückschlüsse auf die psychische und physische Gesundheit, die sexuelle Orientierung, politische Ansichten oder den sozioökonomische Status von Personen aus Datenspuren, die diese im Alltag hinterlassen und die teilweise keinen intuitiven Bezug zum Untersuchungsgegenstand haben.[313]

Hier decken sich die genannten Gefährdungslagen mit den vom Bundesverfassungsgericht in „Recht auf Vergessen I" ausgemachten Risiken. Wachter/Mittelstadt versuchen nun, den Prozess zwischen Datenerhebung und Entscheidung im engeren Sinne über den Begriff der Inferenz zu adressieren. Sie knüpfen damit vor allem an die Stellungnahme der Artikel-29-Datenschutzgruppe zur Definition der personenbezogenen Daten in Art. 2 DSRL an – die Artikel-29-Datenschutzgruppe hatte unter Informationen über eine bestimmte oder bestimmbare natürliche Person auch Meinungen und Beurteilungen gefasst.[314] Wachter/Mittelstadt definieren Inferenzen als „information relating to an identified or identifiable natural person created through deduction or reasoning rather than mere observation or collection

---

[310] *Marsch*, Das europäische Datenschutzgrundrecht, 2018, S. 100.

[311] *Wachter/Mittelstadt*, Colum. Bus. L. Rev. 2019, 494; in eine ähnliche Richtung *Ernst*, in: Wischmeyer/Rademacher (Hrsg.), Regulating Artificial Intelligence, 2020, S. 53 (67 f.); *Hildebrandt*, Smart Technologies and the End(s) of Law, 2016, S. 102 f.; Artikel-29-Datenschutzgruppe, Stellungnahme 4/2007 zum Begriff „personenbezogene Daten", WP 136, angenommen am 20. 6. 2007, S. 7.

[312] *Wachter/Mittelstadt*, Colum. Bus. L. Rev. 2019, 494 (510).

[313] Hinsichtlich der konkreten Beispiele s. die Nachweise a. a. O., S. 506 ff.

[314] Artikel-29-Datenschutzgruppe, Stellungnahme 4/2007 zum Begriff „personenbezogene Daten", WP 136, angenommen am 20. 6. 2007, S. 7; ähnlich weit EuGH, Urteil v. 20. 12. 2017, Rs. C-434/16 (*Nowak*), ECLI:EU:C:2017:994, Rn. 34; *Klar/Kühling*, in: ders./Buchner (Hrsg.), DS-GVO/BDSG, 2. Aufl. 2018, Art. 4 DSGVO Rn. 8 ff.; *Karg*, in: Simitis u. a. (Hrsg.), DSGVO/BDSG, 2019, Art. 4 DSGVO Rn. 29; *Ernst*, in: Paal/Pauly (Hrsg.), DS-GVO/BDSG, 2. Aufl. 2018, Art. 4 DSGVO Rn. 14; *Klabunde*, in: Ehmann/Selmayr (Hrsg.), DS-GVO, 2. Aufl. 2018, Art. 4 Rn. 9.

from the data subject"[315]. Die von ihnen diskutierten Inferenzen sind „privacy-invasive or harmful to reputation – or have a high likelihood of being so in the future – or have low verifiability in the sense of being predictive or opinion-based while being used for important decisions"[316]. „Important decisions" werden wiederum im Sinne des Art. 22 Abs. 1 DSGVO verstanden als Entscheidungen, die der betroffenen Person gegenüber rechtliche Wirkung entfalten oder sie in ähnlicher Weise erheblich beeinträchtigen.[317]

Tabelle 3
Beispiel für kritische Inferenz nach Wachter/Mittelstadt

Datum	*Information*[318]	*Inferenz*	*Entscheidung*
Like bestimmter Online-Inhalte in sozialen Netzwerken (Websites, Fotos etc.)	Präferenz bestimmter Filme, Bücher, Musik etc.	Psychische Stabilität	Ablehnung eines Vertragsschlusses (etwa Arbeitsvertrag)

Das Beispiel verdeutlicht, dass sich Wachter/Mittelstadt nicht nur auf die Entscheidung, sondern auf die zugrunde liegenden Inferenzen fokussieren, die diese tragen: Die Inferenz muss durch eine automatisierte *Big-Data*-Analyse gewonnen werden und die Privatsphäre oder die Reputation einer Person betreffen. In großem Umfang scheinbar unverfängliche Präferenzen, kodiert durch *Likes* in sozialen Netzwerken, auf Korrelationen mit sensiblen Merkmalen wie der psychischen Stabilität zu untersuchen, fällt zweifellos darunter – zumal die Autoren den *Privacy*-Begriff sehr weit fassen.[319] Die emotionale Stabilität wird in diesem Fall auch nicht direkt bei der betroffenen Person erhoben, sondern aus der Präferenz zum Beispiel eines bestimmten Films geschlossen. Kumulativ oder alternativ – die Autoren sprechen sich für alternative Bedingungen aus, halten aber auch einen kumulativen Ansatz für denkbar[320] – darf die Inferenz nur eingeschränkt nachprüfbar sein, indem sie entweder prädiktiv ist, d. h. eine zukünftige Handlung, Situation oder Eigenschaft der Person annimmt, oder einen subjektiven Charakter hat („opinion-based"). Die psychische Stabilität wäre wohl ein Grenzfall. Prädiktiv wäre

---

[315] *Wachter/Mittelstadt*, Colum. Bus. L. Rev. 2019, 494 (515).

[316] Ebd.

[317] A. a. O., S. 500 in Fn. 7.

[318] Der gedankliche Zwischenschritt der Information ist nicht zwingend – es kann auch direkt vom Klicken der *Like*-Schaltfläche auf die psychische Stabilität geschlossen werden. Schließt man sich der Auffassung an, dass es sich bei Informationen um interpretierte Daten handelt, ist eine Differenzierung hingegen notwendig, weil bereits die Aussage über die Präferenz ein Verständnis und eine Einordnung der *Like*-Funktion in sozialen Netzwerken voraussetzt.

[319] *Wachter/Mittelstadt*, Colum. Bus. L. Rev. 2019, 494 (573); das Kriterium „privacy-invasive or damaging to reputation" soll durch eine Verhältnismäßigkeitsprüfung ermittelt werden, die den Verwendungszweck einbezieht, a. a. O., 494 (583).

[320] A. a. O., 494 (583 f.).

es jedenfalls, seitens eines Arbeitgebers einen Arbeitsvertrag nicht abzuschließen in der Annahme, die Person sei psychisch instabil und daher kein zuverlässiger Arbeitnehmer – unabhängig von antidiskriminierungsrechtlichen Fragen. In der Realität handelt es sich oft um Inferenz-Ketten. Insbesondere das Kriterium „opinion-based" ist jedoch aus mehreren Gründen problematisch: Wachter/Mittelstadt greifen die Beispiele der Artikel-29-Datenschutzgruppe auf, um den subjektiven Charakter von Inferenzen zu verdeutlichen: Genannt werden die Beurteilung der Kreditwürdigkeit, der Lebenserwartung und der Arbeitsleistung.[321] Sie verkennen dabei aber, dass sich die drei Beispiele hinsichtlich der ihrer Beurteilung zugrunde liegenden wissenschaftlichen Standards unterscheiden: Die Lebenserwartung zu quantifizieren, beruht auf gesicherten mathematisch-statistischen Verfahren – und ist im Versicherungswesen seit jeher üblich. Jemand, der ein prädiktives Modell zur Beurteilung der Kreditwürdigkeit nutzt, hat ein ökonomisches Interesse daran, Kreditausfälle zu vermeiden und wird schon im Eigeninteresse in der Regel nur signifikante Zusammenhänge berücksichtigen. Vereinfacht ausgedrückt: Ein „guter" Darlehensnehmer ist jemand, der das Darlehen bei Fälligkeit zurückzahlt.[322] Schwieriger ist es, Qualitätskriterien in Fällen zu bestimmen, die stärker normativ geprägt sind – wie die Beispiele gezeigt haben, in denen quantifiziert werden sollte, was einen „guten" Arbeitnehmer oder einen „guten" Lehrer ausmacht. Die subjektive Komponente kann bei Inferenzen somit erheblich variieren. In dieser Perspektive würden in einem ersten Schritt quasi alle personenbezogenen Deduktionen in die Definition fallen. Da das Inferenz-Verständnis von Wachter/Mittelstadt auf der ersten Ebene sehr weit ist, hat die Begrenzung durch die Nutzung für „important decisions" eine größere Bedeutung. Mit dem Verweis auf Art. 22 Abs. 1 DSGVO – verstanden als Entscheidungen, die der betroffenen Person gegenüber rechtliche Wirkung entfalten oder sie in ähnlicher Weise erheblich beeinträchtigen[323] – wird jedoch die dargestellte Rechtsunsicherheit hinsichtlich der zweiten Alternative[324] in diese Definition übertragen.

Wachter/Mittelstadt bauen ihre Argumentation in zwei Schritten auf: Die erste These ist, dass Inferenzen personenbezogene Daten sind. Nur dies ermöglicht die Anwendung des Datenschutzrechts. Damit gehen sie teilweise über die Rechtsprechung des Europäischen Gerichtshofs hinaus: Dieser hatte zunächst geurteilt, dass eine juristische personenbezogene Einschätzung in einem aufenthaltsrechtlichen Verfahren kein personenbezogenes Datum darstellt und dabei ein tatsachenorientiertes Verständnis zugrunde gelegt.[325] In der späteren Nowak-Ent-

---

[321] *Wachter/Mittelstadt*, Colum. Bus. L. Rev. 2019, 494 (520) mit Bezug auf Artikel-29-Datenschutzgruppe, Stellungnahme 4/2007 zum Begriff „personenbezogene Daten", WP 136, angenommen am 20.6.2007, S. 7.
[322] *Barocas/Selbst*, Calif. L. Rev. 104 (2016), 671 (677 ff., 681) weisen jedoch darauf hin, dass es auch für Kreditwürdigkeit keine einheitliche Definition gibt.
[323] *Wachter/Mittelstadt*, Colum. Bus. L. Rev. 2019, 494 (500) in Fn. 7.
[324] S. Abschnitt B. III. 4. b).
[325] EuGH, Urteil v. 17.7.2014, Rs. C-141/12 und C-372/12 (*YS, M und S*), ECLI:EU:C:2014:2081, Rn. 39 ff.

scheidung kommt er hingegen zu dem Schluss, dass die schriftlichen Antworten in einer berufsbezogenen Prüfung zusammen mit den Kommentaren des Korrektors personenbezogene Daten des Prüflings darstellen. Aus der Qualifizierung als personenbezogene Daten folge jedoch nicht zwingend eine Anwendbarkeit aller datenschutzrechtlichen Normen, sondern das konkrete Schutzregime müsse kontextbezogen ermittelt werden.[326]

Die zweite These ist, dass trotz einer Kategorisierung von Inferenzen als personenbezogene Daten Schutzlücken bestehen, die – wohl durch den Europäischen Gerichtshof – im Wege eines „Rechts auf nachvollziehbare Inferenzen" geschlossen werden könnten. Dieses Recht würde weitreichende Informationspflichten des Datenverarbeiters und Auskunftsrechte des Betroffenen enthalten – dargelegt werden müsste etwa, warum bestimmte Daten eine normativ vertretbare Grundlage für Inferenzen bilden, warum die Inferenzen an sich normativ vertretbar und relevant für den Verwendungszweck bzw. die automatisierte Entscheidung sind und ob die Inferenzen durch statistisch verlässliche Methoden gewonnen wurden.[327]

Die Vorteile dieser Schlussfolgerungen liegen auf der Hand: Eine Anbindung an den Datenschutz würde eine EU-einheitliche Rechtslage gewährleisten und private und staatliche Akteure gleichermaßen binden. Dogmatisch wird das Datenschutzrecht in dieser Interpretation jedoch sehr weit ausgedehnt und mit normativen Ansprüchen überfrachtet – Schutz der Privatsphäre, der Autonomie, der Würde, der Gleichheit, der Reputation und der informationellen Selbstbestimmung –, denen es zusammengenommen kaum gerecht werden kann.

(c) Fazit

Zwei wesentliche Gedanken lassen sich jedoch aus der datenschutzrechtlichen Idee eines „Rechts auf angemessene Inferenzen" für die grundrechtliche Debatte um das Schutzkonzept der informationellen Selbstbestimmung gewinnen: Zum einen wird die Unzulänglichkeit einer am reinen Datenschutz orientierten Schutzstrategie deutlich. Zum anderen könnte eine Neuausrichtung dahingehend notwendig sein, dass sich der Anspruch, *kein* umfassendes Persönlichkeitsprofil zuzulassen, langfristig nicht aufrechterhalten lässt, sondern vielmehr ein *ansatzweise nachvollziehbares*, d.h. auf Schlüssigkeit überprüfbares, Persönlichkeitsprofil sicherzustellen ist. Fraglich bleibt aber nach wie vor, nach welchen Kriterien dies beurteilt werden könnte. In diese Richtung geht das Zulässigkeitskriterium des „wissenschaftlich anerkannten mathematisch-statistischen Verfahrens" für Scoring in § 31 Abs. 1 Nr. 2 BDSG – dieser Standard ist allerdings auf Vertragsverhältnisse beschränkt und die Norm wird überwiegend für unionsrechtswidrig gehalten.[328]

---

[326] EuGH, Urteil v. 20.12.2017, Rs. C-434/16 (*Nowak*), ECLI:EU:C:2017:994, Rn. 32ff., 50ff.
[327] *Wachter/Mittelstadt*, Colum. Bus. L. Rev. 2019, 494 (580ff.).
[328] S. Fn. 543 in Abschnitt B.

Erschwert wird der Einbezug des algorithmenbasierten Entscheidungsfindungs-prozesses in das Schutzkonzept der informationellen Selbstbestimmung neben technologischen und eigentumsrechtlichen Hürden durch die Tatsache, dass insbe-sondere im privaten Sektor die Stufen zwischen Datenerhebung und Entscheidung nicht im Verantwortungsbereich eines einzelnen Akteurs liegen, sondern oftmals über eine Reihe von Intermediären laufen.

Im Hinblick auf den technologischen Wandel gilt es jedoch vor Augen zu ha-ben, „[that] a constitution must not only be adaptable with regard to the question of *whether* it provides protection against new threats; it must also be adaptable with regard to *how* it provides the required protection"[329].

(2) Steigende Relevanz der mittelbaren Drittwirkung bei strukturellen Machtasymmetrien

Das Bundesverfassungsgericht bindet die identifizierten Gefährdungslagen in der Entscheidung „Recht auf Vergessen I" eng an die Tätigkeit privatwirtschaftli-cher Akteure. So konstatiert es, dass „für die Allgemeinheit grundlegende Dienst-leistungen [...] von privaten, oftmals marktmächtigen Unternehmen erbracht [wer-den], die maßgeblich über die öffentliche Meinungsbildung, die Zuteilung und Versagung von Chancen, die Teilhabe am sozialen Leben oder auch elementare Verrichtungen des täglichen Lebens entscheiden"[330].

Hier wird die mittelbare Drittwirkung relevant, da „je nach Umständen, ins-besondere wenn private Unternehmen in eine staatsähnlich dominante Position rücken oder etwa die Bereitstellung schon der Rahmenbedingungen öffentlicher Kommunikation selbst übernehmen, [...] die Grundrechtsbindung Privater einer Grundrechtsbindung des Staates im Ergebnis vielmehr nahe- oder gleichkommen [kann]"[331]. Damit führt das Bundesverfassungsgericht die Argumentationsli-nien der „Fraport"-,[332] der Bierdosen-Flashmob-[333] und der Stadionverbot-Ent-scheidung[334] weiter: Hatte es im „Fraport"-Urteil noch die unmittelbare Grund-rechtsbindung für gemischtwirtschaftliche Unternehmen konturiert, die von der öffentlichen Hand beherrscht werden, aber gleichzeitig angemerkt, die mittelbare Grundrechtsbindung Privater könne „einer Grundrechtsbindung des Staates viel-

---

[329] *Marsch*, in: Wischmeyer/Rademacher (Hrsg.), Regulating Artificial Intelligence, 2020, S. 33 (42).

[330] BVerfG NJW 2020, 300 (Rn. 85); andere Einschätzung noch *Buchner*, Informationelle Selbstbestimmung im Privatrecht, 2006, S. 70.

[331] BVerfG NJW 2020, 300 (Rn. 88); zur Gefährdung von Freiheitsrechten durch Private bereits *Grabitz*, Freiheit und Verfassungsrecht, 1976, S. 203 f.

[332] BVerfGE 128, 226.

[333] BVerfG, Beschluss v. 18.7.2015, Az. 1 BvQ 25/15 (juris).

[334] BVerfGE 148, 267.

mehr nahe oder gleich kommen [sic]"[335], hatte es diese faktisch gleiche Bindung in der einstweiligen Anordnung zum sog. Bierdosen-Flashmob für eine öffentliche Versammlung auf dem Gelände einer juristischen Person des Privatrechts bestätigt.[336] Beiden Entscheidungen war gemein, dass sie primär auf die Kommunikationsdimension des öffentlichen Raumes abstellten. Im Beschluss zum Stadionverbot rückte das Argument der Machtasymmetrie im Kontext von Art. 3 Abs. 1 GG in den Vordergrund,[337] an das das Bundesverfassungsgericht in „Recht auf Vergessen I" mit Blick auf die informationelle Selbstbestimmung anknüpft. Die mittelbare – oder gar unmittelbare[338] – Grundrechtsbindung marktmächtiger Akteure des Privatrechts erweist sich somit als kontinuierliche Judikatur spätestens seit dem „Fraport"-Urteil.[339] Die stärkere Bindung privatrechtlicher Unternehmen – sei es durch das Verfassungsrecht, sei es durch einfachgesetzliche datenschutzrechtliche Regulierung – wird teilweise als Reaktion auf die zunehmende Privatisierung vormals staatlicher Dienstleistungen gedeutet, wobei gleichzeitig auf die dogmatischen Schwierigkeiten hingewiesen wird, die mit der Delegierung quasi-staatlicher Funktionen an Private verbunden sind.[340] Besonders deutlich wird dies in der Stadionverbot-Entscheidung, die an die Stadionbetreiberin verfahrensrechtliche Anforderungen stellte, die sich nicht aus dem Zivilrecht ableiten ließen.[341] Eine parallele Debatte fand im Rahmen des Netzwerkdurchsetzungsgesetzes statt im Hinblick auf die Entfernung bzw. Sperrung von rechtswidrigen Beiträgen in sozialen Netzwerken durch den Anbieter des sozialen Netzwerks.[342]

Bezogen auf algorithmenbasierte Entscheidungen scheint das Bundesverfassungsgericht in „Recht auf Vergessen I" diesen Weg weiter zu beschreiten. Dabei darf jedoch nicht aus den Augen verloren werden, dass die technikspezifischen Charakteristika automatisierter Entscheidungen grundsätzlich unabhängig von staatlichen oder privatrechtlichen Anwendungsfeldern sind und die Komponente der Marktdominanz nur einen Teil des rechtswissenschaftlichen Diskurses prägt.

---

[335] BVerfGE 128, 226 (249).

[336] BVerfG, Beschluss v. 18.7.2015, Az. 1 BvQ 25/15, Rn. 7 (juris).

[337] S. dazu Abschnitt C.II.4.d)bb).

[338] So *Hellgardt*, JZ 2018, 901 (902 ff.); *Michl*, JZ 2018, 910 (912 ff.); *Jobst*, NJW 2020, 11 (12); *Neuner*, NJW 2020, 1851 (1853 ff.); *Smets*, NVwZ 2019, 34 (35) mit Kritik an der Terminologie des Bundesverfassungsgerichts.

[339] In einer breiteren Perspektive zur „gesetzesübersteigenden" Konstitutionalisierung des Privatrechts *Barczak*, in: Scheffczyk/Wolter (Hrsg.), Linien der Rechtsprechung des Bundesverfassungsgerichts, Bd. 4, 2017, S. 91 (107 ff.).

[340] *Hellgardt*, JZ 2018, 901 (909); ausgehend von dieser Beobachtung argumentiert auch *Wißmann*, in: Baer u. a. (Hrsg.), Jahrbuch des öffentlichen Rechts der Gegenwart, Bd. 65, 2017, S. 41 (45 ff.).

[341] BVerfGE 148, 267 (Rn. 47).

[342] *Lang*, AöR 143 (2018), 220 (237 ff.); das französische Verfassungsgericht hatte eine vergleichbare Regelung als unverhältnismäßigen Eingriff in die Meinungsfreiheit gewertet, s. Conseil constitutionnel, Décision n° 2020–801 DC du 18 juin 2020, *Loi visant à lutter contre les contenus haineux sur internet*, Rn. 19.

c) Vergleich mit französischer Normgenese

Die Ausführungen des Bundesverfassungsgerichts finden ihr Spiegelbild in der französischen Normgenese des Art. 2 der *Loi informatique et libertés*. Der Tricot-Bericht wies bereits im Jahr 1975 auf die freiheitsrechtlichen Gefährdungen durch automatisierte personenbezogene Entscheidungen hin:

> „Jede Verarbeitung basiert auf Kombinationen von ja und nein. Daraus resultiert eine Kategorisierung von Situationen und Individuen. Dies ist bereits eine Tendenz unserer Zivilisation. Der generelle Einsatz von Informatik wird sie verstärken. [...] In sozialer Hinsicht tendiert sie [die Informatik, Anm. d. Verf.] dazu, Situationen festzuschreiben, indem sie Individuen Kategorien zuordnet, die vormals seltener und approximativer waren und von denen sie sich leichter befreien konnten."[343]

Hier tritt ein enger Bezug zu den vom Bundesverfassungsgericht in der Entscheidung „Recht auf Vergessen I" identifizierten Gefährdungslagen im Kontext algorithmenbasierter Persönlichkeitsprofile bzw. Entscheidungen zutage. Die Verdichtung automatisierter Fremdbilder wurde in der französischen Normgenese bereits als Problem benannt. Allerdings wurde aufgezeigt, dass sich diese Erwägungen nicht grundrechtsdogmatisch im französischen Verfassungsrecht verankern ließen – und daher vermutlich auch nicht rezipiert wurden. Zum damaligen Zeitpunkt handelte es sich in technologischer Hinsicht um Zukunftsmusik. Der argumentative Gleichlauf über einen Zeitsprung von über vierzig Jahren und zwei Rechtsordnungen hinweg – die Begründung auf europäischer Ebene blieb hingegen relativ blass – spricht jedoch für ein normatives Argument, das nicht auf den Einzelfall abstellt, sondern die persönlichkeitsrechtliche Gefährdung auf struktureller Ebene verortet. So verzichtet auch das Bundesverfassungsgericht darauf, konkrete Beispiele zu nennen, sondern betont die den Modellen gemeinsame prozessuale Dimension. Der französische Gesetzgeber erkannte die freiheitsrechtliche Bedeutung, die über den Datenschutz hinauswies, reagierte jedoch mit einer datenschutzrechtlichen Norm – was dem Konzept des Datenschutzes nur leidlich entsprach und dogmatisch missglückt in der Datenschutzrichtlinie und der Datenschutz-Grundverordnung fortgeführt wurde. Das Bundesverfassungsgericht nähert sich dem gleichen technologisch-sozialen Phänomen nun vorsichtig über den Schutzbereich der informationellen Selbstbestimmung.

---

[343] CNIL, Rapport de la Commission Informatique et libertés („Rapport Tricot"), 1975, S. 15 f.: „Tout traitement repose sur des combinaisons de oui et de non. Il en résulte une catégorisation des situations et des individus. C'est déjà une tendance de notre civilisation. Le recours généralisé à l'informatique la renforcera. [...] Socialement, elle [l'informatique] tendent [sic] à figer les situations en attachant aux individus des étiquettes jadis plus rares et plus approximatives et dont il leur était plus facile de se débarrasser." [Üb. d. Verf.].

d) Fazit

Das Recht auf informationelle Selbstbestimmung als Ausprägung des allgemeinen Persönlichkeitsrechts nach Art. 2 Abs. 1 in Verbindung mit Art. 1 Abs. 1 GG schützt in der dargelegten Interpretation auch vor der Verdichtung automatisierter intransparenter Fremdbilder. Dieser Schutz ist jedoch nicht absolut, sondern relativiert sich durch die demokratische Diskursfunktion von Informationen. Problematisch ist hier nicht primär der Schutzbereich des Rechts auf informationelle Selbstbestimmung, sondern dass der Datenschutz als seit dem sog. Volkszählungsurteil etabliertes Schutzkonzept den Spezifika algorithmenbasierter Entscheidungen nicht gerecht wird: Bei diesen stehen weniger die Rechtmäßigkeit der Datenverarbeitung als die Hoheit über die Deutung und Kontextualisierung personenbezogener Daten zur Diskussion. Dabei erweist sich die Reichweite des allgemeinen Persönlichkeitsrechts im Hinblick auf die Kontrolle algorithmenbasierter Entscheidungen durch den Betroffenen als abstrakt schwer verortbar – dies wird anhand der datenschutzrechtlichen Debatte um ein „Recht auf nachvollziehbare Inferenzen" deutlich. Zudem gewinnt die mittelbare Drittwirkung auch im Zusammenhang mit dem Recht auf informationelle Selbstbestimmung in der Rechtsprechung des Bundesverfassungsgerichts an Bedeutung: Im Beschluss „Recht auf Vergessen I" mobilisiert es sie im Kontext der Datenverarbeitung durch marktmächtige Unternehmen.

Der Schutzbereich des Rechts auf informationelle Selbstbestimmung scheint somit geeignet, die Spezifika algorithmenbasierter Entscheidungen zu adressieren – dies setzt allerdings voraus, das damit verbundene Schutzkonzept teilweise neu zu verorten und vom Datenschutz zu lösen. Der Vergleich mit der normativen Argumentation im französischen Gesetzgebungsverfahren zeigt eine gedanklich verwandte Stoßrichtung: Gewarnt wird vor einer Zunahme stereotyper automatisierter Fremdbilder, die der Einzelne nur schwer durchbrechen kann. Ähnlich wie bei der Menschenwürde bindet der französische Gesetzgeber die identifizierte Gefahrenlage jedoch nicht an einen konkreten grundrechtlichen Schutzbereich an, sondern verweist allgemein auf die Freiheitsrechte.

4. Diskriminierungsverbote

Neben dem Verweis auf den Schutz der Menschenwürde und die informationelle Selbstbestimmung stellen einige Autoren den Schutz vor Diskriminierung als grundrechtliche Dimension des Art. 22 DSGVO heraus.[344] Auch hier bleibt der

---

[344] Speziell zu Art. 22 DSGVO *Hladjk*, in: Ehmann/Selmayr (Hrsg.), DS-GVO, 2. Aufl. 2018, Art. 22 Rn. 4; *Scholz*, in: Simitis u. a. (Hrsg.), DSGVO/BDSG, 2019, Art. 22 DSGVO Rn. 10; *Schulz*, in: Gola (Hrsg.), DS-GVO, 2. Aufl. 2018, Art. 22 Rn. 2; in einer breiteren Perspektive in Bezug auf künstliche Intelligenz s. *Hoffmann-Riem*, AöR 142 (2017), 1 (36); *Wischmeyer*, AöR 143 (2018), 1 (26 ff.); *Martini*, Blackbox Algorithmus, 2019, S. 47 ff.; s. auch BVerfG NJW 2020, 300 (Rn. 90).

verfassungsrechtliche Rückbezug vage – im Fokus scheinen aber Fälle möglicher Diskriminierung zu stehen, in denen das Differenzierungskriterium unter die nach Art. 3 Abs. 3 GG sowie Art. 21 Abs. 1 EU-GRCh und Art. 14 EMRK[345] verbotenen Anknüpfungspunkte fällt oder mit diesen stark korreliert. Dass sich gleichheitsrechtliche Erwägungen erst in der Literatur zu Art. 22 DSGVO und – soweit ersichtlich – nicht in der französischen Normgenese und in der Auseinandersetzung mit Art. 15 DSRL finden, erklärt sich zum Teil dadurch, dass gleichheitsrechtliche Verletzungen oft statistisch nachgewiesen werden. Dies setzt eine nicht lediglich punktuelle Anwendung algorithmenbasierter Entscheidungen voraus, die sich erst in den letzten Jahren entwickelt hat.

Im Verhältnis zwischen Staat und Bürger können diese Konstellationen direkt an Art. 3 Abs. 1 und Abs. 3 GG gemessen werden, im Privatrechtsverhältnis kommt eine mittelbare Drittwirkung der Gleichheitsrechte in Betracht, wobei diese umstrittener ist als bei den Freiheitsrechten.[346] Gerade die Beziehungen zwischen Privaten sind im Antidiskriminierungsrecht stark durch Unionsrecht geprägt, insbesondere durch das Allgemeine Gleichbehandlungsgesetz (AGG), das mehrere EU-Richtlinien umsetzt.[347] In der Gesamtschau erweisen sich gleichheitsrechtliche Entwicklungen als sehr dynamisch, viele grundrechtsdogmatischen Fragen sind noch ungeklärt. Rechtspolitisch intensiv diskutiert wurde auch die Verabschiedung des bundesweit ersten Landesantidiskriminierungsgesetz (LADG)[348] in Berlin, das bei einer Diskriminierung im Rahmen öffentlich-rechtlichen Handelns eine Schadenersatzpflicht der öffentlichen Stelle vorsieht, in deren Verantwortungsbereich sich die Diskriminierung ereignet hat.

Angesichts der Vielzahl rechtlicher Problematiken im Zusammenhang mit Gleichheitsrechten können diese vorliegend nicht in ihrer Gesamtheit abgebildet werden. Die folgenden Ausführungen konzentrieren sich vielmehr auf antidis-

---

[345] Die in Art. 21 Abs. 1 EU-GRCh und Art. 14 EMRK genannten Differenzierungskriterien sind nicht abschließend („insbesondere"); im Rahmen des Art. 3 GG können Schutzlücken aber über einen Rückgriff auf Art. 3 Abs. 1 GG geschlossen werden; im Unionsrecht kommt zudem Art. 20 EU-GRCh zum Tragen; zur Akzessorietät von Art. 14 EMRK s. *Meyer-Ladewig/Lehner*, in: Meyer-Ladewig u. a. (Hrsg.), EMRK, 4. Aufl. 2017, Art. 14 Rn. 5 ff.

[346] Dazu unter Abschnitt C. II. 4. d) bb).

[347] Umgesetzt wurden die Richtlinien 2000/43/EG des Rates v. 29. 6. 2000 zur Anwendung des Gleichbehandlungsgrundsatzes ohne Unterschied der Rasse oder der ethnischen Herkunft, ABl. L 180 v. 19. 7. 2000, S. 22–26; 2000/78/EG des Rates v. 27. 11. 2000 zur Festlegung eines allgemeinen Rahmens für die Verwirklichung der Gleichbehandlung in Beschäftigung und Beruf, ABl. L 303 v. 2. 12. 2000, S. 16–22; 2002/73/EG des Europäischen Parlaments und des Rates v. 23. 9. 2002 zur Änderung der Richtlinie 76/207/EWG des Rates zur Verwirklichung des Grundsatzes der Gleichbehandlung von Männern und Frauen hinsichtlich des Zugangs zur Beschäftigung, zur Berufsausbildung und zum beruflichen Aufstieg sowie in Bezug auf die Arbeitsbedingungen, ABl. L 269 v. 5. 10. 2002, S. 15–20; 2004/113/EG des Rates v. 13. 12. 2004 zur Verwirklichung des Grundsatzes der Gleichbehandlung von Männern und Frauen beim Zugang zur und bei der Versorgung mit Gütern und Dienstleistungen, ABl. L 373 v. 21. 12. 2004, S. 37–43.

[348] Landesantidiskriminierungsgesetz v. 11. 6. 2020, GVBl. Berlin 2020, S. 532.

kriminierungsrechtliche Aspekte, die speziell im Kontext algorithmenbasierter Entscheidungen relevant werden.

a) Vergleichsmaßstab

Die Debatte um Diskriminierungen durch Algorithmen konzentriert sich oft auf einen direkten Vergleich mit menschlichem Verhalten. Der Ansatz dieses Vergleiches ist jedoch nur eingeschränkt zielführend: Die erste Prämisse des unmittelbaren Vergleichs lautet, dass sich Mensch und Algorithmus ohne Weiteres als autonome Einheiten abgrenzen lassen. Dies blendet die Interaktion zwischen menschlichen und algorithmenbasierten Entscheidungsprozessen aus sowie die Konzeption des Entscheidungsmodells. Algorithmen entstehen nicht in einem bezugslosen Raum, sondern basieren auf Hypothesen und Datensätzen, deren Auswahl zu einem gewissen Grad von menschlichen subjektiven Vorstellungen geleitet wird. Beispiele wurden bereits unter dem Gesichtspunkt der potenziellen Neutralität erörtert. Insofern sind Algorithmen stets auch soziale Gebilde.

Die nächste Prämisse ist die Annahme, dass sich lediglich menschliche und algorithmenbasierte Entscheidungen als Vergleichsgruppen gegenüberstehen und nicht verschiedene Algorithmen. Dies verleitet zu einer verkürzten Argumentation: Ein Algorithmus lässt sich nicht von Vorurteilen, Präferenzen oder Stimmungen leiten – dies betrifft aber die Perspektive der Anwendung und nicht der Konzeption. Der Nutzer kann die Entscheidungskriterien definieren, von denen das Modell nicht abweichen kann. Das stellt einen wesentlichen Vorteil im Rahmen von Diskriminierungsverboten dar, deren Anwendung oft beweisrechtlichen Schwierigkeiten begegnet.[349] Die Diskriminierung muss nicht *ex post* festgestellt werden, sondern wird bereits bei der Entscheidung unterbunden. Daraus darf aber nicht der Rückschluss gezogen werden, dass algorithmenbasierte Entscheidungen diskriminierungsfrei sind, da sie, wie aufgezeigt, von externen normativen – letztlich menschengemachten – Maßstäben abhängen. Sinnvoll ist es daher auch, verschiedene automatisierte Entscheidungsmodelle unter gleichheitsrechtlichen Aspekten zu vergleichen.

Zudem können sich bestimmte Eigenschaften algorithmenbasierter Entscheidungen sowohl positiv als auch negativ auswirken: Dies betrifft etwa die Skalierbarkeit von Entscheidungen. Auf der einen Seite lassen sich Ausgestaltungen, die zu Diskriminierungen führen, grundsätzlich mit flächendeckender Wirkung modifizieren, wenn Diskriminierungen erkannt werden. So wird eine Entscheidungskonsistenz gewährleistet. Auf der anderen Seite haben systemimmanente

---

[349] Dass sich aus diesen Beweisschwierigkeiten eine Entwicklung vom Nachweis der Kausalität zu einem korrelationsbasierten Antidiskriminierungsrecht ableiten lässt, stellt *Tischbirek*, in: Münkler (Hrsg.), Dimensionen des Wissens im Recht, 2019, S. 67 (68 ff.) klar heraus.

Diskriminierungen eine deutlich größere Streuwirkung[350] als das rechtsverletzende Handeln beispielsweise eines einzelnen Verwaltungsbeamten.

Letztlich können sowohl Menschen als auch Algorithmen diskriminieren – sie tun dies nur auf unterschiedliche Weise, sodass der direkte Vergleich weniger zielführend ist als die Frage, ob die Gleichheitsrechte die Spezifika der technologischen Entwicklung auffangen können.

b) Spezifika algorithmenbasierter Diskriminierung

Unter Zugrundelegung der im ersten Teil dargestellten Funktionsweisen algorithmenbasierter Entscheidungen sind zunächst die Aspekte aufzugreifen, die im Schrifttum als charakteristisch für Diskriminierungen durch automatisierte Entscheidungssysteme gesehen werden. Überwiegend lässt sich dies auf Mängel in der Datenbasis im weitesten Sinne – etwa Über- oder Unterrepräsentation von Personengruppen, Fehler bei der Datenaufbereitung – oder auf intransparente, nicht intendierte Resultate maschinellen Lernens zurückführen, die sich als indirekte Diskriminierung darstellen.

aa) Mangelhafte Datengrundlage

Verzerrungen zulasten geschützter Gruppen können bereits in der Datengrundlage auftreten. Dabei spielen verschiedene Faktoren eine Rolle:[351] Mängel können auf der Ebene der Datenerhebung zu verorten sein, wenn eine geschützte Gruppe in der Datenbasis über- oder unterpräsentiert ist. Im Rahmen der Ausführungen zur Datenqualität wurden Beispiele genannt, in denen bestimmte ethnische Gruppen oder Geschlechter in den Trainingsdaten unterrepräsentiert waren, etwa im Bereich der Gesichtserkennung. Dies führt häufig dazu, dass Software für betroffene Minderheiten fehlerhafte Ergebnisse liefert.[352] Komplexer ist es bei der Überrepräsen-

---

[350] KOM(2020) 65 endg. v. 19. 2. 2020, S. 13; *Martini*, Blackbox Algorithmus, 2019, S. 51; aus steuerrechtlicher Perspektive *Krumm*, in: Droege/Seiler (Hrsg.), Eigenständigkeit des Steuerrechts, 2019, S. 171 (179 f.).

[351] Die nachfolgende Systematisierung orientiert sich an *Tischbirek*, in: Wischmeyer/Rademacher (Hrsg.), Regulating Artificial Intelligence, 2020, S. 103 (105 ff.); ähnliche Systematisierungen finden sich bei *Hacker*, Common Market L. Rev. 55 (2018), 1143 (1146 ff.); *Barocas/Selbst*, Calif. L. Rev. 104 (2016), 671 (677 ff.); *Orwat*, Diskriminierungsrisiken durch Verwendung von Algorithmen, 2019, S. 77 ff.; SVRV (Hrsg.), Technische und rechtliche Betrachtungen algorithmischer Entscheidungsverfahren – Gutachten der Fachgruppe Rechtsinformatik der Gesellschaft für Informatik e. V. im Auftrag des SVRV, 2018, S. 34 f.

[352] *Lerman*, Stan. L. Rev. Online 66 (2013), 55 (58 ff.) schildert das Problem, dass bereits auf einer vorgelagerten Stufe weniger Daten zu bestimmten Personengruppen verfügbar sind, da diese – insbesondere aus ökonomischen Gründen – weniger Endgeräte besitzen, von denen Daten erhoben werden, oder weniger datengenerierenden Aktivitäten nachgehen.

tanz geschützter Gruppen in der Datenerhebung: Deutlich wird dies insbesondere bei der Prävention und Repression von Straftaten. Finden in Nachbarschaften, in denen überwiegend ethnische Minderheiten wohnen, häufiger Polizeikontrollen statt als in anderen Vierteln, wird die verstärkte Polizeipräsenz zwangsläufig zu einer höheren Aufklärungsrate bei Straftaten führen, was die Kriminalitätswahrnehmung verzerrt und sich in algorithmischen Risikoscores widerspiegelt.[353] Dies kann einen Kreislauf verschärfter Kontrolle von Minderheiten bedingen.[354]

Gleichzeitig ist erkennbar, dass sich algorithmische Diskriminierung kaum isoliert von komplexen sozialen Verhältnissen betrachten lässt, weil sich in der Kausalkette die Frage nach dem Ursprung unterschiedlicher Kontrolldichte stellt. Über- und Unterrepräsentanz geschützter Gruppen in den Trainingsdaten werfen zudem Probleme statistischer Fairnessdefinitionen auf – darauf wird noch zurückzukommen sein.

Mängel können zudem bei der Datenaufbereitung, insbesondere beim Labeling, auftreten, d. h. in der Phase, in der jedem Input der korrekte Funktionswert im Voraus zugewiesen wird, um das Modell zu trainieren.[355] Dabei können sich vor allem unbewusste Umweltwahrnehmungen und Vorstellungen der Entwickler auswirken.[356] Diese werden durch die Einbettung in Algorithmen skaliert. Eine Rolle spielt dabei auch, dass Algorithmen außerhalb eines experimentellen Settings diskriminierende Muster menschlichen Verhaltens übernehmen.[357] Algorithmen agieren nicht kontrafaktisch, was Tischbirek als „normative unresponsiveness" bezeichnet.[358]

bb) Dominanz indirekter Diskriminierung

Gleichheitsrechtliche Probleme treten vor allem bei maschinellem Lernen auf.[359] Es wurde bereits hervorgehoben, dass diese Modelle korrelationsbasierte Prognosen abgeben. In einem kleinen Datensatz ist für einen menschlichen Entscheider in der Regel ersichtlich, welches Merkmal mit der Zugehörigkeit zu einer geschützten Gruppe stark korrelieren könnte. Anders kann es sein, wenn *Big Data* analysiert wird und der Algorithmus die Parameter dynamisch anpasst. Dabei stellt sich zum

---

[353] *Singelnstein*, NStZ 2018, 1 (4); *Kroll u. a.*, U. Pa. L. Rev. 165 (2017), 633 (681).

[354] *Tischbirek*, in: Wischmeyer/Rademacher (Hrsg.), Regulating Artificial Intelligence, 2020, S. 103 (105).

[355] *Alpaydin*, Machine Learning, 2016, S. 38; *LeCun u. a.*, Nature 521 (2015), 436 (436).

[356] *Barocas/Selbst*, Calif. L. Rev. 104 (2016), 671 (678 ff.); *Greenwald/Krieger*, Calif. L. Rev. 94 (2006), 945 (952 ff.); *Hagendorff*, Österreichische Zeit für Soziologie 44 (2019), 53 (56 f.).

[357] So geschehen im Falle des Chatbots „Tay" von „Microsoft", s. https://www.faz.net/aktuell/wirtschaft/netzwirtschaft/microsofts-bot-tay-wird-durch-nutzer-zum-nazi-und-sexist-14144019.html [zuletzt abgerufen am 22. 2. 2021].

[358] *Tischbirek*, in: Wischmeyer/Rademacher (Hrsg.), Regulating Artificial Intelligence, 2020, S. 103 (106) mit Bezug auf *Möllers*, Die Möglichkeit der Normen, 2015, S. 13 ff.

[359] Zu den Grundlagen verschiedener Formen maschinellen Lernens s. Abschnitt B. I. 5.

einen das Problem, dass *ex post* teilweise nicht mehr nachgeprüft werden kann, auf welchen Kriterien die algorithmenbasierte Entscheidung beruht.[360] Dies ist zudem nur eingeschränkt aussagekräftig, wenn der Output kontinuierlich optimiert wird.

Zum anderen ist es kaum möglich, Korrelationen mit geschützten Merkmalen wie Geschlecht oder politischer Anschauung zu verhindern.[361] Diskriminierungen durch Algorithmen sind für die Betroffenen häufig abstrakt, nicht intuitiv und schwer greifbar.[362] Dabei wird deutlich, dass die mittelbare Diskriminierung dominiert.[363] Indirekte oder mittelbare Diskriminierung zeichnet sich dadurch aus, dass nach einem scheinbar neutralen Kriterium differenziert wird, dieses aber mit einem geschützten Merkmal stark korreliert.[364] In dem grundlegenden Urteil des Europäischen Gerichtshofs zur mittelbaren Diskriminierung von Frauen aufgrund einer signifikanten Korrelation zwischen dem weiblichen Geschlecht und Teilzeitarbeit[365] war der Zusammenhang für einen menschlichen Beobachter relativ offensichtlich. In *Big-Data*-Auswertungen sind diese Korrelationen nicht immer naheliegend: Das Beispiel des Zusammenhangs zwischen Kreditwürdigkeit und installierten Schriftarten auf dem PC wurde bereits genannt – hier ging es allerdings nicht um geschützte Merkmale. Denkbar ist jedoch, dass diese mit scheinbar neutralen Merkmalen wie bestimmten Produktpräferenzen, Bewegungsmustern oder Online-Verhalten stark korrelieren.[366] In diesem Zusammenhang ist der Unterschied zur direkten statistischen Diskriminierung zu betonen: Britz definiert statistische Diskriminierung als Ungleichbehandlung aufgrund eines personenbezogenen – geschützten – Merkmals, das in einem signifikanten Zusammenhang mit einer anderen maßgeblichen Eigenschaft der Person steht (zum Beispiel Kreditwürdigkeit oder physische Leistungsfähigkeit).[367] Sie geht davon aus, dass anhand eines geschütztes Merkmals differenziert wird und dass statistische Dis-

---

[360] *Desai/Kroll*, Harv. J.L. & Tech. 31 (2017), 1 (41 f.).

[361] *Barocas/Selbst*, Calif. L. Rev. 104 (2016), 671 (691 f.); *Dwork u.a.*, Fairness Through Awareness, Proceedings of the 3rd Innovations in Theoretical Computer Science Conference 2012, S. 214 (226); *Hacker*, Common Market L. Rev. 55 (2018), 1143 (1149); *Tischbirek*, in: Münkler (Hrsg.), Dimensionen des Wissens im Recht, 2019, S. 67 (78); *ders.*, in: Wischmeyer/Rademacher (Hrsg.), Regulating Artificial Intelligence, 2020, S. 103 (107 f.); *Edwards/Veale*, Duke L. & Tech. Rev. 16 (2017), 18 (29).

[362] *Wachter u.a.*, Why Fairness Cannot Be Automated, 2020 (im Erscheinen), S. 1 (10).

[363] *Zuiderveen Borgesius*, Discrimination, artificial intelligence, and algorithmic decision-making – Study for the Council of Europe, 2018, S. 19; *Hacker*, Common Market L. Rev. 55 (2018), 1143 (1153); *Ernst*, JZ 2017, 1026 (1032); *Wachter u.a.*, Why Fairness Cannot Be Automated, 2020 (im Erscheinen), S. 1 (45).

[364] Statt vieler *Boysen*, in: von Münch (Begr.)/Kunig (Hrsg.), GG, Bd. I, 6. Aufl. 2012, Art. 3 Rn. 143; s. auch die Definition der mittelbaren Benachteiligung in § 3 Abs. 2 AGG; die Einzelheiten sind sehr umstritten, s. dazu im Folgenden.

[365] EuGH, Urteil v. 31. 3. 1981, Rs. 96/80 (*Jenkins/Kingsgate*), ECLI:EU:C:1981:80; s. auch EuGH, Urteil v. 8. 5. 2019, Rs. C-161/18 (*Villar Láiz*), ECLI:EU:C:2019:382.

[366] So korreliert zum Beispiel das Alter oder das Geschlecht stark mit bestimmten Produktpräferenzen.

[367] *Britz*, Einzelfallgerechtigkeit versus Generalisierung, 2008, S. 9.

kriminierung folgerichtig überwiegend direkte Diskriminierung darstellt.[368] In algorithmenbasierten Ungleichbehandlungen sind starke Korrelationen mit geschützten Merkmalen jedoch weit überwiegend unbeabsichtigte Nebeneffekte. Die antidiskriminierungs- und datenschutzrechtlichen Prämissen von Datensparsamkeit und Merkmalsblindheit geraten so zunehmend in Konflikt mit dem technologischen Status quo.

c) Schutzdimension im Verhältnis zum Staat

Bei der Nutzung algorithmenbasierter Entscheidungen durch den Staat wirken sich die zuvor beschriebenen Charakteristika – zumindest in Deutschland – aktuell kaum aus. Das Problem mittelbarer Diskriminierung stellt sich insbesondere bei maschinellem Lernen auf der Grundlage von *Big Data*. Diese Praxis wird insbesondere durch das in Art. 2 Abs. 1 und Art. 1 Abs. 1 verankerte Recht auf informationelle Selbstbestimmung sowie den einfachgesetzlichen Datenschutz begrenzt. Andererseits hat sich gezeigt, dass im staatlichen Bereich auch direkte Diskriminierung durch deterministische Algorithmen stattfinden kann. Dies soll anhand des Algorithmus des österreichischen Arbeitsmarktservices dargestellt werden. Anschließend ist im Hinblick auf eine mögliche zukünftige Nutzung von *Big Data* in staatlichen Strukturen kurz auf die mittelbare Diskriminierung im Rahmen von Art. 3 GG einzugehen.

aa) Österreichischer AMS-Algorithmus als exemplarische direkte Diskriminierung

Der österreichische Arbeitsmarktservice – das Pendant zur Bundesagentur für Arbeit – setzt nach einem Testbetrieb ab 2021 einen deterministischen Algorithmus ein, um die Chancen von Arbeitssuchenden auf eine neue Arbeitsstelle zu bewerten.[369] Dieser Score soll Mitarbeiter bei der Auswahl von Fördermaßnahmen unterstützen, wobei vorgesehen ist, dass Arbeitssuchende mit einem verhältnismäßig schlechten Score keine kostenintensiven Fachschulungen erhalten. Negativ auf den Score wirken sich u. a. das weibliche Geschlecht, die Zugehörigkeit zu einer höheren Altersgruppe, familiäre Betreuungspflichten bei Frauen sowie gesundheitliche Beeinträchtigungen aus.[370]

Gemessen an Art. 3 Abs. 1, Abs. 2 S. 1 und Abs. 3 GG differenziert hier eine juristische Person des öffentlichen Rechts[371] nach geschützten Kriterien im Sinne

---

[368] A. a. O., S. 54 ff.
[369] Ausführlich zum Konzept und zur Funktionsweise dieses Algorithmus s. Abschnitt B. II. 2 c) bb).
[370] *Holl u. a.*, Das AMS-Arbeitsmarktchancen-Modell, 2018, S. 11, 13.
[371] S. § 1 Abs. 1 Arbeitsmarktservicegesetz.

des Art. 3 Abs. 3 GG. Das Alter ist in Art. 3 Abs. 3 GG nicht genannt, diese Differenzierung kann allerdings unter den Schutzbereich des Art. 3 Abs. 1 GG fallen.[372]

Problematisch ist jedoch, ob bereits die negative Auswirkung dieser Kriterien auf den Score, der einer Entscheidung über die Fördermaßnahme zugrunde gelegt wird, eine Ungleichbehandlung bzw. eine Benachteiligung im Sinne des Art. 3 Abs. 1 und Abs. 3 GG darstellt, da ein schlechterer Score nicht zwingend zu einer weniger zeit- und kostenintensiven Förderung führt. Hier sind zwei Szenarien denkbar: Möglich ist, dass sich der sog. Integrations-Chancenwert zwar durch die Zugehörigkeit zu einer bestimmten Altersgruppe oder durch das Geschlecht verringert, die betroffene Person aber nicht Gruppe C – d. h. der Gruppe, die keine kostenintensiven Förderungen erhalten soll[373] – angehört, weil der Schwellenwert nicht unterschritten wird. Weiterhin kann es sein, dass der Score zu einer Zuteilung zu Gruppe C führt, der Sachbearbeiter jedoch von dieser Beurteilung abweicht, da er die Situation des Arbeitssuchenden anders einschätzt. In dieser Perspektive würde eine Ungleichbehandlung bzw. eine Benachteiligung nur vorliegen, wenn die Minderung des Scores aufgrund der genannten Kriterien kausal für die geringere Förderung war.

Unter gleichheitsrechtlichen Gesichtspunkten kann aber schon die Relevanz des Geschlechts, des Alters etc. für den sog. Integrations-Chancenwert überhaupt fraglich sein. Im Falle des Geschlechts sehen Fröhlich/Spiecker genannt Döhmann eine Unvereinbarkeit mit dem verfassungsrechtlichen Ziel der Gleichberechtigung von Frauen und Männern in Art. 3 Abs. 2 S. 2 GG und knüpfen im Übrigen an das Recht auf informationelle Selbstbestimmung in seiner Ausprägung als Recht auf Selbstdarstellung an.[374] Dass seitens des österreichischen Sozialministeriums erwogen wird, die Schlechterstellung von Frauen durch einen staatlich genutzten Algorithmus anschließend durch besondere Fördermaßnahme für Frauen auszugleichen,[375] mutet absurd an angesichts der Tatsache, dass die Schlechterstellung hier vom Staat selbst zu verantworten ist.

Es könnte jedoch ebenso darauf abgestellt werden, dass das staatlich genutzte Modell ungleiche „Startbedingungen" kreiert: Ältere Menschen, Frauen oder Menschen mit gesundheitlichen Beeinträchtigungen müssen qualifizierter sein als die jeweilige Vergleichsgruppe, um die negative Auswirkung ihres Alters etc. auf den Score auszugleichen und die gleiche Förderung zu erhalten wie die Vergleichs-

---

[372] BVerfGE 88, 87 (97).

[373] *Lopez*, in: Getzinger/Jahrbacher (Hrsg.), Conference Proceedings of the STS Conference Graz 2019, 2019, S. 289 (291).

[374] *Fröhlich/Spiecker gen. Döhmann*, Können Algorithmen diskriminieren?, VerfBlog v. 26. 12. 2018, s. https://verfassungsblog.de/koennen-algorithmen-diskriminieren/ [zuletzt abgerufen am 22. 2. 2021].

[375] S. https://www.derstandard.at/story/2000098639725/sozialministerium-strich-50-prozent-foerderziel-fuer-frauen-am-jobmarkt [zuletzt abgerufen am 22. 2. 2021].

gruppe. Darin kann bereits eine grundrechtlich relevante Ungleichbehandlung bzw. Benachteiligung liegen.

Es kann zudem nicht davon ausgegangen werden, dass Sachbearbeiter des Arbeitsmarktservices diese im Score verankerte Benachteiligung bestimmter Personengruppen systematisch durch eine abweichende Beurteilung ausgleichen.[376]

Eine Ungleichbehandlung bzw. Benachteiligung bestimmter Personengruppen kann jedoch unter bestimmten Voraussetzungen gerechtfertigt sein und damit eine Verletzung von Art. 3 Abs. 1 und Abs. 3 GG ausschließen. Dabei können im Rahmen von Art. 3 Abs. 1 und Abs. 3 GG unter Umständen unterschiedliche Prüfungsmaßstäbe zum Tragen kommen: Der allgemeine Gleichheitssatz verlangt einen sachlichen Differenzierungsgrund. Ob dieser Grund gegeben ist, wird über ein Willkürverbot hinaus nach der sog. Neuen Formel bzw. einer stufenlosen Betrachtung anhand einer Verhältnismäßigkeitsprüfung ermittelt, wenn die Ungleichbehandlung – auch mittelbar – personen- und nicht sachverhaltsbezogen ist.[377] Danach liegt eine Verletzung von Art. 3 Abs. 1 GG vor, „wenn sich für eine Ungleichbehandlung kein in angemessenem Verhältnis zu dem Grad der Ungleichbehandlung stehender Rechtfertigungsgrund finden lässt"[378]. Die der Klassifikation durch den AMS-Algorithmus zugrunde liegenden Kriterien, die nicht explizit in Art. 3 Abs. 3 GG aufgeführt werden, wie Alter oder gesundheitliche Beeinträchtigungen, die keine Behinderung im Sinne des Art. 3 Abs. 2 S. 2 GG darstellen, sind unstreitig personenbezogene Unterscheidungen, die zudem eine Nähe zu den Kriterien in Art. 3 Abs. 3 GG aufweisen und nicht dem Einfluss des Einzelnen unterliegen[379]. Hier wäre daher ein strenger Prüfungsmaßstab anzulegen.[380] Im Hinblick auf Art. 3 Abs. 3 GG ist umstritten, ob eine Rechtfertigung noch engeren Voraussetzungen unterliegt als bei der Prüfung von Art. 3 Abs. 1 GG bzw. die Anforderungen variieren zum Teil je nach Unterscheidungsmerkmal.[381]

---

[376] *Allhutter u. a.*, Frontiers in Big Data 3 (2020), Paper n° 5, S. 1 (13); *Lopez*, in: Getzinger/Jahrbacher (Hrsg.), Conference Proceedings of the STS Conference Graz 2019, 2019, S. 289 (303 f.); *Fröhlich/Spiecker gen. Döhmann*, Können Algorithmen diskriminieren?, VerfBlog v. 26. 12. 2018, s. https://verfassungsblog.de/koennen-algorithmen-diskriminieren/ [zuletzt abgerufen am 22. 2. 2021]; s. Abschnitt B. III. 3. c) aa).

[377] BVerfGE 88, 87 (96); 89, 15 (22); 89, 365 (375); 95, 267 (316); 110, 274 (291); 124, 199 (219 f.), 121, 317 (369 f.); 127, 263 (280); 129, 49 (69); 130, 131 (142); zur Entwicklung von der sog. Willkürformel zur sog. Neuen Formel zur sog. stufenlosen Prüfung in der bundesverfassungsgerichtlichen Rechtsprechung s. *Britz*, NJW 2014, 346; *Nußberger*, in: Sachs (Hrsg.), GG, 8. Aufl. 2018, Art. 3 Rn. 13 ff.; *Heun*, in: Dreier (Hrsg.), GG, Bd. I, 3. Aufl. 2013, Art. 3 Abs. 1 Rn. 22; *Wollenschläger*, in: von Mangoldt (Begr.) u. a., GG, Bd. I, 7. Aufl. 2018, Art. 3 Abs. 1 Rn. 89 ff.

[378] BVerfGE 102, 68 (87).

[379] BVerfGE 88, 87 (96); 124, 199 (220); 141, 1 (Rn. 94).

[380] BVerfGE 88, 87 (96 f.); 89, 15 (22); 124, 199 (220); 133, 377 (Rn. 77).

[381] BVerfGE 85, 191 (207); 92, 91 (109); 114, 357 (364); 132, 72 (Rn. 58) – bei geschlechtsbezogener Ungleichbehandlung ist diese nur zulässig, wenn sie „zwingend erforderlich" ist.

Jedenfalls wäre vorliegend sowohl im Rahmen von Art. 3 Abs. 1 GG als auch Art. 3 Abs. 3 GG eine Verhältnismäßigkeitsprüfung durchzuführen.[382]

Seitens des österreichischen Gesetzgebers ist die ökonomische Verteilung begrenzter Ressourcen ein legitimer Zweck – hierbei kann auf die Effizienz des Sozialverwaltungsrechts abgestellt werden, wobei Effizienz vorliegend als „Verhältnis von Ressourceneinsatz zu Ergebnis"[383] verstanden wird. Es wird daher eine selektive Verteilung der Fördermaßnahmen nach individuellem Bedarf der Arbeitssuchenden angestrebt.[384]

Geht man seitens des österreichischen Gesetzgebers von einer ökonomischen Verteilung begrenzter Ressourcen als legitimem Zweck aus, ist die Differenzierung nach Geschlecht, Alter etc., um darauf aufbauend unterschiedliche Fördermöglichkeiten für Arbeitssuchende zur Verfügung zu stellen, jedenfalls nicht angemessen:[385] Das einzige Argument des Arbeitsmarktservices ist, dass der Algorithmus lediglich die ökonomische Realität spiegele, in der bestimmte Personengruppen am Arbeitsmarkt in der Vergangenheit benachteiligt waren.[386] Dies verkennt in eklatanter Weise die kontrafaktische Funktion von Gleichheitsrechten:[387] So wird ein gesellschaftlicher Status quo perpetuiert, ohne diesen rechtlich zu hinterfragen.[388] Das Argument historischer Kontinuität trägt für sich genommen nicht.

Das Modell des österreichischen Sozialministeriums könnte daher – gemessen an deutschem Verfassungsrecht – Art. 3 Abs. 1 und Abs. 3 GG verletzen sowie unvereinbar mit Art. 3 Abs. 2 S. 2 GG sein.

bb) Indirekte Diskriminierung im Rahmen von Art. 3 GG

Während im Privatrechtsverhältnis § 3 Abs. 2 AGG ausdrücklich eine mittelbare Benachteiligung anerkennt – dazu sogleich –, ist das Konzept der mittelbaren oder indirekten Diskriminierung im Rahmen von Art. 3 GG nach wie vor umstritten. Mittelbare Diskriminierung zeichnet sich dadurch aus, dass nach einem scheinbar neu-

---

[382] Kritisch zur „Schablone" der Verhältnismäßigkeitsprüfung, die auf einer Zweck-Mittel-Relation aufbaut, obwohl diese für Gleichheitsrechte häufig nicht passt *Heun*, in: Dreier (Hrsg.), GG, Bd. I, 3. Aufl. 2013, Art. 3 Abs. 1 Rn. 28.

[383] *Bieback*, in: Hoffmann-Riem/Schmidt-Aßmann (Hrsg.), Effizienz als Herausforderung an das Verwaltungsrecht, 1998, S. 127 (128).

[384] A. a. O., S. 127 (142).

[385] Ob die Unterscheidung überhaupt geeignet ist, eine ökonomisch effiziente Ressourcenverteilung sicherzustellen, steht mangels langfristiger empirischer Untersuchungen noch nicht fest.

[386] S. https://www.derstandard.at/story/2000089325546/beruf-ausbildung-alter-geschlecht-das-sind-die-zutaten-zum-neuen [zuletzt abgerufen am 22.2.2021].

[387] *Möllers*, Die Möglichkeit der Normen, 2015, S. 13 ff.; *Tischbirek*, in: Wischmeyer/Rademacher (Hrsg.), Regulating Artificial Intelligence, 2020, S. 103 (106); *Lopez*, in: Getzinger/Jahrbacher (Hrsg.), Conference Proceedings of the STS Conference Graz 2019, 2019, S. 289 (296).

[388] So auch *Martini*, Blackbox Algorithmus, 2019, S. 243.

tralen Kriterium differenziert wird, dieses aber mit einem geschützten Merkmal stark korreliert, sodass Personen, auf die das Merkmal zutrifft, benachteiligt werden.[389]

Das Bundesverfassungsgericht geht davon aus, dass auch mittelbar diskriminierende Regelungen gegen Art. 3 Abs. 2 sowie Abs. 3 GG verstoßen können, wobei diese Rechtsprechung insbesondere in Bezug auf geschlechtsbezogene indirekte Diskriminierung etabliert ist.[390] Zudem greift das Gericht teilweise ohne die Argumentationsfigur der mittelbaren Diskriminierung auf eine Prüfung des Art. 3 Abs. 1 GG zurück, indem bei der Ungleichbehandlung direkt an das neutrale Differenzierungskriterium angeknüpft wird: So prüfte das Bundesverfassungsgericht bei einer zusätzlichen Altersversorgung von Beamten, die bestimmte Teilzeitarbeitsmodelle von der Leistung ausschloss, nicht nur die Korrelation zwischen Geschlecht und Teilzeitarbeit – wobei es hier keinen signifikanten Zusammenhang zwischen Geschlecht und Arbeitszeit gab –, sondern bezog sich direkt auf die unterschiedliche Behandlung von Unterhalbzeitbeschäftigten mit anderen Teilzeit- und Vollzeitbeschäftigten im Rahmen von Art. 3 Abs. 1 GG.[391] In der Entscheidung zum steuerrechtlichen Ehegattensplitting, das zum damaligen Zeitpunkt für Verheiratete, aber nicht für eingetragene Lebenspartner möglich war, stellte es wiederum auf eine mittelbare Ungleichbehandlung aufgrund der sexuellen Orientierung im Rahmen von Art. 3 Abs. 1 GG ab.[392] Entsprechend der gesicherten Rechtsprechung des Bundesverfassungsgerichts hinsichtlich der mittelbaren geschlechtsbezogenen Diskriminierung erkennt die rechtswissenschaftliche Literatur das Konzept der indirekten Diskriminierung in diesem Bereich an, aber bleibt gespalten hinsichtlich anderer geschützter Merkmale.[393]

Auf Landesebene ist hervorzuheben, dass das Berliner Landesantidiskriminierungsgesetz in § 4 Abs. 2 LADG die mittelbare Diskriminierung von Bürgern durch staatliche Institutionen des Landes Berlin für alle durch § 2 LADG geschützten Merkmale verbietet.[394] Der Wortlaut deckt sich fast gänzlich mit der Formulierung in § 3 Abs. 2 AGG.

---

[389] Statt vieler *Boysen*, in: von Münch (Begr.)/Kunig (Hrsg.), GG, Bd. I, 6. Aufl. 2012, Art. 3 Rn. 143.

[390] S. BVerfGE 97, 35 (43 f.); 104, 373 (393); 121, 241 (254 f.); 126, 29 (53 f.); 132, 72 (Rn. 53 ff.); BVerfG, Beschluss v. 14. 1. 2020, Az. 2 BvR 1333/17, Rn. 113 (juris).

[391] BVerfGE 97, 35 (43 f.).

[392] BVerfGE 133, 377 (Rn. 78 ff.); ähnlich BVerfGE 124, 199 (221); BVerfG, Beschluss v. 11. 12. 2019, Az. 1 BvR 3087/14, Rn. 10 (juris).

[393] Für eine Anerkennung im Hinblick auf alle in Art. 3 Abs. 3 GG genannten Merkmale *Nußberger*, in: Sachs (Hrsg.), GG, 8. Aufl. 2018, Art. 3 Rn. 255 f.; *Wollenschläger*, in: von Mangoldt (Begr.) u. a., GG, Bd. I, 7. Aufl. 2018, Art. 3 Abs. 3 Rn. 429; *Jarass*, in: Jarass/Pieroth, GG, 16. Aufl. 2020, Art. 3 Rn. 149; für eine Begrenzung auf mittelbare geschlechtsbezogene Diskriminierung *Kischel*, in: BeckOK-GG, Art. 3 Rn. 215, 218a f. [Stand: 43. Ed. Mai 2020]; für eine Anerkennung lediglich für die Merkmale Geschlecht und Behinderung *Langenfeld*, in: Maunz/Dürig (Begr.), GG, Bd. I, Art. 3 Abs. 3 Rn. 38 [74. EL Mai 2015]; grundsätzlich ablehnend *Boysen*, in: von Münch (Begr.)/Kunig (Hrsg.), GG, Bd. I, 6. Aufl. 2012, Art. 3 Rn. 144 f.

[394] S. Fn. 348 in Abschnitt C.

In der Gesamtschau wird deutlich, dass die bei algorithmenbasierten Entscheidungen dominierende indirekte Diskriminierung gemessen an Art. 3 GG primär bei geschlechtsbezogener Benachteiligung konsensfähig ist. Allerdings darf nicht außer Acht gelassen werden, dass das Bundesverfassungsgericht zum Teil auf das neutrale Differenzierungskriterium abstellt und die Ungleichbehandlung anhand des allgemeinen Gleichheitssatzes prüft, sodass es eines Rückgriffs auf die mittelbare Diskriminierung nicht immer bedarf. Die jüngere bundesverfassungsgerichtliche Rechtsprechung, die auch indirekte Diskriminierungen aufgrund der sexuellen Orientierung anerkennt, spricht zudem für eine Verfestigung des Konzepts jenseits des Unionsrechts bzw. des Allgemeinen Gleichbehandlungsgesetzes.

d) Schutzdimension im Privatrechtsverhältnis

Im Privatrechtsverhältnis ist das Antidiskriminierungsrecht stark unionsrechtlich geprägt;[395] von Bedeutung ist hier vor allem das Allgemeine Gleichbehandlungsgesetz, das vier EU-Richtlinien umsetzt.[396] Allerdings enthält dieses einen geschlossenen Katalog von Anwendungsbereichen, die vom Unionsgesetzgeber als besonders essenziell eingeschätzt werden, da Diskriminierungen hier die grundlegenden Lebensverhältnisse betreffen, zum Beispiel den Zugang zu Arbeit, Bildung oder Wohnraum. Dieser sektorbezogene Regelungsansatz könnte unzureichend sein im Hinblick auf die strukturellen, sektorübergreifenden Spezifika algorithmenbasierter Entscheidungen. Daher stellt sich weiterhin die Frage nach der mittelbaren Drittwirkung der in Art. 3 GG verankerten Gleichheitsrechte. Hier hat die Debatte durch die Stadionverbot-Entscheidung des Bundesverfassungsgerichts an Dynamik gewonnen.

aa) Allgemeines Gleichbehandlungsgesetz

(1) Geschlossener Anwendungskatalog

Im Kontext algorithmenbasierter Entscheidungen ist zunächst festzuhalten, dass das Allgemeine Gleichbehandlungsgesetz nicht danach differenziert, wie es zu einer Benachteiligung aufgrund der in § 1 AGG genannten Kriterien[397] kommt, d. h. auch voll- und teilautomatisierte Entscheidungen fallen grundsätz-

---

[395] Dazu *Jestaedt*, VVDStRL 64 (2005), 298 (305 ff.); *Zoppel*, Europäische Diskriminierungsverbote und Privatrecht, 2015, S. 2 ff.; *Lehner*, Zivilrechtlicher Diskriminierungsschutz und Grundrechte, 2013, S. 15 ff.

[396] S. Fn. 347 in Abschnitt C.

[397] Im Gegensatz zu Art. 3 Abs. 3 GG nennt § 1 Abs. 1 AGG das Alter und die sexuelle Identität als verbotene Differenzierungskriterien. In dieser Hinsicht kommt jedoch Art. 3 Abs. 1 GG zum Tragen.

lich in den Anwendungsbereich des Gesetzes.[398] Der Anwendungsbereich des Allgemeinen Gleichbehandlungsgesetzes ist jedoch beschränkt auf arbeitsrechtliche Verhältnisse – einschließlich der Personalauswahl –, Sozialschutz, Bildung und Daseinsvorsorge gemäß § 2 Abs. 1 AGG sowie auf sog. Massengeschäfte und privatrechtliche Versicherungsverträge gemäß § 19 Abs. 1 AGG. Hinsichtlich des Verhältnisses von § 2 Abs. 1 und § 19 Abs. 1 AGG ließe sich § 2 Abs. 1 AGG als abschließende Darstellung des Anwendungsbereichs verstehen mit der Konsequenz, dass Massengeschäfte und Versicherungsverträge nur in den von § 2 Abs. 1 AGG skizzierten Bereichen erfasst wären – dafür spricht insbesondere die Gesetzessystematik.[399] Überzeugender ist jedoch, dass § 19 Abs. 1 AGG den sachlichen Anwendungsbereich unabhängig von § 2 Abs. 1 AGG erweitert „in den wesentlichen Bereichen des alltäglichen Rechtslebens"[400] – dafür spricht die Gesetzesbegründung sowie der Verweis in § 19 Abs. 2 AGG.[401]

Massengeschäfte im Sinne des § 19 Abs. 1 Nr. 1 AGG, die legaldefiniert „typischerweise ohne Ansehen der Person zu vergleichbaren Bedingungen in einer Vielzahl von Fällen zustande kommen", sind Verträge, die mit einer gewissen Regelmäßigkeit geschlossen werden und in deren Rahmen die Person des Vertragspartners keine oder allenfalls eine untergeordnete Rolle spielt.[402] Ob ein Rechtsgeschäft typischerweise ohne Ansehen der Person zustande kommt, beurteilt sich objektiv nach der Verkehrssitte.[403] Der Verwendung von AGB kann eine Indizwirkung zukommen.[404] Beispiele sind etwa Kaufverträge im Einzelhandel oder Beförderungsverträge im Personennahverkehr.[405]

Gerade bei Kreditgeschäften, bei denen automatisierte Bonitätsprognosen eine Rolle spielen, ist es unklar, ob diese unter § 19 Abs. 1 Nr. 1 AGG fallen: Sinnvollerweise wird es darauf ankommen müssen, ob eine individualisierte Risikoprüfung stattfindet – die Gesetzesbegründung geht davon aus, dass dies in der Regel der Fall ist und es sich daher nicht um ein Massengeschäft handelt.[406] Teilweise wird nach der Art des Kreditgeschäfts differenziert und hervorgehoben, dass insbesondere Kleinkredite und ausreichend gesicherte Kredite Massengeschäfte darstellen

---

[398] So *Orwat*, Diskriminierungsrisiken durch Verwendung von Algorithmen, 2019, S. 111; *Ernst*, JZ 2017, 1026 (1032); *Martini*, Blackbox Algorithmus, 2019, S. 231.

[399] So *Thüsing*, in: Münchener Kommentar-BGB, 8. Aufl. 2018, § 19 AGG Rn. 4; die Rechtsprechung ist in dieser Hinsicht nicht einheitlich, s. die Nachweise bei *Martini*, Blackbox Algorithmus, 2019, S. 232 in Fn. 254.

[400] BT-Drs. 16/1780, S. 26.

[401] *Wendtland*, in: BeckOK-BGB, § 19 AGG Rn. 1 [Stand: 54. Ed. Mai 2020]; *Martini*, Blackbox Algorithmus, 2019, S. 234.

[402] *Thüsing*, in: Münchener Kommentar-BGB, 8. Aufl. 2018, § 19 AGG Rn. 18 ff.; *Wendtland*, in: BeckOK-BGB, § 19 AGG Rn. 3 ff. [Stand: 54. Ed. Mai 2020]; *Ernst u. a.*, in: dies. u. a. (Hrsg.), AGG, 2. Aufl. 2013, § 19 Rn. 3 f.

[403] *Thüsing*, in: Münchener Kommentar-BGB, 8. Aufl. 2018, § 19 AGG Rn. 18.

[404] *Wendtland*, in: BeckOK-BGB, § 19 AGG Rn. 3 [Stand: 54. Ed. Mai 2020].

[405] BT-Drs. 16/1780, S. 41.

[406] BT-Drs. 16/1780, S. 42.

können.[407] Das Oberlandesgericht München hatte entschieden, dass Bonitätsprüfungen durch die „SCHUFA" mangels Vertragsverhältnis zwischen der „SCHUFA" und der überprüften Person keine Massengeschäfte im Sinne des § 19 Abs. 1 Nr. 1 AGG darstellen können.[408]

Hier wird zudem das Paradox von Über- und Unterindividualisierung durch algorithmenbasierte Entscheidungen sichtbar: Einerseits wird der Einzelfall durch den Algorithmus stets in Bezug zu ähnlichen bzw. abweichenden Verhaltensweisen oder Situationen von Menschen beurteilt und die Entscheidung über Gruppenbildungen systematisiert und standardisiert. Andererseits erlaubt ein Zugriff auf *Big Data* eine engmaschige Personalisierung von Entscheidungen, sodass letztlich standardisiert individualisiert wird.[409] Diese Spezifika lassen sich nicht ohne Weiteres anhand der Abgrenzungskriterien zwischen Massengeschäft und individuellem Vertragsschluss abbilden.[410]

Folgt man der restriktiven Auffassung, dass § 19 Abs. 1 AGG sich auf die in § 2 Abs. 1 AGG genannten Anwendungsbereiche beziehen muss, könnten Kreditgeschäfte mit automatisierter Bonitätsprüfung allenfalls unter § 2 Abs. 1 Nr. 8 AGG subsumiert werden. Danach dürfen sich die in § 1 AGG normierten verbotenen Differenzierungskriterien nicht beziehen auf den „Zugang zu und die Versorgung mit Gütern und Dienstleistungen, die der Öffentlichkeit zur Verfügung stehen, einschließlich von Wohnraum". Da die Regelung unionsrechtlich auszulegen ist, wird der Dienstleistungsbegriff weit gefasst und schließt Darlehensverträge ein.[411] Öffentlich zur Verfügung gestellt werden Güter und Dienstleistungen, wenn Angebote zum Vertragsschluss im Internet, in Zeitungen etc. oder durch Auslagen publik gemacht werden – die Zahl der angesprochenen Personen ist unerheblich.[412] Teilweise wird eine Einschränkung dahingehend vorgenommen, dass dies nur Leistungen betreffen soll, die gerade dem Publikumsverkehr gewidmet sind oder ohne eine individuelle Prüfung des Vertragspartners erbracht werden.[413] Danach würden Darlehensverträge – ähnlich wie bei der Argumentation zu den Massengeschäften – nicht in den Anwendungsbereich des § 2 Abs. 1 Nr. 8 AGG fallen,

---

[407] *Thüsing*, in: Münchener Kommentar-BGB, 8. Aufl. 2018, § 19 AGG Rn. 24 ff.; *Ernst u. a.*, in: dies. u. a. (Hrsg.), AGG, 2. Aufl. 2013, § 19 Rn. 4; *Wendtland*, in: BeckOK-BGB, § 19 AGG Rn. 5 [Stand: 54. Ed. Mai 2020].

[408] OLG München, Urteil v. 12.3.2014, Az. 15 U 2395/13, Rn. 104 (juris).

[409] *Bull*, Sinn und Unsinn des Datenschutzes, 2015, S. 33 f.

[410] Anders *Martini*, Blackbox Algorithmus, 2019, S. 234, der eine algorithmenbasierte Individualisierung nicht in Konflikt mit den Voraussetzungen von Massengeschäften sieht, solange das Rechtsgeschäft *typischerweise* ohne Ansehen der Person zustande kommt; ähnlich *Hacker*, Common Market L. Rev. 55 (2018), 1143 (1157), der zwischen dem generellen Angebot und den individuellen Vertragsbedingungen differenziert und Ersteres als ausschlaggebend ansieht.

[411] BT-Drs. 16/1780, S. 32; zustimmend *Horcher*, in: BeckOK-BGB, § 2 AGG Rn. 25 [Stand: 54. Ed. Mai 2020]; *Martini*, Blackbox Algorithmus, 2019, S. 233.

[412] BT-Drs. 16/1780, S. 32.

[413] *Thüsing*, in: Münchener Kommentar-BGB, 8. Aufl. 2018, § 2 AGG Rn. 29.

da in der Regel eine individualisierte Bonitätsprüfung des Vertragspartners vorgenommen wird. Gegen diese restriktive Auffassung spricht, dass der Abschluss von Darlehensverträgen erhebliche soziale Auswirkungen haben kann, zum Beispiel bei der Finanzierung von Wohneigentum. Auch die Gesetzesbegründung fasst Kreditverträge ausdrücklich unter § 2 Abs. 1 Nr. 8 AGG, solange eine *invitatio ad offerendum ad incertas personas* öffentlich gemacht wird.[414]

Zudem gelten die Benachteiligungsverbote des Allgemeinen Gleichbehandlungsgesetzes nicht absolut, sondern die Ungleichbehandlung kann nach §§ 8 ff., 19 Abs. 3–5, 20 AGG zulässig sein. Vor dem Hintergrund dieser Rechtsunsicherheit wird teilweise eine Erweiterung des Anwendungsbereichs des Gesetzes gefordert, um der zunehmenden Praxis automatisierter Entscheidungen gerecht zu werden – entweder durch eine Generalklausel für algorithmenbasierte Entscheidungen oder durch Vorgaben für besonders grundrechtssensible Anwendungsbereiche.[415]

(2) Normierung der indirekten Diskriminierung

Im Gegensatz zu Art. 3 GG, in dessen Rahmen die mittelbare Diskriminierung umstritten ist, erfasst § 3 Abs. 2 AGG ausdrücklich mittelbare Benachteiligungen. Diese sind dann gegeben, „wenn dem Anschein nach neutrale Vorschriften, Kriterien oder Verfahren Personen wegen eines in § 1 genannten Grundes gegenüber anderen Personen in besonderer Weise benachteiligen können, es sei denn, die betreffenden Vorschriften, Kriterien oder Verfahren sind durch ein rechtmäßiges Ziel sachlich gerechtfertigt und die Mittel sind zur Erreichung dieses Ziels angemessen und erforderlich".

Obwohl das Institut der indirekten oder mittelbaren Diskriminierung im Unionsrecht und insbesondere im Arbeitsrecht anerkannt ist,[416] besteht mangels einheitlicher Kriterien nach wie vor Rechtsunsicherheit bei der Feststellung im Einzelfall: Zum einen hängt die Bejahung davon ab, wie die benachteiligte Gruppe definiert wird und welche Vergleichsgruppen herangezogen werden.[417] Bezogen auf das Beispiel der mittelbaren Diskriminierung durch Schlechterstellung von Teilzeitbeschäftigten bedeutet dies, dass in einem ersten Schritt festgelegt werden muss, dass der maßgebliche Vergleich sich auf das Geschlecht bezieht und nicht etwa auf bestimmte Alterskohorten. Außerdem spielt die Größe der Vergleichsgruppen

---

[414] BT-Drs. 16/1780, S. 32.

[415] *Martini*, Blackbox Algorithmus, 2019, S. 237 ff.; *ders.*, Kontrollsystem für algorithmenbasierte Entscheidungsprozesse – Gutachten im Auftrag des Verbraucherzentrale Bundesverbandes, 2019, S. 24.

[416] S. beispielsweise EuGH, Urteil v. 6. 12. 2007, Rs. C-300/06 (*Voß*), ECLI:EU:C:2007:757; EuGH, Urteil v. 16. 7. 2015, Rs. C-83/14 (*CHEZ Razpredelenie Bulgaria AD*), ECLI:EU: C:2015:480; BAG NZA 2016, 897; NZA 2011, 1361; BAG, Urteil v. 27. 1. 2011, Az. 8 AZR 483/09 (juris).

[417] Ausführlich *Wachter u. a.*, Why Fairness Cannot Be Automated, 2020 (im Erscheinen), S. 1 (16 ff.).

eine Rolle.[418] Zum anderen ist unklar, wann eine Benachteiligung „in besonderer Weise" vorliegt. Aus statistischer Perspektive beträfe dies die Frage, welche Korrelationsstärke zwischen dem neutralen Differenzierungskriterium und dem geschützten Merkmal erforderlich ist bzw. in welchem Verhältnis die Vergleichsgruppen von der scheinbar neutralen Regelung betroffen sein müssen. Hier hat die Rechtsprechung des Europäischen Gerichtshofs, die das Konzept der mittelbaren Diskriminierung grundlegend ausformt, bislang keine abstrakten Maßstäbe entwickelt. Zwar wird eine „prozentual wesentlich stärkere Belastung einer Gruppe"[419] gefordert, aber die Rechtsprechung etabliert keine Schwellenwerte. So nimmt der Europäische Gerichtshof im Arbeitsrecht an, dass ein Verstoß gegen Unionsrecht vorliegt, wenn „ein erheblich höherer Prozentsatz weiblicher als männlicher Beschäftigter betroffen ist"[420]. Das Bundesverfassungsgericht hatte einen Frauenanteil von etwa 78 % bei teilzeitbeschäftigten Beamten und Richtern als ausreichend für eine mittelbar geschlechtsdiskriminierende Regelung gesehen.[421] In den USA wird teilweise versucht, das Vorliegen indirekter Diskriminierung im Rahmen der *Disparate-Impact*-Doktrin[422] zu quantifizieren.[423] In der jüngeren Rechtsprechung führt der Europäische Gerichtshof aus, dass „der Begriff ‚in besonderer Weise benachteiligen' […] nicht besonders erhebliche, offensichtliche und schwerwiegende Fälle von Ungleichheit bezeichnet"[424] – wobei es hier um eine indirekte Diskriminierung aufgrund der „Rasse" und „ethnischen Herkunft" und nicht um geschlechterbezogene Diskriminierung ging.

Das Bundesarbeitsgericht hat mehrfach betont, dass ein statistischer Nachweis nicht zwingend ist.[425] Dies ist unter Rechtsschutzgesichtspunkten auch sinnvoll, da ansonsten Konstellationen aus dem Blickfeld geraten, in denen keine ausreichende Datengrundlage gegeben ist – entsprechende Gutachten könnten wiederum ein erhebliches Prozesskostenrisiko darstellen.[426]

---

[418] A. a. O., S. 1 (34); *Horcher*, in: BeckOK-BGB, § 3 AGG Rn. 45 [Stand: 54. Ed. Mai 2020].

[419] *Thüsing*, in: Münchener Kommentar-BGB, 8. Aufl. 2018, § 2 AGG Rn. 31.

[420] EuGH, Urteil v. 6. 12. 2007, Rs. C-300/06 (*Voß*), ECLI:EU:C:2007:757, Rn. 44; Nachweise zu einer Vielzahl ähnlicher Formulierungen in der Rechtsprechung des EuGH finden sich bei *Wachter u. a.*, Why Fairness Cannot Be Automated, 2020 (im Erscheinen), S. 1 (29 f.).

[421] BVerfGE 121, 241 (256 f.).

[422] Die *Disparate-Impact*-Doktrin ist in den USA in Title VII des Civil Rights Act von 1964 geregelt und verbietet mittelbare Diskriminierung im Arbeitsrecht, s. United States Code, Volume 42, Section 2000e-2 lit. k; dazu *Barocas/Selbst*, Calif. L. Rev. 104 (2016), 671 (701 ff.).

[423] *Romei/Ruggieri*, Knowledge Engineering Rev. 29 (2013), 582 (591).

[424] EuGH, Urteil v. 16. 7. 2015, Rs. C-83/14 (*CHEZ Razpredelenie Bulgaria AD*), ECLI:EU:C:2015:480, Rn. 109.

[425] BAG NZA 2016, 897 (Rn. 27); NZA 2011, 1361 (Rn. 27); in anderen Verfahren hat die statistische Signifikanz wiederum eine größere Rolle gespielt, s. etwa BAG, Urteil v. 27. 1. 2011, Az. 8 AZR 483/09, Rn. 30 f. (juris); s. auch jeweils Erwägungsgrund 15 der RL 2000/43/EG und 2000/78/EG sowie *Wachter u. a.*, Why Fairness Cannot Be Automated, 2020 (im Erscheinen), S. 1 (36 f.).

[426] *Tischbirek*, in: Münkler (Hrsg.), Dimensionen des Wissens im Recht, 2019, S. 67 (82 f.); *Horcher*, in: BeckOK-BGB, § 3 AGG Rn. 46 [Stand: 54. Ed. Mai 2020]; *Wachter u. a.*, Why Fairness Cannot Be Automated, 2020 (im Erscheinen), S. 1 (33).

Dies zeigt die Schwierigkeit, einen Ausgleich zwischen starren sektorübergrei-fenden statistischen Grenzen und einer Angewiesenheit auf Präjudizien zu finden.

Im Kontext algorithmenbasierter mittelbarer Diskriminierung wird weiterhin diskutiert, den Katalog geschützter Merkmale im Allgemeinen Gleichbehandlungs-gesetz und im Grundgesetz zu erweitern. Ausgehend von den Möglichkeiten des maschinellen Lernens sollte es beispielsweise verboten sein, nach Gesundheits-zustand oder politischer Meinung zu differenzieren.[427] Dadurch würde eine Ver-lagerung in den Bereich direkter Diskriminierung stattfinden, was die Betroffenen von den Beweisschwierigkeiten indirekter Diskriminierung befreien würde.[428]

Trotzdem scheint dies aus mehreren Gründen nicht sinnvoll: Zunächst lassen sich viele dieser sensiblen Merkmale bereits über Art. 3 Abs. 1 einfangen – so wie es das Bundesverfassungsgericht zum Beispiel für die sexuelle Orientierung entschieden hat.[429] Allerdings ist hier die mittelbare Drittwirkung des Art. 3 GG umstritten – dazu sogleich –, sodass Schutzlücken entstehen können für Konstel-lationen, die nicht von den einfachgesetzlichen Regelungen des Allgemeinen Gleichbehandlungsgesetzes erfasst sind.

Entscheidend dürfte aber sein, dass eine Katalogisierung weiterer geschützter Merkmale einen Wettlauf mit der technologischen Entwicklung und eine Bana-lisierung der geschützten Merkmale riskiert, für die die Rechtsordnung eine Dif-ferenzierung als besonders verwerflich ansieht, insbesondere weil sie nicht dem Einfluss des Betroffenen unterliegen. Vorzugswürdig ist es daher, sich im Kontext algorithmenbasierter Entscheidungen nicht auf die geschützten Merkmale, sondern auf den Nachweis mittelbarer Diskriminierung zu konzentrieren.

bb) Mittelbare Drittwirkung des Art. 3 GG
bei strukturellen Machtasymmetrien

(1) Mittelbare Drittwirkung des Art. 3 Abs. 3 GG

Die sich durch die geschlossenen Anwendungsbereiche in § 2 Abs. 1 AGG und § 19 Abs. 1 AGG ergebenden gleichheitsrechtlichen Schutzlücken im Zusammen-hang mit algorithmenbasierten Entscheidungen, etwa im Bereich der Kreditver-gabe, könnten durch eine Auslegung, die sich an den Wertentscheidungen des Art. 3 Abs. 3 GG orientiert, aufgefangen werden, sofern die Norm mittelbare Drittwir-kung entfaltet. Dies ist im Detail ungeklärt – weitgehender Konsens besteht darü-ber, dass eine mittelbare Drittwirkung der speziellen Diskriminierungsverbote in Art. 3 Abs. 3 GG in Betracht kommt bei einem strukturellen Machtgefälle – etwa

---

[427] *Orwat*, Diskriminierungsrisiken durch Verwendung von Algorithmen, 2019, S. 111 f.

[428] Zum eingeschränkten Kausalitätsdogma bei der Beweisführung im Antidiskriminierungs-recht *Tischbirek*, in: Münkler (Hrsg.), Dimensionen des Wissens im Recht, 2019, S. 67 (70 f.).

[429] BVerfGE 124, 199 (220).

im Miet- und Arbeitsrecht – oder beim Angebot von Dienstleistungen und Waren auf öffentlichen Märkten, in denen es grundsätzlich nicht auf die Person des Vertragspartners ankommt.[430] Gerade das Miet- und Arbeitsrecht zählen jedoch zu den vom Allgemeinen Gleichbehandlungsgesetz erfassten Anwendungsbereichen.

Teilweise wird eine mittelbare Drittwirkung des Art. 3 Abs. 3 GG unabhängig von Machtasymmetrien stets dann angenommen, wenn eine Leistung öffentlich angeboten wird, wobei hinsichtlich der in Art. 3 Abs. 3 S. 1 GG genannten Kriterien zu differenzieren sei – bei der Ungleichbehandlung aufgrund der Abstammung oder der Rasse dürfe der Bezug zu Art. 1 Abs. 1 GG nicht verkannt werden.[431] Warum sich der Einfluss der Menschenwürde hier stärker auswirken soll als bei einer Differenzierung zum Beispiel aufgrund des Geschlechts, ist jedoch nicht ersichtlich. Das Bundesverfassungsgericht hat die Frage nach der mittelbaren Drittwirkung des Art. 3 Abs. 3 GG zuletzt ausdrücklich offengelassen.[432]

Im Falle einer algorithmenbasierten Kreditvergabe würde die mittelbare Drittwirkung des Art. 3 Abs. 3 GG daher nach überwiegender Auffassung nur greifen, wenn der Darlehensgeber sich in einer marktdominierenden Position befindet oder die Leistung ohne Ansehen der Person angeboten wird. Hinsichtlich der zweiten Alternative gelten jedoch die gleichen Erwägungen wie bei der Definition von Massengeschäften im Rahmen von § 19 Abs. 1 Nr. 1 AGG, d. h. der Abschluss eines Darlehensvertrags setzt in der Regel eine individualisierte Bonitätsprüfung voraus. Eine marktdominierende Stellung des Darlehensgebers dürfte ebenfalls selten gegeben sein. Damit verbleiben Schutzlücken im Einzelfall – etwa bei Diskriminierungen durch Darlehensgeber, die keine marktdominierende Position haben. Zuletzt erlangte ein Fall Aufmerksamkeit, in dem von zwei Ehepartnern die Frau einen deutlich niedrigeren Kreditrahmen erhielt, obwohl die für die Bonitätseinschätzung maßgeblichen, nach außen hin sichtbaren Faktoren identisch waren oder zugunsten der Ehefrau ausfielen.[433]

Der Bezugspunkt der ökonomischen Machtasymmetrie in der gleichheitsrechtlichen Argumentation verkennt, dass es bei Diskriminierungsverboten – im Gegensatz zu sozialstaatlichen Erwägungen – nicht primär um die materielle Versorgung

---

[430] *Heun*, in: Dreier (Hrsg.), GG, Bd. I, 3. Aufl. 2013, Art. 3 Abs. 3 Rn. 139; *Baer/Markard*, in: von Mangoldt (Begr.) u. a., GG, Bd. I, 7. Aufl. 2018, Art. 3 Abs. 3 Rn. 415 ff.; restriktiver *Kischel*, in: BeckOK-GG, Art. 3 Rn. 210 [Stand: 43. Ed. Mai 2020] dahingehend, dass der Ware oder der Dienstleistung erhebliche Bedeutung zukommen muss und es keine Möglichkeit gibt, diese anderweitig zu beziehen, d. h. der Anbieter muss sich in einer monopolartigen Machtposition befinden; dagegen *Langenfeld*, in: Maunz/Dürig (Begr.), GG, Bd. I, Art. 3 Abs. 3 Rn. 81 [74. EL Mai 2015]; offen *Boysen*, in: von Münch (Begr.)/Kunig (Hrsg.), GG, Bd. I, 6. Aufl. 2012, Art. 3 Rn. 146.

[431] So *Jarass*, in: Jarass/Pieroth, GG, 16. Aufl. 2020, Art. 3 Rn. 151.

[432] BVerfGE 148, 267 (Rn. 40); zu einer horizontalen Wirkung von Art. 21 EU-GRCh s. *Zoppel*, Europäische Diskriminierungsverbote und Privatrecht, 2015, S. 109 ff.

[433] S. https://www.nytimes.com/2019/11/10/business/Apple-credit-card-investigation.html [zuletzt abgerufen am 22. 2. 2021].

mit Gütern bzw. die materiellen Konsequenzen der Ungleichbehandlung geht, sondern um den Akt der Benachteiligung an sich.[434] Insofern ist der starke Fokus auf die Verfügbarkeit von Alternativangeboten nicht zielführend.

(2) Mittelbare Drittwirkung des Art. 3 Abs. 1 GG

Ähnlich umstritten ist eine mittelbare Drittwirkung von Art. 3 Abs. 1 GG: Auch hier wird diese allenfalls angenommen bei strukturellen Machtasymmetrien zwischen Vertragsparteien – als Beispiele werden Monopole oder Arbeitsverhältnisse genannt –, wobei teilweise nur ein Willkürverbot gefordert wird.[435] Nach anderer Auffassung schützt die Vertragsfreiheit gerade subjektive Willkür, die keinem Begründungsgebot unterliege.[436] Heun weist zutreffend darauf hin, dass sich eine Übertragung der freiheitsrechtlichen Dogmatik auf Gleichheitsrechte als schwierig erweist. Da Gleichheitsrechte prinzipiell wertungsoffen konzipiert sind, sei es letztlich eine politische Aushandlung, was eine Gesellschaft als „gerecht" betrachte, sodass es primär dem Gesetzgeber zukomme, die Geltung der Gleichheitsrechte im Privatrechtsverhältnis auszugestalten.[437]

Allerdings hat die Debatte durch die Stadionverbot-Entscheidung[438] des Bundesverfassungsgerichts aus dem Jahr 2018 an Dynamik gewonnen. Dies betrifft sowohl grundsätzliche Erwägungen zur mittelbaren Drittwirkung der Grundrechte im Allgemeinen und des Art. 3 Abs. 1 GG im Speziellen als auch die Frage der Reichweite dieser Entscheidung im Hinblick auf algorithmenbasierte Entscheidungen durch marktdominierende Unternehmen.

Das Bundesverfassungsgericht hatte sich in dem Beschluss mit einem auf etwa zwei Jahre befristeten Stadionverbot für sämtliche Fußballstadien in Deutschland befasst. Das bundesweite Verbot wurde gegen den Beschwerdeführer verhängt, nachdem gegen diesen aufgrund Ausschreitungen nach einem Fußballspiel wegen Landfriedensbruch ermittelt wurde, und galt für nationale und internationale

---

[434] Nachdrücklich *Britz*, VVDStRL 64 (2005), 355 (389 f.).

[435] *Jarass*, in: Jarass/Pieroth, GG, 16. Aufl. 2020, Art. 3 Rn. 16 f., 80; *Wollenschläger*, in: von Mangoldt (Begr.) u. a., GG, Bd. I, 7. Aufl. 2018, Art. 3 Abs. 1 Rn. 62; im Grundsatz ebenfalls für eine mittelbare Drittwirkung in den genannten Konstellationen *Heun*, in: Dreier (Hrsg.), GG, Bd. I, 3. Aufl. 2013, Art. 3 Abs. 1 Rn. 70 f.; *Nußberger*, in: Sachs (Hrsg.), GG, 8. Aufl. 2018, Art. 3 Rn. 68, 75; *P. Kirchhof*, in: Maunz/Dürig (Begr.), GG, Bd. I, Art. 3 Abs. 1 Rn. 331 [75. EL September 2015].

[436] *Boysen*, in: von Münch (Begr.)/Kunig (Hrsg.), GG, Bd. I, 6. Aufl. 2012, Art. 3 Rn. 50; so im Kern auch *Kischel*, in: BeckOK-GG, Art. 3 Rn. 93a [Stand: 43. Ed. Mai 2020]; *Neuner*, JZ 2003, 57 (59); *Riesenhuber*, in: ders. (Hrsg.), Das Allgemeine Gleichbehandlungsgesetz, 2007, S. 3 (5); *Lehner*, Zivilrechtlicher Diskriminierungsschutz und Grundrechte, 2013, S. 125, 320 ff.; in diese Richtung auch *Jestaedt*, VVDStRL 64 (2005), 298 (333 f.); zusammenfassend *Zoppel*, Europäische Diskriminierungsverbote und Privatrecht, 2015, S. 34 ff.

[437] *Heun*, in: Dreier (Hrsg.), GG, Bd. I, 3. Aufl. 2013, Art. 3 Abs. 1 Rn. 70 f.

[438] BVerfGE 148, 267.

Veranstaltungen der Bundes- und Regionalligen sowie des Deutschen Fußball-
bundes. Die Verfassungsbeschwerde richtete sich gegen die Bestätigung des auf
das Hausrecht der Stadionbetreiberin gestützten Stadionverbots durch die Fachgerichte. Das Bundesverfassungsgericht hatte hier auf eine Ungleichbehandlung
zwischen dem Beschwerdeführer und der Personengruppe abgestellt, die Zugang
zu den Stadien hat.[439] Es hatte zunächst betont, dass sich eine allgemeine Geltung
des Art. 3 Abs. 1 GG im Privatrechtsverhältnis auch nicht aus der mittelbaren Drittwirkung der Grundrechte ergebe.[440] Anders verhalte es sich jedoch in Konstellationen, in denen der Ausschluss von Veranstaltungen „in erheblichem Umfang über
die Teilnahme am gesellschaftlichen Leben" entscheide – hier dürfe ein Privater
seine „aus dem Hausrecht – so wie in anderen Fällen möglicherweise aus einem
Monopol oder aus struktureller Überlegenheit – resultierende Entscheidungsmacht
nicht dazu nutzen, bestimmte Personen ohne sachlichen Grund von einem solchen
Ereignis auszuschließen".[441] Zwar nahm das Bundesverfassungsgericht an, dass der
Bundesgerichtshof, der die Rechtmäßigkeit des Stadionverbots bestätigt hatte, bei
den Erörterungen bezüglich des sachlichen Grundes die Ausstrahlungswirkung des
Art. 3 Abs. 1 GG nicht verkannt habe,[442] aber dem Beschluss kommt grundsätzliche
Bedeutung zu. So wurde vielfach angemerkt, dass Art. 3 Abs. 1 GG nicht nur zum
ersten Mal – wenn auch auf spezielle Situationen beschränkt – im Privatrechtsverhältnis Bedeutung erlange, sondern dass das Gericht trotz bekannter Terminologie faktisch eine unmittelbare Bindung Privater an die Grundrechte statuiere.[443]

Einige Stimmen interpretieren die Entscheidung dahingehend, dass der Hinweis
auf eine mittelbare Drittwirkung von Art. 3 Abs. 1 GG in Fällen, in denen ein Vertragspartner ein Monopol innehat oder der anderen Seite strukturell überlegen ist,
auch algorithmenbasierte Diskriminierung einschließe, falls der Ausschluss für
die Teilnahme am gesellschaftlichen Leben erheblich sei.[444] Es müssen daher zwei
Voraussetzungen gegeben sein, deren Reichweite bislang ungeklärt ist: Zum einen
muss es sich um eine Veranstaltung im weitesten Sinne handeln – die Literatur lässt

---

[439] BVerfGE 148, 267 (Rn. 38).

[440] BVerfGE 148, 267 (Rn. 40).

[441] BVerfGE 148, 267 (Rn. 41); s. nachfolgend BVerfG, Beschluss v. 27.8.2019, Az. 1 BvR
879/12, Rn. 7 (juris).

[442] BVerfGE 148, 267 (Rn. 49ff.).

[443] *Hellgardt*, JZ 2018, 901 (902ff.); *Michl*, JZ 2018, 910 (912ff.); *Jobst*, NJW 2020, 11 (12);
Smets, NVwZ 2019, 34 (35) mit dem Hinweis, dass nicht nur das Zugangsrecht, sondern auch
verfahrensrechtliche Vorgaben für die Stadionbetreiberin ohne Anbindung im Privatrecht
direkt aus Art. 3 Abs. 1 GG abgeleitet wurden; kritisch zum Begriff der mittelbaren Drittwirkung u.a. *Neuner*, NJW 2020, 1851; s. auch zur Entwicklung seit der „Fraport"-Entscheidung
Abschnitt C. II. 3. b) cc) (2).

[444] So *Härtel*, LKV 2019, 49 (57); *Martini*, Blackbox Algorithmus, 2019, S. 236f.; *Orwat*,
Diskriminierungsrisiken durch Verwendung von Algorithmen, 2019, S. 95f.; SVRV (Hrsg.),
Technische und rechtliche Betrachtungen algorithmischer Entscheidungsverfahren – Gutach-
ten der Fachgruppe Rechtsinformatik der Gesellschaft für Informatik e.V. im Auftrag des
SVRV, 2018, S. 78ff.

hier Online-Dienstleistungen ausreichen[445] –, die ohne Ansehen der Person einem großen Publikum zugänglich ist und eine gewisse Relevanz für die Teilnahme am gesellschaftlichen Leben hat. Zum anderen muss der Anbieter im Falle der Diskussion um algorithmenbasierte Diskriminierung eine aus struktureller Überlegenheit resultierende Entscheidungsmacht über den Zugang zu dieser Leistung haben.

Dass das Bundesverfassungsgericht den Besuch von Fußballspielen als erheblich für die Teilnahme am gesellschaftlichen Leben sieht,[446] spricht dafür, das Kriterium relativ weit auszulegen.[447] Martini nennt als Beispiel die Mitgliedschaft in sozialen Netzwerken.[448] Überwiegend wird die Voraussetzung der gesellschaftlichen Bedeutung der Leistung jedoch nicht klar von der strukturellen Überlegenheit des Anbieters getrennt. Letztere dürfe nicht bereits im Verhältnis von Unternehmer und Verbraucher angenommen werden, sondern müsse monopolähnlich sein, d. h. der sich auf Art. 3 Abs. 1 GG Berufende müsse auf die Leistung angewiesen sein und könne nicht oder nur unter erheblichem Aufwand auf einen alternativen Zugang ausweichen.[449] Ein strukturelle Überlegenheit des Anbieters ergibt sich nicht allein durch die Nutzung algorithmenbasierter Entscheidungen. Allerdings können diese die Angewiesenheit des Einzelnen auf eine Leistung individualisiert erfassen und ausnutzen – etwa durch personalisierte Preise oder beim Kreditscoring.[450] Noch nicht hinreichend erörtert ist im Zusammenhang mit der Stadionverbot-Entscheidung außerdem, ob Offline- und Online-Zugangsmechanismen ohne Weiteres vergleichbar sind.

Die mittelbare Drittwirkung des allgemeinen Gleichheitssatzes hinge nach der Rechtsprechung des Bundesverfassungsgerichts und der Rezeption der Stadionverbot-Entscheidung folglich im Wesentlichen von der Marktmacht der Nutzer algorithmenbasierter Entscheidungen ab. In der Praxis ist dies angesichts marktdominierender Digitalkonzerne relevant. Allerdings wurden Art. 22 DSGVO und seine Vorgängerregelungen marktneutral konzipiert und gelten zudem im staatlichen Bereich, sodass auch im Hinblick auf die Gleichheitsrechte die juristische Diskussion nicht auf die Regulierung von Marktmacht verkürzt werden sollte.

---

[445] *Smets*, NVwZ 2019, 34 (36); *Martini*, Blackbox Algorithmus, 2019, S. 237; *Härtel*, LKV 2019, 49 (57); SVRV (Hrsg.), Technische und rechtliche Betrachtungen algorithmischer Entscheidungsverfahren – Gutachten der Fachgruppe Rechtsinformatik der Gesellschaft für Informatik e. V. im Auftrag des SVRV, 2018, S. 79 f.

[446] BVerfGE 148, 267 (Rn. 41).

[447] Kritisch *Hellgardt*, JZ 2018, 901 (909), der eine Beschränkung auf Institute der Daseinsvorsorge präferiert.

[448] *Martini*, Blackbox Algorithmus, 2019, S. 237.

[449] SVRV (Hrsg.), Technische und rechtliche Betrachtungen algorithmischer Entscheidungsverfahren – Gutachten der Fachgruppe Rechtsinformatik der Gesellschaft für Informatik e. V. im Auftrag des SVRV, 2018, S. 79.

[450] *Härtel*, LKV 2019, 49 (57); *Jobst*, NJW 2020, 11 (13); SVRV (Hrsg.), Technische und rechtliche Betrachtungen algorithmischer Entscheidungsverfahren – Gutachten der Fachgruppe Rechtsinformatik der Gesellschaft für Informatik e. V. im Auftrag des SVRV, 2018, S. 79 f.; *Orwat*, Diskriminierungsrisiken durch Verwendung von Algorithmen, 2019, S. 96.

Vielmehr ist an die beschriebenen Spezifika algorithmenbasierter Diskriminierung anzuknüpfen, die weitgehend unabhängig von Marktdominanz sind, jedoch durch diese verstärkt werden können. Dass das Bundesverfassungsgericht in bestimmten Konstellationen eine mittelbare Drittwirkung des allgemeinen Gleichheitssatzes anerkennt, fügt sich jedenfalls in die Tendenz einer Konstitutionalisierung des Privatrechts ein.[451]

e) Schutzkonzepte im Kontext algorithmenbasierter Entscheidungen

Nachdem die Charakteristika algorithmenbasierter Diskriminierung und der Rechtsrahmen skizziert wurden, ist kurz auf unterschiedliche Schutzkonzepte aus jüngerer Zeit einzugehen, die diskriminierungsfreie algorithmenbasierte Entscheidungen sicherstellen sollen. Im Privatrecht wurde bereits die Erweiterung von § 2 Abs. 1 AGG debattiert. Andere Ansätze konzentrieren sich darauf, die Differenzierungskriterien über datenschutzrechtliche Ansprüche transparent zu machen.[452]

Neben diesen primär rechtlichen Strategien existieren auch mathematisch-formalisierte Konzepte, die darauf abzielen, Fairness im Entscheidungsprozess sicherzustellen. In der Literatur zu statistischen Methoden und maschinellem Lernen spielt der Begriff der Fairness eine große Rolle bei der Beurteilung von Entscheidungen, wobei keine einheitliche Definition für Fairness existiert.[453] Die Befundlage ist hier unübersichtlich und muss zudem im Einzelfall mit dem juristischen Gleichheitsverständnis in Dialog treten.[454] Grob lassen sich die Schutzstrategien in die Implementierung von Kontrollmechanismen in den Entscheidungsprozess selbst und in eine nachträgliche Überprüfung der Ergebnisse unterteilen.

---

[451] Zur Gesamttendenz in jüngerer Zeit *Barczak*, in: Scheffczyk/Wolter (Hrsg.), Linien der Rechtsprechung des Bundesverfassungsgerichts, Bd. 4, 2017, S. 91 (107 ff.).

[452] In diese Richtung, jedoch mit Verweis auf Rechtsschutzlücken *Hacker*, Common Market L. Rev. 55 (2018), 1143 (1173 f.).

[453] Einen Eindruck der unterschiedlichen Ansätze gibt etwa die jährliche „ACM Conference on Fairness, Accountability, and Transparency (ACM FAccT)", s. https://facctconference. org [zuletzt abgerufen am 22.2.2021]; s. zudem einige Beispiele bei SVRV (Hrsg.), Technische und rechtliche Betrachtungen algorithmischer Entscheidungsverfahren – Gutachten der Fachgruppe Rechtsinformatik der Gesellschaft für Informatik e.V. im Auftrag des SVRV, 2018, S. 39 ff.; *Kroll u.a.*, U. Pa. L. Rev. 165 (2017), 633 (685 ff.); instruktiv auch der Vortrag „21 fairness definitions and their politics" von *Narayanan*, verfügbar bei „Youtube" unter https://www.youtube.com/watch?v=jIXIuYdnyyk [zuletzt abgerufen am 22.2.2021].

[454] An dieser Stelle ist die interdisziplinäre Forschung zu vertiefen, so auch SVRV (Hrsg.), Technische und rechtliche Betrachtungen algorithmischer Entscheidungsverfahren – Gutachten der Fachgruppe Rechtsinformatik der Gesellschaft für Informatik e.V. im Auftrag des SVRV, 2018, S. 93.

aa) Systemgestaltende Ansätze

Seit einigen Jahren gibt es in der Forschung zu maschinellem Lernen Bestrebungen, bei der Gestaltung von automatisierten Entscheidungssystemen die „Fairness" des Entscheidungsprozesses sicherzustellen. Der Begriff der Diskriminierung wird hier nicht genutzt, weil er in der Mathematik nicht negativ konnotiert ist als Verletzung eines Diskriminierungsverbots, sondern lediglich eine Unterscheidung bezeichnet. In diesem Sinne ist es gerade der Zweck maschinellen Lernens zu diskriminieren.[455] Allerdings bestehen fundamentale Unterschiede zwischen den verschiedenen Fairnesskonzepten: Ein Algorithmus kann etwa fair sein, wenn er bei Studienplatzbewerbungen in den Untergruppen weiblicher und männlicher Bewerber im gleichen Verhältnis Kandidaten einen Studienplatz zuteilt oder verweigert. Hier spricht man von Fairness im Sinne statistischer Parität.[456] Es kann aber ebenso fair sein, in verschiedenen Untergruppen ein gleiches Fehlerverhältnis zu haben, d. h. die gleiche Falsch-Positiv- bzw. Falsch-Negativ-Quote.[457] Dies hieße zum Beispiel, dass im Falle einer Gesichtserkennung im öffentlichen Raum bei einem Abgleich mit polizeilichen Datenbanken die fälschliche Trefferquote nicht signifikant nach Geschlecht oder ethnischer Herkunft variiert. Dies sind nur zwei Definitionen einer Vielzahl quantifizierbarer Fairnessbegriffe.

Die mathematische Schwierigkeit fairer algorithmenbasierter Entscheidungen und die Bezugspunkte zur gleichheitsrechtlichen Problematik sollen kurz anhand des in den USA genutzten „COMPAS"-Algorithmus[458] verdeutlicht werden: Der Algorithmus zur Beurteilung der Rückfallwahrscheinlichkeit von Straftätern geriet in die Kritik, weil die Falsch-Positiv-Quote bei der Einordnung von Afroamerikanern in die Hochrisikogruppe fast doppelt so hoch war wie bei weißen Straftätern (45 % im Vergleich zu 23 %), d. h. bei afroamerikanischen Straftätern wurde häufiger ein hohes Rückfallrisiko festgestellt, obwohl sie nicht rückfällig wurden. Umgekehrt lag die Falsch-Negativ-Quote bei weißen Straftätern deutlich höher, d. h. ihnen wurde ein geringes Rückfallrisiko attestiert, aber sie wurden später wieder straffällig (48 % im Vergleich zu 28 % Prozent).[459] Ausgewertet wurden insgesamt

---

[455] *Edwards/Veale*, Duke L. & Tech. Rev. 16 (2017), 18 (28).

[456] *Kroll u. a.*, U. Pa. L. Rev. 165 (2017), 633 (685 f.); *Hacker*, Common Market L. Rev. 55 (2018), 1143 (1175); eine Weiterentwicklung findet sich bei *Wachter u. a.*, Why Fairness Cannot Be Automated, 2020 (im Erscheinen), S. 1 (50 ff.).

[457] *Berk u. a.*, Fairness in Criminal Justice Risk Assessments: The State of the Art, 2017 [arXiv: 1703.09207v2], S. 1 (13 f.); ähnlich trotz unterschiedlicher Terminologie *Hardt u. a.*, Equality of Opportunity in Supervised Learning, 2016 [arXiv: 1610.02413v1], S. 1 (3 f.).

[458] S. Abschnitt B. II. 2. b) cc); diese Konstellation wurde oft besprochen, ist aber nach wie vor instruktiv; ein klarer Problemaufriss aus statistischer Sicht findet sich bei *Zweig/Krafft*, in: Mohabbat Kar u. a. (Hrsg.), (Un)Berechenbar? Algorithmen und Automatisierung in Staat und Gesellschaft, 2018, S. 204 (213 ff.); *Martini*, Blackbox Algorithmus, 2019, S. 55 ff.

[459] *Larson u. a.*, How We Analyzed the COMPAS Recidivism Algorithm, ProPublica 2016; verfügbar unter https://www.propublica.org/article/how-we-analyzed-the-compas-recidivism-algorithm [zuletzt abgerufen am 22.2.2021].

über 10.000 Fälle.[460] Aus statistischer Sicht wäre es nun wünschenswert, zwei Dinge zu erreichen: Auf der einen Seite sollten alle Personen, die in einer Risikogruppe zusammengefasst werden, unabhängig von ethnischen Merkmalen die gleiche Rückfallwahrscheinlichkeit haben. Dies war die Fairness-Definition, die die Entwickler von „COMPAS" zugrunde legten.[461] Auf der anderen Seite sollte die Falsch-Positiv-Quote nicht für eine bestimmte Teilgruppe deutlich höher liegen als für andere Teilgruppen; es sollte also nicht nach geschützten Merkmalen differenziert werden. Dies waren die Defizite des Scores. Das Problem ist nun, dass sich beide Fairness-Definitionen mathematisch nicht gleichwertig in ein Modell integrieren lassen, wenn das untersuchte Attribut – hier die Rückfallwahrscheinlichkeit – in den Ausgangsgruppen ungleich verteilt ist.[462] Dies war hier der Fall, da die Rückfallquote bei Afroamerikanern in den USA höher ist als bei Weißen – unter Ausblendung der sozialen Gründe dafür.[463]

Das Beispiel zeigt verschiedene Aspekte, die für die Gleichheitsrechte im Kontext algorithmenbasierter Entscheidungen relevant sind: Zum einen ist bei automatisierten Entscheidungsprozessen genau nachzuprüfen, welches Verständnis von Fairness für die Konzeption des Modells maßgeblich war. Zum anderen kristallisieren sich in dieser interdisziplinären Debatte normative Unschärfen in der juristischen Interpretation von Gleichheit. Denn Art. 3 GG gibt aus sich selbst heraus keine Antwort auf die Frage nach dem Bezugspunkt der Gleichheit: In dem beschriebenen Beispiel lässt sich daraus nicht ableiten, ob die Falsch-Positiv- bzw. Falsch-Negativ-Quote für alle Teilgruppen gleich sein sollte oder ob alle Personen in einer Risikogruppe unabhängig von ethnischen Merkmalen die gleiche Rückfallwahrscheinlichkeit haben sollten, wenn beide Kriterien zusammen nicht erfüllbar sind. Es wird einmal mehr deutlich, dass Gleichheit als rechtliche Kategorie nicht ohne einen externen normativen Bezugspunkt auskommt und dass darüber kein rechtswissenschaftlicher Konsens besteht.[464]

---

[460] Ebd.

[461] *Dieterich u. a.*, COMPAS Risk Scales: Demonstrating Accuracy Equity and Predictive Parity, 2016, S. 9 ff.; *Flores u. a.*, Federal Probation 80 (2016), 38 (41).

[462] Zur mathematischen Herleitung s. *Kleinberg u. a.*, Inherent Trade-Offs in the Fair Determination of Risk Scores, 2016 [arXiv: 1609.05807v2]; eine für Laien verständliche Zusammenfassung findet sich bei *Zweig/Krafft*, in: Mohabbat Kar u. a. (Hrsg.), (Un)Berechenbar? Algorithmen und Automatisierung in Staat und Gesellschaft, 2018, S. 204 (216 ff.); s. auch *Tolan u. a.*, Why Machine Learning May Lead to Unfairness: Evidence from Risk Assessment for Juvenile Justice in Catalonia, Proceedings of the 17th International Conference on Artificial Intelligence and Law, 2019, S. 1 (4 ff.).

[463] *Martini*, Blackbox Algorithmus, 2019, S. 56.

[464] Dazu bereits *Radbruch*, Aphorismen zur Rechtsweisheit, herausgegeben von Arthur Kaufmann, 1963, S. 23 (Nr. 75): „[…] Gleichheit ist immer nur Abstraktion von gegebener Ungleichheit unter einem bestimmten Gesichtspunkt."; ausführlich *Lehner*, Zivilrechtlicher Diskriminierungsschutz und Grundrechte, 2013, S. 169 ff.

bb) Output-orientierte Ansätze

Ein anderer Weg wäre, nicht bzw. nicht nur an der Gestaltung des Entscheidungsprozesses anzusetzen, sondern sich auf den Output des Modells zu konzentrieren.

(1) Statistik über Statistik?

Der Fokus auf die Ergebnisse algorithmenbasierter Entscheidungen bei der Aufdeckung von Diskriminierung hat den Vorteil, dass sie für Laien zugänglicher sind und weniger von der technologischen Entwicklung der Entscheidungsmodelle abhängen. So kann auch eine gewisse Intransparenz des Prozesses akzeptiert werden, solange sich die Ausgaben statistisch auswerten lassen. Eine solche Überprüfung würde auch Schutzlücken der Informationsansprüche Betroffener nach der DSGVO schließen, da etwa Art. 15 Abs. 1 lit. h DSGVO die in Abschnitt B. III. 4. erörterten Defizite von Art. 22 Abs. 1 DSGVO fortführt.

Ausgehend von der Prämisse, dass sich manche algorithmenbasierte Entscheidungswege nur eingeschränkt überprüfen lassen – sei es aus eigentumsrechtlichen oder technikimmanenten Gründen –, kann es daher sinnvoll sein, die Ergebnisse der Modelle systematisch auszuwerten.[465] Tischbirek spricht von der Notwendigkeit von „Statistik über Statistik"[466].

Dabei würde insbesondere statistisch überprüft, ob bestimmte Personengruppen überproportional häufig durch den Algorithmus benachteiligt bzw. bevorzugt werden. Weiterhin kann auch untersucht werden, wie sich Kombination von Merkmalen auswirkt.[467] Wie bei der mittelbaren Diskriminierung im Rahmen des Allgemeinen Gleichbehandlungsgesetzes ist auch hier nicht geklärt, welches Signifikanzniveau erforderlich ist. Zudem setzt eine statistisch robuste Auswertung einen hinreichend großen (Test-)Datensatz voraus.[468] Offen wäre außerdem, in welchem

---

[465] *Martini/Nink*, NVwZ Extra 2017, 1 (12); *Tischbirek*, in: Wischmeyer/Rademacher (Hrsg.), Regulating Artificial Intelligence, 2020, S. 103 (115 f.); *Kim*, U. Pa. L. Rev. Online 166 (2017), 189 (197); *Wachter u. a.*, Why Fairness Cannot Be Automated, 2020 (im Erscheinen), S. 1 (32); SVRV (Hrsg.), Technische und rechtliche Betrachtungen algorithmischer Entscheidungsverfahren – Gutachten der Fachgruppe Rechtsinformatik der Gesellschaft für Informatik e. V. im Auftrag des SVRV, 2018, S. 90 f.; in diese Richtung gehen auch aktuelle Überlegungen der Bundesregierung in der Stellungnahme zum Weißbuch zur Künstlichen Intelligenz der EU-Kommission, s. Stellungnahme der Bundesregierung der Bundesrepublik Deutschland zum Weißbuch zur Künstlichen Intelligenz – ein europäisches Konzept für Exzellenz und Vertrauen v. 29. 6. 2020, S. 13; *Kroll u. a.*, U. Pa. L. Rev. 165 (2017), 633 (661) weisen auf den begrenzten Erklärungswert von „black-box evaluation" hin.

[466] *Tischbirek*, in: Wischmeyer/Rademacher (Hrsg.), Regulating Artificial Intelligence, 2020, S. 103 (113).

[467] SVRV (Hrsg.), Technische und rechtliche Betrachtungen algorithmischer Entscheidungsverfahren – Gutachten der Fachgruppe Rechtsinformatik der Gesellschaft für Informatik e. V. im Auftrag des SVRV, 2018, S. 91.

[468] A. a. O., S. 90.

Rahmen eine solche Kontrolle durchgeführt würde – denkbar wäre zum Beispiel eine institutions- bzw. unternehmensinterne Prüfung, die Offenlegung im Kontext kollektiver Rechtsschutzmechanismen oder die Durchführung durch eine externe Aufsichtsbehörde.[469] Angedacht wird zum Beispiel, die Informationspflichten von Verantwortlichen der Datenverarbeitung gegenüber Antidiskriminierungsstellen zu erweitern, sodass Letztere eine statistische Analyse durchführen können.[470]

(2) Abkehr vom Prinzip der Merkmalsblindheit

Gleichheitsrechtliche Ansätze befinden sich in dem Dilemma, dass Gleichheit grundsätzlich die Blindheit gegenüber bestimmten personenbezogenen Merkmalen voraussetzt,[471] aber spätestens beim Nachweis diskriminierender Praktiken das Wissen um diese Merkmale relevant wird. Art. 9 DSGVO, der die Verarbeitung sensibler personenbezogener Daten einschränkt, ist Ausdruck dieses *Fairness-through-Blindness*-Gedankens. Zwar enthält Art. 9 Abs. 2 DSGVO zahlreiche Ausnahmen, aber insbesondere der Grundsatz der Datenminimierung in Art. 5 Abs. 1 lit. c DSGVO könnte in Konflikt mit einer umfassenden statistischen Untersuchung algorithmenbasierter Entscheidungen geraten.[472] Eine systematische und langfristige Evaluierung dieser Prozesse unter gleichheitsrechtlichen Gesichtspunkten, die an der statistischen Auswertung des Outputs ansetzt, ist gerade auf sensible personenbezogene Daten angewiesen. In diesem Kontext gewinnt auch die Frage an Relevanz, wer die Analyse zu verantworten und Zugriff auf die Daten hat. Die Rechtfertigung der Differenzierung wäre nachgelagert zu prüfen; das Recht ist hier zunächst auf empirisches außerjuridisches Wissen angewiesen, um die Differenzierung überhaupt greifbar zu machen.[473] Wenn dieses Wissen nicht verfügbar ist, stellt der Zugriff darauf unter Umständen auch ein prozessrechtliches Kostenrisiko dar.[474] Hier zeigt sich abermals, dass Diskriminierungsverbote häufig Beweisschwierigkeiten begegnen, deren Überwindung mit datenschutzrechtlichen Prinzipien in Konflikt treten kann.

---

[469] Zu prozessrechtlichen Optionen s. *Martini*, Blackbox Algorithmus, 2019, S. 311 ff.; zu den Instrumenten der DSGVO *Hacker*, Common Market L. Rev. 55 (2018), 1143 (1177 ff.); im Hinblick auf staatliche Antidiskriminierungsstellen *Orwat*, Diskriminierungsrisiken durch Verwendung von Algorithmen, 2019, S. 127; offen *Tischbirek*, in: Wischmeyer/Rademacher (Hrsg.), Regulating Artificial Intelligence, 2020, S. 103 (119).

[470] *Orwat*, Diskriminierungsrisiken durch Verwendung von Algorithmen, 2019, S. 128.

[471] Anders verhält es sich bei Praktiken positiver Diskriminierung, zum Beispiel bei der Einführung von sog. Frauenquoten.

[472] *Tischbirek*, in: Münkler (Hrsg.), Dimensionen des Wissens im Recht, 2019, S. 67 (84); *ders.*, in: Wischmeyer/Rademacher (Hrsg.), Regulating Artificial Intelligence, 2020, S. 103 (116).

[473] Zur Relevanz des außerjuridischen Wissens für das Recht *Hoffmann-Riem*, Die Verwaltung 49 (2016), 1 (6 ff.).

[474] *Tischbirek*, in: Münkler (Hrsg.), Dimensionen des Wissens im Recht, 2019, S. 67 (82 f.); *Wachter u. a.*, Why Fairness Cannot Be Automated, 2020 (im Erscheinen), S. 1 (33).

f) Vergleich mit französischer Normgenese

Auf das Risiko der Diskriminierung durch algorithmenbasierte Entscheidungen wurde im französischen Gesetzgebungsverfahren nicht eingegangen. Insofern kann hier keine Argumentationslinie von den 1970er-Jahren bis zur heutigen Zeit gezogen werden. Es wurde aufgezeigt, dass der Diskriminierung durch algorithmenbasierte Entscheidungen selten eine intendierte Ungleichbehandlung zugrunde liegt. Vielmehr dominiert die mittelbare Diskriminierung anhand eines neutralen Kriteriums, das mit einem geschützten Merkmal stark korreliert. Diese mittelbare Diskriminierung wird oft erst durch eine statistische Auswertung algorithmenbasierter Entscheidungen sichtbar und setzt folglich eine entsprechende Nutzung voraus. Viele Anwendungsfelder algorithmenbasierter Entscheidungen haben sich aber erst in den letzten Jahren etabliert und hängen von der Verfügbarkeit von *Big Data* und entsprechenden Rechen- und Speicherkapazitäten ab, sodass der französische Gesetzgeber dieses Problem kaum antizipieren konnte.

g) Fazit

Ähnlich wie beim Recht auf informationelle Selbstbestimmung stellen algorithmenbasierte Entscheidungen eine Herausforderung nicht für den Schutzbereich, sondern für das Schutzkonzept der Gleichheitsrechte dar: Herkömmliche Sicherung von Gleichheit geht von direkter Diskriminierung anhand geschützter Merkmale aus. Im Rahmen automatisierter Entscheidungen, die auf maschinellem Lernen basieren, dominiert jedoch die indirekte Diskriminierung. Damit stößt auch das Konzept der Merkmalsblindheit an seine Grenzen, wenn geschützte Merkmale mit scheinbar nicht sensiblen Variablen stark korrelieren. Der Nachweis dieser indirekten Diskriminierung setzt daher in der Regel umfangreiche statistische Auswertungen des Outputs voraus, was wiederum mit datenschutzrechtlichen Vorgaben konfligieren kann. Bei der Integration von Fairness-Konzepten in den Entscheidungsprozess selbst, bedarf es *ex ante* einer gesellschaftlichen Verständigung darüber, worauf sich die Gleichheit beziehen soll. Anhand der konkreten Anwendungsfälle im interdisziplinären Diskurs wird abermals deutlich, dass juristische Gleichheitskonzepte nicht ohne externe normative Maßstäbe auskommen. Daher existiert keine einheitliche Rechtsdogmatik, die sich ohne Weiteres für Software-Entwickler fruchtbar machen ließe. Über den einfachgesetzlichen Rahmen des Allgemeinen Gleichbehandlungsgesetzes hinaus hat die jüngere bundesverfassungsgerichtliche Rechtsprechung die Debatte um die mittelbare Drittwirkung des Art. 3 GG wiederbelebt, insbesondere durch die Stadionverbot-Entscheidung zu Art. 3 Abs. 1 GG. Das Bundesverfassungsgericht und das überwiegende Schrifttum konzentrieren sich hier stark auf den Aspekt der Marktmacht der Anbieter von Gütern und Dienstleistungen, was das Risiko birgt, Gleichheitsrechte primär als Gewährleistung materieller Versorgung zu verstehen und den Akt der Benachteiligung als Herabsetzung der Person außer Acht zu lassen.

5. Fazit

Die grundrechtliche Herleitung der Art. 22 DSGVO und Art. 15 DSRL sowie der Umsetzung in § 6a BDSG a. F. erfolgte in der deutschen Rechtswissenschaft ohne expliziten Rückgriff auf die französische Normgenese. Weit überwiegend sieht die Literatur den Zweck der Normen in dem Schutz vor einer Objektifizierung des Menschen durch algorithmenbasierte Entscheidungen. Die Anbindung an den Schutz der Menschenwürde durch die sog. Objektformel ist jedoch kaum geeignet, Gefährdungslagen auf einer abstrakten Ebene zu konturieren, und birgt zudem die Gefahr einer Banalisierung der Menschenwürde. Fruchtbarer – obgleich weniger verbreitet – ist der Verweis auf das Recht auf informationelle Selbstbestimmung als Ausprägung des allgemeinen Persönlichkeitsrechts. In der Interpretation des Bundesverfassungsgerichts und Teilen des Schrifttums zielt es auch auf den Schutz vor intransparenten automatisierten Persönlichkeitsprofilen als Entscheidungsgrundlage. Die Absicherung dieses Rechts durch Datenschutzkonzepte trägt der technologischen Entwicklung seit dem sog. Volkszählungsurteil aber nicht Rechnung, da die identifizierten Gefährdungslagen eher die Deutung und Kontextualisierung personenbezogener Daten betreffen und nicht die Datenverarbeitung im engeren Sinne.

Der Schutz der Gleichheitsrechte stellt eine weitere grundrechtliche Argumentationslinie aus jüngerer Zeit dar. Erst die verstärkte Nutzung algorithmenbasierter Entscheidungen in den letzten Jahren hat zu einer partiellen empirischen Auswertung dieser Praxis geführt und gleichheitsrechtliche Probleme aufgedeckt. Mittelbare Diskriminierungen überwiegen in diesem Kontext, da signifikante Korrelationen mit geschützten Merkmalen in automatisierten Prozessen Entscheidungsfaktoren darstellen, die sich nicht ohne Weiteres ausblenden lassen. Verschiedene statistische, soziologische und informatische Definitionen von „Fairness" im Entscheidungsprozess treten hier in Konflikt und erfordern einen interdisziplinären Austausch mit der juristischen Gleichheitsdogmatik, die in Teilen nach wie vor sehr umstritten ist.

Da algorithmenbasierte Entscheidungen im Privatsektor eine große Rolle spielen, stellt sich in diesem Zusammenhang die Frage nach der mittelbaren Drittwirkung der Grundrechte. Im Hinblick auf die informationelle Selbstbestimmung hat das Bundesverfassungsgericht im Beschluss „Recht auf Vergessen I" die mittelbare Drittwirkung der Grundrechte im Falle struktureller Machtasymmetrien zwischen den Parteien bestätigt und damit an die Argumentation der Stadionverbot-Entscheidung angeknüpft, in der die mittelbare Drittwirkung des Art. 3 Abs. 1 GG relevant wurde. Die grundrechtliche Debatte zu algorithmenbasierten Entscheidungen darf jedoch nicht auf Marktmacht im Privatrechtsverhältnis verkürzt werden, sondern muss die sektorübergreifenden technologischen Spezifika in den Blick nehmen.

Zudem wird deutlich, dass es nicht – wie teilweise gefordert – eines neuen Grundrechtskatalogs bedarf, um algorithmenbasierte Entscheidungen zu adressieren, sondern dass vielmehr tradierte Schutzkonzepte zur Ausgestaltung grundrechtlicher Garantien reflektiert werden müssen.

III. Fazit

Die Hypothese einer grundrechtsbezogenen Begründungskonsistenz von der Genese des Art. 22 DSGVO im französischen Datenschutzrecht im Jahr 1978 über die zweistufige unionsrechtliche Harmonisierung bis hin zur Rezeption der Norm in der deutschen Rechtswissenschaft hat sich nur bedingt bestätigt: Obgleich die französische Normgenese im deutschen Schrifttum zu Art. 22 DSGVO, Art. 15 DSRL und § 6a BDSG a. F. nicht ausdrücklich berücksichtigt wird, weist die Argumentation bezüglich des Schutzes der Menschenwürde und der informationellen Selbstbestimmung inhaltliche Gemeinsamkeiten auf, wenn es um die Einschränkung algorithmenbasierter Entscheidungen geht – zuletzt auch hinsichtlich des Beschlusses „Recht auf Vergessen I" des Bundesverfassungsgerichts. So steht jeweils der Schutz vor einer Objektifizierung des Menschen und einer Festlegung auf automatisierte Persönlichkeitsprofile im Vordergrund. Diese Gemeinsamkeiten sind jedoch, soweit ersichtlich, nicht das Ergebnis eines intendierten Dialogs zwischen den Rechtsordnungen, sondern parallel laufende Argumentationslinien. Diskriminierungen durch algorithmenbasierte Entscheidungen wurden in der französischen Normgenese hingegen nicht thematisiert. Im Gegensatz zur deutschen Literatur bezogen sich die Erwägungen im französischen Gesetzgebungsverfahren aber nicht auf konkrete Grundrechte, sondern waren entweder ethischer Natur oder verwiesen allgemein auf den Schutz der Freiheitsrechte.

Auf unionsrechtlicher Ebene fand kein tiefgehender Reflexionsprozess hinsichtlich der grundrechtlichen Herleitung des Art. 15 DSRL bzw. Art. 22 DSGVO statt. Datenschutzrechtliche Erwägungen ignorierten den atypischen Charakter der Norm. In der Folge gestaltete sich die grundrechtliche Verankerung der Normen in der deutschen Rechtswissenschaft relativ autonom. Eine quantitative Auswertung zeigt zunächst, dass das Schrifttum hier weit überwiegend über die sog. Objektformel einen Bezug zur Menschenwürde herstellt und sekundär auf das Recht auf informationelle Selbstbestimmung sowie die Gleichheitsrechte rekurriert.

Aus der sog. Objektformel lassen sich letztlich keine Kriterien gewinnen, um eine Verletzung der Menschenwürde durch algorithmenbasierte Entscheidungen zu identifizieren.

Der Bezug auf das allgemeine Persönlichkeitsrecht in der Ausprägung der informationellen Selbstbestimmung erweist sich als fruchtbarer: Interpretiert als relativer Schutz vor automatisierten unzutreffenden Fremdbildern, um die Selbstentfaltung des Einzelnen nicht zu gefährden, kann der Schutzbereich die Spezifika algorithmenbasierter Entscheidungen adressieren. Das Schutzkonzept des Datenschutzes ist in diesem Zusammenhang jedoch nicht adäquat, da primär die Deutung und Kontextualisierung personenbezogener Daten jenseits der rechtmäßigen Verarbeitung debattiert wird.

Gleichheitsrechtliche Probleme sind erst in jüngerer Zeit im Zuge empirischer Studien zur Auswirkung algorithmenbasierter Entscheidungen in den Fokus der rechtswissenschaftlichen Literatur gerückt. Charakteristisch sind hier mittelbare Diskriminierungen. Der verstärkte interdisziplinäre Austausch zu „fairen" automatisierten Entscheidungsprozessen lässt zugleich offene Fragen in der juristischen Dogmatik der Gleichheitsrechte zutage treten.

Im Rahmen der zunehmenden Nutzung algorithmenbasierter Entscheidungen im Privatrechtsverhältnis wird die mittelbare Drittwirkung der Grundrechte relevant. Spätestens seit der Stadionverbot-Entscheidung des Bundesverfassungsgerichts aus dem Jahr 2018 deutet die verfassungsrechtliche Judikatur in Richtung einer unmittelbaren Grundrechtsbindung Privater in Konstellationen von Machtasymmetrie zwischen den Parteien.

Die Vertiefung der grundrechtlichen Bezüge in der deutschen Literatur zu Art. 15 DSRL und Art. 22 DSGVO zeigt zudem, dass algorithmenbasierte Entscheidungen weniger die Schutzbereiche als die herkömmlichen Schutzkonzepte der untersuchten Grundrechte in Frage stellen.

D. Zusammenfassung und Ausblick

Die interdisziplinäre Verortung algorithmenbasierter Entscheidungen hinsichtlich ihrer Funktionsweise und Anwendungsfelder im staatlichen und privatrechtlichen Bereich hat gezeigt, dass die Verbreitung in den letzten Jahren zugenommen hat, wobei entscheidungsunterstützende Systeme dominieren. Für die Auswahl exemplarischer Anwendungsfälle erfolgte eine Orientierung am unmittelbaren Zweck der Risikovermeidung. Hier hat sich gezeigt, dass im staatlichen Bereich noch tendenziell deterministische Algorithmen genutzt werden, während private Unternehmen verstärkt mit maschinellem Lernen arbeiten. Dies lässt sich in erster Linie auf den Umfang der zur Verfügung stehenden Daten zurückführen.

Die momentane Praxis wird von Art. 22 DSGVO jedoch nicht adäquat adressiert: Zum einen ist die Verankerung im Datenschutzrecht missglückt, da es sich datenschutzrechtlich um eine atypische Norm handelt, deren Telos diffus bleibt. Zum anderen ist die formale Differenzierung zwischen teil- und vollautomatisierten Entscheidungsprozessen nicht zielführend: Technologische, eigentumsrechtliche, verhaltenspsychologische und organisationsstrukturelle Faktoren können den Unterschied nivellieren. Daher ist auf den tatsächlichen menschlichen Einfluss im Entscheidungsprozess abzustellen. Zudem ist eine abgestufte Kontrolle im Einzelfall sinnvoller als eine binäre Kategorisierung in voll- und teilautomatisierte Prozesse – so sind begünstigende vollautomatisierte Entscheidungen für den Betroffenen in der Regel weniger problematisch als teilautomatisierte Entscheidungen mit weitreichenden Konsequenzen, etwa die Aussetzung einer Haftstrafe zur Bewährung auf Grundlage einer automatisierten Rückfallprognose.

Darüber hinaus bleibt das Kriterium der mit Bezug zur rechtlichen Wirkung in ähnlicher Weise erheblichen Beeinträchtigung zu unbestimmt. Dies verdeutlicht die Schwierigkeit, algorithmenbasierte Entscheidungen ohne normative Bezugspunkte zu systematisieren.

Vor dem Hintergrund dieser Bestandsaufnahme wurde die Genese und wissenschaftliche Rezeption von Art. 22 DSGVO untersucht im Hinblick auf die grundrechtliche Anbindung der Regulierung algorithmenbasierter Entscheidungen.

Für die Genese im französischen Datenschutzrecht ist festzuhalten, dass die Debatte um das Verbot personenbezogener automatisierter Entscheidungen primär unter ethischen Gesichtspunkten geführt wurde, die sich nicht in der französischen Verfassung verankern ließen. Verfassungsrechtliche Verweise, etwa auf die Freiheitsrechte, im Gesetzgebungsverfahren wurden nicht auf Anwendungsszenarien automatisierter Entscheidungen heruntergebrochen. Vielmehr handelte es sich um eine präventive Regelung für mögliche zukünftige Gefährdungslagen, die einen Fremdkörper im Datenschutzrecht darstellte. Gleichzeitig antizipierte der französische Gesetzgeber einige aktuell diskutierte Herausforderungen wie die Verdichtung automatisierter Persönlichkeitsprofile.

Zwar wurde auf Initiative Frankreichs mit Art. 15 DSRL eine Norm auf unionsrechtlicher Ebene eingeführt, die sich an der französischen Regelung orientierte, aber die normativen Prämissen und die Sinnhaftigkeit der datenschutzrechtlichen Einkleidung wurden im europäischen Gesetzgebungsprozess nur am Rande reflektiert. Dies änderte sich auch nicht im Rahmen der Datenschutz-Grundverordnung, die mit Art. 22 DSGVO die Regulierung automatisierter Entscheidungen fortführte zu einem Zeitpunkt, zu dem diese kein hypothetisches Szenario mehr darstellten. Die unionsrechtlichen Gesetzgebungsprozesse erwiesen sich in dieser Hinsicht als normative Leerstellen.

Die deutsche Rechtswissenschaft kommt schließlich in ihrer Rezeption von Art. 15 DSRL, § 6a BDSG a. F. und Art. 22 DSGVO – wenngleich vorsichtig – zu einer grundrechtlichen Begründung der Einschränkung automatisierter Entscheidungen. Die normativen Erwägungen in der französischen Normgenese werden dabei nicht ausdrücklich aufgegriffen. Allerdings bestehen inhaltliche Parallelen in der Argumentation, insbesondere im Hinblick auf den Schutz der Menschenwürde und der informationellen Selbstbestimmung. So erfolgt in beiden Rechtsordnungen eine Auseinandersetzung mit der Objektifizierung des Menschen durch maschinelle Entscheidungen und der Verdichtung von automatisierten Persönlichkeitsprofilen. In Frankreich handelte es sich jedoch tendenziell um einen ethischen Diskurs. Die Hypothese einer Begründungskonsistenz hinsichtlich der verfassungsrechtlichen Verankerung von Art. 22 DSGVO und der Vorgängernormen kann daher nur bedingt aufrechterhalten werden.

Auffällig ist im deutschen Schrifttum zunächst der Bezug zur Menschenwürde und die Dominanz der sog. Objektformel, aus der sich letztlich jedoch keine abstrakten Kriterien ableiten lassen, unter welchen Voraussetzungen algorithmenbasierte Entscheidungen die Menschenwürde verletzen können. Zudem steht hier die Gefahr einer Banalisierung des Art. 1 Abs. 1 GG im Raum.

Daneben rekurrieren manche Autoren auf das allgemeine Persönlichkeitsrecht in der Ausprägung der informationellen Selbstbestimmung. In der Interpretation als partieller Schutz vor unzutreffenden Fremdbildern zum Zwecke der Selbstentfaltung erweist sich zwar der Schutzbereich als einschlägig, aber das Schutzkonzept des Datenschutzes stößt hier an seine Grenzen. Da weniger die Hoheit über personenbezogene Daten als die Hoheit über die Deutung und Kontextualisierung personenbezogener Daten zur Debatte steht, bedarf es eines Schutzkonzepts, das der technologischen Entwicklung seit dem sog. Volkszählungsurteil gerecht wird.

Gleichheitsrechtliche Erwägungen werden – soweit ersichtlich – erst in den letzten Jahren als grundrechtliche Stoßrichtung des Art. 22 DSGVO genannt vor dem

Hintergrund empirischer Studien, die Diskriminierungen durch algorithmenbasierte Entscheidungen untersuchen. Verbreitet sind hier mittelbare Diskriminierungen. Neben rechtlichen Schutzkonzepten spielen hier auch technologisch-prozessorientierte Lösungen eine Rolle. Allerdings treten verschiedene Gleichheits- bzw. Fairnesskonzepte in Dialog. Dabei wird deutlich, dass juristische Gleichheitskonzepte nicht ohne externe normative Maßstäbe auskommen und dass dies relevant wird bei der interdisziplinären Auseinandersetzung mit Fairnesskonzepten, die algorithmenbasierten Entscheidungen zugrunde liegen. Dieser Dialog verweist nicht zuletzt auf offene Fragen in der Dogmatik der Gleichheitsrechte.

Durch den zunehmenden Einsatz algorithmenbasierter Entscheidungen im Privatrechtsverhältnis gewinnt die mittelbare Drittwirkung der Grundrechte in diesem Kontext an Bedeutung. Die Rechtsprechung des Bundesverfassungsgerichts bewegt sich spätestens seit der Stadionverbot-Entscheidung aus dem Jahr 2018 in Richtung einer unmittelbaren Grundrechtsbindung Privater in Konstellationen von Machtasymmetrie zwischen den Parteien.

Hinsichtlich der grundrechtlichen Bezüge im Schrifttum zu Art. 22 DSGVO und den Vorgängernormen lässt sich insbesondere festhalten, dass algorithmenbasierte Entscheidungen weniger die Schutzbereiche als die tradierten Schutzkonzepte der untersuchten Grundrechte in Frage stellen.

Ausgehend von dieser Untersuchung wäre eine Analyse der verfassungsrechtlichen Judikatur in den Mitgliedstaaten zu algorithmenbasierten Entscheidungen von Interesse, die sich in den kommenden Jahren möglicherweise etabliert. Vereinzelt Urteile sind in diesem Bereich bereits ergangen, allerdings nur gestützt auf nationales Recht. Zudem könnte der Europäische Gerichtshof die Voraussetzungen von Art. 22 DSGVO konturieren – hier besteht noch erhebliche Rechtsunsicherheit. Gleichzeitig darf der Datenschutz nicht mit normativen Ansprüchen überfrachtet werden, denen er nicht gerecht werden kann – datenschutzrechtliche Ansätze sind kein Allheilmittel für alle Aspekte der technologischen Entwicklung. Vor diesem Hintergrund bleibt auch die geplante Regulierung künstlicher Intelligenz auf unionsrechtlicher Ebene abzuwarten, die den Großteil algorithmenbasierter Entscheidungen erfassen könnte. Die Kunst liegt hier darin, die Vorzüge der Automatisierung zu nutzen und gleichzeitig die menschliche „Fähigkeit der Verwunderung"[1], die Möglichkeit zum Innehalten und Hinterfragen, den Raum für das Atypische zu bewahren.

---

[1] CNIL, Rapport de la Commission Informatique et libertés („Rapport Tricot"), 1975, S. 15: „„capacité d'étonnement"; *Willemsen*, Wer wir waren, 6. Aufl. 2017, S. 49 beschreibt den Computer treffend als „ein Ebenbild, [...] das keinen Raum lässt für die Unterbrechung, die Erschöpfung, den Interimszustand, den Irrweg, die Ratlosigkeit der Pause, den Skrupel".

E. Zusammenfassung in Thesen

1. Algorithmenbasierte Entscheidungen dienen unterschiedlichen unmittelbaren Zwecken. Ein Großteil der kontroversen Anwendungsbereiche betrifft die Vermeidung personenbezogener Risiken, indem Eigenschaften und Lebenssituationen von Personen bzw. Personengruppen prognostiziert werden.

2. Insbesondere in der politischen Debatte um die Regulierung algorithmenbasierter Entscheidungen werden ethische und grundrechtliche Erwägungen nicht hinreichend getrennt, was die Verortung von Rechtsschutzlücken erschwert.

3. Art. 22 DSGVO und Art. 15 DSRL stellen atypische Normen im Datenschutzrecht dar. Ihre Verankerung dort ist missglückt. Daran zeigt sich auch die Tendenz, den Datenschutz mit normativen Ansprüchen zu überfrachten.

4. Die von Art. 22 Abs. 1 DSGVO vorausgesetzte Vollautomatisierung der Entscheidung spiegelt nicht die momentane weit überwiegende Praxis: Es werden vor allem entscheidungsunterstützende Systeme genutzt, die nicht in den Anwendungsbereich der Norm fallen. Die formale Differenzierung zwischen voll- und teilautomatisierten Entscheidungen kann zudem durch technologische, eigentumsrechtliche, verhaltenspsychologische und organisationsstrukturelle Faktoren nivelliert werden. Daher ist auf den tatsächlichen menschlichen Einfluss im Entscheidungsprozess abzustellen. Zudem ist eine abgestufte Kontrolle je nach Entscheidungskontext sinnvoller als eine binäre Kategorisierung in voll- und teilautomatisierte Prozesse.

5. Eine sektorspezifische Regulierung algorithmenbasierter Entscheidungen könnte angemessener sein als das generelle Verbot in Art. 22 DSGVO, dessen Zweck nicht hinreichend geklärt ist. Hinsichtlich der Voraussetzungen der Norm besteht weiterhin Rechtsunsicherheit. Weitreichende Ausnahmetatbestände beschneiden den Anwendungsbereich der Regelung zudem erheblich.

6. Problematisch ist oftmals nicht die Automatisierung als solche, sondern die mangelhafte Validität der dem Modell zugrunde liegenden Hypothese.

7. Die Genese von Art. 22 DSGVO im französischen Datenschutzrecht zeichnet sich durch ethische Erwägungen ohne direkte Anbindung an die französische Verfassung aus. Im französischen Gesetzgebungsverfahren wurden jedoch mehrere aktuelle Problemlagen antizipiert, etwa die Verdichtung automatisierter Persönlichkeitsprofile.

8. Auf unionsrechtlicher Ebene wurde die normative Verankerung von Art. 22 DSGVO sowie Art. 15 DSRL unzureichend reflektiert.

9. Gemeinsame Argumentationslinien lassen sich in der französischen Norm-genese und der Rezeption der unionsrechtlichen Regelungen im deutschen Schrift-tum hinsichtlich des Schutzes der Menschenwürde und der informationellen Selbstbestimmung erkennen. Diese sind jedoch nicht das Ergebnis eines rechts-ordnungsübergreifenden Dialogs, sondern laufen vielmehr parallel.

10. Ein grundsätzliches Verbot algorithmenbasierter Entscheidungen mit Rück-griff auf die Menschenwürde ist fehlgeleitet. Anhand des in der rechtswissenschaft-lichen Literatur dominierenden Verweises auf die sog. Objektformel lassen sich Anwendungsbereiche algorithmenbasierter Entscheidungen kaum systematisieren.

11. Das Recht auf informationelle Selbstbestimmung darf nicht auf das Konzept des Datenschutzes reduziert werden.

12. Im Rahmen algorithmenbasierter Entscheidungen kommt es zu einer Ver-dichtung von automatisierten Fremdbildern. Letztlich geht es weniger um die Ho-heit über personenbezogene Daten als um die Hoheit über die Deutung und Kon-textualisierung personenbezogener Daten.

13. Diskriminierung im Kontext algorithmenbasierter Entscheidung ist primär ein Problem mittelbarer Diskriminierung. Die interdisziplinäre Auseinanderset-zung mit Fairnesskonzepten in der Forschung zu maschinellem Lernen verweist nicht zuletzt auf offene Fragen in der Dogmatik der Gleichheitsrechte.

14. Durch den zunehmenden Einsatz algorithmenbasierter Entscheidungen im Privatrechtsverhältnis gewinnt die mittelbare Drittwirkung der Grundrechte in diesem Kontext an Bedeutung.

15. Es bedarf keines neuen Grundrechtskatalogs, um algorithmenbasierten Entscheidungen gerecht zu werden. Diese lassen sich über die grundrechtlichen Schutzbereiche einfangen, stellen jedoch eine Herausforderung für tradierte Schutz-konzepte dar.

Anhang I:
Redaktionelle Genese des Art. 22 Abs. 1 DSGVO

Französisches Datenschutzgesetz (*Loi informatique et libertés*)

Art. 2 Loi n°78–17 (1978):

Keine Justizentscheidung, die eine Beurteilung menschlichen Verhaltens beinhaltet, darf als Grundlage eine automatisierte Informationsverarbeitung haben, die eine Definition des Profils oder der Persönlichkeit des Betroffenen erstellt.

Keine Entscheidung der Verwaltung oder im privaten Bereich, die eine Beurteilung menschlichen Verhaltens beinhaltet, darf als alleinige Grundlage eine automatisierte Informationsverarbeitung haben, die eine Definition des Profils oder der Persönlichkeit des Betroffenen erstellt.[1]

Datenschutzrichtlinie

Art. 15 Abs. 1 der Richtlinie 95/46/EG (1995):

Die Mitgliedstaaten räumen jeder Person das Recht ein, keiner für sie rechtliche Folgen nach sich ziehenden und keiner sie erheblich beeinträchtigenden Entscheidung unterworfen zu werden, die ausschließlich aufgrund einer automatisierten Verarbeitung von Daten zum Zwecke der Bewertung einzelner Aspekte ihrer Person ergeht, wie beispielsweise ihrer beruflichen Leistungsfähigkeit, ihrer Kreditwürdigkeit, ihrer Zuverlässigkeit oder ihres Verhaltens.

Bundesdatenschutzgesetz

§ 6a Abs. 1 BDSG a. F. (2009)[2] – Umsetzung des Art. 15 Abs. 1 der Richtlinie 95/46/EG:

Entscheidungen, die für den Betroffenen eine rechtliche Folge nach sich ziehen oder ihn erheblich beeinträchtigen, dürfen nicht ausschließlich auf eine automatisierte Verarbeitung personenbezogener Daten gestützt werden, die der Bewertung einzelner Persönlichkeitsmerkmale dienen. Eine ausschließlich auf eine automatisierte Verarbeitung gestützte Entscheidung liegt insbesondere dann vor, wenn keine inhaltliche Bewertung und darauf gestützte Entscheidung durch eine natürliche Person stattgefunden hat.

DatenschutzGrundverordnung

Art. 22 Abs. 1 der Verordnung (EU) 2016/679 (2016):

Die betroffene Person hat das Recht, nicht einer ausschließlich auf einer automatisierten Verarbeitung – einschließlich Profiling – beruhenden Entscheidung unterworfen zu werden, die ihr gegenüber rechtliche Wirkung entfaltet oder sie in ähnlicher Weise erheblich beeinträchtigt.

---

[1] „Aucune décision de justice impliquant une appréciation sur un comportement humain ne peut avoir pour fondement un traitement automatisé d'informations donnant une définition du profil ou de la personnalité de l'intéressé.
Aucune décision administrative ou privée impliquant une appréciation sur un comportement humain ne peut avoir pour seul fondement un traitement automatisé d'informations donnant une définition du profil ou de la personnalité de l'intéressé." [Üb. d. Verf.].

[2] Daneben erfolgte eine Umsetzung in den Landesdatenschutzgesetzen, zum Beispiel in § 4 Abs. 7 LDSG Baden-Württemberg a. F.

Anhang II:
Verzeichnis der zitierten EU-Archivdokumente
(nicht online verfügbar)

1. Rat der EG, Dok. 7284/91 der Arbeitsgruppe zu Wirtschaftsfragen (Datenschutz) v. 19.7.1991

2. Rat der EG, Dok. 4725/93 der Arbeitsgruppe zu Wirtschaftsfragen (Datenschutz) v. 16.2.1993

3. Rat der EG, Anmerkung der Ständigen Vertretung Frankreichs, Dok. 5579/93 v. 22.3.1993

4. Rat der EG, Dok. 7993/94 der Arbeitsgruppe zu Wirtschaftsfragen (Datenschutz) v. 23.6.1994

5. Rat der EG, Dok. 9957/94 der Arbeitsgruppe zu Wirtschaftsfragen (Datenschutz) v. 18.10.1994

6. Rat der EG, Dok. 10496/94 der Versammlung des Ausschusses der Ständigen Vertreter der Mitgliedstaaten v. 4.11.1994 (Ext. 2)

Literaturverzeichnis

Abel, Ralf B.: Automatisierte Entscheidungen im Einzelfall gem. Art. 22 DS-GVO – Anwendungsbereich und Grenzen im nicht-öffentlichen Bereich, ZD 2018, S. 304–307.

Abel, Ralf B.: Einmeldung und Auskunfteitätigkeit nach DS-GVO und § 31 BDSG – Frage der Rechtssicherheit im neuen Recht, ZD 2018, S. 103–108.

Adorno, Theodor W.: Über Technik und Humanismus, in: Lenk, Hans/Ropohl, Günter (Hrsg.), Technik und Ethik, 1989, Reclam, Stuttgart, S. 22–30.

Ahrendt, Christian: Alte Zöpfe neu geflochten – Das materielle Recht in der Hand von Programmierern, NJW 2017, S. 537–540.

Albers, Marion: Information als neue Dimension im Recht, Rechtstheorie 33 (2002), S. 61–89.

Albers, Marion: Informationelle Selbstbestimmung, 2005, Nomos, Baden-Baden.

Aletras, Nikolaos/*Tsarapatsanis*, Dimitrios/*Preoţiuc-Pietro*, Daniel/*Lampos*, Vasileios: Predicting judicial decisions of the European Court of Human Rights: a Natural Language Processing perspective, PeerJ Computer Science 2 (2016).

Alexy, Robert: Menschenwürde und Verhältnismäßigkeit, AöR 140 (2015), S. 497–513.

Allhutter, Doris/*Cech*, Florian/*Fischer*, Fabian/*Grill*, Gabriel/*Mager*, Astrid: Algorithmic Profiling of Job Seekers in Austria: How Austerity Politics Are Made Effective, Frontiers in Big Data 3 (2020), Paper n° 5, S. 1–17.

Alpaydin, Ethem: Machine Learning – The New AI, 2016, MIT Press, Cambridge.

Annussek, David: Automatisierte Kraftfahrzeugkennzeichenüberprüfung in den Ländern – Eine verfassungsrechtliche Bewertung unter besonderer Berücksichtigung der Gesetzgebungszuständigkeit, 2018, Duncker & Humblot, Berlin.

Arendt, Hannah: Vita activa oder Vom tätigen Leben, 20. Aufl. 2019, Piper, München.

Arkes, Hal R./*Dawes*, Robyn M./*Christensen*, Caryn: Factors Influencing the Use of a Decision Rule in a Probabilistic Task, Organizational Behavior and Human Decision Processes 37 (1986), S. 93–110.

Arute, Frank u. a.: Quantum supremacy using a programmable superconducting processor, Nature 574 (2019), S. 505–510.

Ashley, Kevin D.: Artificial Intelligence and Legal Analytics – New Tools for Law Practice in the Digital Age, 2017, Cambridge University Press, Cambridge.

Bäcker, Mathias: Big Data und Sicherheitsrecht, in: Hoffmann-Riem, Wolfgang (Hrsg.), Big Data – Regulative Herausforderungen, 2018, Nomos, Baden-Baden, S. 167–172.

Bäcker, Mathias: Von der Gefahr zum „Gefährder", in: Kulick, Andreas/Goldhammer, Michael (Hrsg.), Der Terrorist als Feind? – Personalisierung im Polizei- und Völkerrecht, 2020, Mohr Siebeck, Tübingen, S. 147–165.

Backhaus, Klaus/*Erichson*, Bernd/*Plinke*, Wulff/*Weiber*, Rolf: Multivariate Analysemethoden – Eine anwendungsorientierte Einführung, 15. Aufl. 2018, Springer Gabler, Berlin/Heidelberg.

Baer, Susanne: Menschenwürde zwischen Recht, Prinzip und Referenz – Die Bedeutung von Enttabuisierungen, DZPhil 2005, S. 571–588.

Baesens, Bart/*Van Gestel*, Tony/*Viaene*, Stijn/*Stepanova*, Maria/*Suykens*, Johan/*Vanthienen*, Jan: Benchmarking state-of-the-art classification algorithms for credit scoring, Journal of the Operational Research Society 54 (2003), S. 627–635.

Baldus, Manfred: Menschenwürdegarantie und Absolutheitsthese: Zwischenbericht zu einer zukunftsweisenden Debatte, AöR 136 (2011), S. 529–552.

Baldus, Manfred: Kämpfe um die Menschenwürde – Die Debatten seit 1949, 2016, Suhrkamp, Berlin.

Barczak, Tristan: Konstitutionalisierung der Privatrechtsordnung, in: Scheffczyk, Fabian/Wolter, Kathleen (Hrsg.), Linien der Rechtsprechung des Bundesverfassungsgerichts, Bd. 4, 2017, De Gruyter, Berlin/Boston, S. 91–122.

Barocas, Solon/*Selbst*, Andrew D.: Big Data's Disparate Impact, California Law Review 104 (2016), S. 671–732.

Baur, Alexander: Maschinen führen die Aufsicht – Offene Fragen der Kriminalprävention durch digitale Überwachungsagenten, ZIS 2020, S. 275–284.

Becker, Carina: Das Recht auf Vergessenwerden, 2019, Mohr Siebeck, Tübingen.

Beckhusen, Michael G.: Der Datenumgang innerhalb des Kreditinformationssystems der SCHUFA – Unter besonderer Berücksichtigung des Scoring-Verfahrens ASS und der Betroffenenrechte, 2004, Nomos, Baden-Baden.

Benda, Ernst: Das Recht auf informationelle Selbstbestimmung und die Rechtsprechung des Bundesverfassungsgerichts zum Datenschutz, DuD 1984, S. 86–90.

Benda, Ernst: Menschenwürde und Persönlichkeitsrecht, in: ders./Maihofer, Werner/Vogel, Hans-Jochen (Hrsg.), Handbuch des Verfassungsrechts der Bundesrepublik Deutschland, 2. Aufl. 1994, De Gruyter, Berlin/New York, S. 161–190.

Berk, Richard: An impact assessment of machine learning risk forecasts on parole board decisions and recidivism, Journal of Experimental Criminology 13 (2017), S. 193–216.

Berk, Richard/*Heidari*, Hoda/*Jabbari*, Shahin/*Kearns*, Michael/*Roth*, Aaron: Fairness in Criminal Justice Risk Assessments: The State of the Art, 2017 [arXiv: 1703.09207v2].

Bieback, Klaus-Jürgen: Effizienzanforderungen an das sozialstaatliche Leistungsrecht, in: Hoffmann-Riem, Wolfgang/Schmidt-Aßmann, Eberhard (Hrsg.), Effizienz als Herausforderung an das Verwaltungsrecht, 1998, Nomos, Baden-Baden, S. 127–173.

Biemann, Torsten/*Weckmüller*, Heiko: Mensch gegen Maschine: Wie gut sind Algorithmen im HR?, PERSONALquarterly 4/2016, S. 44–47.

Bitter, Philip/*Uphues*, Steffen: Big Data und die Versichertengemeinschaft – „Entsolidarisierung" durch Digitalisierung?, ABIDA-Dossier, 2017, S. 1–9.

Black, Julia: Critical Reflections on Regulation, Australian Journal of Legal Philosophy 27 (2002), S. 1–35.

Bleckmann, Albert: Die Bindung der Europäischen Gemeinschaft an die Europäische Menschenrechtskonvention, 1986, Carl Heymanns, Köln.

Blömacher, Sabine: Die Menschenwürde als Prinzip des deutschen und europäischen Rechts – Kohärenz der Konzepte?, 2016, Duncker & Humblot, Berlin.

Böckenförde, Ernst-Wolfgang: Menschenwürde als normatives Prinzip – Die Grundrechte in der bioethischen Debatte, JZ 2003, S. 809–815.

Boehme-Neßler, Volker: Unscharfes Recht – Überlegungen zur Relativierung des Rechts in der digitalisierten Welt, 2008, Duncker & Humblot, Berlin.

Boehme-Neßler, Volker: Die Macht der Algorithmen und die Ohnmacht des Rechts – Wie die Digitalisierung das Recht relativiert, NJW 2017, S. 3031–3037.

Bolton, Richard J./*Hand*, David J.: Statistical Fraud Detection: A Review, Statistical Science 17 (2002), S. 235–255.

Braibant, Guy: La protection des droits individuels au regard du développement de l'informatique, Revue internationale de droit comparé 23 (1971), S. 793–817.

Braun Binder, Nadja: Artificial Intelligence and Taxation: Risk Management in Fully Automated Taxation Procedures, in: Wischmeyer, Thomas/Rademacher, Timo (Hrsg.), Regulating Artificial Intelligence, 2020, Springer Nature, Cham, S. 295–306.

Brauneis, Robert/*Goodman*, Ellen P.: Algorithmic Transparency for the Smart City, Yale Journal of Law and Technology 20 (2018), S. 103–176.

Brayne, Sarah: Big Data Surveillance: The Case of Policing, American Sociological Review 82 (2017), S. 977–1008.

Britz, Gabriele: Diskriminierungsschutz und Privatautonomie, VVDStRL, Bd. 64, 2005, De Gruyter, Berlin, S. 355–402.

Britz, Gabriele: Freie Entfaltung durch Selbstdarstellung – Eine Rekonstruktion des allgemeinen Persönlichkeitsrechts aus Art. 2 I GG, 2007, Mohr Siebeck, Tübingen.

Britz, Gabriele: Einzelfallgerechtigkeit versus Generalisierung – Verfassungsrechtliche Grenzen statistischer Diskriminierung, 2008, Mohr Siebeck, Tübingen.

Britz, Gabriele: Informationelle Selbstbestimmung zwischen rechtswissenschaftlicher Grundsatzkritik und Beharren des Bundesverfassungsgerichts, in: Hoffmann-Riem, Wolfgang (Hrsg.), Offene Rechtswissenschaft – Ausgewählte Schriften von Wolfgang Hoffmann-Riem mit begleitenden Analysen, 2010, Mohr Siebeck, Tübingen, S. 561–596.

Britz, Gabriele: Der allgemeine Gleichheitssatz in der Rechtsprechung des BVerfG – Anforderungen an die Rechtfertigung von Ungleichbehandlungen durch Gesetz, NJW 2014, S. 346–351.

Brkan, Maja: Do algorithms rule the world? Algorithmic decision-making and data protection in the framework of the GDPR and beyond, International Journal of Law and Information Technology 27 (2019), S. 91–121.

Brömmelmeyer, Christoph: Belohnungen für gesundheitsbewusstes Verhalten in der Lebens- und Berufsunfähigkeitsversicherung? Rechtliche Rahmenbedingungen für Vitalitäts-Tarife, r+s 2017, S. 225–232.

Brownsword, Roger: Rights, Regulation, and the Technological Revolution, 2008, Oxford University Press, Oxford.

Brownsword, Roger: Developing a Modern Understanding of Human Dignity, in: Grimm, Dieter/Kemmerer, Alexandra/Möllers, Christoph (Hrsg.), Human Dignity in Context – Explorations of a Contested Concept, 2018, Nomos, Baden-Baden, S. 299–323.

Buchner, Benedikt: Informationelle Selbstbestimmung im Privatrecht, 2006, Mohr Siebeck, Tübingen.

Bull, Hans P.: Informationelle Selbstbestimmung – Vision oder Illusion? – Datenschutz im Spannungsverhältnis von Freiheit und Sicherheit, 2. Aufl. 2011, Mohr Siebeck, Tübingen.

Bull, Hans P.: Sinn und Unsinn des Datenschutzes – Persönlichkeitsrecht und Kommunikationsfreiheit in der digitalen Gesellschaft, 2015, Mohr Siebeck, Tübingen.

Bull, Hans P.: Über die rechtliche Einbindung der Technik – Juristische Antworten auf Fragen der Technikentwicklung, Der Staat 58 (2019), S. 57–100.

Buolamwini, Joy/*Gebru*, Timnit: Gender Shades: Intersectional Accuracy Disparities in Commercial Gender Classification, Proceedings of Machine Learning Research 81 (2018), S. 1–15 (Online-Version).

Buolamwini, Joy/*Raji*, Inioluwa D.: Actionable Auditing: Investigating the Impact of Publicly Naming Biased Performance Results of Commercial AI Products, Proceedings of the 2019 AAAI/ACM Conference on AI, Ethics, and Society, S. 429–435.

Burrell, Jenna: How the machine ‚thinks': Understanding opacity in machine learning algorithms, Big Data & Society 3 (2016), S. 1–12.

Burton, Jason W./*Stein*, Mari-Klara/*Jensen*, Tina B.: A systematic review of algorithm aversion in augmented decision making, Journal of Behavioural Decision Making 33 (2020), S. 220–229.

Butzer, Hermann: Fremdlasten in der Sozialversicherung – Zugleich ein Beitrag zu den verfassungsrechtlichen Vorgaben für die Sozialversicherung, 2001, Mohr Siebeck, Tübingen.

Buxmann, Peter/*Schmidt*, Holger: Grundlagen der Künstlichen Intelligenz und des Maschinellen Lernens, in: dies. (Hrsg.), Künstliche Intelligenz – Mit Algorithmen zum wirtschaftlichen Erfolg, 2019, Springer Gabler, Berlin, S. 3–19.

Bygrave, Lee A.: Automated Profiling – Minding the Machine: Article 15 of the EC Data Protection Directive and Automated Profiling, Computer Law and Security Review 17 (2001), S. 17–24.

Bygrave, Lee A.: Data Protection Law – Approaching Its Rationale, Logic and Limits, 2002, Kluwer, Den Haag.

Calude, Cristian S./*Longo*, Giuseppe: The Deluge of Spurious Correlations in Big Data, Foundations of Science 22 (2017), S. 595–612.

Canas, Sophie: L'influence de la fondamentalisation du droit au respect de la vie privée sur la mise en œuvre de l'article 9 du code civil, Nouveaux Cahiers du Conseil constitutionnel (n°48) 2015, S. 47–58.

Capurro, Rafael: Zur Computerethik – Ethische Fragen der Informationsgesellschaft, in: Lenk, Hans/Ropohl, Günter (Hrsg.), Technik und Ethik, 1989, Reclam, Stuttgart, S. 259–273.

Champeil-Desplats, Véronique: Des „libertés publiques" aux „droits fondamentaux": effets et enjeux d'un changement de dénomination, Jus Politicum (n°5) 2010, S. 1–16.

Chatziathanasiou, Konstantin: Der hungrige Richter, ein härterer Richter? – Zur heiklen Rezeption einer vielzitierten Studie, JZ 2019, S. 455–458.

Citron, Danielle K./*Pasquale*, Frank: The Scored Society: Due Process for Automated Predictions, Washington Law Review 89 (2014), S. 1–33.

Cohen, Julie E.: What Privacy is for, Harvard Law Review 126 (2013), S. 1905–1933.

Cohen, Julie E.: Between Truth and Power – The Legal Constructions of Informational Capitalism, 2019, Oxford University Press, New York.

Conseil d'État (Hrsg.): La France dans la transformation numérique: quelle protection des droits fondamentaux?, 2016, La documentation française, Paris.

Cramer, Erhard/*Kamps*, Udo: Grundlagen der Wahrscheinlichkeitsberechnung und Statistik – Eine Einführung für Studierende der Informatik, der Ingenieur- und Wirtschaftswissenschaften, 4. Aufl. 2017, Springer Spektrum, Berlin/Heidelberg.

Dammann, Ulrich: Erfolge und Defizite der EU-Datenschutzgrundverordnung – Erwarteter Fortschritt, Schwächen und überraschende Innovationen, ZD 2016, S. 307–314.

Dammann, Ulrich/*Simitis*, Spiros: EG-Datenschutzrichtlinie, 1997, Nomos, Baden-Baden.

Danziger, Shai/*Levav*, Jonathan/*Avnaim-Pesso*, Liora: Extraneous factors in judicial decisions, Proceedings of the National Academy of Sciences of the United States of America 108 (2011), S. 6889–6892.

De-Arteaga, Maria/*Fogliato*, Riccardo/*Chouldechova*, Alexandra: A Case for Humans-in-the-Loop: Decisions in the Presence of Erroneous Algorithmic Scores, 2020 [arXiv:2002.08035v2].

Desai, Deven R./*Kroll*, Joshua A.: Trust But Verify: A Guide to Algorithms and the Law, Harvard Journal of Law and Technology 31 (2017), S. 1–64.

Desoi, Monika: Intelligente Videoüberwachung – Rechtliche Bewertung und rechtsgemäße Gestaltung, 2018, Springer Vieweg, Wiesbaden.

Diering, Björn/*Timme*, Hinnerk/*Stähler*, Thomas P. (Hrsg.): Sozialgesetzbuch X – Sozialverwaltungsverfahren und Sozialdatenschutz, 5. Aufl. 2019, Nomos, Baden-Baden.

Dietvorst, Berkeley J./*Simmons*, Joseph P./*Massey*, Cade: Overcoming Algorithm Aversion: People Will Use Imperfect Algorithms If They Can (Even Slightly) Modify Them, Management Science 64 (2018), S. 1155–1170.

Di Fabio, Udo: Risikoentscheidungen im Rechtsstaat – Zum Wandel der Dogmatik im öffentlichen Recht, insbesondere am Beispiel der Arzneimittelüberwachung, 1994, Mohr Siebeck, Tübingen.

Di Fabio, Udo: Grundrechtsgeltung in digitalen Systemen – Selbstbestimmung und Wettbewerb im Netz, Studie im Auftrag der VG Media, 2016, C. H. Beck, München.

Djeffal, Christian: Das Internet der Dinge und die öffentliche Verwaltung – Auf dem Weg zum automatisierten Smart Government?, DVBl. 2017, S. 808–816.

Djeffal, Christian: Normative Leitlinien für künstliche Intelligenz in Regierung und öffentlicher Verwaltung, in: Mohabbat Kar, Resa/Thapa, Basanta E. P./Parycek, Peter (Hrsg.), (Un)Berechenbar? Algorithmen und Automatisierung in Staat und Gesellschaft, Kompetenzzentrum Öffentliche IT – Fraunhofer FOKUS, 2018, Berlin, S. 493–515.

Djeffal, Christian: The Normative Potential of the European Rule on Automated Decisions: A New Reading for Art. 22 GDPR, ZaöRV 2020, S. 847–879.

Domurath, Irina/Neubeck, Irene: Verbraucher-Scoring aus Sicht des Datenschutzrechts, Working Paper des SVRV, 2018, Berlin.

Donos, Pelopidas K.: Datenschutz – Prinzipien und Ziele: Unter besonderer Berücksichtigung der Entwicklung der Kommunikations- und Systemtheorie, 1998, Nomos, Baden-Baden.

Drackert, Stefan: Die Risiken der Verarbeitung personenbezogener Daten – Eine Untersuchung zu den Grundlagen des Datenschutzrechts, 2014, Duncker & Humblot, Berlin.

Dreier, Horst (Hrsg.): Grundgesetz-Kommentar, Bd. I, 3. Aufl. 2013, Mohr Siebeck, Tübingen.

Dreier, Thomas/*Schulze*, Gernot (Hrsg.): Urheberrechtsgesetz, 6. Aufl. 2018, C. H. Beck, München.

Dressel, Julia/*Farid*, Hany: The accuracy, fairness, and limits of predicting recidivism, Science Advances 4 (2018), S. 1–5.

Dreyer, Stephan: Predictive Analytics aus der Perspektive von Menschenwürde und Autonomie, in: Hoffmann-Riem, Wolfgang (Hrsg.), Big Data – Regulative Herausforderungen, 2018, Nomos, Baden-Baden, S. 135–155.

Dreyer, Stephan/*Schulz*, Wolfgang: Was bringt die Datenschutz-Grundverordnung für automatisierte Entscheidungssysteme? – Potenziale und Grenzen der Absicherung individueller, gruppenbezogener und gesellschaftlicher Interessen, 2018, Bertelsmann Stiftung.

Druey, Jean N.: Information als Gegenstand des Rechts – Entwurf einer Grundlegung, 1995, Schulthess Polygraphischer Verlag, Zürich.

Duclercq, Jean-Baptiste: Le droit public à l'ère des algorithmes, Revue du droit public (n°5) 2017, S. 1401–1433.

Duclercq, Jean-Baptiste: L'automatisation algorithmique des décisions administratives individuelles, Revue du droit public (n°2) 2019, S. 295–320.

Dürig, Günter: Der Grundrechtssatz von der Menschenwürde: Entwurf eines praktikablen Wertsystems der Grundrechte aus Art. 1 Abs. I in Verbindung mit Art. 19 Abs. II des Grundgesetzes, AöR 81 (1956), S. 117–157.

Dwork, Cynthia/*Hardt*, Moritz/*Pitassi*, Toniann/*Reingold*, Omer/*Zemel*, Richard: Fairness Through Awareness, Proceedings of the 3rd Innovations in Theoretical Computer Science Conference 2012, S. 214–226.

Dzida, Boris: Big Data und Arbeitsrecht, NZA 2017, S. 541–546.

Dzida, Boris/*Groh*, Naemi: Diskriminierung nach dem AGG beim Einsatz von Algorithmen im Bewerbungsverfahren, NJW 2018, S. 1917–1922.

Edenharter, Andrea: Die EU-Grundrechte-Charta als Prüfungsmaßstab des Bundesverfassungsgerichts, DÖV 2020, S. 349–357.

Edwards, Lilian/*Veale*, Michael: Slave to the Algorithm? Why a ‚Right to an Explanation‘ Is probably Not the Remedy You Are Looking For, Duke Law and Technology Review 16 (2017), S. 18–84.

Ehmann, Eugen/*Selmayr*, Martin (Hrsg.): DS-GVO – Datenschutz-Grundverordnung, 2. Aufl. 2018, C. H. Beck, München.

Ellul, Jacques: La technique ou l'enjeu du siècle, 2. Aufl. 1990, Economica, Paris.

Enders, Christoph: Die Menschenwürde in der Verfassungsordnung – Zur Dogmatik des Art. 1 GG, 1997, Mohr Siebeck, Tübingen.

Englerth, Markus/*Towfigh*, Emanuel V.: Verhaltensökonomik, in: Towfigh, Emanuel V./Petersen, Niels (Hrsg.), Ökonomische Methoden im Recht – Eine Einführung für Juristen, 2. Aufl. 2017, Mohr Siebeck, Tübingen, S. 237–276.

Englich, Birte/*Mussweiler*, Thomas: Sentencing Under Uncertainty: Anchoring Effects in the Courtroom, Journal of Applied Social Psychology 31 (2001), S. 1535–1551.

Epping, Volker/*Hillgruber*, Christian (Hrsg.): Grundgesetz – Kommentar, 2. Aufl. 2013, C. H. Beck, München.

Epping, Volker/*Hillgruber*, Christian (Hrsg.): Beck'scher Online-Kommentar Grundgesetz, Stand: 43. Edition [Mai 2020], C. H. Beck, München.

Ernst, Christian: Die Gefährdung der individuellen Selbstentfaltung durch den privaten Einsatz von Algorithmen, in: Klafki, Anke/Würkert, Felix/Winter, Tina (Hrsg.), Digitalisierung und Recht – Tagung des eingetragenen Vereins Junge Wissenschaft im Öffentlichen Recht an der Bucerius Law School am 26. November 2016, 2017, Bucerius Law School Press, Hamburg, S. 63–82.

Ernst, Christian: Algorithmische Entscheidungsfindung und personenbezogene Daten, JZ 2017, S. 1026–1036.

Ernst, Christian: Artificial Intelligence and Autonomy: Self-Determination in the Age of Automated Systems, in: Wischmeyer, Thomas/Rademacher, Timo (Hrsg.), Regulating Artificial Intelligence, 2020, Springer Nature, Cham, S. 53–73.

Ernst, Hildegund/*Braunroth*, Anna/*Franke*, Bernhard/*Wascher*, Angelika/*Lenz*, Martin (Hrsg.): Allgemeines Gleichbehandlungsgesetz – Kommentar, 2. Aufl. 2013, Nomos, Baden-Baden.

Eschholz, Stefanie: Big Data-Scoring unter dem Einfluss der Datenschutz-Grundverordnung, DuD 2017, S. 180–185.

Eßer, Martin/*Kramer*, Philipp/*von Lewinski*, Kai (Hrsg.): Datenschutz-Grundverordnung, Bundesdatenschutzgesetz und Nebengesetze, 6. Aufl. 2018, Carl Heymanns, Köln.

Ezrachi, Ariel/*Stucke*, Maurice E.: Virtual Competition – The Promise and Perils of the Algorithm-Driven Economy, 2016, Harvard University Press, Cambridge/London.

Fahrmeir, Ludwig/*Heumann*, Christian/*Künstler*, Rita/*Pigeot*, Iris/*Tutz*, Gerhard: Statistik – Der Weg zur Datenanalyse, 8. Aufl. 2016, Springer Spektrum, Berlin/Heidelberg.

Favoreu, Louis/*Gaïa*, Patrick/*Ghevontian*, Richard/*Mélin-Soucramanien*, Ferdinand/*Pfersmann*, Otto/*Pini*, Joseph/*Roux*, André/*Scoffoni*, Guy/*Tremeau*, Jérôme: Droit des libertés fondamentales, 2000, Dalloz, Paris.

Favoreu, Louis/*Gaïa*, Patrick/*Ghevontian*, Richard/*Mestre*, Jean-Louis/*Pfersmann*, Otto/ *Roux*, André/*Scoffoni*, Guy: Droit constitutionnel, 22. Aufl. 2020, Dalloz, Paris.

Feldman Barrett, Lisa/*Adolphs*, Ralph/*Marcella*, Stacy/*Martinez*, Aleix M./*Pollak*, Seth D.: Emotional Expressions Reconsidered: Challenges to Inferring Emotion From Human Facial Movements, Psychological Science in the Public Interest 20 (2019), S. 1–68.

Ferguson, Andrew G.: Policing Predictive Policing, Washington University Law Review 94 (2017), S. 1109–1189.

Ferguson, Andrew G.: Predictive Policing Theory, in: Lave, Tamara R./Miller, Eric J. (Hrsg.), The Cambridge Handbook of Policing in the United States, 2019, Cambridge University Press, Cambridge, S. 491–510.

Fischer-Lescano, Andreas/*Rinken*, Alfred/*Buse*, Karen/*Meyer*, Ilsemarie/*Stauch*, Matthias/ *Weber*, Christian (Hrsg.): Verfassung der Freien Hansestadt Bremen – Handkommentar, 2016, Nomos, Baden-Baden.

Flores, Anthony W./*Bechtel*, Kristin/*Lowenkamp*, Christopher T.: False Positives, False Negatives, and False Analyses: A Rejoinder to „Machine Bias: There's Software Used Across the Country to Predict Future Criminals. And It's Biased Against Blacks.", Federal Probation 80 (2016), S. 38–46.

Floridi, Luciano: Information, in: ders. (Hrsg.), The Blackwell Guide to the Philosophy of Computing and Information, 2004, Blackwell Publishing, Oxford u. a., S. 40–61.

Gajane, Pratik/*Pechenizkiy*, Mykola: On Formalizing Fairness in Prediction with Machine Learning, 2018 [arXiv:1710.03184v3].

Gal, Michal S./*Elkin-Koren*, Niva: Algorithmic Consumers, Harvard Journal of Law and Technology 30 (2017), S. 309–353.

Gausling, Tina: *Künstliche* Intelligenz und DSGVO, in: Taeger, Jürgen (Hrsg.), Rechtsfragen digitaler Transformationen – Gestaltung digitaler Veränderungsprozesse durch Recht, 2018, Oldenburger Verlag für Wirtschaft, Recht und Informatik, Edewecht, S. 519–543.

Gerberding, Johannes/*Wagner*, Gert G.: Qualitätssicherung für „Predictive Analytics" durch digitale Algorithmen, ZRP 2019, S. 116–119.

Gerstner, Dominik: Predictive Policing als Instrument zur Prävention von Wohnungseinbruchsdiebstahl – Evaluationsergebnisse zum Baden-Württembergischen Pilotprojekt P4, 2017, Max-Planck-Institut für ausländisches und internationales Strafrecht.

Gierschmann, Sibylle/*Schlender*, Katharina/*Stentzel*, Rainer/*Veil*, Winfried (Hrsg.): Datenschutz-Grundverordnung, 2018, Bundesanzeiger, Köln.

Giesswein, Claudia: Die Verfassungsmäßigkeit des Scoringverfahrens der Schufa, 2012, Kovač, Hamburg.

Gigerenzer, Gerd/*Swijtink*, Zeno/*Porter*, Theodore/*Daston*, Lorraine/*Beatty*, John/*Krüger*, Lorenz: The Empire of Chance – How probability changed science and everyday life, 1989, Cambridge University Press, Cambridge.

Gless, Sabine: Predictive policing und operative Verbrechensbekämpfung, in: Herzog, Felix/Schlothauer, Reinhold/Wohlers, Wolfgang (Hrsg.), Rechtsstaatlicher Strafprozess und Bürgerrechte – Gedächtnisschrift für Edda Weßlau, 2016, Duncker & Humblot, Berlin, S. 165–180.

Glöckner, Andreas: The irrational hungry judge effect revisited: Simulations reveal that the magnitude of the effect is overestimated, Judgment and Decision Making 11 (2016), S. 601–610.

Gola, Peter (Hrsg.): Datenschutz-Grundverordnung – VO (EU) 2016/679, 2. Aufl. 2018, C. H. Beck, München.

Gola, Peter/*Heckmann*, Dirk (Hrsg.): Bundesdatenschutzgesetz – Kommentar, 13. Aufl. 2019, C. H. Beck, München.

González Fuster, Gloria: The Emergence of Personal Data Protection as a Fundamental Right of the EU, 2014, Springer, Heidelberg u. a.

Goos, Christoph: Innere Freiheit – Eine Rekonstruktion des grundgesetzlichen Würdebegriffs, 2011, Bonn University Press/V&R unipress, Göttingen.

Grabitz, Eberhard: Freiheit und Verfassungsrecht, 1976, Mohr Siebeck, Tübingen.

Grabitz, Eberhard (Begr.)/*Hilf*, Meinhard/*Nettesheim*, Martin (Hrsg.): Das Recht der Europäischen Union, Bd. IV, Loseblattsammlung, Stand: 40. EL [Oktober 2009], C. H. Beck, München.

Grabmair, Matthias: Modeling Purposive Legal Argumentation and Case Outcome Prediction using Argument Schemes in the Value Judgment Formalism, Diss. 2016, Universität Pittsburgh.

Graf Vitzthum, Wolfgang: Die Menschenwürde als Verfassungsbegriff, JZ 1985, S. 201–209.

Gräwe, Svenja L.: Die Entstehung der Rechtsinformatik – Wissenschaftsgeschichtliche und -theoretische Analyse einer Querschnittsdisziplin, 2011, Kovač, Hamburg.

Greenwald, Anthony G./*Krieger*, Linda H.: Implicit Bias: Scientific Foundations, California Law Review 94 (2006), S. 945–967.

Grimm, Dieter: Der Datenschutz vor einer Neuorientierung, JZ 2013, S. 585–592.

Grundmann, Stefan/*Hacker*, Philipp: Digital Technology as a Challenge to European Contract Law – From the Existing to the Future Architecture, European Review of Contract Law 13 (2017), S. 255–293.

Guihot, Michael: Coherence in technology law, Law, Innovation and Technology 11 (2019), S. 311–342.

Häberle, Peter: Die Menschenwürde als Grundlage der staatlichen Gesellschaft, in: Isensee, Josef/Kirchhof, Paul (Hrsg.), Handbuch des Staatsrechts der Bundesrepublik Deutschland, Bd. II, 3. Aufl. 2004, C. F. Müller, Heidelberg, § 22, S. 317–367.

Hacker, Philipp: Teaching fairness to artificial intelligence: Existing and novel strategies against algorithmic discrimination under EU law, Common Market Law Review 55 (2018), S. 1143–1185.

Hagendorff, Thilo: Maschinelles Lernen und Diskriminierung: Probleme und Lösungsansätze, Österreichische Zeitschrift für Soziologie 44 (2019), S. 53–66.

Hallowell, Nina/*Parker*, Michael/*Nellåker*, Christoffer: Big data phenotyping in rare diseases: some ethical issues, Genetics in Medicine 21 (2019), S. 272–274.

Hamon, Francis/*Troper*, Michel: Droit constitutionnel, 38. Aufl. 2017, LGDJ/Lextenso, Issy-les-Moulineaux.

Harcourt, Bernard E.: Against Prediction – Profiling, Policing, and Punishing in an Actuarial Age, 2007, University of Chicago Press, Chicago/London.

Hardt, Moritz/*Price*, Eric/*Srebro*, Nathan: Equality of Opportunity in Supervised Learning, 2016 [arXiv: 1610.02413v1].

Härtel, Ines: Digitalisierung im Lichte des Verfassungsrechts – Algorithmen, Predictive Policing, autonomes Fahren, LKV 2019, S. 49–60.

Hau, Wolfgang/*Poseck*, Roman (Hrsg.): Beck'scher Online-Kommentar BGB, Stand: 54. Edition [Mai 2020], C. H. Beck, München.

Heaven, Douglas: Expression of doubt, Nature 578 (2020), S. 502–504.

Hedderich, Jürgen/*Sachs*, Lothar: Angewandte Statistik – Methodensammlung mit R, 16. Aufl. 2018, Springer Spektrum, Berlin/Heidelberg.

Hellgardt, Alexander: Regulierung und Privatrecht – Staatliche Verhaltenssteuerung mittels Privatrecht und ihre Bedeutung für Rechtswissenschaft, Gesetzgebung und Rechtsanwendung, 2016, Mohr Siebeck, Tübingen.

Hellgardt, Alexander: Wer hat Angst vor der unmittelbaren Drittwirkung? – Die Konsequenzen der Stadionverbot-Entscheidung des BVerfG für die deutsche Grundrechtsdogmatik, JZ 2018, S. 901–910.

Henderson, Peter/*Islam*, Riashat/*Bachman*, Philip/*Pineau*, Joelle/*Precup*, Doina/*Meger*, David: Deep Reinforcement Learning that Matters, AAAI Conference on Artificial Intelligence, 2018 [arXiv: 1709.06560v3].

Herdegen, Matthias: Die Menschenwürde im Fluß des bioethischen Diskurses, JZ 2001, S. 773–786.

Hermsträwer, Yoan: Die Regulierung der prädiktiven Analytik: eine juristisch-verhaltenswissenschaftliche Skizze, in: Hoffmann-Riem, Wolfgang (Hrsg.), Big Data – Regulative Herausforderungen, 2018, Nomos, Baden-Baden, S. 99–116.

Hermsträwer, Yoan: Artificial Intelligence and Administrative Decisions Under Uncertainty, in: Wischmeyer, Thomas/Rademacher, Timo (Hrsg.), Regulating Artificial Intelligence, 2020, Springer Nature, Cham, S. 199–223.

Herold, Viktoria: Algorithmisierung von Ermessensentscheidungen durch Machine Learning, in: Taeger, Jürgen (Hrsg.), Rechtsfragen digitaler Transformationen – Gestaltung digitaler Veränderungsprozesse durch Recht, 2018, Oldenburger Verlag für Wirtschaft, Recht und Informatik, Edewecht, S. 453–465.

Herold, Viktoria: Demokratische Legitimation automatisiert erlassener Verwaltungsakte, 2020, Duncker & Humblot, Berlin.

Hetmank, Sven/*Lauber-Rönsberg*, Anne: Künstliche Intelligenz – Herausforderungen für das Immaterialgüterrecht, GRUR 2018, S. 574–582.

Hildebrandt, Mireille: Smart Technologies and the End(s) of Law – Novel Entanglements of Law and Technology, 2016, Edward Elgar Publishing, Cheltenham/Northhampton.

Hildebrandt, Mireille: Primitives of Legal Protection in the Era of Data-Driven Platforms, Georgetown Law Technology Review 2 (2018), S. 252–273.

Hildebrandt, Mireille: Law As Computation in the Era of Artificial Intelligence: Speaking Law to the Power of Statistics, University of Toronto Law Journal 68 Supplement 1 (2018), S. 12–35.

Hochmann, Thomas: Grundrechte, in: Marsch, Nikolaus/Vilain, Yoan/Wendel, Mattias (Hrsg.), Französisches und Deutsches Verfassungsrecht – Ein Rechtsvergleich, 2015, Springer, Berlin/Heidelberg, S. 323–372.

Hoeren, Thomas: Big Data und Datenqualität – ein Blick auf die DS-GVO: Annäherungen an Qualitätsstandards und deren Harmonisierung, ZD 2016, S. 459–463.

Hoeren, Thomas: Big data and the legal framework for data quality, International Journal of Law and Information Technology 25 (2017), S. 26–37.

Hoeren, Thomas/*Niehoff*, Maurice: KI und Datenschutz – Begründungserfordernisse automatisierter Entscheidungen, RW 2018, S. 47–66.

Hoerster, Norbert: Zur Bedeutung des Prinzips der Menschenwürde, JuS 1983, S. 93–96.

Hoffmann, Jan M.: Unionsgrundrechte als verfassungsrechtlicher Prüfungsmaßstab, NVwZ 2020, S. 33–37.

Hoffmann-Riem, Wolfgang: Reform des allgemeinen Verwaltungsrechts als Aufgabe – Ansätze am Beispiel des Umweltschutzes, AöR 115 (1990), S. 400–447.

Hoffmann-Riem, Wolfgang: Informationelle Selbstbestimmung in der Informationsgesellschaft – Auf dem Weg zu einem neuen Konzept des Datenschutzes, AöR 123 (1998), S. 513–540.

Hoffmann-Riem, Wolfgang: „Außerjuridisches" Wissen, Alltagstheorien und Heuristiken im Verwaltungsrecht, Die Verwaltung 49 (2016), S. 1–23.

Hoffmann-Riem, Wolfgang: Innovation und Recht – Recht und Innovation: Recht im Ensemble seiner Kontexte, 2016, Mohr Siebeck, Tübingen.

Hoffmann-Riem, Wolfgang: Verhaltenssteuerung durch Algorithmen – Eine Herausforderung für das Recht, AöR 142 (2017), S. 1–42.

Hoffmann-Riem, Wolfgang: Die digitale Transformation als Herausforderung für die Legitimation rechtlicher Entscheidungen, in: Unger, Sebastian/von Ungern-Sternberg, Antje (Hrsg.), Demokratie und künstliche Intelligenz, 2019, Mohr Siebeck, Tübingen, S. 129–159.

Hofmann, Henning: Predictive Policing – Methodologie, Systematisierung und rechtliche Würdigung der algorithmusbasierten Kriminalitätsprognose durch die Polizeibehörden, 2020, Duncker & Humblot, Berlin.

Holmes Jr., Oliver W.: The Path of the Law, Harvard Law Review 10 (1897), S. 457–478.

Holzinger, Andreas: Explainable AI (ex-AI), Informatik Spektrum 41 (2018), S. 138–143.

Hufen, Friedhelm: Das Volkszählungsurteil des Bundesverfassungsgerichts und das Grundrecht auf informationelle Selbstbestimmung – eine juristische Antwort auf „1984"?, JZ 1984, S. 1072–1078.

Huq, Aziz Z.: Racial Equity in Algorithmic Criminal Justice, Duke Law Journal 68 (2019), S. 1043–1134.

Hurley, Mikella/*Adebayo*, Julius: Credit Scoring in the Era of Big Data, Yale Journal of Law and Technology 18 (2016), S. 148–216.

Ioannidis, John P. A.: What Have We (Not) Learnt from Millions of Scientific Papers with *P* Values?, The American Statistician 73 (2019), S. 20–25.

Jarass, Hans D.: Das allgemeine Persönlichkeitsrecht im Grundgesetz, NJW 1989, S. 857–862.

Jarass, Hans D./*Pieroth*, Bodo: Grundgesetz für die Bundesrepublik Deutschland – Kommentar, 16. Aufl. 2020, C. H. Beck, München.

Jehle, Jörg-Martin/*Albrecht*, Hans-Jörg/*Hohmann-Fricke*, Sabine/*Tetal*, Carina: Legalbewährung nach strafrechtlichen Sanktionen – Eine bundesweite Rückfalluntersuchung 2010 bis 2013 und 2004 bis 2013, 2016, Berlin.

Jestaedt, Matthias: Diskriminierungsschutz und Privatautonomie, VVDStRL, Bd. 64, 2005, De Gruyter, Berlin, S. 298–354.

Jobin, Anna/*Ienco*, Marcello/*Vayena*, Effy: The global landscape of AI ethics guidelines, Nature Machine Intelligence 1 (2019), S. 389–399.

Jobst, Simon: Konsequenzen einer unmittelbaren Grundrechtsbindung Privater, NJW 2020, S. 11–16.

Joh, Elizabeth E.: Policing by numbers: Big Data and the Fourth Amendment, Washington Law Review 89 (2014), S. 35–68.

Johannes, Paul C./*Weinhold*, Robert: Das neue Datenschutzrecht bei Polizei und Justiz – Europäisches Datenschutzrecht und deutsche Datenschutzgesetze, 2018, Nomos, Baden-Baden.

Joinet, Louis: Informatique et libertés: Approche du problème par les autorités gouvernementales, in: Colson, Freddy/Depré, Roger/Hustinx, Peter J. (Hrsg.), Computer en privacy: Automatisering van persoonsinformatie en bescherming van de persoonlijke levenssfeer, 1975, Acco, Leuven, S. 61–83.

Jolls, Christine: Bounded Rationality, Behavioural Economics, and the Law, in: Parisi, Francesco (Hrsg.), The Oxford Handbook of Law and Economics Volume 1: Methodology and concepts, 2017, Oxford University Press, Oxford, S. 60–77.

Jolls, Christine/*Sunstein*, Cass R./*Thaler*, Richard: A Behavioral Approach to Law and Economics, Stanford Law Review 50 (1998), S. 1471–1550.

Kahneman, Daniel: Reference Points, Anchors, Norms, and Mixed Feelings, Organizational Behavior and Human Decision Processes 51 (1992), S. 296–312.

Kahneman, Daniel: Maps of Bounded Rationality: Psychology for Behavioral Economics, American Economic Review 93 (2003), S. 1449–1475.

Kahneman, Daniel: Thinking, Fast And Slow, 2012, Penguin Books, London.

Kämmerer, Jörn A./*Kotzur*, Markus: Vollendung des Grundrechtsverbunds oder Heimholung des Grundrechtsschutzes? – Die BVerfG-Beschlüsse zum „Recht auf Vergessen" als Fanal, NVwZ 2020, S. 177–184.

Karpenstein, Ulrich/*Kottmann*, Matthias: Vom Gegen- zum Mitspieler – Das BVerfG und die Unionsgrundrechte, EuZW 2020, S. 185–189.

Kauermann, Göran: Data Science – Einige Gedanken aus Sicht eines Statistikers, Informatik Spektrum 42 (2020), S. 387–393.

Kehl, Danielle/*Guo*, Priscilla/*Kessler*, Samuel: Algorithms in the Criminal Justice System: Assessing the Use of Risk Assessments in Sentencing, Berkman Klein Center for Internet & Society, Harvard Law School, 2017, S. 1–36.

Kilbertus, Niki/*Gascón*, Adrià/*Kusner*, Matt/*Veale*, Michael/*Gummadi*, Krishna P./*Weller*, Adrian: Blind Justice: Fairness with Encrypted Sensitive Attributes, Proceedings of Machine Learning Research 80 (2018), S. 2630–2639.

Kim, Pauline T.: Auditing Algorithms for Discrimination, University of Pennsylvania Law Review Online 166 (2017), S. 189–203.

Kirchhof, Gregor: Einzelfallgerechtigkeit und Maßstabbildung im digitalisierten Massenfallrecht, in: Drüen, Klaus-Dieter/Hey, Johanna/Mellinghoff, Rudolf (Hrsg.), 100 Jahre Steuerrechtsprechung in Deutschland 1918–2018 – Festschrift für den Bundesfinanzhof, Band I, 2018, Otto Schmidt, Köln, S. 361–383.

Kirste, Stephan: Menschenwürde im internationalen Vergleich der Rechtsordnungen, in: Gröschner, Rolf/Lembcke, Oliver W. (Hrsg.), Das Dogma der Unantastbarkeit – Eine Auseinandersetzung mit dem Absolutheitsanspruch der Würde, 2009, Mohr Siebeck, Tübingen, S. 175–214.

Klafki, Anika: Risiko und Recht – Risiken und Katastrophen im Spannungsfeld von Effektivität, demokratischer Legitimation und rechtsstaatlichen Grundsätzen am Beispiel von Pandemien, 2017, Mohr Siebeck, Tübingen.

Klass, Nadine: Das Recht auf Vergessen(-werden) und die Zeitlichkeit der Freiheit, ZUM 2020, S. 265–278.

Klein, Eckart: Kompetenzielle Würdigung und verfassungsprozessuale Konsequenzen der „Recht auf Vergessen"-Entscheidungen, DÖV 2020, S. 341–349.

Kleinberg, Jon/*Mullainathan*, Sendhil/*Raghavan*, Manish: Inherent Trade-Offs in the Fair Determination of Risk Scores, 2016 [arXiv: 1609.05807v2].

Klimke, Dominik: Telematik-Tarife in der Kfz-Versicherung, r+s 2015, S. 217–225.

Kluge, Friedrich (Begr.): Etymologisches Wörterbuch der deutschen Sprache, 25. Aufl. 2011, De Gruyter, Berlin/Boston.

Knight, Frank H.: Risk, Uncertainty And Profit, 1933 (Nachdruck der Originalausgabe von 1921), London School of Economics and Political Science, London.

Knobloch, Tobias: Vor die Lage kommen: Predictive Policing in Deutschland – Chancen und Gefahren datenanalytischer Prognosetechnik und Empfehlungen für den Einsatz in der Polizeiarbeit, 2018, Stiftung Neue Verantwortung e. V./Bertelsmann Stiftung, Berlin/Gütersloh.

Koch, Stefanie: Das Risikomanagementsystem der Finanzverwaltung – Die Anforderungen an den Gesetzgeber zur Einrichtung eines risikoorientierten und automatisierten Steuervollzugs, 2019, readbox unipress, Münster.

Koenecke, Allison u. a.: Racial disparities in automated speech recognition, Proceedings of the National Academy of Sciences of the United States of America 117 (2020), S. 7684–7689.

Kopp, Reinhold/*Sokoll*, Karen: Wearables am Arbeitsplatz – Einfallstore für Alltagsüberwachung?, NZA 2015, S. 1352–1359.

Körner, Anne/*Leitherer*, Stephan/*Mutschler*, Bernd/*Rolfs*, Christian (Hrsg.): Kasseler Kommentar Sozialversicherungsrecht: SGB X, Stand: 101. EL [September 2018], C. H. Beck, München.

Kosinski, Michal/*Stillwell*, David/*Graepel*, Thore: Private traits and attributes are predictable from digital records of human behavior, Proceedings of the National Academy of Sciences of the United States of America 110 (2013), S. 5802–5805.

Krafft, Tobias D./*Zweig*, Katharina: Transparenz und Nachvollziehbarkeit algorithmenbasierter Entscheidungsprozesse – Ein Regulierungsvorschlag aus sozioinformatischer Perspektive, 2019, Verbraucherzentrale Bundesverband e. V.

Kraus, Anne: Recent Methods from Statistics and Machine Learning for Credit Scoring, Diss. 2014, Ludwig-Maximilians-Universität München.

Krause, Lars: Das Risiko und Restrisiko im Gefahrstoffrecht, NVwZ 2009, S. 496–500.

Kroll, Joshua/*Huey*, Joanna/*Barocas*, Solon/*Felten*, Edward W./*Reidenberg*, Joel R./*Robinson*, David G./*Yu*, Harlan: Accountable Algorithms, University of Pennsylvania Law Review 165 (2017), S. 633–705.

Krumm, Marcel: Realisierungsbedingungen des Steuerrechts im Massenvollzug, in: Droege, Michael/Seiler, Christian (Hrsg.), Eigenständigkeit des Steuerrechts, 2019, Mohr Siebeck, Tübingen, S. 171–195.

Kühling, Jürgen: Neues Bundesdatenschutzgesetz – Anpassungsbedarf bei Unternehmen, NJW 2017, S. 1985–1990.

Kühling, Jürgen/*Buchner*, Benedikt (Hrsg.): Datenschutz-Grundverordnung/BDSG – Kommentar, 2. Aufl. 2018, C. H. Beck, München.

Kühling, Jürgen: Das „Recht auf Vergessenwerden" vor dem BVerfG – November(r)evolution für die Grundrechtsarchitektur im Mehrebenensystem, NJW 2020, S. 275–280.

Kulick, Andreas: Gefahr, „Gefährder" und Gefahrenabwehrmaßnahmen angesichts terroristischer Gefährdungslagen, AöR 143 (2018), S. 175–219.

Kusner, Matt/*Loftus*, Joshua/*Russell*, Chris/*Silva*, Ricardo: Counterfactual Fairness, 2018 [arXiv: 1703.06856v3].

Ladeur, Karl-Heinz: Das Recht auf informationelle Selbstbestimmung: Eine juristische Fehlkonstruktion?, DÖV 2009, S. 45–55.

Lang, Andrej: Netzwerkdurchsetzungsgesetz und Meinungsfreiheit – Zur Regulierung privater Internet-Intermediäre bei der Bekämpfung von Hassrede, AöR 143 (2018), S. 220–250.

Langer, Markus/*König*, Cornelius J./*Papathanasiou*, Maria: Highly automated job interviews: Acceptance under the influence of stakes, International Journal of Selection and Assessment 27 (2019), S. 217–234.

Lapuschkin, Sebastian: Opening the Machine Learning Black Box with Layer-wise Relevance Propagation, Diss. 2018, Technische Universität Berlin.

Lapuschkin, Sebastian/*Binder*, Alexander/*Montavon*, Grégoire/*Müller*, Klaus-Robert/*Samek*, Wojciech: Analyzing Classifiers: Fisher Vectors and Deep Neural Networks, Proceedings of the IEEE Conference on Computer Vision and Pattern Recognition 2016, S. 2912–2920.

Le, Quoc V./*Ranzato*, Marc'Aurelio/*Monga*, Rajat/*Devin*, Matthieu/*Chen*, Kai/*Corrado*, Greg S./*Dean*, Jeff/*Ng*, Andrew Y.: Building High-level Features Using Large Scale Unsupervised Learning, Proceedings of the 29th International Conference on Machine Learning, 2012.

LeCun, Yann/*Bengio*, Yoshua/*Hinton*, Geoffrey: Deep learning, Nature 521 (2015), S. 436–444.

Lehner, Roman: Zivilrechtlicher Diskriminierungsschutz und Grundrechte – Auch eine grundrechtliche Betrachtung des 3. und 4. Abschnittes des Allgemeinen Gleichbehandlungsgesetzes (§§ 19–23 AGG), 2013, Mohr Siebeck, Tübingen.

Lepsius, Oliver: Risikosteuerung durch Verwaltungsrecht: Ermöglichung oder Begrenzung von Innovationen?, VVDStRL, Bd. 63, 2004, De Gruyter, Berlin, S. 264–315.

Lerman, Jonas: Big Data and Its Exclusions, Stanford Law Review Online 66 (2013), S. 55–63.

Lessig, Lawrence: Code and Other Laws of Cyberspace, 1999, Basic Books, New York.

Lessig, Lawrence: The Law of the Horse: What Cyberlaw Might Teach, Harvard Law Review 113 (1999), S. 501–546.

Lessmann, Stefan/*Baesens*, Bart/*Seow*, Hsin-Vonn/*Thomas*, Lyn C.: Benchmarking state-of-the-art classification algorithms for credit scoring: An update of research, European Journal of Operational Research 247 (2015), S. 124–136.

Lewinski, Kai von: Die Matrix des Datenschutzes, 2014, Mohr Siebeck, Tübingen.

Lewinski, Kai von/*de Barros Fritz*, Raphael: Arbeitgeberhaftung nach dem AGG infolge des Einsatzes von Algorithmen bei Personalentscheidungen, NZA 2018, S. 620–625.

von Lewinski, Kai/*Pohl*, Dirk: Auskunfteien nach der europäischen Datenschutzreform – Brüche und Kontinuitäten der Rechtslage, ZD 2018, S. 17–3.

Lin, Zhiyuan/*Jung*, Jongbin/*Goel*, Sharad/*Skeem*, Jennifer: The limits of human predictions of recidivism, Science Advances 6 (2020), S. 1–8.

Linnenbürger, Anja/*Greb*, Christian/*Gratzel*, Dirk C.: *PRECIRE* Technologies, in: Stulle, Klaus P. (Hrsg.), Psychologische Diagnostik durch Sprachanalyse – Validierung der PRECIRE®-Technologie für die Personalarbeit, 2018, Springer Gabler, Wiesbaden.

Liu, Han-Wei/*Lin*, Ching-Fu/*Chen*, Yu-Jie: Beyond *State v Loomis*: artificial intelligence, government algorithmization and accountability, International Journal of Law and Information Technology 27 (2019), S. 122–141.

Lopez, Paola: Reinforcing Intersectional Inequality via the AMS Algorithm in Austria, in: Getzinger, Günter/Jahrbacher, Michaela (Hrsg.), Conference Proceedings of the STS Conference Graz 2019, 2019, Verlag der Technischen Universität Graz, Graz, S. 289–309.

Luhmann, Niklas: Recht und Automation in der öffentlichen Verwaltung – Eine verwaltungswissenschaftliche Untersuchung, 2. Aufl. 1997, Duncker & Humblot, Berlin.

Luhmann, Niklas: Grundrechte als Institution – Ein Beitrag zur politischen Soziologie, 6. Aufl. 2019, Duncker & Humblot, Berlin.

Lüttringhaus, Jan D.: Europaweit Unisex-Tarife für Versicherungen!, EuZW 2011, S. 296–300.

Lüttringhaus, Jan: Mehr Freiheit wagen im Versicherungsrecht durch daten- und risikoadjustierte Versicherungstarife – „Pay-as-you-drive"-, „Pay-as-you-live"- und „Smart-Home"-Tarife als Herausforderung für das Versicherungsvertragsrecht, in: Dutta, Anatol/Heinze, Christian (Hrsg.), „Mehr Freiheit wagen" – Beiträge zur Emeritierung von Jürgen Basedow, 2018, Mohr Siebeck, Tübingen, S. 55–72.

Lützeler, Martin/*Kopp*, Désirée: HR mit System: Bewerbermanagement-Tools, ArbR Aktuell 2015, S. 491–494.

Maier, Moritz: Verfassungsrechtliche Aspekte der Digitalisierung des Besteuerungsverfahrens, JZ 2017, S. 614–619.

Mangoldt, Hermann von (Begr.)/*Klein*, Friedrich/*Starck*, Christian: Grundgesetz – Kommentar, hrsg. von Huber, Peter M./Voßkuhle, Andreas, Bd. I, 7. Aufl. 2018, C. H. Beck, München.

Marcus, Gary: Deep Learning: A Critical Appraisal, 2018 [arXiv: 1801.00631v1].

Marsch, Nikolaus: Verfassungsgerichtsbarkeit, in: ders./Vilain, Yoan/Wendel, Mattias (Hrsg.), Französisches und Deutsches Verfassungsrecht – Ein Rechtsvergleich, 2015, Springer, Berlin/Heidelberg, S. 275–322.

Marsch, Nikolaus: Das europäische Datenschutzgrundrecht: Grundlagen – Dimensionen – Verflechtungen, 2018, Mohr Siebeck, Tübingen.

Marsch, Nikolaus: Artificial Intelligence and the Fundamental Right to Data Protection: Opening the Door for Technological Innovation and Innovative Protection, in: Wischmeyer, Thomas/Rademacher, Timo (Hrsg.), Regulating Artificial Intelligence, 2020, Springer Nature, Cham, S. 33–52.

Martini, Mario: Algorithmen als Herausforderung für die Rechtsordnung, JZ 2017, S. 1017–1025.

Martini, Mario, Blackbox Algorithmus – Grundfragen einer Regulierung Künstlicher Intelligenz, 2019, Springer, Berlin.

Martini, Mario: Kontrollsystem für algorithmenbasierte Entscheidungsprozesse – Gutachten im Auftrag des Verbraucherzentrale Bundesverbandes, 2019, Berlin.

Martini, Mario/*Nink*, David: Wenn Maschinen entscheiden … – vollautomatisierte Verwaltungsverfahren und der Persönlichkeitsschutz, NVwZ Extra 2017, S. 1–14.

Martini, Mario/*Nink*, David: Subsumtionsautomaten ante portas? – Zu den Grenzen der Automatisierung in verwaltungsrechtlichen (Rechtsbehelfs-)Verfahren, DVBl. 2018, S. 1128–1138.

Martini, Mario/*Botta*, Jonas/*Nink*, David/*Kolain*, Michael: Automatisch erlaubt? Fünf Anwendungsfälle algorithmischer Systeme auf dem juristischen Prüfstand, 2020, Bertelsmann Stiftung, Gütersloh.

Masing, Johannes: Herausforderungen des Datenschutzes, NJW 2012, S. 2305–2311.

Maunz, Theodor/*Dürig*, Günter (Begr.): Grundgesetz – Kommentar, hrsg. von Herzog, Roman/ Scholz, Rupert/Herdegen, Matthias/Klein, Hans H., Bd. I, Loseblattsammlung, Stand: 90. EL [Februar 2020], C. H. Beck, München.

Mayer-Schönberger, Viktor/*Cukier*, Kenneth: Big Data – A Revolution That Will Transform How We Live, Work, and Think, 2013, John Murray, London.

Mazeaud, Vincent: La constitutionnalisation du droit au respect de la vie privée, Nouveaux Cahiers du Conseil constitutionnel (n°48) 2015, S. 7–20.

Mehl, Lucien: Informatique juridique et droit comparé, Revue internationale de droit comparé 20 (1968), S. 617–627.

Meindl, Thomas: La notion de droit fondamental dans les jurisprudences et doctrines constitutionnelles françaises et allemandes, 2003, LGDJ, Paris.

Mellinghoff, Rudolf: Auswirkungen der Digitalisierung im Steuerrecht, in: Drüen, Klaus-Dieter/ Hey, Johanna/ders. (Hrsg.), 100 Jahre Steuerrechtsprechung in Deutschland 1918–2018 – Festschrift für den Bundesfinanzhof, Band I, 2018, Otto Schmidt, Köln, S. 421–447.

Meyer-Ladewig, Jens/*Nettesheim*, Martin/*von Raumer*, Stefan (Hrsg.): Europäische Menschenrechtskonvention – Handkommentar, 4. Aufl. 2017, Nomos, Baden-Baden.

Michl, Fabian: Situativ staatsgleiche Grundrechtsbindung privater Akteure, JZ 2018, S. 910–918.

Michl, Walther: Die Überprüfung des Unionsrechts am Maßstab der EMRK – Individualgrundrechtsschutz im Anwendungsbereich des Unionsrechts unter den Vorzeichen des Beitritts der EU zur EMRK, 2014, Mohr Siebeck, Tübingen.

Miller, Akiva A.: What Do We Worry About When We Worry About Price Discrimination? The Law and Ethics of Using Personal Information for Pricing, Journal of Technology Law and Policy 19 (2014), S. 41–104.

Mitchell, Tom M.: Machine Learning, 1997, McGraw-Hill, Boston u. a.

Mittelstadt, Brent: Principles alone cannot guarantee ethical AI, Nature Machine Intelligence 1 (2019), S. 501–507.

Mohabbat Kar, Resa/*Parycek*, Peter: Berechnen, ermöglichen, verhindern: Algorithmen als Ordnungs- und Steuerungsinstrumente in der digitalen Gesellschaft, in: Thapa, Basanta/dies. (Hrsg.), (Un)Berechenbar? Algorithmen und Automatisierung in Staat und Gesellschaft, Kompetenzzentrum Öffentliche IT – Fraunhofer FOKUS, 2018, S. 7–39.

Möller, Jan/*Florax*, Björn-Christoph: Kreditwirtschaftliche Scoring-Verfahren – Verbot automatisierter Einzelentscheidungen gem. § 6a BDSG, MMR 2002, S. 806–810.

Möllers, Christoph: Die Möglichkeit der Normen – Über eine Praxis jenseits von Moralität und Kausalität, 2015, Suhrkamp, Berlin.

Möllers, Christoph: Der vermisste Leviathan – Staatstheorie in der Bundesrepublik, 3. Aufl. 2016, Suhrkamp, Frankfurt am Main.

Montavon, Grégoire/*Samek*, Wojciech/*Müller*, Klaus-Robert: Methods for interpreting and understanding deep neural networks, Digital Signal Processing 73 (2018), S. 1–15.

Moos, Flemming/*Rothkegel*, Tobias: Nutzung von Scoring-Diensten im Online-Versand-handel – Scoring-Verfahren im Spannungsfeld von BDSG, AGG und DS-GVO, ZD 2016, S. 561–568.

Moos, Flemming/*Schefzig*, Jens/*Arning*, Marian (Hrsg.): Die neue Datenschutz-Grundverord-nung, 2018, De Gruyter, Berlin/Boston.

Morlok, Martin: Selbstverständnis als Rechtskriterium, 1993, Mohr Siebeck, Tübingen.

Mosier, Kathleen L./*Skitka*, Linda J.: Human Decision Makers and Automated Decision Aids: Made for Each Other?, in: Parasuraman, Raja/Mouloua, Mustapha (Hrsg.), Automation and Human Performance: Theory and Applications, 1996, Lawrence Erlbaum, Mahwah, S. 201–220.

Münch, Ingo von (Begr.)/*Kunig*, Philip (Hrsg.): Grundgesetz – Kommentar, Bd. I, 6. Aufl. 2012, C. H. Beck, München.

Murswiek, Dietrich: Die staatliche Verantwortung für die Risiken der Technik – Verfassungs-rechtliche Grundlagen und immissionsschutzrechtliche Ausformung, 1985, Duncker & Humblot, Berlin.

Mussweiler, Thomas/*Strack*, Fritz: Numeric Judgments under Uncertainty: The Role of Know-ledge in Anchoring, Journal of Experimental Social Psychology 36 (2000), S. 495–518.

Neumann, Heinzgeorg: Die Verfassung der Freien Hansestadt Bremen – Kommentar, 1996, Boorberg, Stuttgart u. a.

Neuner, Jörg: Diskriminierungsschutz durch Privatrecht, JZ 2003, S. 57–66.

Neuner, Jörg: Das BVerfG im Labyrinth der Drittwirkung, NJW 2020, S. 1851–1855.

Nguyen, Anh/*Clune*, Jeff/*Bengio*, Yoshua/*Dosovitskiy*, Alexey/*Yosinski*, Jason: Plug & Play Generative Networks: Conditional Iterative Generation of Images in Latent Space, 2017 [arXiv: 1612.00005v2].

Niklas, Jędrzej/*Sztandar-Sztanderska*, Karolina/*Szymielewicz*, Katarzyna: Profiling the un-employed in Poland: Social and political implications of algorithmic decision making, 2015, Fundacja Panoptykon, Warschau.

Northcraft, Gregory B./*Neale*, Margaret A.: Experts, Amateurs, and Real Estate: An Ancho-ring-and-Adjustment Perspective on Property Pricing Decisions, Organizational Behavior and Human Decision Processes 39 (1987), S. 84–97.

O'Neil, Cathy: Weapons of Math Destruction – How Big Data Increases Inequality and Threa-tens Democracy, 2017, Penguin Books, London.

Orwat, Carsten: Diskriminierungsrisiken durch Verwendung von Algorithmen – Eine Stu-die, erstellt mit einer Zuwendung der Antidiskriminierungsstelle des Bundes, 2019, No-mos, Baden-Baden.

Ost, François: À quoi sert le droit? Usages, fonctions, finalités, 2016, Bruylant, Brüssel.

Oswald, Marion/*Grace*, Jamie/*Urwin*, Sheena/*Barnes*, Geoffrey C.: Algorithmic risk assessment policing models : lessons from the Durham HART model and ‚Experimental' proportionality, Information and Communications Technology Law 27 (2018), S. 223–250.

Ottmann, Thomas/*Widmayer*, Peter: Algorithmen und Datenstrukturen, 6. Aufl. 2017, Springer Vieweg, Wiesbaden/Berlin.

Parasuraman, Raja/*Riley*, Victor: Humans and Automation: Use, Misuse, Disuse, Abuse, Human Factors 39 (1997), S. 230–253.

Pariser, Eli: The Filter Bubble – What the Internet Is Hiding from You, 2011, Penguin, London u. a.

Pasquale, Frank: The Black Box Society – The Secret Algorithms That Control Money and Information, 2015, Harvard University Press, Cambridge/London.

Pearl, Judea/*Mackenzie*, Dana: The Book of Why: The New Science of Cause and Effect, 2018, Basic Books, New York.

Peifer, Karl-Nikolaus: Das Recht auf Vergessenwerden – ein neuer Klassiker vom Karlsruher Schlossplatz, GRUR 2020, S. 34–37.

Peine, Franz-Joseph: Risikoabschätzung im Bodenschutz, DVBl. 1998, S. 157–164.

Von der Pfordten, Dietmar: Menschenwürde, 2016, C. H. Beck.

Plath, Kai-Uwe (Hrsg.): BDSG/DSGVO, 2. Aufl. 2016, Otto Schmidt, Köln.

Plath, Kai-Uwe (Hrsg.): DSGVO/BDSG, 3. Aufl. 2018, Otto Schmidt, Köln.

Plessix, Benoît: Droit administratif général, 2. Aufl. 2018, LexiNexis, Paris.

Poscher, Ralf: Die Zukunft der informationellen Selbstbestimmung als Recht auf Abwehr von Grundrechtsgefährdungen, in: Gander, Hans-Helmuth/Perron, Walter/ders./Riescher, Gisela/Würtenberger, Thomas (Hrsg.), Resilienz in der offenen Gesellschaft – Symposium des Centre for Security and Society, 2012, Nomos, Baden-Baden, S. 167–190.

Poscher, Ralf: The Right to Data Protection – A No-Right Thesis, in: Miller, Russel A. (Hrsg.), Privacy and Power – A Transatlantic Dialogue in the Shadow of the NSA-Affair, 2017, Cambridge University Press, Cambridge, S. 129–141.

Purnhagen, Kai P.: Zum Verbot der Risikodifferenzierung aufgrund des Geschlechts – Eine Lehre des EuGH zur Konstitutionalisierung des Privatrechts am Beispiel des Versicherungsvertragsrechts?, EuR 2011, S. 690–705.

Quecke, Justus: Unantastbare Menschenwürde – Zur Dogmatik des Art. 1 Abs. 1 GG zwischen Absolutheitsanspruch und Abwägungsdenken, 2020, Nomos, Baden-Baden.

Radbruch, Gustav: Aphorismen zur Rechtsweisheit, herausgegeben von Arthur Kaufmann, 1963, Vandenhoeck & Ruprecht, Göttingen.

Rademacher, Timo: Predictive Policing im deutschen Polizeirecht, AöR 142 (2017), S. 366–416.

Ramsauer, Ulrich (Hrsg.): Verwaltungsverfahrensgesetz, 19. Aufl. 2018, C. H. Beck, München.

Rasch, Björn/*Friese*, Malte/*Hofmann*, Wilheln/*Naumann*, Ewald: Quantitative Methoden 1 – Einführung in die Statistik für Psychologen und Sozialwissenschaftler, 4. Aufl. 2014, Springer, Berlin/Heidelberg.

Raz, Joseph: The Morality of Freedom, 1986, Oxford University Press, Oxford.

Redor, Marie-Joëlle: Garantie juridictionnelle et droits fondamentaux, Cahiers de la recherche sur les droits fondamentaux (n°1) 2002, S. 91–101.

Reichenbach, Hans: The Direction of Time, 1956, University of California Press, Berkeley/ Los Angeles.

Reidenberg, Joel R.: Lex Informatica: The Formulation of Information Policy Rules Through Technology, Texas Law Review 76 (1998), S. 553–593.

Ribeiro, Marco T./*Singh*, Sameer/*Guestrin*, Carlos: „Why Should I Trust You?" – Explaining the Predictions of Any Classifier, 2016 [arXiv: 1602.04938v3].

Richardson, Rashida/*Schultz*, Jason M./*Crawford*, Kate: Dirty Data, Bad Predictions: How Civil Rights Violations Impact Police Data, Predictive Policing Systems, and Justice, New York University Law Review 94 (2019) – Online Feature, S. 15–55.

Rieger, Stefan: ‚Bin doch keine Maschine …' – Zur Kulturgeschichte eines Topos, in: Engemann, Christoph/Sudmann, Andreas (Hrsg.), Machine Learning – Medien, Infrastrukturen und Technologien der Künstlichen Intelligenz, 2018, Transcript, Bielefeld, S. 117–142.

Riesenhuber, Karl: Diskriminierungsverbote im Privatrecht: Europarechtliche Grundlagen, in: ders. (Hrsg.), Das Allgemeine Gleichbehandlungsgesetz – Grundsatz- und Praxisfragen, 2007, De Gruyter, Berlin, S. 3–36.

Rigaux, François: La liberté de la vie privée, Revue internationale de droit comparé 43 (1991), S. 539–563.

Rivero, Jean/*Moutouh*, Hugues: Libertés publiques, Tome I, 9. Aufl. 2003, PUF, Paris.

Rolfs, Christian/*Giesen*, Richard/*Kreikebohm*, Ralf/*Udsching*, Peter (Hrsg.): Beck'scher Online-Kommentar Sozialrecht, Stand: 57. Edition [Juni 2020], C. H. Beck, München.

Romei, Andrea/*Ruggieri*, Salvatore: A multidisciplinary survey on discrimination analysis, Knowledge Engineering Review 29 (2013), S. 582–638.

Rubin, Donald B.: Causal Inference Using Potential Outcomes: Design, Modeling, Decisions, Journal of the American Statistical Association 100 (2005), S. 322–331.

Rudin, Cynthia/*Wang*, Caroline/*Coker*, Beau: The Age of Secrecy and Unfairness in Recidivism Prediction, 2019 [arXiv:1811.00731v2].

Rühlicke, Lars: Die Geheimhaltung von Scoring-Algorithmen, in: Maute, Lena/Mackenrodt, Mark-Oliver (Hrsg.), Recht als Infrastruktur für Innovation, 2019, Nomos, Baden-Baden, S. 9–39.

Rumelhart, David E./*Hinton*, Geoffrey E./*Williams*, Ronald J.: Learning representations by back-propagating errors, Nature 323 (1986), S. 533–536.

Russell, Stuart/*Norvig*, Peter: Künstliche Intelligenz – Ein moderner Ansatz, 3. Aufl. 2012, Pearson, München.

Sachs, Michael (Hrsg.): Grundgesetz – Kommentar, 8. Aufl. 2018, C. H. Beck, München.

Sachs, Michael/*Schmitz*, Heribert (Hrsg.): Verwaltungsverfahrensgesetz, 9. Aufl. 2018, C. H. Beck, München.

Säcker, Franz J./*Rixecker*, Roland/*Oetker*, Hartmut/*Limperg*, Bettina (Hrsg.): Münchener Kommentar zum Bürgerlichen Gesetzbuch, Bd. 1, 8. Aufl. 2018, C. H. Beck, München.

Samek, Wojciech/*Wiegand*, Thomas/*Müller*, Klaus-Robert: Explainable Artificial Intelligence: Understanding, Visualizing and Interpreting Deep Learning Models, 2017 [arXiv: 1708.08296v1].

Samuel, Arthur L.: Some Studies in Machine Learning Using the Game of Checkers, IBM Journal of Research and Development 3 (1959), S. 211–229.

Sarter, Nadine B.: Cockpit Automation: From Quantity to Quality, From Individual Pilot to Multiple Agents, in: Parasuraman, Raja/Mouloua, Mustapha (Hrsg.), Automation and Human Performance: Theory and Applications, 1996, Lawrence Erlbaum, Mahwah, S. 267–280.

Saunders, Jessica/*Hunt*, Priscillia/*Hollywood*, John S.: Predictions put into practice: a quasi-experimental evaluation of Chicago's predictive policing pilot, Journal of Experimental Criminology 12 (2016), S. 347–371.

Schelsky, Helmut: Der Mensch in der wissenschaftlichen Zivilisation, Arbeitsgemeinschaft des Landes Nordrhein-Westfalen – Geisteswissenschaften, Heft 96, 1961, Westdeutscher Verlag, Köln/Opladen.

Scherer, Matthew U.: Regulating Artificial Intelligence Systems: Risks, Challenges, Competencies, and Strategies, Harvard Journal of Law and Technology 29 (2016), S. 353–400.

Schlink, Bernhard: Das Recht der informationellen Selbstbestimmung, Der Staat 25 (1986), S. 233–250.

Schmidt, Walter: Die bedrohte Entscheidungsfreiheit, JZ 1974, S. 241–250.

Schmidt-Bleibtreu, Bruno (Begr.)/*Hofmann*, Hans/*Henneke*, Hans-Günter (Hrsg.): Kommentar zum Grundgesetz, 14. Aufl. 2018, Carl Heymanns, Köln.

Schneider, Hans: Anmerkung zu BVerfGE 65, 1, DÖV 1984, S. 161–164.

Schröder, Meinhard: Rahmenbedingungen der Digitalisierung der Verwaltung, VerwArch 110 (2019), S. 328–348.

Schürmann, Kathrin: Auswertung von Mitarbeiter-Daten – (Any)/(No)thing possible?, in: Taeger, Jürgen (Hrsg.), Smart World – Smart Law? – Weltweite Netze mit regionaler Regulierung, 2016, Oldenburger Verlag für Wirtschaft, Recht und Informatik, Edewecht, S. 501–517.

Schwartmann, Rolf/*Jaspers*, Andreas/*Thüsing*, Gregor/*Kugelmann*, Dieter (Hrsg.): DS-GVO/ BDSG – Datenschutz-Grundverordnung/Bundesdatenschutzgesetz, 2018, C. F. Müller, Heidelberg.

Seer, Roman: Modernisierung des Besteuerungsverfahrens – Gedanken zum Referentenentwurf zur Modernisierung des Besteuerungsverfahrens, StuW 2015, S. 315–330.

Seer, Roman: Entwicklungslinien und Zukunftsfragen des Steuerverfahrensrechts, in: Drüen, Klaus-Dieter/Hey, Johanna/Mellinghoff, Rudolf (Hrsg.), 100 Jahre Steuerrechtsprechung in Deutschland 1918–2018 – Festschrift für den Bundesfinanzhof, Band II, 2018, Otto Schmidt, Köln, S. 1717–1745.

Shapiro, Aaron: Reform predictive policing, Nature 541 (2017), S. 458–460.

Sibbertsen, Philipp/*Lehne*, Hartmut: Statistik – Einführung für Wirtschafts- und Sozialwissenschaftler, 2. Aufl. 2015, Springer Gabler, Berlin/Heidelberg.

Siciliani, Paolo: Tackling Algorithmic-Facilitated Tacit Collusion in a Proportionate Way, Journal of European Competition Law and Practice 10 (2019), S. 31–35.

Simitis, Spiros: Die informationelle Selbstbestimmung – Grundbedingung einer verfassungskonformen Informationsordnung, NJW 1984, S. 398–405.

Simitis, Spiros (Hrsg.): Bundesdatenschutzgesetz, 7. Aufl. 2011, Nomos, Baden-Baden.

Simitis, Spiros (Hrsg.): Bundesdatenschutzgesetz, 8. Aufl. 2014, Nomos, Baden-Baden.

Simitis, Spiros/*Hornung*, Gerrit/*Spiecker genannt Döhmann*, Indra (Hrsg.): Datenschutzrecht – DSGVO mit BDSG, 2019, Nomos, Baden-Baden.

Singelnstein, Tobias: Big Data und Strafverfolgung, in: Hoffmann-Riem, Wolfgang (Hrsg.), Big Data – Regulative Herausforderungen, 2018, Nomos, Baden-Baden, S. 179–185.

Singelnstein, Tobias: Predictive Policing: Algorithmenbasierte Straftatprognosen zur vorausschauenden Kriminalintervention, NStZ 2018, S. 1–9.

Singh, Jay P./*Desmarais*, Sarah L./*Van Dorn*, Richard A.: Measurement of Predictive Validity in Violence Risk Assessment Studies: A Second-Order Systematic Review, Behavioural Sciences & the Law 31 (2013), S. 55–73.

Smets, Christoph: Die Stadionverbotsentscheidung des BVerfG und die Umwälzung der Grundrechtssicherung auf Private, NVwZ 2019, S. 34–37.

Solove, Daniel J.: The Digital Person – Technology and Privacy in the Information Age, 2004, New York University Press, New York.

Sommerer, Lucia M.: Personenbezogenes Predictive Policing – Kriminalwissenschaftliche Untersuchung über die Automatisierung der Kriminalprognose, 2020, Nomos, Baden-Baden.

Sotres, Pablo/*Santana*, Juan R./*Sánchez*, Luis/*Lanza*, Jorge/*Muñoz*, Luis: Practical Lessons From the Deployment and Management of a Smart City Internet-of-Things Infrastructure: The SmartSantander Testbed Case, IEEEAccess 5 (2017), S. 14309–14322.

Spamann, Holger/*Klöhn*, Lars: Justice Is Less Blind, and Less Legalistic, than We Thought: Evidence from an Experiment with Real Judges, Journal of Legal Studies 45 (2016), S. 255–280.

Srivastava, Nitish/*Hinton*, Geoffrey/*Krizhevsky*, Alex/*Sutskever*, Ilya/*Salakhutdinov*, Ruslan: Dropout: A Simple Way to Prevent Neural Networks from Overfitting, Journal of Machine Learning Research 15 (2014), S. 1929–1958.

Stegmüller, Martin: Vollautomatische Verwaltungsakte – eine kritische Sicht auf die neuen § 24 I 3 und § 35a VwVfG, NVwZ 2018, S. 353–358.

Steinmüller, Wilhelm: Das Volkszählungsurteil des Bundesverfassungsgerichts, DuD 1984, S. 91–96.

Stelkens, Ulrich: Der vollständig automatisierte Erlass eines Verwaltungsakts als Regelungsgegenstand des VwVfG, in: Hill, Hermann/Kugelmann, Dieter/Martini, Mario (Hrsg.), Digitalisierung in Recht, Politik und Verwaltung, 2018, Nomos, Baden-Baden, S. 81–122.

Stelten, Lukas: Gerichtlicher Grundrechtsschutz in Frankreich, 2018, Nomos, Baden-Baden.

Stevens, Jeremy: Datenqualität bei algorithmischen Entscheidungen, in: David, Klaus/Geihs, Kurt/Lange, Martin/Stumme, Gerd (Hrsg.), Informatik 2019: 50 Jahre Gesellschaft für Informatik – Informatik für Gesellschaft, Lecture Notes in Informatics (LNI), Bonn 2019, S. 367–380.

Sugden, Robert/*Zheng*, Jiwei/*Zizzo*, Daniel J.: Not all anchors are created equal, Journal of Economic Psychology 39 (2013), S. 21–31.

Supiot, Alain: La gouvernance par les nombres – Cours au Collège de France (2012–2014), 2015, Fayard, Paris.

Susskind, Richard/*Susskind*, Daniel: The Future of the Professions – How Technology Will Transform the Work of Human Experts, 2017, Oxford University Press, Oxford.

Sutton, Richard S./*Barto*, Andrew G.: Reinforcement Learning: An Introduction, 2. Aufl. 2018, MIT Press, Cambridge.

Sydow, Gernot (Hrsg.): Europäische Datenschutzgrundverordnung – Handkommentar, 2. Aufl. 2018, Nomos, Baden-Baden.

Taeger, Jürgen: Scoring in Deutschland nach der EU-Datenschutzverordnung, ZRP 2016, S. 72–75.

Teifke, Nils: Das Prinzip Menschenwürde – Zur Abwägungsfähigkeit des Höchstrangigen, 2011, Mohr Siebeck, Tübingen.

Thapa, Basanta/*Parycek*, Peter: Data Analytics in Politik und Verwaltung, in: Mohabbat Kar, Resa/dies. (Hrsg.), (Un)Berechenbar? Algorithmen und Automatisierung in Staat und Gesellschaft, Kompetenzzentrum Öffentliche IT – Fraunhofer FOKUS, 2018, S. 40–75.

Tiedemann, Paul: Menschenwürde als Rechtsbegriff – Eine philosophische Klärung, 2. Aufl. 2010, Berliner Wissenschafts-Verlag, Berlin.

Tipke, Klaus (Begr.)/*Lang*, Joachim (ehem. fortgeführt): Steuerrecht, fortgeführt von *Seer*, Roman u. a., 23. Aufl. 2018, Otto Schmidt, Köln.

Tischbirek, Alexander: Wissen als Diskriminierungsfrage – Kognitive Herausforderungen des Antidiskriminierungsrechts zwischen implizitem Wissen und selbstlernenden Algorithmen, in: Münkler, Laura (Hrsg.), Dimensionen des Wissens im Recht, 2019, Mohr Siebeck, Tübingen, S. 67–86.

Tischbirek, Alexander: Artificial Intelligence and Discrimination: Discriminating Against Discriminatory Systems, in: Wischmeyer, Thomas/Rademacher, Timo (Hrsg.), Regulating Artificial Intelligence, 2020, Springer Nature, Cham, S. 103–121.

Tolan, Songül/*Miron*, Marius/*Gómez*, Emilia/*Castillo*, Carlos: Why Machine Learning May Lead to Unfairness: Evidence from Risk Assessment for Juvenile Justice in Catalonia, Proceedings of the 17th International Conference on Artificial Intelligence and Law, 2019, S. 1–10.

Townley, Christopher/*Morrison*, Eric/*Yeung*, Karen: Big Data and Personalised Price Discrimination in EU Competition Law, King's College London Dickson Poon School of Law Legal Studies Research Paper Series: Paper Nr. 2017–38, 2017, S. 1–57.

Trute, Hans-Heinrich: Der Schutz personenbezogener Informationen in der Informationsgesellschaft, JZ 1998, S. 822–831.

Tversky, Amos/*Kahneman*, Daniel: Judgment under Uncertainty: Heuristics and Biases, Science 185 (1974), S. 1124–1131.

Unger, Sebastian: Demokratische Herrschaft und künstliche Intelligenz, in: ders./von Ungern-Sternberg, Antje (Hrsg.), Demokratie und künstliche Intelligenz, 2019, Mohr Siebeck, Tübingen, S. 113–128.

Upton, Graham/*Cook*, Ian: A Dictionary of Statistics, 3. Aufl. 2014, Oxford University Press, Oxford.

Vesting, Thomas: Die Medien des Rechts: Computernetzwerke, 2015, Velbrück, Weilerswist.

Vieth, Kilian/*Wagner*, Ben: Teilhabe, ausgerechnet – Wie algorithmische Prozesse Teilhabechancen beeinflussen können, 2017, Bertelsmann Stiftung, Gütersloh.

Wachsmann, Patrick: Libertés publiques, 2. Aufl. 1998, Dalloz, Paris.

Wachter, Sandra/*Mittelstadt*, Brent: A Right to Reasonable Inferences: Re-Thinking Data Protection Law in the Age of Big Data and AI, Columbia Business Law Review 2019, S. 494–620.

Wachter, Sandra/*Mittelstadt*, Brent/*Floridi*, Luciano: Why a Right to Explanation of Automated Decision-Making Does Not Exist in the General Data Protection Regulation, International Data Privacy Law 7 (2017), S. 76–99.

Wachter, Sandra/*Mittelstadt*, Brent/*Russell*, Chris: Counterfactual Explanations without Opening the Black Box: Automated Decisions and the GDPR, Harvard Journal of Law and Technology 31 (2018), S. 841–887.

Wachter, Sandra/*Mittelstadt*, Brent/*Russell*, Chris: Why Fairness Cannot Be Automated: Bridging the Gap Between EU Non-Discrimination Law and AI, 2020 (im Erscheinen).

Wagner, Ben: Liable, but Not in Control? Ensuring Meaningful Human Agency in Automated Decision-Making Systems, Policy and Internet 11 (2019), S. 104–122.

Wagner, Gerhard/*Eidenmüller*, Horst: Down by Algorithms? Siphoning Rents, Exploiting Biases, and Shaping Preferences: Regulating the Dark Side of Personalized Transactions, University of Chicago Law Review 86 (2019), S. 581–609.

Wang, Yilun/*Kosinski*, Michal: Deep Neural Networks Are More Accurate Than Humans at Detecting Sexual Orientation From Facial Images, Journal of Personality and Social Psychology 114 (2018), S. 246–257.

Weber, Martina: Der betriebliche Datenschutzbeauftragte im Lichte der EG-Datenschutzrichtlinie, DuD 1995, S. 698–702.

Weber, Ruth K.: Der Begründungsstil von Conseil constitutionnel und Bundesverfassungsgericht – Eine vergleichende Analyse der Spruchpraxis, 2019, Mohr Siebeck, Tübingen.

Weinshall-Margel, Keren/*Shapard*, John: Overlooked factors in the analysis of parole decisions, Proceedings of the National Academy of Sciences of the United States of America 108 (2011), S. E833–E833.

Weizenbaum, Joseph: Die Macht der Computer und die Ohnmacht der Vernunft, 1978, Suhrkamp, Frankfurt am Main.

Will, Richard P.: True and False Dependence on Technology: Evaluation With an Expert System, Computers in Human Behaviour 7 (1991), S. 171–183.

Willemsen, Roger: Wer wir waren – Zukunftsrede, 6. Aufl. 2017, S. Fischer, Frankfurt am Main.

Wilson, Timothy D./*Houston*, Christopher E./*Brekke*, Nancy/*Etling*, Kathryn M.: A New Look at Anchoring Effects: Basis Anchoring and Its Antecedents, Journal of Experimental Psychology: General 125 (1996), S. 387–402.

Wischmeyer, Thomas: Regulierung intelligenter Systeme, AöR 143 (2018), S. 1–66.

Wischmeyer, Thomas: Predictive Policing – Nebenfolgen der Automatisierung von Prognosen im Sicherheitsrecht, in: Kulick, Andreas/Goldhammer, Michael (Hrsg.), Der Terrorist als Feind? – Personalisierung im Polizei- und Völkerrecht, 2020, Mohr Siebeck, Tübingen, S. 193–213.

Wischmeyer, Thomas: Artificial Intelligence and Transparency: Opening the Black Box, in: ders./Rademacher, Timo (Hrsg.), Regulating Artificial Intelligence, 2020, Springer Nature, Cham, S. 75–101.

Wißmann, Hinnerk: Grundrechtsbindung im Gewährleistungsstaat – Zur Verortung juristischer Personen des Privatrechts, in: Baer, Susanne/Lepsius, Oliver/Schönberger, Christoph/Waldhoff, Christian/Walter, Christian (Hrsg.), Jahrbuch des öffentlichen Rechts der Gegenwart, Bd. 65, 2017, Mohr Siebeck, Tübingen, S. 41–55.

Witten, Ian H./*Frank*, Eibe/*Hall*, Mark A./*Pal*, Christopher J.: Data Mining – Practical Machine Learning Tools and Techniques, 4. Aufl. 2017, Elsevier, Amsterdam u. a.

Wolff, Heinrich A./*Brink*, Stefan (Hrsg.): Beck'scher Online-Kommentar Datenschutzrecht, Stand: 24. Edition [Mai 2018], C. H. Beck, München.

Wolff, Heinrich A./*Brink*, Stefan (Hrsg.): Beck'scher Online-Kommentar Datenschutzrecht, Stand: 32. Edition [Mai 2020], C. H. Beck, München.

Wuermeling, Ulrich: Umsetzung der Europäischen Datenschutzrichtlinie – Konsequenzen für die Privatwirtschaft, DB 1996, S. 663–671.

Yarkoni, Tal: Personality in 100,000 Words: A large-scale analysis of personality and word use among bloggers, Journal of Research in Personality 44 (2010), S. 363–373.

Yeung, Karen: Towards an Understanding of Regulation by Design, in: Brownsword, Roger/ dies. (Hrsg.), Regulating technologies, 2008, Hart, Oxford, S. 79–107.

Zarsky, Tal Z.: Incompatible: The GDPR in the Age of Big Data, Seton Hall Law Review 47 (2017), S. 995–1020.

Zhang, Sheldon X./Roberts, Robert E. L./*Farabee*, David: An Analysis of Prisoner Reentry and Parole Risk Using COMPAS and Traditional Criminal History Measures, Crime & Delinquency 60 (2014), S. 167–192.

Zoppel, Moritz: Europäische Diskriminierungsverbote und Privatrecht – Unionsrechtliche Vorgaben und Sanktionen, 2015, Mohr Siebeck, Tübingen.

Zuboff, Shoshana: The Age of Surveillance Capitalism – The Fight for a Human Future at the New Frontier of Power, 2019, Public Affairs, New York.

Zuiderveen Borgesius, Frederik/*Poort*, Joost: Online Price Discrimination and EU Data Privacy Law, Journal of Consumer Policy 40 (2017), S. 347–366.

Zuiderveen Borgesius, Frederik: Discrimination, artificial intelligence, and algorithmic decision-making – Study for the Council of Europe, 2018, Straßburg.

Zweig, Katharina/*Krafft*, Tobias D.: Fairness und Qualität algorithmischer Entscheidungen, in: Mohabbat Kar, Resa/Thapa, Basanta/Parycek, Peter (Hrsg.), (Un)Berechenbar? Algorithmen und Automatisierung in Staat und Gesellschaft, Kompetenzzentrum Öffentliche IT – Fraunhofer FOKUS, 2018, S. 204–227.

Sachverzeichnis